FERRET 1981

BIBLIOTHÈQUE NOUVELLE
à 1 franc le volume
(HORS DE FRANCE : 1 FRANC 25 CENT. LE VOLUME.)

ALEXANDRE DUMAS FILS

LE ROMAN
D'UNE FEMME

PARIS
LIBRAIRIE NOUVELLE
BOULEVARD DES ITALIENS, 15, EN FACE DE LA MAISON DORÉE

1855

LE ROMAN

D'UNE FEMME

PARIS. — TYP. DONDEY-DUPRÉ, RUE SAINT-LOUIS, 46.

ALEXANDRE DUMAS FILS

LE ROMAN
D'UNE FEMME

PARIS
LIBRAIRIE NOUVELLE
BOULEVARD DES ITALIENS, 15, EN FACE DE LA MAISON DORÉE

L'Auteur et les Éditeurs se réservent tous droits de traduction et de reproduction.

1855

Vous avez dû rencontrer des femmes qui n'avaient rien dans leurs allures ni leurs habitudes qui dénotât l'héroïne de roman, et qui vous disaient :

— Si l'on voulait écrire ma vie, on ferait un livre bien curieux.

J'ai entendu dire cette phrase tant de fois, qu'un jour la fantaisie me vint de la prendre au sérieux, et que j'écrivis sur les renseignements d'une femme, vieille gouvernante, qui ne joue cependant qu'un rôle secondaire dans ce drame, l'histoire que vous allez lire, si elle ne vous ennuie pas trop dès le commencement.

Je n'ai pas besoin de dire maintenant pourquoi j'ai appelé ce livre le *Roman d'une femme*.

LE ROMAN

D'UNE FEMME

I

Connaissez-vous la ville de Dreux? Si vous ne la connaissez pas, vous connaissez bien quelque autre ville de province. Cela suffit; toutes les villes de province ayant le même caractère, les mêmes ridicules et les mêmes préjugés les unes que les autres.

Dreux n'a qu'une spécialité : la charcuterie ; mais cette spécialité étant parfaitement inutile à l'intérêt de notre livre, nous la négligerons, au risque de nous brouiller avec les charcutiers de cette sous-préfecture, et partant, avec leur clientèle. Je ne plaisante pas. La province ne pardonne jamais qu'on la critique. La province ressemble à ces vieilles femmes à la voix aigre, au nez crochu, vêtues de brocart, couvertes de bijoux impossibles, sèches, prétentieuses, méchantes, médisant sur toutes les jeunes et jolies femmes des salons où elles se trouvent, calomniant au besoin; à ces créatures qui, montées sur une vertu de cinquante ans que personne n'a jamais songé à attaquer, ou cachées derrière le rideau de leur habileté et quelquefois de leur dévotion, lequel raconterait bien des choses si les rideaux pouvaient parler, dénigrent tout ce qui est beau, jeune et confiant, invulnérables qu'elles sont sous la cuirasse qu'elles se sont faite. Attaquez ces sortes de femmes à votre tour, et vous verrez si elles pardonnent. On ne peut pas savoir ce que c'est que la haine d'une vieille femme, quand l'âge donne de l'autorité à ce qu'elle dit, quand la réputation, du moins celle qu'elle met à l'air, donne gain de cause à ses jugements.

J'ai horreur de la province, qui fait vis-à-vis de Paris ce que ces vieilles femmes font vis-à-vis des jeunes. Mais quand nous parlons de la province, nous n'entendons pas parler des grandes villes qui comptent cent ou deux cent mille habitants, et qui, par leur commerce, leur industrie, leur intelligence, sont en rapport direct avec Paris. Ces villes ont leurs ridicules comme Paris a les siens; mais ces ridicules disparaissent dans le bruit qu'elles font. Les villes que nous détestons, que nous fuirons tant que cela nous sera possible, sont celles qui renferment douze ou quinze mille âmes, et qui sont décorées d'une sous-préfecture et ornées d'un procureur du roi.

Mais, me direz-vous, Paris n'est qu'une grande ville qui en renferme plusieurs petites, avec les mêmes défauts et les mêmes mœurs, seulement moins visibles, parce que le théâtre est plus grand et que les acteurs sont plus nombreux.

C'est vrai, mais au moins Paris, s'il a le mal, a la compensation; s'il a les grandes passions, il a les grandes lumières; s'il a les grands vices, il a les grandes intelligences qui les corrigent; s'il a des taches comme le soleil, il féconde comme lui.

Je ne sais pas, après tout, pourquoi je m'évertue à faire de la critique et de la philosophie sur les provinces et la capitale, cela n'a aucun rapport avec ce que j'ai à vous raconter. Revenons-en donc à Dreux.

Que vous connaissiez ou que vous ne connaissiez pas la ville, je vais, en quatre mots, vous en donner la topographie.

Quand vous venez de Paris, vous entrez à Dreux par le faubourg Saint-Jean, vous traversez la Blaise, un petit ruisseau qui tient une promenade entre ses deux bras, vous continuez votre route toujours tout droit; vous entrez dans la rue Parisis, au bout de laquelle vous trouvez la place du Paradis. Ici le chemin fait le coude. Marchez encore, vous êtes dans le faubourg Saint-Martin, qui se termine par la route de Chartres. Arrêtez-vous là, nous sommes arrivés !

L'avant-dernière maison du faubourg est, ou du moins était, en 183., une pension de demoiselles. Un grand mur l'entourait. La porte était verte, l'écriteau était noir et l'inscription : *Pensionnat de Jeunes Demoiselles*, était jaune. Derrière cette porte, rien que des arbres, à travers lesquels on distinguait quelque fenêtre joyeuse et calme avec sa jalousie grise et son cadre de vigne ou de chèvrefeuille. Du reste, c'était la maison la mieux faite à la fois pour les études et les plaisirs des jeunes filles qui l'habitaient ; assez isolée pour n'être pas troublée par le bruit de la ville, et assez rapprochée de la ville cependant pour qu'il en arrivât de temps à autre un murmure qui rappelât à toutes ces jeunes âmes qu'il y a au monde d'autres gens que leurs sous-maîtresses et d'autres maisons que la leur. Entrons, nous nous trouverons dans une première cour. D'un côté est la loge du portier, avec des serins en cage, des pots de réséda, et tout ce qui constitue le bonheur de cette honorable classe ; de l'autre côté est la basse-cour, dont les hôtes, plus moraux que ceux de la ville, dorment déjà depuis longtemps. Au-dessus se trouve un pigeonnier plein de colombes familières qui viennent incessamment s'abattre au milieu des jeux des enfants et demander, après les repas, des miettes de pain à toutes les mains qui les caressent. Au milieu, une pelouse avec des fleurs ; dans les angles, des peupliers, et aux deux côtés de la maison, une double allée de tilleuls chargée d'ombre et de rêverie.

Quant à l'intérieur de la maison, il est plus commode qu'agréable, plus prévoyant que poétique. Nous le traverserons donc en jetant un coup d'œil rapide sur le salon, qui sert de parloir, salon enrichi de rideaux rouges et blancs, d'un piano classique, d'une pendule représentant le char du soleil et de candélabres ne représentant rien. Nous entr'ouvrirons une porte qui donne dans le cabinet particulier de la maîtresse, où se trouve une bibliothèque ouverte chaque jour à la curiosité des enfants ; il est inutile de dire quels sont les livres qui la composent, on le devine. Nous ouvrirons encore une autre porte qui donne dans la salle à manger de madame Duvernay, l'institutrice. Cette chambre ne diffère en rien de ses sœurs; elle est empesée dans ses rideaux, gênée dans ses meubles, froide dans sa tournure, et cependant cette chambre est l'ambition des jeunes filles, car celles qui, pendant la semaine, ont bien travaillé, le samedi sont admises à venir dîner à la table de madame, et peuvent voir, avec ironie, les autres gagner le réfectoire, pendant qu'en attendant l'heure du dîner privilégié, elles passent en revue les gravures du salon ou feuillettent les livres de la bibliothèque.

Quelles charmantes années que celles qui se passent à ambitionner une si naïve récompense ou à redouter une punition! Quel âge heureux que celui où l'on est grondé par sa mère, et où, tout compte fait, la jeune fille peut, à la fin du jour, après sa prière, s'endormir sans qu'un mauvais rêve inquiète sa nuit ou qu'une triste pensée tourmente son réveil! Est-il rien de plus charmant, quand, par hasard, on entre avec quelque grand parent dans le parloir d'une pension de demoiselles, que de voir, à travers les carreaux, s'ébattre, au milieu du gazon et des fleurs, la folle récréation? On resterait des journées à regarder jouer ces petites ombres roses, blanches et blondes, qui, insoucieuses, souriantes, vagabondes, ne demandent pas plus à savoir ce qu'il y a derrière les premières années de leur vie que ce qu'il y a derrière le mur de leur jardin. Aussi, après avoir traversé le rez-de-chaussée, nous hâterons-nous de nous glisser, sans être vus toutefois, au milieu de ces belles enfants, qui, en nous apercevant, se sauveraient comme les gazelles du désert et perdraient cette charmante physionomie que nous tenons à connaître. Nous ne ferons donc pas au premier étage l'honneur de le visiter. Nous le consignerons, voilà tout. C'est l'appartement de madame Duvernay et l'infirmerie. Le second est pour la lingerie et les chambres particulières des *grandes*.

Il est sept heures et demie, c'est le 15 août, la veille du

jour où s'ouvrent les vacances; aussi n'y a-t-il plus de retenue dans les jeux, plus de contrainte dans les joies. Il faudrait commettre une bien grosse faute pour ne pas pouvoir s'en aller le lendemain quand on sera demandée par sa mère. Les salles d'études, placées au fond du jardin et formant avec les dortoirs et les réfectoires un bâtiment à part, sont désertes de travailleuses, et nous n'y trouverons que quelques jeunes filles prévoyantes qui serrent d'avance les livres qu'elles doivent emporter, en faisant à la maîtresse le serment de les lire, et en se faisant à elles celui de n'y pas toucher. Les autres, réunies en des groupes que visite de temps en temps madame Duvernay, laissent envoler de leurs cœurs leurs illusions, qui, légères comme des oiseaux à qui l'on ouvre leur cage, vont visiter des rives inconnues et reviennent en rapportant, comme la colombe de l'arche, quelques rameaux d'espérance et de paix. Au milieu des groupes joyeux se trouve nécessairement quelque pauvre enfant qui, déshéritée de parents ou de fortune, regarde le bonheur des autres à travers son abandon, comme le prisonnier regarde la liberté à travers les grilles. Pauvres enfants! qui ont connu la tristesse avant la joie, et qui dans leur jeune cœur, trop naïf encore pour conserver le doute, n'en demandent pas moins à Dieu la cause de cette irrégularité qui fait qu'aussi jeunes, aussi jolies et aussi chastes, elles ne sont pas aussi heureuses que leurs camarades, et qu'après avoir vécu dans la même pension, elles ne pourront vivre dans le même monde. Pauvres petits êtres! à qui le Seigneur a donné, comme aux autres, des yeux pour voir et un cœur pour aimer, et qui, lorsqu'ils étendent leurs petites mains, ne touchent qu'à une infortune ou à une déception. Voilà ce que la pension, c'est-à-dire une réunion de plusieurs existences dans le même cercle et dans la même vie, a d'affreux, c'est de placer, pendant un certain temps, au même niveau ceux ou celles que plus tard les échelons sociaux doivent séparer. Il en résulte deux choses : l'égoïsme pour les uns, l'envie pour les autres; et Dieu sait ce qui plus tard résulte de ces deux choses.

Heureusement ce n'est pas une existence déjà malheureuse que nous avons à peindre, ce n'est pas une ombre déjà triste que nous avons à suivre ; et comme nous n'avons pas encore fini de parcourir le jardin où commence cette histoire, quittons un moment ces petites têtes blondes et ces rêves naïfs, et enfonçons-nous sous une grande allée de peupliers où l'ombre se fait plus épaisse et où les élèves sont plus rares. Nous trouverons bien vite deux grandes jeunes filles qui se tiennent par le bras et marchent aux côtés l'une de l'autre. Quoique, comme nous l'avons dit, il fasse déjà sombre, nous pourrons cependant distinguer l'ensemble de leurs traits. La plus jeune est une charmante brune ; l'autre est une délicieuse blonde. C'est à ces deux-là que nous nous arrêterons, et quoique nous n'ayons pas la bague d'Aladin pour nous rendre invisible, nous les suivrons. Vous avez vu ces femmes de Diaz, blanches, roses et souriantes au milieu d'une riche nature bleue, les pieds perdus dans la mousse et les fleurs, et, comme les déesses antiques, traçant un cercle de lumière autour d'elles ; vous avez vu les pastels de Muller, ces figures poétiques et amoureuses avec leurs sourires de rubis, leurs yeux d'azur et leurs cheveux d'or : eh bien ! demandez à l'un toute la vigueur de sa palette, à l'autre tous les secrets de ses crayons, et vous aurez cette merveilleuse blonde dont je vous parlais.

Depuis bien longtemps il y a eu et longtemps encore il y aura des discussions à cette fin de savoir lesquels doivent l'emporter des cheveux blonds ou des cheveux noirs, et si un visage blanc s'encadre mieux dans de l'ébène que dans de l'or. Quant à nous qui avons rêvé trois types de beauté et de poésie, Ève, la Vierge et Madeleine, et qui les croyons ciselés par la main de Dieu lui-même, c'est-à-dire parfaits, que nous fermions les yeux et que nous les revoyions dans un rêve ou que nous étudiions les maîtres et que nous évoquions ces trois figures sur la toile, nous les retrouvons toujours avec des tresses, des boucles ou des nattes blondes. Certes, nous ne nous faisons pas l'antagoniste des cheveux noirs, nous nous faisons seulement l'admirateur des cheveux blonds ; nous disons qu'il y a dans la nature des tons vigoureux qui étonnent et des tons doux qui font rêver ; que la première femme que l'on voit passer dans son imagination, que la première figure qu'on ébauche dans son cœur est frêle, sentimentale et douce, et qu'on ne lui donne jamais de cheveux noirs. Nous disons enfin que la passion est brune et que l'amour est blond.

Si vous le voulez bien, maintenant que nous sommes dans le jardin de madame Duvernay avec les deux jeunes filles, c'est la blonde que nous suivrons avec le plus d'attention. Peut-être trouverons-nous sur son visage des lignes poétiques ou douloureuses, ce qui est à peu près la même chose, que nous ne trouverions pas sur l'autre ; peut-être, à part notre prédilection, devinerons-nous dans ces yeux bleus des regards que nous chercherions en vain dans les yeux noirs ; peut-être enfin, dans ce sourire rare étoilé de perles, comprendrons-nous une tristesse vague, sinon comme expression du présent, du moins comme pressentiment de l'avenir, que les lèvres de sa compagne n'ont jamais dû avoir et n'auront sans doute jamais ; toujours est-il que c'est la vie à venir de cette femme qui nous intéresse malgré nous, et que nous allons voir ce que Dieu va faire de cette jeune existence. Nous laisserons donc les enfants dont nous avons traversé les groupes faire leurs châteaux en Espagne, que dans une demi-heure va continuer le sommeil, et nous suivrons mystérieusement les deux ombres d'assez près pour entendre ce qu'elles disent :

— A quelle heure pars-tu demain ? disait la jeune fille brune à l'autre.

— Tu veux dire à quelle heure partons-nous ? reprit celle-ci.

— Oui.

— La voiture sera ici à onze heures.

— Et quand serons-nous chez toi ?

— Neuf heures après.

— Quel bonheur ! et nous aurons un temps magnifique pour faire notre voyage ; vois donc, que d'étoiles ! Tu es bien heureuse, toi !

— Et la cause de mon bonheur ?

— Tu me la demandes ! Comment ! tu t'en vas demain

d'ici pour n'y plus revenir, tu quittes pour jamais nos bancs où l'on est si mal assis, nos lits où l'on est si mal couché pour habiter Paris, des châteaux, que sais-je, moi? pour vivre avec ton père et ta mère, et pour entrer dans un monde dont on dit tant de mal et dont je pense tant de bien, et tu me demandes la cause de ton bonheur! Mais, ma chère, ou tu es bien exigeante ou tu es bien oublieuse.

— Tu as raison, mais ton tour viendra aussi.

— Ce n'est pas du tout la même chose. D'abord mon tour, il faut que je l'attende un an encore; et puis je ne suis pas une millionnaire comme toi. Tu entres dans la vie par une porte d'or, et c'est tout au plus si la mienne est dorée. Quand je sortirai d'ici, moi, j'irai vivre en province avec une tante qui n'est pas drôle; on me fera épouser quelque notaire, pendant que tu épouseras quelque prince! Tiens, il y a une chose qui me désole, c'est de penser qu'un jour les préjugés, peut-être plus encore que la distance, nous sépareront.

— Es-tu folle ?

— Ce serait mal, car franchement depuis que nous nous connaissons, j'ai toujours été une bonne camarade et même une bonne amie ; et puis, vois-tu, il y a quelque chose de religieux qu'il ne faut pas détruire dans cette amitié de deux cœurs, dans cette réunion de deux sympathies opérées sans lien du sang et par le hasard seul. Ainsi tu m'aimeras toujours ?

— Comme tu m'aimes.

Les deux jeunes filles s'embrassèrent.

— Quand on pense, reprit la folle enfant, que je vais passer deux mois hors d'ici, et avec toi ! A propos, est-ce un bon homme ton père ?

— Excellent, et ma mère !

— Oh ! ta mère je la connais.

— Comme nous allons rire !

— Et pas de madame Duvernay !

— Ah ! voilà notre bénéfice réel ! Voyons, franchement, quel effet cela te fait-il de quitter la pension?

— Cela me fait de la peine.

— Vraiment ?

— Je te le jure.

— Pourquoi ?

— Parce que je quitte une habitude de vie sinon heureuse, du moins régulière ; parce que, jusqu'à présent, je n'ai eu d'autres douleurs que les punitions qu'on me donnait, et que depuis deux ans que je suis une grande fille, continua Marie en souriant, je n'ai même plus de ces douleurs-là ; parce qu'enfin je sais ce que je quitte et je ne sais pas ce que je prends.

— Ah ! voilà une belle raison ! je vais te le dire, moi, ce que tu prends. Tu prends une maison à Paris avec des meubles qui diffèrent quelque peu de ceux de ta chambre de pension, avec des domestiques, avec des chevaux et tout le luxe possible. Tu prends un père et une mère qui t'adorent pour rien, à la place de madame Duvernay qui te sourit pour deux mille francs par an. Tu prends pour l'été un château magnifique avec des bois, des plaines, des horizons et un ciel tout entier pour toi toute seule, tandis qu'ici nous n'en voyons jamais qu'un morceau. Tu prends pour l'hiver les spectacles, les bals, les toilettes, l'enivrement du monde, l'admiration des hommes et la haine des femmes, ce qui n'est pas peu de chose, et au milieu de tous ces hommes, le droit de choisir le plus élégant, le plus noble, le plus spirituel, parce que tu es la plus élégante, la plus noble et la plus jolie femme qu'on puisse voir, ce qui, dans aucune circonstance, n'est à dédaigner, même dans le bonheur. Enfin, tu prends la liberté, ce mot pour lequel on se bat depuis si longtemps : voilà le seul petit changement qui va s'opérer dans ton existence. Je te trouve encore charmante de regretter quelque chose ; mais moi, qui certes n'ai pas à espérer ce qui t'attend, je ne regretterais rien du tout.

Marie souriait en écoutant.

— Ah ! si, reprit Clémentine, je regretterais quelque chose ; je regretterais une bonne amie que je ne retrouverai peut-être jamais et qui donnerait sa vie pour moi.

— Eh bien ! voilà justement ce que je regrette.

— Puisque je vais chez toi.

— Pour deux mois seulement.
— Tu en auras bien assez.
— Ah !
— Il ne manquerait plus que je te suivisse partout ; je t'ennuierais horriblement. Écoute, ma chère Marie, tu sais que je suis fort gaie, eh bien ! crois-moi, c'est à travers la gaieté qu'on voit le mieux le monde ; on est plus compatissant pour ses défauts et moins affligé de ses ingratitudes. Il faut que tout suive le chemin qui lui est tracé. Nous allons passer deux bons mois à bien nous aimer, à bien courir dans les bois comme des folles, sans regrets, sans craintes. Au bout de ces deux mois, nous nous quitterons : toi, pour aller à Paris ; moi, pour revenir ici. Tu m'écriras pendant quelque temps tes joies nouvelles et tes triomphes nouveaux ; puis, tu n'auras plus le temps de m'écrire ; moi, je t'écrirai continuellement, parce que je m'ennuierai douze heures par jour au moins ; mais je serai contente en te sachant heureuse. — Maintenant, si nous allions faire nos malles ?

— Allons..

Les deux jeunes filles traversèrent le jardin et montèrent à leurs chambres, qui étaient voisines l'une de l'autre.

— Procédons à l'inventaire, dit Marie.

— Je demande qu'on oublie volontairement tous les livres d'histoire et de géographie, fit Clémentine.

— Accordé.

— Je demande qu'on oublie aussi les livres d'anglais, d'allemand et d'arithmétique.

— Accordé encore.

— Maintenant, reprit Clémentine, je vais ouvrir ma porte de communication, pour que nous puissions causer tout en faisant nos malles.

La chambre de Marie était une des plus charmantes et des plus virginales qu'on pût voir ; elle se trouvait dans l'angle de la maison, et ouvrait chaque jour au soleil trois fenêtres voilées de rideaux blancs ; les murs étaient couverts d'un papier gris à petites fleurs bleues, tout naïf et printanier ; il y avait dans cette chambre place pour tout, et la jeune fille avait trouvé moyen d'y mettre un piano, une commode, un chevalet et une table; il est vrai que l'espace resté vide n'était pas grand, d'autant plus qu'il y avait encore deux chaises qu'on ne savait jamais où poser et qui, n'occupant aucune place fixe, les occupaient toutes; heureusement, le lit se trouvait dans une alcôve fermée, sans quoi, il eût été impossible de se promener à pied au milieu de ces meubles, et cependant tout était empreint du parfum que jette autour d'elle une femme de cet âge. Le piano ouvert semblait encore frémir de l'harmonie de la journée; une peinture ébauchée souriait sur le chevalet; des livres de musique, une glace, un christ et des fleurs achevaient l'ensemble de cette chambre, asile discret et mystérieux des pensées et des rêves de la belle enfant. C'était en respirant ces fleurs, c'était en priant ce christ, c'était en se regardant dans cette glace, qu'elle se laissait aller à ses espérances, à ses rêveries et à ses petites vanités de femme. Celui qui eût pu lire dans ce jeune cœur eût eu là un bien adorable livre.

Marie avança une chaise près de la commode, et, après s'être assise, ouvrit les tiroirs l'un après l'autre et posa sur la table ce qu'elle allait emporter avec elle. C'est charmant à voir la commode d'une jeune fille; tout y est rangé avec l'ordre d'une coquetterie simple. Ce ne sont pas encore les riches guipures ni les opulents cachemires qu'un jour la femme aura, mais ce sont des petites robes de mousseline autorisées par la pension, ce sont des tabliers de soie bien soigneusement préparés, ce sont d'adorables petits bonnets avec leurs simples rubans bleus ou roses, et qu'on met le soir devant sa glace à l'heure où l'on n'a plus de secrets pour les murs, qui, quoi qu'en dise Racine, n'ont pas tous des yeux. Qui peut savoir les pensées qui s'éveillent à cette heure dans le cœur de la femme? Qui sait combien rapidement poussent les ailes à ces petits oiseaux de la solitude qu'on appelle les rêves, et qui éclosent tout à coup dans l'âme, couvés par l'espérance? Qui sait, par exemple, à quoi pensait Marie, lorsque, rentrée dans sa chambre, elle se mettait à sa fenêtre, écoutant la rumeur de la ville se taire bruit à bruit, et ne voyant plus au milieu du silence que la veilleuse des dortoirs? — Nous sommes convaincu, nous, que ce qui fait les soirées embaumées du printemps, ce ne sont pas tant les parfums que la brise enlève aux campagnes, que les pensées vagues des jeunes filles qui s'y promènent, et qu'elles abandonnent au vent qui caresse leur front. — Or, c'était la chambre témoin, depuis deux ans, de ses plus chastes espérances que Marie allait quitter. Au bout de quelques instants Clémentine revint auprès d'elle.

— J'ai fini, dit la jeune fille, je viens t'aider.

— Dépêchons-nous, reprit Marie, rappelée à la réalité par la présence de sa joyeuse compagne.

— D'abord le linge, puis les robes. Je m'entends à merveille à faire vite une malle, surtout quand c'est pour partir d'ici; quand c'est pour y revenir, c'est autre chose, et je ne sais jamais par où commencer.

Quant au chapeau, reprit-elle, je demande qu'il soit en vue jusqu'au moment du départ, pour chasser les idées tristes qui pourraient nous venir. A-t-on idée d'un chapeau pareil? on pourrait y loger des familles entières; regarde-moi donc cela; mais c'est-à-dire que, quand nous allons le dimanche à la messe avec ces choses-là sur la tête, nous devons avoir l'air d'un plant de champignons. Quel effet nous allons produire en arrivant chez ta mère! Il doit y avoir six ou sept ans qu'on ne porte plus les chapeaux de cette forme-là, si toutefois cette forme a jamais existé; et quand on pense que j'ai encore un an à passer là-dessous! Ah! ma pauvre Marie!

Et la belle enfant, mettant le chapeau de sa compagne qui ne pouvait s'empêcher de partager cette gaieté gazouilleuse, se regardait dans la glace et riait aux éclats.

— Maintenant, passons aux livres.
— Tu vas les emporter tous?
— Tous, je tiens à les garder.
— Comme étude?
— Non, comme souvenirs.
— Serrons les livres alors, voyons ceux-ci : *Exercices sur la langue française*, *Traité d'arithmétique* et *Grammaire française de Lhomond*, en voici trois que je te

recommandé ; le style est agréable et l'intérêt puissant.

— Donne toujours.

— Mais je croyais qu'il avait été convenu qu'on abandonnerait ces malheureux à la solitude qui leur convient désormais.

— Je leur pardonne, dit Marie, mais je ne les ouvrirai pas.

Elles étaient charmantes à voir, éclairées seulement de la lueur d'une lampe qui jetait sur leur visage sa clarté pâle et douce, tout en laissant une partie des traits dans une demi-teinte que le pinceau seul pourrait rendre.

— Nous passons du grave au doux, reprit Marie, voici l'*Histoire des marins illustres* et les *Fables de la Fontaine*.

— Et du plaisant au sévère, continua Clémentine, voici *Robinson Crusoé* et la *Géographie de la France*.

— Cachons bien vite celui-ci, dit Marie !

— Je demande le nom du coupable ?

— *Télémaque*.

— Qu'on le brûle.

— Pas du tout.

— Ma petite Marie, je t'en supplie, laisse-moi le brûler ?

— Pourquoi ?

— C'est mon ennemi personnel.

— Et pourquoi le détestes-tu ?

— Je le sais par cœur.

— Je m'explique ta haine, le voici.

— C'est le douzième depuis trois mois ; tous ceux que je trouve... à mort !

— Mais, malheureuse ! tu vas en faire faire une nouvelle édition !

Clémentine n'en approcha pas moins le livre de la lampe.

— Arrête, s'écria Marie en souriant.

— Est-ce que le condamné se pourvoit ?

— Non, mais le condamné est relié en parchemin, et si tu le brûles à la lampe, on ne pourra plus tenir ici.

— Le corps d'un ennemi mort sent toujours bon.

Le malheureux volume fut impitoyablement brûlé.

— Passons à d'autres; nous avons puni le chef, mais il avait peut-être des complices.

— Cherchons : *Paul et Virginie.*

— Acquitté.

— *Les Contes de Perrault,* dit Marie en tenant ouvert sous ses yeux un de ces vieux volumes aux petits caractères et reliés en veau. J'avais bien raison de vouloir emporter mes livres pour garder dans un temps peut-être plus triste mes souvenirs d'un temps meilleur. En voici un à l'aide duquel je redescends dans mon passé. Ce livre, c'est toute mon enfance, c'est ma vieille grand'mère qui me l'a donné lorsque j'avais cinq ans à peine. Tous les soirs après le dîner nous passions dans le salon; elle se mettait dans son grand fauteuil, et moi je m'asseyais à ses pieds; la vieillesse et l'enfance aiment à se réunir et à mêler leurs souvenirs et leurs espérances; alors j'appuyais ma tête sur ses genoux et elle me racontait le *Petit-Poucet* ou la *Barbe-Bleue.* Pauvre femme ! qui comme toutes avait sans doute eu ses illusions et ses douleurs, et qui, jetant l'oubli sur le passé, comme un linceul sur un cadavre, n'avait plus d'autre bonheur que de me raconter, à moi enfant, des contes de fées; puis, le conte fini, elle m'embrassait; la femme de chambre me menait coucher, et chaque jour recommençait ainsi. Quand je sus lire, ma grand'mère me donna ce livre, et je ne sais pas avoir eu de plus grande joie que celle-là. Tous les soirs je me mettais près d'elle, je lisais et j'étais fière, car à mon tour je lui racontais ce que j'avais lu. Quand je sus le livre par cœur, je coloriai les gravures; mais comme c'était à la lumière que cela se faisait, tu le vois, je me trompais de couleur, et l'oiseau bleu est vert; c'étaient de bonnes soirées avec cette monotonie du bonheur qu'on n'a que dans ses premières années. Puis un jour, première douleur de ma vie que je ne compris pas d'abord, la maison se tendit de noir; c'est qu'après m'avoir embrassée comme d'habitude, ma grand'mère assoupie dans son fauteuil ne s'était pas réveillée, et était tout doucement, et sans secousse, passée de la vie à la mort, de la terre au ciel, comme une âme juste qu'elle était et qui n'avait ni regrets derrière ni craintes devant. Le grand fauteuil resta vide; je pleurai beaucoup, puis tout s'oublia, car tout s'oublie. Je grandis, on me mit en pension, et je conservai religieusement ce volume, écho d'un amour que j'ai perdu et qui cependant, je l'espère, veille encore sur moi.

La pieuse enfant baisa saintement le livre qu'elle tenait dans ses mains et resta plongée dans ses souvenirs. Clémentine l'avait écoutée les larmes aux yeux.

— Tu pleures, Marie, lui dit-elle.

Et de sa main blanche elle essuyait les larmes écloses entre les cils d'or de son amie.

— Ce sont de bonnes larmes celles-là, et l'on peut les répandre sans que les yeux se fatiguent, sans que le cœur se sèche; c'est comme une prière. Mais toi aussi tu pleures!

— C'est qu'avec tes souvenirs tu as réveillé les miens, c'est que si tu as perdu un des amours de ton enfance, moi j'ai déjà perdu les deux soutiens de ma vie; c'est que tu es encore plus heureuse que moi, car tu as toujours ton père et ta mère que je n'ai plus. Les jours où tu me vois si gaie ne sont quelquefois que les lendemains de grandes tristesses. Quand je te quitte le soir et que je rentre seule dans ma chambre, quand je n'ai plus là, pour oublier, tes beaux yeux et ta douce parole, je songe au passé, car c'est aux heures de solitude et de repos que les ombres chères à notre cœur viennent se dresser devant nous; je pleure aussi, moi, devant ce portrait ineffaçable des parents que Dieu permet que les enfants gardent dans leur cœur comme en un sanctuaire, pour que plus tard il les console du mal qu'on leur fait et les encourage dans le bien qu'ils font. Ne retiens donc pas devant moi ces larmes qui de temps en temps tombent de l'âme, ouvre-moi ton cœur tout entier, que je te sourie dans ta joie, que je te console dans ta tristesse et que je t'aime toujours.

Clémentine se pencha sur le front de Marie et l'embrassa; puis lui prenant les mains et la regardant avec un sourire plein de sérénité :

— Allons, sommes-nous folles de nous attrister ainsi, nous qui étions si gaies tout à l'heure!

Et tout en disant cela elle se mit à rire dans ses larmes, de ce rire semblable à un rayon de soleil qui traverse la pluie.

— Achevons-nous la malle?

— Non, nous aurons bien le temps demain.

— Alors, dormons; je vais tâcher de rêver que je ne reviens plus ici.

— Et moi, je vais tâcher de rêver que j'y reviens; tout songe est mensonge.

— Voilà donc la gaieté revenue.

— Il le faut bien.

— En ce cas, à demain.

— A demain.

Les deux jeunes filles se quittèrent après s'être embrassées. Clémentine rentra chez elle et laissa sa porte entr'ouverte. Marie, toujours un peu pensive, se déshabilla. Alors elle découvrit le cou le plus blanc et le mieux attaché qu'on pût voir, des épaules arrondies, une poitrine blanche et précoce, des bras fins et potelés, un petit pied blanc, souple, cambré; puis elle ouvrit la porte de l'alcôve où elle allait dormir pour la dernière fois, prit sa lampe et un livre qu'elle posa sur une table, tira d'un tiroir un petit bonnet blanc et rose qu'elle y avait laissé avec intention, le mit coquettement sur sa tête après avoir solidement attaché les fils d'or de ses cheveux; et ayant adressé une dernière prière du cœur et du regard au médaillon de sa mère qui protégeait sa nuit, elle se glissa dans son lit. Elle entendit alors la voix de Clémentine qui lui criait :

— Tu es couchée?

— Oui.

— Bonsoir.

— Bonsoir.

Marie essaya de lire, mais ses yeux se détachaient involontairement du volume entr'ouvert sur les draps et son esprit suivait sa pensée vagabonde. Quelque temps elle resta ainsi au milieu du silence, que cadençait seule sa respiration douce et parfumée, à regarder sa petite chambre, où, à partir du lendemain, elle ne se réveillerait plus; puis, peu à peu, ses yeux se fermèrent, le livre glissa du lit, la belle enfant étendit nonchalamment la main vers la lampe dont elle tourna lentement le bouton : la lumière s'éteignit, et dix minutes après, Marie dormait de ce sommeil transparent que Dieu donne aux oiseaux et aux jeunes filles.

II

Elle se réveilla de bonne heure, et entr'ouvrit sa fenêtre aux brises pures du matin. Les arbres qui l'entouraient étaient pleins de concerts, comme si ces amis de son enfance et ces compagnons de son recueillement avaient voulu, en la voyant partir, lui dire un dernier adieu. Le ciel était bleu et l'on voyait au loin, dans la campagne, les moissonneuses rouges, comme des fleurs géantes écloses au milieu des blés ; c'était un de ces réveils magnifiques et splendides tels que notre nature du nord en a si rarement. Dans la cour, le coq triomphant chantait et se promenait gravement, les pigeons blancs et moirés commençaient leurs pérégrinations quotidiennes, et des tourterelles venaient, sur la fenêtre de la pensionnaire, becqueter le pain déposé par cette main amie. On comprend que l'enfant élevée au sein de cette riche nature, jouissant chaque année du printemps depuis sa première haleine et de l'automne jusqu'à son dernier sourire, devait grandir chaste et rêveuse en absorbant tous ces parfums environnants et toutes ces poésies naturelles. Aussi était-ce cette vie uniforme, il est vrai, mais douce, qu'elle regrettait un peu de quitter. Jusque-là pas une douleur n'avait effleuré son âme. Depuis deux ans qu'elle habitait cette chambre, son existence n'avait pas varié. Le matin à sept heures elle se levait, ouvrait sa fenêtre dans les beaux mois de l'année, ou plutôt dans les beaux jours du mois, prenait un livre où elle trouvait toujours quelque nourriture, soit pour l'esprit, soit pour le cœur, descendait à onze heures déjeuner avec madame Duvernay, se promenait avec Clémentine dans le jardin, se mêlant quelquefois à la récréation des enfants, puis remontait lire, broder, peindre ou faire de la musique à côté de son amie ; cela durait ainsi jusqu'au dîner. Le dîner achevé, quand la soirée était belle, la promenade recommençait, puis la causerie, puis la prière, puis le sommeil. C'était comme un reflet de la vie des anges. Il est vrai de dire que Marie n'était pas de ces natures ardentes qui ont toujours soif d'un bonheur inconnu, et dont le cœur a besoin, pour vivre, de passions et d'excentricités. Les lettres souvent répétées de sa mère, la joie native de sa compagne, la nature de Dieu suffisaient à ses désirs : semblable à ces fleurs modestes qui ne demandent qu'un peu de soleil après l'ombre, qu'une goutte d'eau après le soleil.

L'hiver eût été bien sombre et bien monotone pour elle, sans les quelques distractions que lui faisait partager la maîtresse. Le soir on se réunissait dans le salon au rez-de-chaussée, on faisait un peu de musique. Quelques papas et quelques mamans, ennuyeux dans d'autres circonstances, venaient de temps en temps renouveler l'air de la pension. Eux-mêmes donnaient quelques soirées et parfois des bals où madame Duvernay venait, toujours accompagnée de ses deux grandes élèves, pour lesquelles ces simples fêtes étaient de grands événements. En effet, si peu cérémonieuses que fussent ces soirées, au commencement de l'année, au retour des vacances il y avait toujours eu certaines robes achetées à leur occasion, et que la jeune coquetterie des deux amies brûlait de montrer. Puis, ce qu'il y avait de charmant, c'était l'absence complète de danger pour le cœur des jeunes filles. Des figures graves de substitut, de préfet, des tantes, quelques rares jeunes gens prétentieux et ridicules, dont elles riaient, telle était la société qu'elles rencontraient partout. L'hiver se passait donc ainsi tant bien que mal, et ramenait assez vite à l'été. Voilà l'existence limpide que jusqu'à ce jour avait menée Marie.

La jeune fille, comme nous l'avons dit, s'était levée de grand matin; l'impatience de revoir sa mère était pour beaucoup dans ce réveil matinal. La pieuse enfant attendait donc l'heure convenue, et, tout en attendant, continuait les malles laissées inachevées. A son tour, Clémentine parut rieuse comme de coutume et à demi vêtue. Les deux amies venaient de terminer tous leurs préparatifs, lorsqu'on vint leur dire que madame Duvernay les attendait pour déjeuner. La prévoyante maîtresse avait avancé l'heure du repas, qui, sans elle, se fût trouvée être la même que celle du départ.

Les deux jeunes filles descendirent donc dans la salle à manger, où elles trouvèrent madame Duvernay et le vieux curé chargé d'instruire les élèves sur la religion. Le vieillard prit la main de Marie qu'il avait toujours affectionnée, et posa sur son front le baiser saint par lequel Dieu pardonne, et qui eût été une absolution si l'âme de la belle enfant en eût eu besoin. Il embrassa de même Clémentine, et l'on se mit à table.

C'est étrange combien la présence de l'homme du Seigneur qui vous a vu grandir, à qui l'on a confié ses premières fautes et qui vous a toujours pardonné de sa voix calme et solennelle, réjouit le cœur. On aime à voir ce vieillard dont la vie a coudoyé les passions humaines sans en garder ni l'empreinte ni même le souvenir, et qui, au contraire, par ce simple contact, a sanctifié et absous ceux qui passaient chargés du poids de ces passions. Dans ses premiers souvenirs, Marie retrouvait cette tête noble et douce, et elle lui voyait toujours ces beaux cheveux blancs que Dieu semblait lui avoir donnés prématurément pour augmenter encore le respect de ceux qui le voyaient passer, et faire plus solennel le pardon que sa bouche donnait; c'était lui qui avait fait faire à Marie sa première communion, et ce jour-là avait été un beau jour pour le vieillard et pour l'enfant. Il était impossible d'être plus chaste qu'elle : un ange eût pu entendre cette confession première d'un passé court et transparent; puis le sacrement avait été accompli. Au milieu de l'harmonie puissante et douloureuse de l'orgue, les jeunes filles, vêtues de blanc, s'étaient approchées de la sainte table avec une pieuse extase dans le cœur, et de douces larmes dans les yeux. Le vieux prêtre, éclairé à travers les vitraux de l'église d'un large rayon de soleil qui l'étoilait comme les apôtres, avait donné à ces jeunes âmes le pain d'espérance, de foi et de charité dont chacun a sa part, et que tous ont tout entier, comme a dit le poëte. Puis, après la messe, les enfants étaient sorties de l'église avec des chants, accompagnées du sourire des assistants et de la bénédiction du prêtre, et, au dehors, elles avaient trouvé le soleil éclatant au milieu des fleurs, comme la suite du pardon qu'elles venaient de recevoir, et le commencement de l'éternité qu'on venait de leur promettre.

C'était donc ce souvenir ineffaçable pour tout cœur généreux que Marie retrouvait dans la présence du vieux curé; elle l'aimait parce qu'il l'avait faite bonne, parce qu'il lui avait montré les choses qu'il faut aimer, sans jamais lui parler de celles qu'il faut haïr, parce qu'il avait jeté une à une dans son esprit ces semences de la religion qui germent plus tard, quand les espérances de l'enfant se font consolations pour la femme. Aussi, Marie, en voyant le vieillard à table, s'était-elle doutée qu'il était venu pour elle et qu'il n'avait pas voulu, sachant son départ, la laisser partir sans lui donner les derniers conseils de son cœur; elle le remerciait donc du fond de l'âme, et de temps en temps jetait sur lui son regard angélique auquel celui-ci répondait par un sourire et une inclination de tête qui semblait dire : Vous avez deviné ; je suis venu pour vous. En effet, le repas achevé, le curé prit Marie par la main, et l'emmenant dans le salon, il la fit asseoir auprès de lui.

— Mon enfant, commença-t-il d'une voix douce, vous allez quitter cette maison pour celle de vos parents, votre vie d'autrefois pour une vie nouvelle; vous allez au seuil de cette autre demeure prendre d'autres habitudes et contracter d'autres devoirs; vous entrez dans un monde que vous êtes assez forte pour traverser; souvenez-vous cependant toujours des joies pieuses de votre enfance, elles seront les sentinelles de votre bonheur. Parlez à Dieu sans avoir besoin de pardon, amassez aux pieds de sa clémence assez de prières pour qu'aux jours malheureux il se souvienne de vous, et que votre cœur ne se brise pas dans le désespoir et dans le doute; respectez-le comme vos parents, aimez vos parents comme vous l'aimez ; ils sont sur la terre les interprètes du Seigneur près de vous, et vous le comprendrez mieux encore lorsqu'à votre tour vous serez épouse et mère. Rappelez-vous que le malheur n'est souvent qu'une épreuve, et qu'au fond de toute épreuve Dieu a mis une récompense. Rappelez-vous que vous devez obéissance à vos parents, et qu'au fond de toute volonté maternelle il y a un amour. Enfin, au milieu des joies de votre famille que vous allez retrouver, pensez un peu à celle que vous quittez ; au milieu des enchantements d'un monde inconnu, rappelez-vous nos simples entretiens du soir, notre humble église où le Seigneur vous a visitée pour la première fois ; et si jamais vous souffrez, si Dieu vous complète par la douleur, revenez ici ; rien ne console comme les souvenirs d'enfance et de piété. Si je ne suis pas mort à mon tour, je vous consolerai par ma parole ; si je suis mort, Dieu sera toujours là. Et maintenant, allez, mon enfant, je voulais vous dire ces quelques mots dans un adieu. Je ne suis plus un prêtre ici, je ne suis plus qu'un ami qui va quitter la vie au moment où vous y entrez, et qui, en jetant un regard assuré en arrière, peut vous garantir des écueils qu'on ne voit pas à votre âge, où la raison est trompée par l'enthousiasme ! Adieu, mon enfant.

Et le vieillard, prenant la tête blonde de la jeune fille entre ses mains, l'embrassa de nouveau. Marie essuya une larme furtive ; puis, après avoir reçu la bénédiction du curé, elle rentra dans la salle à manger, où elle retrouva Clémentine. Le prêtre prit son chapeau et sa canne ; et ayant fait quelques recommandations encore aux deux amies :

— Allons, adieu, mes enfants, leur dit-il.

Et il sortit.

Marie se mit à la fenêtre et regarda s'éloigner le saint homme, qui ouvrit la grande porte, fit un dernier signe de la main et disparut. Quelques instants après, la chaise de poste attendue s'arrêtait devant la pension ; Marie, qui l'avait entendue, alla au-devant de la bonne Marianne et se jeta dans ses bras :

— Comment va ma mère ? fut le premier mot de la jeune fille.

— Très-bien, mademoiselle.

— Comment! s'écria Marie, tu m'appelles mademoiselle! tu ne m'aimes donc plus!

— Oh! si fait, mais vous voilà si grande maintenant.

— Eh bien! appelle-moi toujours ma petite Marie, comme au temps où tu me grondais, cela te fera oublier que j'ai grandi.

— Vous êtes un ange!

— Encore?

— Tu es un ange, ma petite Marie! reprit la vieille femme les larmes aux yeux.

— Et mon père?

— Il va bien aussi.

— Et où allons-nous?

— A Paris.

— Pour longtemps?

— Pour deux ou trois jours au plus.

— Très-bien. Je suis à toi.

— Je *t'attends*.

— A la bonne heure. Ah! à propos, tu sais que j'amène une de mes amies?

— Madame me l'a dit.

Pendant ce temps, le domestique, qui avait accompagné Marianne, montait chercher les malles des deux jeunes filles. Clémentine et Marie allèrent faire leurs adieux à madame Duvernay, qui, malgré l'habitude qu'elle avait de ces sortes de scènes, ne put retenir quelques larmes, si bien que dans ce jour joyeux tout le monde pleurait. Au moment où notre héroïne traversait la première cour pour gagner sa voiture, elle vit toutes les petites filles qui couraient après elle en lui criant :

— Adieu, Marie!

— Adieu! mes petits anges! leur répondit-elle.

Elle entra alors chez le portier et lui glissa cinq louis dans la main. Le vieux bonhomme la remercia en soulevant sa casquette et en lui disant :

— Bien du bonheur je vous souhaite, mademoiselle.

Enfin, elle embrassa une dernière fois madame Duvernay

et monta en voiture. La porte se referma, et elle entendit la maîtresse qui criait derrière :

— Allons, mesdemoiselles, rentrez dans le jardin.

La voiture partit au galop. Marie était radieuse : elle allait donc retrouver une famille toujours aimée et connaître le monde ; aussi les rêves commençaient-ils à passer dans son esprit, et des sourires spontanés, qui venaient illuminer le visage de la jeune fille, prouvaient que quelque douce espérance traversait son cœur. Il eût fallu que Marie, convenons-en, eût un bien mauvais caractère pour ne pas être au moins confiante. Elle avait en elle le principe de toute beauté, de tout amour, de toute joie ; elle était belle à rendre les anges jaloux, à rendre les femmes laides, à rendre les hommes fous. Dans le premier salon où elle allait entrer, elle allait éblouir comme une divinité antique. Tout rayonnait autour d'elle et par elle ; elle n'avait donc qu'à mettre son cœur sous son espérance, comme les oiseaux mettent leur tête sous leur aile, et à s'endormir dans son rêve, elle qui, n'ayant pas encore de passé, n'avait pas à craindre l'avenir. Puis, allez donc douter de quelque chose en parcourant une nature comme celle que voyait Marie. Le soleil ruisselait, semant le gazon et les arbres de rubis, de diamants et d'émeraudes ; les meules déjà faites se dressaient dans les champs comme des pyramides d'or. Le ciel était d'un azur de saphir, et tout était tellement splendide, que les oiseaux eux-mêmes se taisaient, comme pour écouter un concert mystérieux, inconnu à nos oreilles humaines.

La voiture traversait toute cette joie terrestre, tous ces bienfaits de Dieu, au galop de ses quatre chevaux ; le moyen d'être triste quand c'est à travers de pareils enchantements que l'on va rejoindre un bonheur ! Cependant le soleil s'abaissa sur la plaine, s'étendant en longues traînées rouges, les champs se firent peu à peu déserts ; à peine si de temps à autre les voyageuses rencontraient, à l'approche d'un village, quelques moissonneurs attardés ; puis les étoiles se levèrent et le silence se fit. La voiture s'arrêta devant le meilleur hôtel qu'on pût trouver et qui, comme toujours, était une exécrable auberge ; mais, à l'âge de Clémentine et de Marie, ces choses-là, loin d'être un ennui, sont une distraction. Elles firent donc le plus exécrable dîner qu'on puisse faire, ce qui les amusa fort, et toutes riantes elles reprirent leur place.

Un vent frais avait succédé à la chaleur du jour. Les deux belles enfants s'enveloppèrent dans leurs mantes et se rejetèrent dans le fond de leur voiture, qui reprit son galop accoutumé. Vers neuf heures, les chevaux touchaient à la barrière.

— Nous voilà à Paris, s'écria Clémentine.

— Paris! murmura Marie en ouvrant les yeux; qui sait ce que Paris me garde? continua-t-elle avec un soupir défiant.

— Ma chère, Paris garde toujours des choses charmantes pour ceux qui y entrent à ton âge, en chaise de poste, et qui viennent y rejoindre les êtres qu'ils aiment.

La voiture suivit les quais jusqu'à la rue des Saints-Pères, et le domestique étant descendu du siége fit ouvrir à deux battants la porte du n° 7. La chaise entra dans la cour, et la porte se referma.

III

Madame d'Hermi, en entendant la voiture s'arrêter, était venue au-devant de sa fille; celle-ci avait donc rencontré sa mère sur l'escalier, et quelques marches plus haut M. d'Hermi ouvrait les bras à Marie, qui présentait Clémentine à ses parents.

— Ma belle enfant, dit la mère à la jeune pensionnaire, c'est bien charmant à vous d'avoir accompagné ma fille, et nous vous en sommes bien reconnaissants, M. le comte et moi.

Puis elle l'embrassa; et la prenant par la main, pendant que Marie souriait à son père, elle la conduisit au salon, où se trouvait un étranger, abandonné pendant cette scène de famille.

— Vous pardonnez, mon cher de Bay, fit le comte en rentrant; mais il y avait un an que nous n'avions vu l'enfant!

— C'est trop naturel, répondit le visiteur en s'inclinant.

— Permettez-moi de vous la présenter, reprit le comte en souriant ; à partir d'aujourd'hui elle reste dans la maison.

Un observateur consciencieux eût pu voir se dessiner sur la figure de celui à qui M. d'Hermi s'adressait une espèce de sourire qui, au microscope, eût été une grimace.

— M. le baron de Bay, dit le père à Marie, en présentant à son tour l'étranger.

Marie fit la révérence d'usage et s'assit à côté du comte.

— Et moi, continua la comtesse, je vous présente Clémentine, ma seconde fille, qui vient passer deux mois avec nous.

Et elle fit asseoir Clémentine à côté d'elle en l'embrassant de nouveau.

La présence de l'inconnu avait un peu contrarié Marie, qui s'attendait à être reçue en famille et non à trouver un étranger dont l'indifférence glace toujours les premiers instants d'une réunion attendue pendant une année. Au lieu de s'embrasser à tout moment, de se questionner, de se répondre et de s'embrasser encore, il avait fallu s'asseoir cérémonieusement et ne se mêler que par quelques mots à la conversation interrompue par l'arrivée des deux jeunes filles. Du reste, M. de Bay comprit qu'il fallait laisser ses hôtes à la joie que leur causait le retour de leur enfant. Il prit son chapeau et dit en se levant :

— Mon cher comte, je vous laisse aux douceurs de la famille, et maintenant que je vous sais heureux, je me retire.

Marie remercia dans le fond du cœur le baron de cette heureuse idée qui lui venait ; mais M. d'Hermi fit rasseoir M. de Bay, en lui disant à son tour :

— Une minute encore, vous savez bien que vous n'êtes jamais de trop ici.

M. de Bay se rassit en adressant à la jeune fille un regard résigné qui semblait dire :

— Vous le voyez, mademoiselle, on me force à rester.

— C'est nous, du reste, fit tout à coup la comtesse, comme si elle eût répondu au regard du baron, qui allons vous laisser à votre conversation politique au milieu de laquelle se sont heureusement jetées nos deux enfants. Venez avec moi, continua-t-elle en se tournant vers Clémentine et Marie.

Les deux jeunes filles se levèrent avec une hâte qui ne laissait aucun doute sur leur préférence, et, en véritables pensionnaires, elles profitèrent tout de suite de la permission qui leur était accordée.

Le comte et le baron restèrent ensemble.

— Quel est donc ce monsieur, maman? dit Marie à sa mère.

— C'est un ami de la maison.

— Vient-il souvent?

— Tous les jours. Ton père ne peut se passer de lui. — Quoique cette phrase fût bien simple, madame d'Hermi ne put s'empêcher de rougir en la disant.

On pouvait prendre madame d'Hermi et sa fille pour les deux sœurs. L'une était brune, l'autre était blonde, voilà tout; au reste, même charme, même jeunesse, même beauté. La comtesse n'était pas une de ces femmes que l'on dit belles encore pour leur âge, elle était belle comme toute femme eût voulu l'être. Des cheveux noirs ombrageaient magnifiquement un front blanc et vierge de rides, les yeux bleus avaient une limpidité nacrée et voluptueuse, la bouche rose ne s'ouvrait que juste ce qu'il fallait pour laisser voir des dents blanches comme du lait; puis, les plis de la robe accusaient des formes grecques, pour lesquelles plus d'une jeune fille eût donné ses seize ans; joignez à cela une suprême coquetterie, une grâce innée, un esprit charmant, et vous aurez à peu près madame d'Hermi. C'était la femme de salon dans toute l'acception du mot, vers laquelle, à son entrée, se tournent tous les yeux et tendent tous les hommages. Depuis l'époque de son mariage, elle n'avait pas changé; elle avait pris un autre nom, voilà tout. Du reste, pour ce calme du dehors, il fallait le bonheur du dedans, et ce bonheur existait tel qu'on n'eût pu le retrouver nulle part. Il y avait cependant dix-sept ans que madame d'Hermi était mariée: on pouvait ne pas le croire, quand on la voyait seule; mais il n'y aurait bientôt plus moyen de douter, puisque Marie allait faire son entrée dans le monde. Eh bien! madame d'Hermi était tellement sûre de sa beauté, que, loin d'être, comme bien des mères, jalouse du succès qu'allait avoir sa fille et des courtisans qu'elle allait détourner, elle en était fière, et qu'elle se faisait une fête de cette présentation. Or, dix-sept ans auparavant, M. le comte d'Hermi était un des plus élégants jeunes hommes qu'on pût voir, comme mademoiselle Clotilde d'Herblay était une des plus jolies jeunes filles qu'on pût rencontrer. Il y a des existences supérieures que Dieu a créées éloignées les unes des autres, et qu'il se plaît un jour à réunir; nous appelons cela le hasard, ce qui prouve notre athéisme, car c'est Providence que nous devrions dire.

Il se trouva un salon où ces deux natures riches et privilégiées se trouvèrent. M. d'Hermi alla à mademoiselle d'Herblay comme le fer va à l'aimant. M. d'Hermi était cité pour ses bonnes fortunes; aussi le regardait-on partout avec une certaine admiration. Quand on le voyait dans un salon faire sa cour à une femme, de ce jour, cette femme devenait à la mode; on pouvait fermer les yeux, et l'on était sûr que l'élue du comte était jolie, élégante et spirituelle : ce fut donc un spectacle charmant quand les deux jeunes gens se trouvèrent en face l'un de l'autre. Tous les autres hommes disparurent pour Clotilde, toutes les autres femmes s'effacèrent pour le comte; malheureusement, Clotilde n'était pas de celles qui luttent et qui se rendent; elle ne voulait pas un usurpateur, mais un roi légitime. Il fut donc question de mariage. Le mariage se fit. Les époux avaient assez de bonheur intime pour s'exiler des plaisirs d'autrui; ils partirent et se retirèrent dans un château bien mystérieux, bien isolé, bien fait pour les amours romanesques et solitaires. Cela dura ainsi un an, tout un été et tout un hiver. Au bout d'un an, Marie vint au monde.

Madame d'Hermi voulut retourner dans le monde; ce à quoi consentit facilement le comte, chez qui les anciennes habitudes commençaient à reprendre le dessus. La comtesse fut trouvée plus charmante encore que mademoiselle d'Herblay; le comte, par cela même qu'il était marié, eut plus de succès qu'il n'en avait jamais eu, et le château solitaire fut vite oublié. Du moment où les deux époux reparaissaient, c'est qu'ils s'ennuyaient déjà du tête-à-tête, et du moment où ils s'ennuyaient déjà du tête-à-tête, il y avait des chances pour qu'ils acceptassent la première distraction venue. Les hommes firent donc provision de compliments pour la comtesse, et les femmes de sourires pour le comte.

Un mois après sa résurrection, le comte avait une maîtresse, et six mois plus tard la comtesse avait un amant. Alors arriva ce qui arrive toujours : le comte, tout en ayant une liaison illégitime, voulut que sa femme restât sage ; la comtesse, tout en rêvant un amour étranger, voulait que son mari restât fidèle. C'est une prétention réciproque et éternelle.

Un jour, ces deux prétentions se heurtèrent : il y eut orage. Mais comme tous deux étaient gens d'esprit, l'orage finit, comme tous les orages, par de la pluie et du soleil. Des reproches on en vint aux explications, et des explications aux confidences ; on s'avoua mutuellement qu'on s'était aimé plus avec l'esprit qu'avec le cœur, qu'on avait voulu se faire les héros d'un roman, et qu'il serait ridicule d'en devenir les victimes ; qu'on se rendait liberté entière, mais à la condition, toutefois, que le nom et les convenances seraient respectés. Puis, chacun se retira dans son appartement et ne ferma pas les yeux de la nuit, chacun se disant : M'avoir trompé ! moi qui l'aimais tant ; c'est affreux !

Cependant, tout se calma, et il fut impossible de voir un ménage plus uni que celui du comte et de la comtesse. Néanmoins, il arrivait de temps en temps une chose assez bizarre : toutes les fois que le comte avait une maîtresse nouvelle et que la comtesse l'apprenait, elle se passionnait pour son mari ; et toutes les fois qu'elle avait près d'elle un prétendant nouveau, M. d'Hermi se passionnait pour sa femme. Or, soit hasard, soit calcul, les renouvellements d'amour avaient presque toujours lieu en même temps, si bien que le comte se remettait à faire la cour à sa femme, comme autrefois à mademoiselle d'Herblay, et pendant quinze jours ou trois semaines, le concurrent nouveau et la maîtresse nouvelle étaient oubliés ; puis, au bout de ce temps, les choses reprenaient leur cours ordinaire. Du reste, jamais une allusion, jamais un reproche, jamais une querelle. Quant au monde, qui devine si bien quand il ne peut pas voir, il ne disait rien.

Ces habitudes duraient donc depuis une quinzaine d'années, quand Marie sortit de pension ; aussi commençaient-elles à se modérer un peu. Le comte avait quarante-cinq ans à-peu près, et les idées d'amour faisaient place à d'autres. La comtesse avait trente-quatre ans, et jusqu'à ce que Marie fût mariée, elle avait compris qu'il fallait la plus grande retenue. Aussi eût-il fallu être bien méchant pour lui savoir mauvais gré de la liaison qu'elle avait au moment du retour de sa fille. En effet, M. de Bay était chauve, mais discret; peu spirituel, mais très-aimable ; s'il n'était pas très-agréable à la femme, il plaisait véritablement au mari, et c'était bien le moins que madame d'Hermi se sacrifiât de temps en temps pour le comte.

Clotilde n'avait donc pas menti quand elle avait dit à sa fille que son père ne pouvait pas se passer du baron. Du reste, il arrive un âge où les préjugés s'effacent et où les passions se calment. M. d'Hermi et M. de Bay étaient tous les deux arrivés à cet âge; aussi le comte était-il plein de prévenance pour le baron, qui, de son côté, était plein de discrétion et n'abusait aucunement de ses avantages. Tout ce qu'il lui fallait, c'était une maison assez intime pour qu'il pût y venir à toute heure se reposer des conversations banales des salons et des plaisirs médiocres du club. Il avait, ce cher baron, le cœur sinon éteint, du moins fort refroidi, et il voulait avoir une maîtresse à peu près comme on a une tante, pour y venir dîner et passer la soirée. Quant au sentiment, il va sans dire qu'il n'en était que bien rarement question entre la comtesse et lui ; et quand Marie était arrivée, ce n'était pas la crainte de ne plus avoir de tête-à-tête avec sa mère qui avait causé ce sourire grimacieux que nous avons signalé, mais l'ennui d'être dérangé dans ses habitudes. Du reste, c'était une liaison fort convenable : si madame d'Hermi était encore très-belle, le baron ne manquait pas d'un certain mérite. Il avait quarante-six ans, il est vrai, mais il eût pu tirer plutôt vanité que honte de son âge, car il ne le paraissait pas ; il était chauve, nous l'avons avoué, mais ce qui lui restait de cheveux, d'un blond charmant, revenait spirituellement sur le front, et masquait tant bien que mal cette infirmité ; ses yeux semblaient fins, sa bouche était railleuse. En outre, on lui connaissait quelques bonnes fortunes, que, grâce à sa position et à la réputation de son mérite passé, il eût pu renouveler encore. Il y avait donc concession de part et d'autre, car, de son côté, la comtesse eût pu trouver quelque amour jeune et sentimental qui lui eût rappelé les premiers chapitres de sa vie. Mais il faut bien de temps en temps sacrifier quelque chose au monde. A quoi bon livrer sa réputation et peut-être son cœur à des jeunes gens, papillons d'amour qui volent à toutes les fleurs et se brûlent à tous les feux ? Il fallait une liaison solide et avouable, pour ainsi dire, jusqu'au jour où les passions faisant place aux sentiments, et madame d'Hermi s'apercevant que le comte valait autant qu'un autre homme, et le comte que la comtesse valait mieux que les autres femmes, tous deux jetteraient sur le passé le pardon et l'oubli, et en reviendraient à vivre ensemble, comme cela avait été convenu devant l'église.

Quant à M. d'Hermi, gentilhomme dans toute la force du terme, il avait hérité de l'esprit et de la philosophie du dix-huitième siècle. On sentait sa haute aristocratie à une lieue, et rien n'était si fin que son regard, si ce n'est sa parole. Il était amoureux sans exigence, spirituel sans ostentation ; il savait, suivant les circonstances, aimer comme Faublas ou soupirer comme Tircis. Son cœur était, grâce à cette éducation d'un siècle effacé, devenu un de ces caméléons qui prennent toutes les couleurs, un de ces Protées qui prennent toutes les formes ; il savait ce qu'il faut d'amour à une duchesse, et ne comptait pas ce qu'il donnait d'argent à une danseuse ; il savait, par théorie et par pratique, qu'on doit être élégant avec les courtisanes et débraillé avec les grandes dames. Il trompait d'une façon si spirituelle et se repentait d'une façon si charmante, qu'il était toujours absous et toujours aimé. Il faut dire aussi qu'à ce fond admirable se joignait une surface tentatrice. M. d'Hermi était grand, bien fait, noble de tournure et de maintien ; il avait un pied à humilier une femme, une main à faire rougir une reine. Ses cheveux châtains encadraient merveilleusement le visage le plus sympathique qu'on pût voir, digne pour ses égaux, bienveillant pour ses inférieurs. Enfin, on n'avait qu'à voir une fois le comte pour comprendre qu'il n'était pas un de ces hommes qu'on trompe comme Georges Dandin, mais qui se laissent tromper comme Richelieu. Cependant le comte avait compris que ce genre de vie, si heureux pour lui et sa femme, pourrait bien ne pas l'être pour sa fille. Il n'avait donc pas voulu que la chaste enfant grandît au milieu de cette atmosphère quelque peu corrompue, et quand elle avait été en âge de comprendre et de voir, il avait dit à Clotilde :

— Mon avis est qu'il faut éloigner Marie.

Cette fois comme toujours les deux époux avaient été d'accord, et mademoiselle d'Hermi avait été confiée aux soins de madame Duvernay, à Dreux, où demeurait à cette époque une sœur de la comtesse, sœur qui depuis était morte. Enfin tout s'était peu à peu calmé ; Marie rentrait dans la maison paternelle qu'elle retrouvait heureuse, et qu'elle ne pouvait faire autrement que de croire pure. Ce qu'il y avait de certain pour elle, c'est que son père l'aimait toujours et qu'elle était adorée de sa mère, qu'elle allait passer deux bons mois avec une amie qui lui tenait lieu de sœur, que la saison était belle, que le soleil était pur et que Dieu était bon. Aussi était-elle toute à la joie de sa chambre nouvelle et des mille fantaisies dont sa mère l'avait ornée ; aussi embrassait-elle madame d'Hermi, qui, après tout, eût donné tous les plaisirs du monde pour la joie d'un baiser de sa fille qu'elle aimait comme aiment les femmes passionnées, qui ne connaissent de limites ni dans les sentiments ni dans les passions. La chambre était donc pleine de délicieux caquetages, comme le sont les nids d'oiseaux au réveil de la nature ; on avait tant de choses à se dire, tant d'impressions à se raconter, tant de rêves à faire. La jeune mère était heureuse des naïfs enchantements des deux jeunes filles qui lui rappelaient son passé et lui faisaient entrevoir dans l'avenir un bonheur jusqu'alors inconnu ; enfin, après avoir répondu à tous les souvenirs, à toutes les questions, à tous les baisers, madame d'Hermi embrassa de nouveau celles qu'elle appelait ses enfants et leur dit :

— Vous êtes fatiguées de la route, vous avez besoin de vous reposer, je vais vous envoyer Marianne.

Et elle alla rejoindre au salon le baron et le comte, qui causaient comme les meilleurs amis du monde.

— Les enfants dorment? dit M. d'Hermi en voyant entrer sa femme.

— Non, fit la comtesse, les enfants soupent.

— Je vais leur dire bonsoir alors.

Le comte se leva et vint discrètement frapper à la porte de la chambre, où il entra.

— Qu'avez-vous donc, baron? vous paraissez soucieux, disait pendant ce temps madame d'Hermi à M. de Bay.

— J'ai que je vous trouve bien bonne mère, répondit celui-ci.

— Et cela vous étonne?

— Non, cela m'attriste.

— Pourquoi?

— Parce que, pendant que vous pensez à ceux que vous aimez, vous oubliez ceux qui vous aiment.

— Comment, baron, des reproches !

— Non pas ; des réflexions, voilà tout.

— Vous êtes donc jaloux?

— Pourquoi pas.

— De ma fille !... vous conviendrez que c'est de l'exigence.

— Plus l'affection que l'on redoute est impossible à combattre, plus il y a de raisons pour en être jaloux.

— Vous êtes dans un mauvais jour, baron, mais je vous pardonne.

— Au moment de partir, c'est bien le moins que vous puissiez faire, et ce pardon ressemble fort à de la pitié.

— Savez-vous que voilà une véritable querelle d'amoureux ! allez toujours, baron, cela nous rajeunit tous les deux.

— Cela vous rappelle le temps où vous aimiez.

— Et où l'on m'aimait.

Il y eut un silence.

— Voyons, reprit madame d'Hermi, qu'avez-vous à me reprocher?

— Vous le demandez! J'arrive ce soir, je quitte tout pour passer une ou deux heures auprès de vous, et vous ne restez pas une minute avec moi; au moindre bruit de voiture vous me laissez pour voir si c'est votre fille qui arrive, et vous ne revenez que pour me dire que dans deux jours vous partez de Paris avec elle; en vérité, ma chère comtesse, j'ai bien le droit d'être un peu maussade.

— Je dois même avouer que vous abusez de ce droit; mais cependant raisonnons.

— Je ne demande pas mieux.

— Ce qui vous attriste, c'est que je quitte Paris, et c'est de me quitter.

— Certainement.

— Eh bien! partez avec nous.

— Vous savez bien que je n'accepterai pas.

— De la rancune, oh! baron, c'est de mauvais goût.

— Et le comte?

— Le comte fait ce que je veux, et moi je fais ce que vous voulez.

— Décidément, fit le baron en baisant la main que lui tendait madame d'Hermi, vous êtes charmante.

— Vous revenez enfin à la raison.

— Il le faut bien.

— Le comte vous invitera lui-même demain, et vous viendrez nous rejoindre.

— Deux ou trois jours après votre départ? Est-ce cela?

— Qu'on a de peine à se faire comprendre!

— Et Marie, que pensera-t-elle?

— De quoi?

— De mon séjour au château.

— Elle ne pensera rien. Marie est une enfant qui sort de pension, et qui non-seulement ne devine jamais, mais ne voit même pas.

— Allons, c'est chose convenue.

En ce moment le comte ouvrait la porte du salon.

— Mon cher comte, dit M. de Bay en se levant, je vous attendais pour prendre congé de vous.

— A demain, baron, n'est-ce pas?

— A demain, reprit le baron en échangeant une poignée de main.

— Madame la comtesse, continua-t-il en s'inclinant, et se dirigeant vers la porte.

Madame d'Hermi répondit par un sourire et un salut.

M. de Bay sortit.

— Vous avez donné les ordres pour notre départ, dit le comte à Clotilde?

— Depuis hier.

— Et nous partons?

— Après-demain.

— Bonsoir, comtesse.

— Bonsoir, comte.

M. d'Hermi baisa la main de sa femme et sortit à son tour.

Quant à Clotilde, elle ouvrit sa fenêtre, fit un signe de la main à une ombre qui disparut en renvoyant le même signe; puis elle referma la fenêtre, sonna sa femme de chambre, et après avoir été une dernière fois embrasser Marie qui dormait, elle rentra se mettre au lit.

IV

Les choses se passèrent comme il avait été convenu. Il est des combinaisons féminines que le hasard ne peut détruire; le lendemain donc, M. d'Hermi invita M. de Bay à venir passer deux mois en Bretagne. M. de Bay accepta. La comtesse fit comprendre à sa fille que son père ne pouvait pas plus se passer du baron à la campagne qu'à la ville, et tout fut dit.

Les deux jours qui précédèrent le départ furent employés en achats, en promenades, en spectacles. Tout était merveilleux et nouveau pour les deux jeunes filles. Le matin, la comtesse se levait de bonne heure et venait trouver Marie dans sa chambre, comme Marie, enfant, allait trouver sa mère; elle s'asseyait alors auprès du lit, et entre les trois femmes commençaient ces bonnes causeries de cœur et de toilette, de souvenirs et d'espérances; Clémentine et Marie se levaient sous la tutelle de Marianne, et l'on déjeunait. C'est alors que paraissait M. d'Hermi, toujours bon et souriant.

Après le déjeuner on s'habillait de nouveau, car la toilette est la grande occupation des femmes, il ne faut pas être profond observateur pour remarquer ce détail, et l'on faisait atteler. A trois heures, la comtesse, Clémentine et Marie sortaient pour aller au bois : là, commençaient les enchantements. C'étaient des attelages délicieux, des robes charmantes, du monde, du bruit, de la vie, du soleil. Les femmes curieuses sortaient à moitié la tête de leurs voitures pour voir ces deux belles jeunes filles dans la voiture de madame d'Hermi, les cavaliers revenaient sur leurs pas pour reconnaître ces deux charmantes têtes, et ceux qui connaissaient la comtesse la saluaient de leur plus révérencieux salut. Puis au bois on rencontrait M. de Bay, soit à cheval, soit en voiture; on causait quelques instants avec lui, on l'invitait pour le soir, et à six heures la calèche, au grand trot de ses deux chevaux bais, rentrait rue des Saints-Pères, laissant derrière elle bien des commentaires et bien des ambitions. Clémentine avait une moitié de ce paradis, car, mise de la même façon, elle était aussi jeune et aussi belle que sa compagne, et le second jour, si l'on eût demandé leur avis aux deux pensionnaires, quoique Paris fût bien désert, elles eussent unanimement consenti à ce qu'on retardât le départ.

En effet, quand arrive l'été, la campagne est charmante pour ceux qui sont fatigués des affaires ou des plaisirs de l'hiver, et qui vont demander à l'air des champs et des bois une santé nouvelle pour l'hiver suivant; mais pour deux belles enfants qui ont passé toute l'année à la campagne, Paris, si déserté qu'il soit, apparaît comme un monde magique, plein de rêves et de tentations, qu'il est douloureux de quitter. Les soirées, si monotones en province, complètent si bien les journées à Paris! En faveur des nouvelles arrivées, la comtesse dérogea à ses habitudes, et pendant deux soirs elle alla au spectacle, à peu près inconnu aux provinciales, si bien que le troisième jour, quand il fallut partir, les deux amies l'aimaient déjà.

Pendant ce temps, M. de Bay avait fait sa cour aux jeunes filles, et l'avait si bien faite, que Marie le trouvait charmant, que Clémentine le trouvait jeune, et qu'elles étaient enchantées toutes deux qu'il vînt rejoindre le comte en Bretagne. Quant à M. d'Hermi, il était fier du retour de sa fille. Cette affection virginale, cet amour pur rajeunissait et rassérénait son cœur. Au point de vue de la morale, on eût pu blâmer chez le comte beaucoup de choses qu'excusait cependant l'héritage d'une autre époque; mais pour tout ce qui regardait Marie, il redevenait le conseiller le plus chaste et le mentor le plus exigeant qu'on pût trouver. Quand il regardait ces beaux yeux bleus que nul autre homme que lui n'avait encore regardés, quand il prenait ces mains blanches, quand il répondait à ce sourire auquel lui seul et Clotilde avaient droit encore, il avait dans l'âme de nobles élans et de bonnes pensées qui eussent racheté bien des choses; il lui semblait qu'il eût pu passer le reste de sa vie dans cette sainte contemplation; en effet, c'est une poésie si radieuse qu'une jeune fille qui passe au bras de son père ou de sa mère, indifférente à toutes les passions humaines qui se heurtent et se choquent sur son chemin, que ce serait un bienfait de lui conserver cette innocence et cette ignorance du cœur qui la font calme et belle. M. d'Hermi était comme jaloux de sa fille, il eût voulu la garder toujours auprès de lui, et cette existence qui se fût passée à la voir heureuse et insouciante, ne s'occupant que de toilette, ne sachant que l'aimer, lui eût paru la plus douce qu'il pût mener. Malheureusement, il savait bien que, malgré tout son amour, il ne pouvait suffire au bonheur de Marie; il savait bien qu'un jour la jeune fille se ferait femme, et que les passions du monde succédant aux affections de la famille, quelque amour inconnu viendrait faire briller ces beaux yeux d'un nouvel éclat, et peut-être les ternir de leurs premières larmes; c'était cela qu'il redoutait. La vie qu'il avait comprise pour lui et Clotilde d'une façon un peu bizarre, il était loin de la comprendre ainsi pour Marie : si le mari de sa fille eût été comme lui, il eût tué ce mari.

C'étaient toutes ces pensées qui traversaient l'esprit du comte lorsque, assis à côté de la belle enfant, il la voyait sourire, et lorsque derrière l'azur de ses yeux il devinait l'azur de son âme. Pour nous, nous ne savons rien de plus beau qu'une jeune fille, et nous ne croyons pas que parmi toutes les splendeurs qui le prouvent, Dieu ait créé une expression plus frappante de sa divinité. Lorsqu'on abandonne le monde de fausses impressions et de factices amours au milieu duquel on commence à vivre dès qu'on a dix-huit ans, et qu'on se retrouve tout à coup dans un autre monde qui n'est peut-être pas meilleur, mais qui au moins cache autant que possible qu'il est mauvais, rien n'est consolant comme la vue d'une jeune fille qui croit encore qu'il n'y a sur la terre que la danse, les robes et les fleurs, dont la bouche est vierge de baisers, dont le cœur est vierge d'amour, qui console la douleur sans en demander la cause, qui croit tout sourire vrai, toute amitié réelle, toute affection sincère, dont les yeux fermés pour le soupçon ne devinent pas la possibilité du mal, et qui, lorsqu'elle se trouve dans un théâtre ou une promenade auprès d'une de ces femmes perdues parce qu'elles n'auront jamais le repentir, l'admire naïvement si elle est belle, et peut-être l'envie, sans se douter de la distance qui les sépare.

Voilà ce qu'était Marie, c'est-à-dire tout simplement un ange; ses yeux et son âme pouvaient voir ou rencontrer les mauvaises pensées des autres sans en garder la moindre empreinte; c'était pour elle un livre écrit dans une langue étrangère, mais orné de belles gravures qu'elle pouvait regarder. On comprend donc les craintes de M. d'Hermi, car sa sagesse lui venait de son esprit; aussi était-il fort embarrassé de l'avenir de sa fille. — Si je la laisse choisir, se disait-il, elle choisira un beau garçon, qui sera comme moi, qui au bout d'un an ne l'aimera plus, et qui en fera ce que j'ai fait de Clotilde; peut-être serait-ce encore le bonheur pour elle, puisque Clotilde paraît heureuse ; mais pour moi, ce serait affreux, et je la tuerais si je la voyais ainsi. Si je lui choisis moi-même un mari, je vais lui donner un homme de quarante ans, qui sera un vieillard quand elle sera à peine une femme, qu'elle ne pourra pas aimer ; et alors elle aura le droit de me demander compte de son avenir, que j'aurai détruit, et du malheur que je lui aurai fait en échange de la joie qu'elle m'aura donnée. Et le comte se levait, allait voir sa fille, qu'il trouvait rieuse avec sa mère ou son amie ; il l'embrassait et se disait : Attendons.

Il semblera peut-être étrange que M. d'Hermi, occupé jusqu'à cette époque de ses amours, prît tout à coup un tel soin de l'avenir de sa fille ; c'est que, si indifférent, si dissolu que le monde ait fait un homme, Dieu lui a toujours conservé dans un pli du cœur invulnérable et caché un de ces sentiments qui, plus tard, deviennent l'abri mystérieux et bienfaisant où il se repose et se désaltère ; c'est que, par ses amours passés, le comte connaissait les femmes, et que jamais il n'avait vu chez aucune ce regard, cette candeur et cette virginité d'âme qu'il voyait chez Marie ; c'est qu'il commençait à connaître les hommes, et qu'il tremblait d'associer à la vie de sa fille la vie d'un de ceux qu'il rencontrait tous les jours. Du reste, le comte avait toujours été le même, il avait toujours adoré Marie ; quand elle était encore au berceau, il s'amusait, lui, l'homme à la mode, l'homme le plus attendu de Paris, à jouer des soirées entières avec ces petites mains qui lui tiraient les cheveux, à contempler cette petite bouche qui riait, et ces grands yeux éclairés du plus joli regard bleu qu'on pût voir. Ces moments-là étaient rares, mais enfin ils étaient ; et les nuits qui leur succédaient n'étaient pas les plus mauvaises que passât le comte.

Il avait donc bâti son avenir sur l'espérance de cet amour, ce qui ne l'avait pas peu enhardi à faire bon marché des autres. Quant à Clotilde, M. d'Hermi ne lui communiquait même pas les pensées qu'il avait depuis quelque temps. Elle n'avait pas changé le moins du monde, elle ne voyait pas plus clair dans la vie de sa fille que dans la sienne ;

non-seulement elle ne combinait pas un avenir pour Marie, mais elle ne semblait même pas supposer que l'on dût s'occuper de cet avenir. Elle aimait sa fille à lui sacrifier tout ce qui la faisait heureuse, à lui donner sa vie; mais il est probable que si Marie n'eût eu que sa mère, ou elle ne se fût jamais mariée, ou elle eût fait un déplorable mariage, en ce sens que la comtesse lui eût laissé épouser le premier homme qu'elle eût cru aimer.

Marie, placée ainsi entre deux amours si semblables et si différents, ne s'occupait pas du lendemain, mais du présent : pas de probabilités, mais des certitudes. Or, les certitudes étaient sa sortie de pension et son entrée dans le monde, la fortune, la beauté, et la réalité de tous les rêves du cœur. Pendant deux jours, elle avait dû être le sujet de bien des conversations; mais, comme les miroirs, elle n'avait rien gardé des ombres qui avaient passé devant elle. Elle avait vu bien des jeunes gens qu'elle avait, dans l'ensemble, trouvés naturellement moins ridicules que ceux qu'elle voyait aux bals de sa province; mais si sentimentale et si romanesque qu'elle eût pu être, nous devons dire que pas un n'avait eu cette influence de fixer plus d'un instant ses yeux ni d'occuper son esprit, et qu'après la promenade et le spectacle, elle était rentrée chez sa mère comme elle rentrait chez madame Duvernay. Ce qu'elle regrettait à Paris, ce n'était donc que la vie nouvelle et bruyante que, du reste, deux mois plus tard, elle allait retrouver plus bruyante encore. Quant à Clémentine, rester ou partir, peu lui importait; elle était heureuse partout.

En conséquence, ce qui avait été dit fut fait : le troisième jour après l'arrivée de Marie, quatre chevaux de poste, attelés à une élégante berline de voyage, faisaient leur bruit accoutumé dans la cour. Les deux jeunes filles descendaient, joyeuses et bondissantes comme des faons, et s'installaient sur le devant de la voiture; le comte et la comtesse prenaient place dans le fond; Marianne montait sur le siége de derrière avec un ancien serviteur de la maison; les postillons se mettaient en selle, et les quatre chevaux blancs partaient au galop.

V

Or, c'était un ravissant château que possédait M. d'Hermi, près de Poitiers. Il élevait joyeusement, au milieu des genêts, ses tourelles de briques et ses toits pointus ; contemporain de Louis XIII, il avait gardé toute la tournure et tout le caractère de cette époque : aussi était-ce vraiment regrettable de voir descendre de ses perrons des personnages en habits noirs, sombres et mesquins ; car, en le voyant, l'imagination ne le peuplait que d'élégants cavaliers au pourpoint et au manteau de velours, au feutre à longues plumes, et se promenant la tête haute et la main sur la poignée de leur rapière. Après tout, nous regrettons toujours les costumes du temps passé, je ne sais pourquoi. Peut-être ceux qui les portaient avaient-ils l'air fort maussade de les porter, peut-être ne savaient-ils où mettre leur large feutre et cognaient-ils partout leur longue épée, et s'ils revenaient aujourd'hui au monde, seraient-ils fort enchantés de retrouver les hommes les jambes dans des pantalons, le corps dans des sacs et la tête sous des espèces de tuyaux plus ou moins allongés. Toujours est-il que si le costume était incommode, il était beau, et qu'il est fâcheux, quand un peuple a porté l'épée, qu'il en soit arrivé à porter une canne.

C'eût donc été, nous l'avouons, une chose fort de notre goût qu'une fête sous Louis XIII, dans ce magnifique parc qui s'étendait tout autour du château, sombre comme un nid d'aigle. Il y avait des pelouses faites pour se promener cinq cents, il y avait des coins faits pour causer deux, on se perdait dans les bois où passait furtivement un chevreuil étonné, et dans ces genêts éclatants comme des gerbes d'or et touffus comme une forêt. Quand on avait parcouru toutes ces magnificences de feuilles, d'ombre et de fleurs ; quand on avait passé dans ces allées immenses tracées, par des arbres séculaires, pour des géants disparus ; quand on avait entr'ouvert les portes des cabanes mystérieuses, semées çà et là comme des oasis, et longé les allées étroites et sablées qui mènent on ne sait où, qui isolent à la fois les pas et la pensée du reste du monde, qui cachent assez de parfums et assez de chansons pour enivrer pendant toute la route, et dont les feuilles serrées tamisent le soleil qui les dore, on arrivait à la plaine. Là s'élevait la ferme, avec son bruit accoutumé ; on voyait alors, sous le jour ardent, les moissonneurs de toutes couleurs portant leurs gerbes, les vaches inquiètes s'arrêtant au moindre bruit, et les joyeux troupeaux avec leurs sonnettes mélodieuses à force de monotonie : c'était la vie après la solitude, le bruit après le silence. Si le dehors était charmant, le dedans était adorable, plein du mouvement des chevaux, des charrues et des hommes ; plein d'oiseaux qui viennent en parasites vivre aux dépens de ceux qui les écoutent, plein de canards indifférents, de coqs, de pigeons, de poulets, ces mille notes ailées et remuantes composant le concert quotidien qui commence dans les fermes à cinq heures du matin et ne finit qu'à sept heures du soir.

La première chose qu'avaient faite Clémentine et Marie, en se réveillant le lendemain de leur arrivée au château, avait été de se lever et de se mettre à parcourir ce domaine tout nouveau pour l'une des deux, mais déjà rempli de souvenirs d'enfance pour Marie. Elles avaient donc, savourant à longs traits la liberté, sillonné en tous sens parc, pelouses et forêt, affronté les sentiers les plus hasardeux, riant comme des folles et n'effarouchant cependant pas les oiseaux, qui les reconnaissaient pour leurs sœurs ; elles avaient ainsi, d'allée en allée, gagné la ferme, où elles avaient été reçues avec des acclamations de joie par la fermière et le fermier, et des cris de terreur par les poulets et les canards. Alors elles avaient tout visité, laissant partout un reflet de leur grâce native ; complimentant ces braves gens sur la tenue de la ferme, admirant toutes choses, buvant du lait, mangeant des fruits et courant comme des chèvres sauvages ; puis, après avoir caressé une dernière fois les enfants blonds et jouant à la porte, qui eussent eu un teint charmant s'ils n'avaient pas mis leurs mains dans l'eau où les canards mettent leurs pattes, et de là sur leur figure, elles étaient remontées sur leurs chevaux, et, leur estomac sonnant l'heure du déjeuner, elles étaient rentrées au plus vite. Le déjeuner était servi dans une de ces magnifiques salles à manger des temps passés, où l'on croit toujours voir apparaître quelque chevalier des vieilles légendes sévère et hospitalier. Deux immenses bahuts de bois de chêne montraient à travers leurs vitraux les plats d'argent héréditaires, brillants comme un rayon de soleil; le long du mur tendu d'une épaisse et sombre étoffe, étaient rangées les chaises de bois noir que le confortable moderne avait dotées de certains coussins de velours auxquels nos pères eussent eux-mêmes été sensibles. Le soleil, pénétrant par la large fenêtre entr'ouverte, faisait ressortir sur les rideaux les arabesques d'or qui les brodaient; du plafond traversé de lourdes poutres descendait une longue lampe aussi ancienne et à la fois aussi commode que possible, et au-dessous, ce qui à l'heure où les deux jeunes filles rentraient occupa le plus leurs yeux, nous devons le dire, s'étalait sur la table carrée le déjeuner quotidien.

Le repas achevé, Marie emmena Clémentine visiter l'intérieur du château. Derrière la salle à manger se trouvait un escalier de pierre, large et entouré d'une rampe de fer; en haut de cet escalier, s'étendait un long corridor éclairé par de petites fenêtres; c'est là qu'étaient les portraits de famille, depuis le temps de saint Louis jusqu'à nos jours; ils étaient tous roides, comme des gens qui posent pour l'avenir; les uns, droits et secs dans leurs armures; les autres, fiers et hautains dans leurs pourpoints; ceux-ci avaient l'air belliqueux, ceux-là avaient l'air modeste, selon qu'ils avaient des régiments ou des abbayes; puis venaient les portraits de ceux qui se rapprochaient de nous. Ici, portant des dates joyeuses; là, des dates sanglantes; ici, Louis XV; là, la révolution. Tout, du reste, dans cette galerie, avait l'air imposant. Sous tous ces costumes, armures, pourpoints ou habits, on devinait de nobles cœurs et de bonnes inspirations; on comprenait la fierté que devait avoir le dernier descendant de ces nobles aïeux, en montrant ces tableaux et en disant : Voilà d'où je viens.

Cependant les deux amies ne restèrent pas longtemps en contemplation devant ces belles figures, et quittant la galerie, elles allèrent visiter les autres appartements. Chaque époque avait mis son cachet et laissé la trace de son passage dans ce charmant château. Du siècle qui l'avait vu naître, il restait la tenture sombre et les meubles lourds, comme dans la salle à manger. De Louis XIV et de Louis XV, il restait des boudoirs dorés, surchargés de peintures mythologiques; mais il n'avait spirituellement gardé de l'empire qu'un salon blanc or et pourpre, abdiquant les porcelaines, les meubles et les ornements de mauvais goût qui caractérisent cette belliqueuse époque; enfin, madame d'Hermi s'y était créé le plus merveilleux nid qu'une femme puisse rêver, nid de satin et de dentelles, qu'une étincelle eût détruit, où le soleil pénétrait rose, où le vent ne pénétrait pas, où l'on dormait d'un sommeil parfumé la nuit, où le velours soyeux assourdissait les pas et protégeait les pieds paresseux, et où enfin, lorsque le piano chantait sous les doigts blancs de la comtesse, l'harmonie était si douce et si voilée, qu'elle semblait plutôt l'écho d'une mélodie céleste que l'expression d'une musique humaine.

Les deux jeunes filles avaient chacune leur chambre tendue d'une fraîche étoffe perse, et pour ainsi dire jumelles; elles avaient vue sur le parc et elles étaient les premières saluées par le soleil et les oiseaux. Enfin, une partie basse du château était occupée par une chapelle. Clémentine et Marie s'y arrêtèrent un instant, et se mirent à faire entendre la religieuse musique de l'orgue. Nous avons tous, jeunes gens que le bonheur rendait sceptiques et que l'apparence seule de la douleur eût rendus si croyants, plus ou moins de la croyance des autres. Nous sommes tous entrés dans une église sans y voir autre chose qu'un symbole sans raison et qu'une tradition sans vraisemblance. Nous avons tous, nous drapant dans l'athéisme que nous voyions affecter par certaines gens, dit que la vie n'avait pas besoin de prière ni de foi; et cependant, sans nous rendre compte, nous suivions une religion quelconque qui n'était qu'un des moyens de celle que l'Église demande; en effet, tout homme, s'il feint de douter de Dieu, a toujours dans le cœur quelque autre amour qu'il adore, qu'il révère et qui le ramène insensiblement à cette vérité dont il doute : enfant, il a une mère; jeune homme, il a une maîtresse, dont, dans les instants d'abandon et de souffrance, il prononce le nom pour se calmer, sans s'apercevoir que derrière ce nom il y a Dieu, et que, comme le marin, au lieu de s'adresser distinctement au Seigneur, il s'adresse à une étoile, voilà tout. Puis, en admettant qu'il doute réellement, c'est lorsqu'il voit souffrir ceux qu'il aime, qu'il est forcé d'en revenir à prier; c'est lorsqu'il est en face d'une douleur incurable par les hommes, c'est lorsqu'il est au chevet d'un malade aimé, c'est lorsqu'il voit la mort s'abattre sans pitié sur le trésor de son amour qu'il pense à cette puissance supérieure, qui seule peut dire à la mort comme à la mer : Tu n'iras pas plus loin, et qui garde toujours dans un des plis de sa bonté céleste l'aumône du pardon pour celui qui se repent. Il est doux de pouvoir se dire : Si je n'ai pas de soutien dans ma douleur, ni ami, ni famille; si lorsque je pleure personne ne pleure avec moi; si mon âme enfin n'a d'écho dans aucun des horizons terrestres, je puis, sans rien demander aux hommes, entrer dans un de ces temples créés par le Christ et placés de distance en distance, comme des relais pour la douleur; je puis, m'agenouillant devant l'autel, écouter la prière qui chante incessamment autour de moi, et quand j'aurai quelques instants mêlé mon cœur et ma voix à ce bourdonnement pieux, je me relèverai dépouillé de regrets et revêtu d'espérances, j'aurai jeté ma robe de fange et de souffrances au milieu du chemin, et j'aurai lavé mon âme dans les eaux du Seigneur; pendant le moment, si court qu'il soit, que j'aurai passé dans cette église, le ciel m'aura dit des choses qu'il ne dit qu'à ceux qui souffrent, et qui souffrant se souviennent de lui; quand je sortirai de sa maison sainte, je serai meilleur qu'en y entrant, je serai plus fort que ma douleur, et je croirai. Voilà ce que dit l'orgue avec sa voix pleine de sanglots, comme le remords de Madeleine, pleine de chants comme la résurrection. Marie et Clémentine, enivrées par cette musique qui naissait sous leurs doigts et qui leur comprimait le cœur et le cerveau à les rendre folles, faisaient tantôt se plaindre, tantôt rire l'instrument sacré, si bien que l'ombre avait déjà gagné la chapelle, qu'elles étaient encore à la même place, semblables à ces génies invisibles de la nuit qui viennent jeter sur la terre cette musique de la nature qui ravit tant les hommes. Tout à coup l'orgue se tut, la dernière note courut frémissante autour de la chapelle, comme ces oiseaux qui, entrés dans une chambre, heurtent les murs sans savoir où fermer leurs ailes, et s'abîma enfin dans le silence. Les deux jeunes filles se regardèrent comme si elles fussent revenues en même temps du même rêve, elles se prirent instinctivement la main, car elles éprouvaient un vague sentiment de peur.

— Il est tard, dit Clémentine.
— Oui, reprit Marie.
— Allons-nous-en.
— Allons-nous-en.

Mais ni l'une ni l'autre ne quitta sa place, il leur semblait qu'en se levant dans l'ombre qui les environnait, elles allaient voir se dresser quelqu'une des pâles figures que leur harmonie avait évoquées, et dont l'apparition devait être terrible ; elles se rapprochèrent alors l'une de l'autre, et bouche à bouche elles se dirent naïvement : J'ai peur. Puis, du même coup elles touchèrent violemment l'orgue, comme pour ne plus être seules ; et au milieu du bruit instantané qui grondait, elles descendirent rapidement l'escalier, le cœur agité comme si elles eussent commis une faute. Arrivées en bas de l'escalier, elles s'arrêtèrent écoutant leur dernier cri s'éteindre, et elles s'approchèrent de la porte ; mais, au moment de la toucher, elles entendirent comme un frôlement de robe et quelques mots échangés à voix basse ; cette fois il n'y avait plus à douter ; il y avait d'autres personnes qu'elles dans la chapelle ; elles s'arrêtèrent suffoquées, n'osant plus faire un pas, se tenant la main et se regardant. Ce fut bien pis encore lorsque cette voix mystérieuse, se faisant plus forte et se rapprochant, murmura : Marie. Cette fois, la jeune fille fut convaincue que c'était l'ombre d'un de ses aïeux qui rôdait dans la salle, et avec l'espérance instinctive des enfants qui appellent à leur secours ceux qu'ils aiment le plus, elle s'écria : Ma mère!

— Eh bien! c'est moi, reprit la même voix, qui n'était autre que celle de la comtesse.

— Ah! c'est vous, ma mère. Ah! c'est vous, madame, dirent les deux belles jeunes filles, en respirant enfin.

— Je vous ai fait peur? reprit madame d'Hermi.

— Je le crois bien, dit Marie en embrassant sa mère.

— Nous ne savions, le comte et moi, ce que vous étiez devenues. Il y a deux heures que nous vous cherchons dans le jardin et dans le bois.

— Il est donc tard?

— Il est huit heures.

— Ah! mon Dieu! et il y a longtemps que tu es ici?

— Il y a une heure que nous y sommes.

— Mon père est donc là?

— Oui.

— Et que fait-il?

— Il se cache.

— Pourquoi?

— Parce qu'il pleure.

— Et qui l'a fait pleurer?

— Toi, ou plutôt vous.

— Nous!

— Oui.

— Et comment?

— Avec votre musique.

— Mon bon père!

— Nous vous cherchions dans la maison, ne vous ayant pas trouvées dehors, et c'est en passant près de la chapelle, où nous ne supposions pas que vous fussiez, que nous avons entendu l'orgue et que nous sommes entrés. Moi je voulais t'appeler tout de suite, car je mourais de faim, mais ton père m'a dit : Écoutons un instant; nous nous sommes alors glissés tout doucement derrière une des colonnes et nous avons écouté. Nous nous sommes assis, et il est probable que si vous ne vous étiez pas lassées de jouer, nous ne nous serions pas lassés d'entendre. Cette musique, oubliée au point d'être nouvelle pour ton père, lui a fait, surtout venant de toi, une telle impression qu'il pleurait comme un enfant et que moi-même j'avais les larmes aux yeux. Quand vous êtes descendues, il m'a dit : Je me sauve, parce que si elles me voient les yeux rouges elles vont se moquer de moi; et il est passé par la porte qui donne dans la petite sacristie. Maintenant, allons dîner, et si jamais vous recommencez, tâchez d'entendre la cloche du dîner, parce que l'orgue, c'est charmant pour le cœur, mais c'est affreux pour l'estomac.

Et madame d'Hermi, entraînant les deux jeunes filles, descendit rapidement l'escalier, et apparut avec elles dans la salle à manger où se promenait le comte. Marie alla se jeter dans ses bras. Après le dîner, on se promena dans le jardin, la comtesse auprès de Clémentine, le comte auprès de Marie. Clémentine et la comtesse parlaient robes.

— Mon bon père, disait Marie à M. d'Hermi, j'ai bien des pardons à vous demander.

— Et de quoi, ma chère enfant?

— De vous avoir fait pleurer.

— Et qui t'a dit cela?

— Ma mère.

— Ta mère est une indiscrète, je voulais que tu ignorasses toujours l'impression que tu m'avais faite, parce que, comme un égoïste, je voulais en profiter sans que tu en susses rien; je voulais t'entendre encore, caché dans un coin comme je l'étais aujourd'hui, et voilà que maintenant je ne le puis plus.

— Pourquoi?

— Parce que, quand tu retourneras à la chapelle, tu te douteras toujours que j'y suis.

— Croyez-vous que je jouerai plus mal pour cela?

— Cher ange, fit le comte en embrassant sa fille, et quand comptais-tu y retourner?

— Je ne sais pas, j'ai eu si peur aujourd'hui!

— Tu as eu peur?

— Oui, quand j'ai vu qu'il faisait sombre; et après le tapage que j'avais fait, quand je me suis retrouvée au milieu de ce grand silence, je n'osais plus bouger de ma place.

— Mais maintenant tu n'auras plus peur, puisque je serai là.

— Oh! non.

— Et tu mèneras l'orgue?

— Tant que vous voudrez.

— Qu'est-ce que je te donnerai pour cela?

— Vous m'embrasserez une fois de plus, et c'est vous qui serez mon créancier.

— Chère enfant, il faut que j'aie fait quelque bonne action dont je ne me souviens plus, pour que Dieu permette qu'il y ait un ange comme toi à mes côtés.

— Vous m'aimez, mon père, et cela suffit à Dieu pour me laisser auprès de vous. Du reste, ce bonheur dont vous parlez va non pas de moi à vous, mais de vous à moi; et si l'un de nous deux doit remercier Dieu, c'est moi, mon père.

— Tu penseras ainsi jusqu'au jour où tu le prieras pour un autre.

— Et pour qui prierai-je Dieu, si ce n'est pour ma mère et pour vous?

— Pour ton mari.

— Pour mon mari?

— Oui, ne faudra-t-il pas que tu te maries à ton tour et que tu nous quittes?

— C'est vrai. Je n'y avais jamais songé; mais est-il bien nécessaire que je me marie? Moi, j'aimerais mieux rester toujours ainsi auprès de vous.

— Cela ne se peut pas, chère enfant, le cœur a des changements prescrits par Dieu lui-même. Cette affection que tu as pour nous ne te suffira bientôt plus; puis, quand Dieu nous reprendra, il faudra bien que tu aies encore quelque chose à aimer sur la terre et que les vivants te consolent des morts.

— Mon père, que dites-vous là?

— La vérité, mon enfant. Il faudra, disais-je, que tu sois pour d'autres ce que ta mère et moi nous sommes pour toi. Dieu dans sa bonté permet qu'à mesure qu'un amour s'éteint dans le cœur, il soit remplacé par un autre qui n'attendait que le vide que laisse le premier en mourant pour prendre toute sa place ; et tu le verras, ma bonne Marie, l'amour que tu auras pour tes enfants sera bien plus fort que l'amour que tu as jamais eu pour nous. Moi-même, quand j'ai perdu ma mère, quoique j'aie bien souffert et bien pleuré, je me suis consolé en pensant à toi. C'est que de tout temps, vois-tu, l'espérance consolera du souvenir et le berceau de la tombe.

— Vous vous trompez, mon père, reprenait la jeune fille, entraînée malgré elle aux saintes confidences ; car souvent, quand j'étais seule dans ma pension, et que je songeais à toutes les choses qui pouvaient me rendre heureuse ou triste, je ne voyais de bonheur que dans notre double amour, et je n'entrevoyais de chagrin que du jour où cet amour cesserait ; depuis, je n'ai jamais changé. Ce matin dans la chapelle, lorsque je jouais de l'orgue, les ombres qui passaient devant mes yeux, les pensées qui traversaient mon esprit étaient ma mère et vous ; ma dernière prière quand je m'endors, ma première pensée quand je m'éveille, sont pour vous deux. Oh ! non, mon père, continuait la jeune fille en se pendant au cou du comte, je ne demande rien à Dieu que de vivre toujours ainsi.

— Eh bien ! écoute, mon enfant, peut-être penseras-tu toujours ainsi, parce que ton cœur merveilleusement bon et chaste est déjà une exception ; mais si un jour, écoute-moi bien, tu ne pensais plus de même, ne me le cache pas par une fausse honte ; ne crois pas que tu doives, parce que tu n'aimes que ta mère et moi maintenant, ne jamais aimer personne, et surtout t'imposer le sacrifice de ne pas me l'avouer. Si dans le monde où tu vas entrer, si dans la nouvelle route que tu vas suivre, et dont tu ne connais encore ni les émotions ni les charmes, tu croyais trouver l'homme dont doit dépendre un jour ton bonheur, dis-le-moi, mon enfant, montre-moi cet homme, et s'il est digne que je lui confie tout ce que j'ai de plus cher au monde, tu seras heureuse. Le Seigneur, chaque fois qu'il crée une âme, lui crée en même temps une âme pareille, car toute âme a sa sœur quelque part ; puis il les sépare, et met quelquefois entre elles deux tout un monde, jusqu'à ce que le hasard, comme disent les hommes, la Providence, comme disent les sages, fasse trouver en face ces deux natures qui, créées l'une pour l'autre, se reconnaissent à des signes célestes et particuliers, et parties ensemble de la même patrie doivent y retourner ensemble. Ceci, vois-tu bien, est la volonté du Seigneur ; s'y opposer, c'est non-seulement se faire malheureux, mais se faire sacrilége. Tout ce que je te demande donc, mon enfant, c'est la franchise, c'est de me prendre pour le confident de tes premières émotions, car personne, tu le comprends bien, ne s'inquiète de ton bonheur comme moi. Tu le vois, je te parle comme à un ami ; c'est que le cœur de la femme est plus tôt formé que le nôtre, et que tout ce que je te dis aujourd'hui doit assurer ton repos à venir. Puis, si nous passons de là aux choses matérielles de la vie, tu es née pour être aussi heureuse que qui que ce soit, tu es jeune, tu es belle, tu es riche, et notre nom peut s'associer aux plus grands. Ainsi, ma chère Marie, ta volonté sera sans doute celle de Dieu, et sera certainement la mienne. En attendant, reste le plus longtemps possible auprès de nous, et tant que nous serons ici, n'oublie pas le bonheur que tu m'as donné ce soir et de quelle façon tu peux me le donner encore.

Et le comte déposa un baiser sur le front de sa fille, qui resta toute pensive. Puis, après quelques derniers tours, chassés par la nuit qui commençait à se faire froide, ils rentrèrent tous les deux, suivis de la comtesse et de Clémentine. Les deux enfants embrassèrent M. et madame d'Hermi et montèrent dans leurs chambres.

Au moment où elles ouvraient la porte, Clémentine dit à Marie :

— Nous avons causé chiffons, ta mère et moi. Comme elle a du goût !

Et elle se mit à raconter à son amie tout ce que lui avait dit la comtesse. Pendant ce temps, Marie, assise devant sa glace, écoutait en songeant. Marianne ouvrit la porte comme de coutume pour aider la jeune fille à se mettre au lit.

— Merci, ma bonne Marianne, lui dit Marie en l'embrassant, nous nous coucherons seules ce soir.

— Qu'as-tu donc? fit Clémentine quand Marianne eut refermé la porte.

— J'ai, répondit la pieuse enfant, que si vous avez causé de chiffons, nous avons parlé d'avenir, et que si ma mère a bien du goût, mon père a bien du cœur.

— Alors, reprit Clémentine en riant, ils ont juste à eux deux tout ce qu'il faut pour que tu sois la femme la plus heureuse de la terre, et si tu ne l'es pas, c'est que tu y mettras de la mauvaise volonté.

VI

Le baron de Bay était resté à Paris. Il avait été convenu, comme on se le rappelle, qu'il ne partirait que deux ou trois jours après le comte et la comtesse. Le baron était véritablement comme un corps qui a égaré son âme, et il cherchait vainement dans ce qui fait les distractions des autres ce qui le pouvait distraire de sa solitude momentanée. Il alla au cercle, où il s'ennuya un peu plus que s'il était resté chez lui ; il en sortit à neuf heures, se souvint qu'on jouait *la Juive*, et entra à l'Opéra. La salle était comble. Le baron ne trouva pas une stalle libre, ce qui le força à se mettre en quête d'une loge où il connût quelqu'un à qui il pût demander l'hospitalité. Le hasard voulut que tous les visages fussent inconnus au baron, et il allait se retirer quand, après avoir lorgné un personnage qui se trouvait tout seul dans une baignoire, il s'écria :

— Ah ! pardieu ! voilà mon affaire ; et il courut se faire ouvrir la loge.

— Tiens, c'est vous? dit le spectateur en voyant entrer le baron.

— Oui, mon cher Emmanuel, c'est moi, fit M. de Bay en tendant la main à son ami, moi qui viens vous demander une place dans votre loge.

— Vous êtes le bienvenu ; asseyez-vous.

— Mais comment se fait-il que vous, l'homme austère, vous soyez au spectacle?

— Ma foi, je n'avais pas l'intention d'y venir. Vous savez à quoi se passe ma vie et que je n'aurais jamais une semblable idée, non pas que je fasse fi de la musique et de la littérature, Dieu m'en garde! mais parce que mes journées sont si pleines, que le soir je préfère me reposer quand je suis fatigué, ou travailler quand je ne le suis pas; mais aujourd'hui, continua en souriant celui que le baron avait appelé Emmanuel, et que nous ne connaissons encore que sous ce nom, mais aujourd'hui je sacrifie au mystérieux.

— Que voulez-vous dire?

— Je veux dire que, ce matin, j'ai reçu une lettre à laquelle je n'ai pas prêté une grande attention d'abord, mais dont, ne sachant que faire, j'ai suivi le conseil, et qui contenait ces mots:

« Allez ce soir entendre *la Juive,* c'est une belle musique qui vous reposera, sans compter qu'il y aura dans la salle quelqu'un qui sera heureux de vous y voir. »

— Voilà tout?

— Oui.

— Et vous êtes venu?

— Comme vous le voyez.

— Comment était l'écriture de la lettre?

— Fine.

— Une écriture de femme?

— Évidemment.

— Allons, c'est une bonne fortune.

— En tout cas, dit Emmanuel, c'est une bonne fortune qui perd son temps.

— Pourquoi?

— D'abord, parce que je ne crois pas aux bonnes fortunes, ensuite parce que je vais partir.

— Et où allez-vous?

— A L..., à une lieue de Poitiers.

— Et vous partez seul?

— Oui.

— Voulez-vous faire route avec moi?

— Très-volontiers. Vous allez donc aussi de ce côté-là?

— Je vais chez le comte d'Hermi.

— En effet, c'est presque un voisin de campagne, son château est à trois quarts de lieues de ma maison.

— Vous le connaissez?

— De nom seulement.

— Eh bien! mon cher, vous ferez avec lui plus ample connaissance, et vous en serez enchanté.

— Je dois vous prévenir que je vais là-bas pour travailler.

— Vous chasserez bien un peu?

— Oui.

— Alors, vous chasserez chez le comte; je vous invite en son nom.

— Vous êtes donc très-intime avec lui?

— Tout ce qu'il y a de plus intime. Et quand comptez-vous partir?

— D'ici à deux ou trois jours.

— Comme moi.

— Comment partirez-vous?

— Dans ma voiture.

— Elle est grande?

— Comme une chambre.

— Et douce?

— Comme un lit.

— En vérité! Ah! mon cher, je suis bien heureux de vous avoir rencontré. Ah çà! pas de folie.

— Je ne comprends pas.

— N'allez pas rester à Paris.

— Qui m'y retiendrait?

— La dame à la lettre.

— Êtes-vous fou? D'ailleurs, je ne la connais pas.

— Vous devez bien penser qu'elle ne s'en tiendra pas là.

— Que m'importe! Ne vous ai-je pas dit que je ne croyais pas aux bonnes fortunes?

— C'est possible; mais elle y croit peut-être, elle. C'est que vous êtes une bonne fortune, vous.

— En quoi?

— En tout.

— Vous plaisantez.

— Aucunement. Vous êtes jeune, vous avez un beau nom que vous portez dignement, et vous êtes en ce moment l'homme dont on s'occupe le plus à Paris.

— Ah! mon cher, j'aimerais mieux qu'on n'eût jamais prononcé mon nom! Vous ne pouvez croire combien je suis las de toutes ces luttes. Il y a des jours où je suis prêt à tout abandonner, et la preuve est que je quitte Paris.

— Pour travailler plus tranquillement. Je vous connais, allez, mon cher Emmanuel, et je ne crois ni à votre découragement ni à votre désir de changer de vie. Savez-vous que vous faites une rude guerre au ministère?

— Et il sautera! fit Emmanuel avec énergie.

— Vous voyez bien, répondit en riant M. de Bay, que vous n'êtes pas lassé de la lutte.

— Allons, cher ami, ne parlons plus de ces gens-là, j'en parle assez à la Chambre; écoutons plutôt cette magnifique prière que chante si admirablement Duprez. Que les gens qui ne voient que ce côté de la vie sont heureux, mon cher baron! Quand on pense qu'on s'occupe de renverser un ministère, quand on pourrait venir écouter de la musique! Tenez, les hommes sont fous, quand ils ne sont pas méchants. Écoutons.

Emmanuel se rejeta dans le fond de sa loge, posa son coude sur sa chaise, sa tête sur sa main, et écouta. Pendant quelques instants, le baron en fit autant; puis, machinalement, il regarda son ami, lequel paraissait avoir été plongé dans l'extase par la musique qu'il entendait. Malgré lui, M. de Bay considérait avec attention la tête qu'il avait sous les yeux. En effet, il était difficile de voir un type de visage plus fin, plus intelligent, plus noble, plu caractérisé.

Emmanuel de Bryon avait la tête petite, sans barbe, car il n'était pas de ceux qui croient que l'originalité du visage vient de là. Au contraire, il était convaincu, et avec raison, qu'il n'y a pas dans les traits de l'homme une ligne inutile, et que la barbe enlève toujours quelque chose à la physionomie. Il était pâle, d'une pâleur native, douce et distinguée; ses yeux étaient bleus, hautains et bienveillants; on voyait dans son regard qu'Emmanuel était à la fois facile et indomptable; ses yeux reflétaient son âme telle qu'elle était, noblement enthousiaste et noblement ambitieuse; deux rides perpendiculaires traçaient la volonté sur ce front jeune encore. Un léger clignement d'yeux faisait croire, lorsqu'il regardait une chose, qu'il ne la jugeait pas instantanément et qu'il s'y reprenait plusieurs fois pour en comprendre la forme ou en bien saisir l'idée. Un homme qui eût vu de l'impertinence dans cette façon de regarder eût été un sot. Le nez était droit et aidait bien à l'ensemble et au caractère typique de ce visage. La bouche était légèrement relevée à droite, et n'eût-on vu que cette partie de la tête de M. de Bryon, on eût reconnu en lui de l'esprit, de la grâce et de l'énergie. Les dents étaient petites et blanches, les lèvres minces, un peu séchées par une parole fréquente, un peu pâlies par une étude assidue. M. de Bryon était vêtu de noir, non pas qu'il fût en deuil, mais parce que cette couleur séyait mieux en même temps à son visage et à ses habitudes.

Ajoutez à ce portrait des mains à la façon de Van Dyck, potelées, aux ongles roses, aux doigts allongés, mains dont évidemment Emmanuel devait prendre un soin minutieux, malgré l'horreur qu'il avait de tout ce qui rapproche l'homme de la femme; recouvrez jusqu'au tiers ces mains d'une manchette de batiste élégante et plissée, et vous aurez Emmanuel, surtout si vous avez remarqué qu'il est de taille ordinaire et que l'aristocratie de son pied correspond à celle de sa main.

M. de Bay ne se lassait jamais, chaque fois qu'il rencontrait ou qu'il voyait Emmanuel, d'admirer au physique cette nature aussi complète que la nature humaine peut l'être, et vers laquelle il subissait une attraction toute particulière. Quant à Emmanuel, la musique avait fini par l'attirer magnétiquement, pour ainsi dire; si bien que, ses deux mains posées sur le devant de la loge et le menton sur ses deux mains, il écoutait attentivement, avec un plaisir aussi naïf, avec une joie aussi ingénue, que s'il avait été encore un enfant et qu'il eût vu ce spectacle pour la première fois. Le baron, après avoir fait cet examen physique qu'il avait fait si souvent, et qui achevait si bien pour lui la ressemblance matérielle avec la ressemblance morale de son ami, détourna ses yeux d'Emmanuel, satisfait de n'avoir trouvé aucun changement dans les signes de ce sympathique visage; et comme il savait *la Juive* par cœur, et qu'une voix intérieure la lui chantait avant le chanteur, il prit sa lorgnette et se mit à lorgner les femmes qui composaient la salle.

Parmi ces femmes, il y en avait une qui lorgnait si obstinément Emmanuel, dont elle ne pouvait voir que le profil, que M. de Bay chercha d'abord à la reconnaître; mais comme elle avait devant les yeux une de ces grosses lorgnettes blanches dont la mode commençait à cette époque, et qui cachent complétement la tête de celui qui lorgne, il lui fallut bien attendre que la lorgnette se fût abaissée. Elle s'abaissa. Ce fut le baron qui, à son tour, commença une scrupuleuse investigation qui n'échappa point à cette femme, et qui ne parut même pas lui être désagréable, car elle ne fit rien pour l'éviter. En ce moment, la toile tomba sur la dernière note du quatrième acte, et au milieu des applaudissements de toute la salle.

— Dites donc, Emmanuel, fit alors M. de Bay en touchant du doigt M. de Bryon, encore plongé dans son admiration, connaissez-vous cette femme?

— Quelle femme?

— Celle que vous voyez là-bas dans la troisième loge de face, à partir de l'entrée de gauche.

— Toute en blanc?

— Oui.

— Avec un énorme bouquet sur le devant de la loge?

— Justement.

— Non, je ne la connais pas. Pourquoi me demandez-vous cela?

— Parce qu'elle n'a cessé de vous lorgner pendant tout cet acte. Je ne serais pas étonné d'une chose.

— De laquelle?

— Ce serait que cette femme fût celle qui vous a écrit.

— Pourquoi cela?

— Il faut bien que ce soit quelqu'un, et son insistance à se faire remarquer de vous me fait supposer que c'est elle. Pour désirer que vous vinssiez ici ce soir, il fallait que celle qui vous écrivait y vînt, n'est-ce pas?

— C'est juste.

— Eh bien! je parierais que la lettre vient de cette femme.

— Cela se peut bien, fit négligemment Emmanuel.

— Cela ne vous préoccupe pas davantage?

— Que voulez-vous que cela me fasse? Je ne lui suis reconnaissant que d'une chose, c'est qu'elle m'ait fait entendre *la Juive*, que dans ma laborieuse paresse je n'avais jamais songé à venir voir.

— Quel homme vous faites! Cette femme est charmante, continua le baron, qui commençait à croire qu'il pouvait lorgner sans scrupule la mystérieuse spectatrice, et qui en profitait largement. Elle a de très-beaux cheveux noirs au milieu desquels ce velours cerise fait un très-bon effet; des dents magnifiques, un sourire de corail et de perles, comme disent messieurs les poëtes, un teint mat et des sourcils pleins de promesses. Diable! mon cher, mais c'est une très-jolie femme. Voyez donc ces épaules, ce bras, ces mains, et ce cachemire rouge brodé d'or sur lequel elle s'appuie, et qui est d'un heureux contraste à côté de sa robe blanche. Quelle artiste! Encadrée ainsi dans sa loge, on dirait un tableau du Titien. Vous êtes un heureux, Emmanuel.

Tout cela était dit d'un ton moitié convaincu, moitié railleur, qui faisait sourire M. de Bryon.

— Lorgnez-la donc à votre tour, reprit M. de Bay en passant la lorgnette à Emmanuel.

La femme, qui, avec cet admirable instinct des femmes, avait compris qu'il était question d'elle dans la loge d'Emmanuel, vit le mouvement que fit le baron, et chercha quelle pose elle devait prendre pour se présenter le mieux à la lorgnette de M. de Bryon.

Rien de tout cela n'échappa au baron, qui, de plus en plus convaincu, dit à Emmanuel:

— Cette femme et votre correspondante inconnue ne font

qu'une, soyez sûr de cela, mon cher ami. D'ailleurs, nous allons bien savoir, voilà le petit marquis de Grige qui entre dans sa loge, je vais lui faire signe de venir nous voir.

— Ces choses-là vous amusent donc? mon cher baron, fit Emmanuel en reposant la lorgnette sur le devant de la loge.

— Ma foi, oui.

— Je voudrais bien être comme vous.

En ce moment, le baron saluait de la main le jeune homme qui venait d'entrer dans la loge de l'inconnue, et lui faisait signe de descendre, signe auquel le marquis répondait par un mouvement de tête affirmatif.

VII

Donc, quelques instants après, le marquis de Grige descendit dans la loge d'Emmanuel. Il tendit la main à M. de Bay et salua M. de Bryon, à qui le baron le présentait.

— Quelle est donc cette charmante femme avec qui vous causiez tout à l'heure? dit le baron au nouveau venu.

— Vous ne la connaissez pas? fit celui-ci d'un air étonné et en s'asseyant, tandis qu'Emmanuel ne semblait prêter qu'une médiocre attention à ce dialogue.

— Non.

— C'est la belle Julia Lovely.

— Mais c'est un nom à la fois anglais et italien; de quel pays est-elle donc?

— Elle est Française, répondit le marquis en souriant, mais c'est une Française originale. Regardez-la bien, il est impossible que vous ne l'ayez pas déjà vue quelque part.

Le baron lorgna Julia de nouveau.

— En effet, dit-il, cette tête ne m'est pas inconnue.

— Elle est à toutes les premières représentations de l'Opéra, elle a loge aux Italiens.

— C'est juste, je la connais maintenant. Mais, dites-moi donc, c'est une femme entretenue?

— A peu près.

— Elle a été la maîtresse du duc de Pol...

— C'est cela même.

— Ah! pardieu! je crois bien que je la connais! Alors, mon cher, ajouta le baron en se tournant vers Emmanuel, c'est bien elle qui vous a écrit.

— Une lettre sans signature? demanda le marquis.

— Oui, répondit Emmanuel avec un sourire.

— Trois ou quatre lignes au plus?

— Justement.

— Un rendez-vous?

— Ici, et ce soir.

— C'est elle! n'en doutez pas; je reconnais ses façons.

— Ces sortes de lettres sont donc dans ses habitudes?

— Je vous le répète, mon cher baron, c'est une femme exceptionnelle. Il faut qu'elle ait en politique, en art, en littérature, l'homme qui domine tous les autres; ce qui contribue à me convaincre que c'est elle qui vous a écrit, monsieur, fit M. de Grige à Emmanuel. Elle mène un très-grand train, est très-capricieuse et n'a pas de dettes. Elle a de vingt-sept à vingt-huit ans; elle est exécrée des femmes et s'est fait un entourage des hommes les plus distingués. On la dit méchante.

— Vous avez donc été son amant? demanda le baron.

— Jamais. Je l'ai connue du temps qu'elle était la maîtresse de de D..., notre grand peintre, lequel était un de mes amis. Ils se sont quittés bien vite; mais j'ai continué à la voir. Ah! il faut vous dire, monsieur de Bryon, qu'avec elle les liaisons ne sont pas de longue durée: elle a des amants comme on a une bibliothèque ou un herbier. Ce qu'elle veut des sommités, ce n'est pas leur amour, c'est leur nom. Quand elle a deux, trois ou quatre autographes amoureux, elle les entoure d'une faveur rose, et elle met à la porte celui qui les a écrits. Il est libre, il est vrai, de rentrer comme ami, et son couvert est toujours mis à la table de son ancienne maîtresse. Mais je dois dire qu'avec le caractère que je lui connais, si jamais elle devenait amoureuse d'un homme, et que cet homme la quittât comme elle a quitté les autres, ce serait une femme terrible et, qui plus est, dangereuse; car, comme vous le pensez bien, une femme qui trouve tous les moyens bons pour avoir un amant, doit trouver toutes les armes bonnes pour se venger de lui le jour où il la dédaigne.

— Vous m'effrayez, fit Emmanuel d'un ton à moitié railleur.

— Eh bien! voulez-vous que je vous parle franchement?

— Oui, répondit M. de Bryon.

— Je ne voudrais pas être à votre place.

— Pourquoi?

— Parce que de deux choses l'une : ou elle vous aura, ou elle ne vous aura pas. Si elle vous a, comme vous êtes un homme, surtout pour elle, supérieur à tous ceux qu'elle a eus jusqu'à présent, il y a des chances pour que vous lui inspiriez une passion réelle; si vous lui résistez, comme elle n'a jamais trouvé cette résistance en personne, il y a mille à parier contre un que son caprice se changera en amour, son amour en haine, et sa haine en vengeance. — Que peut me faire une femme de cette espèce? me direz-vous. — Eh! mon Dieu! quand une femme veut perdre un homme, si fort qu'il puisse être, si faible qu'elle soit, elle le peut toujours. Ainsi vous voilà prévenu, vous courez un danger, et ce qu'il y a de plus affreux, c'est que vous ne pouvez vous en prendre qu'à votre mérite et à votre réputation.

— Merci de l'avertissement, monsieur, répondit Emmanuel; mais je suis sûr d'échapper à ce grand péril.

— Puis-je vous demander comment?

— Je pars dans deux jours.

— Pour longtemps?

— Pour deux mois au moins; et je pense que pendant ce temps son caprice se sera porté sur un autre, si elle est aussi changeante que vous le dites.

— N'en croyez rien; elle ne change que lorsqu'elle a possédé. C'est une femme d'ordre au milieu de son luxe, et qui ne jette ses robes que lorsqu'elle ne peut plus les mettre. Elle aura peut-être d'autres amants pendant votre absence; mais soyez sûr d'une chose, c'est qu'elle n'aimera que vous et vous poursuivra à votre retour.

— Heureusement Emmanuel est un grand politique, interrompit M. de Bay.

— Avec les hommes, dit M. de Bryon, mais non avec les femmes. Sur ce point, j'avoue mon ignorance. Mais nous raisonnons là sur des hypothèses. Qui dit que la lettre soit de mademoiselle Julia? qui dit que, si elle est d'elle, ce ne soit pas une plaisanterie? qui dit que, si ce n'est pas une plaisanterie, ce soit plus qu'un caprice qu'elle ait pour moi? Quoi qu'il en soit, je ne m'effraye pas, et je voudrais bien ne jamais courir de plus grand danger que celui-là. S'il faut absolument succomber, je succomberai.

— Et vous ferez bien. Au moins, s'il en résulte quelque mal, il en sera résulté d'abord quelque plaisir; car, enfin, c'est une charmante créature.

— Ma foi oui! ma foi oui! murmura le baron; et je voudrais bien être à la place d'Emmanuel.

— Et moi aussi, fit le marquis.

— Est-ce que vous avez dit à votre belle Julia que vous descendiez dans cette loge? demanda le baron à de Grige.

— Oui.

— C'est cela, sans doute, qui fait qu'elle regarde ici plus obstinément encore qu'auparavant. Montrez-vous donc un peu; on dirait qu'elle veut vous appeler, et elle ne peut vous voir où vous êtes.

Le marquis avança la tête hors de la loge, et en effet, il vit Julia qui, dès qu'elle l'aperçut, lui fit signe de venir lui parler.

— Il va être question de vous, fit de Grige en s'adressant à Emmanuel. Si j'apprends quelque chose de nouveau, je viendrai vous le dire.

Il ouvrit et referma doucement la porte de la loge, car depuis quelques instants on avait recommencé le cinquième acte, et il monta auprès de Julia.

— Qu'est-ce que M. de Bay avait à vous dire? lui demanda celle-ci, quand il se fut assis.

— Vous connaissez donc M. de Bay?

— Beaucoup.

— Il ne vous connaissait pas, lui; de nom, du moins?

— C'est l'amant de la comtesse d'Hermi.

— Lui?

— Lui-même.
— Vous en êtes sûre?
— Parfaitement.
— D'où savez-vous cela? Personne ne le sait, personne même ne le dit.
— Ah! j'ai un secret pour pénétrer les mystères.
— Quel est-il?
— Je regarde.
— Et quand vous ne voyez pas?
— Je devine.
— C'est chanceux.
— Détrompez-vous, c'est certain; la preuve, c'est que je ne me trompe jamais. Et M. de Bryon, que vous a-t-il dit?
— Rien. Il ne parle qu'à la Chambre.
— C'est un puritain, n'est-ce pas?
— Pourquoi me demandez-vous cela.
— Pour le savoir.
— Votre secret ne vous suffit donc pas cette fois?
— Mauvais plaisant. Je le connais mieux que vous.
— Sans compter que, si je ne me trompe, vous cultiverez sa connaissance.
— Que voulez-vous dire?
— Que M. de Bryon doit vous plaire, et que vous le compterez sans doute bientôt au nombre de vos amis.
— Pourquoi pas?
— A moins qu'il ne soit complétement absorbé par autre chose; par un amour, par exemple.
— Il est amoureux?
— Non; mais il pourrait le devenir.
— Ce n'est qu'une supposition?
— Oui, mais qui repose déjà sur une avance faite.
— Par lui? demanda Julia.
— Non, par une femme.
— Jeune?
— Votre âge.
— Jolie?
— Comme vous.
— Diable! Spirituelle?

— Dans votre genre.
— Son nom ?
— Julia Lovely.

Julia, malgré l'habitude qu'elle avait de ces sortes de choses, ne put s'empêcher de rougir, ce qui n'échappa point à de Grige.

— Et qui vous fait supposer cela ?
— Une lettre.
— Que vous avez vue ?
— Oui.
— Signée ?
— Non ; mais dont l'écriture ressemble, à s'y méprendre, à la vôtre.
— Vous êtes fou.
— Tant mieux !
— Pourquoi ?
— Parce que celle qui a écrit à M. de Bryon court le risque de n'être pas écoutée.
— Elle l'a bien été ce soir.
— Vous savez donc ce que contenait la lettre ?
— Vous voyez bien que quelquefois je devine.
— A merveille, mais je crois que la récidive ne lui réussirait pas aussi bien, à la belle anonyme.
— C'est ce que nous verrons.
— Vous vous mettrez de son côté ?
— Peut-être.
— Hâtez-vous alors.
— Pourquoi ?
— Parce que M. de Bryon part dans deux jours.
— Marquis, voulez-vous aller dire à mon domestique, qui est sous le vestibule, de faire avancer ma voiture ?
— Vous n'attendez pas la fin ?
— Non.
— Vous êtes souffrante ?
— Non. Je suis pressée.
— Je cours vous obéir.

Cinq minutes après, de Grige était de retour dans la loge de Julia.

— Votre voiture attend, lui dit-il.
— M'accompagnerez-vous?
— Non, je reste.
— Pour prévenir l'ennemi?
— Ou pour aider au traité.
— Vous n'êtes pas capable de cela.
— Qui sait? J'aime les gens heureux.
— Quand vous verrai-je?
— Après la victoire.
— A bientôt alors.
— Adieu donc.

Julia et son amie, qui n'avait pas pris la parole une fois, et que la Lovely n'emmenait évidemment que pour n'être pas seule, prirent congé du marquis, lequel, se rendant de nouveau dans la loge d'Emmanuel, lui dit en entrant :

— Prenez garde à vous, c'est bien elle.

Quand les deux femmes furent dans leur voiture, l'amie de Julia lui dit :

— Pourquoi as-tu avoué que c'était toi qui avais écrit cette lettre? tu as eu tort, M. de Grige te trahira.

— Je le sais bien, répondit Julia en se mirant dans la glace qu'elle avait fait mettre sur le devant de sa voiture; mais qui te dit que je ne voulais pas être trahie?

VIII

La première chose que son domestique remit à Emmanuel quand il rentra chez lui, ce fut une lettre. Cette lettre était de la même écriture que la première, seulement elle était signée du nom de Julia Lovely. Elle annonçait à Emmanuel que, puisqu'il s'était si promptement rendu à un premier désir, on viendrait l'en remercier le lendemain matin.

Tout homme politique qu'il était, M. de Bryon ne douta pas un seul instant des intentions de Julia, et s'il eût mis sa vanité à ces sortes de choses, il eût pu se dire, en se couchant, qu'il avait inspiré une passion. Mais Emmanuel rejeta la lettre entr'ouverte sur sa cheminée et se contenta de dire à son domestique :

— Si demain matin il vient une dame me demander, qu'elle dise ou ne dise pas son nom, vous la ferez entrer, et vous viendrez me prévenir.

M. de Bryon congédia son domestique ; après quoi, au lieu de se coucher, comme on aurait pu croire qu'il allait le faire en le voyant ôter sa cravate, son habit et son gilet, il se mit à sa table, et reprenant un travail qu'il avait interrompu pour sortir, il s'absorba complétement dans sa pensée. Dix minutes après il ne se souvenait plus de la lettre qu'il venait de recevoir. De temps en temps il disait tout haut ce qu'il écrivait, puis de longs silences succédaient à ces monologues, silences pendant lesquels le seul bruit que l'on entendît était celui de la pendule et de la plume qui courait sur le papier. Parfois une voiture passait dans la rue, mais le travailleur nocturne avait sans doute l'habitude de ces sortes d'interruptions, car elles ne parvenaient pas à le distraire de son travail.

Quelqu'un qui n'eût connu Emmanuel que par son caractère et sa réputation, eût été étonné de voir l'ameublement de la chambre dans laquelle il travaillait ; mais quelqu'un qui l'eût vu une fois, et qui eût pu remarquer en lui les instincts aristocratiques que nous avons signalés tout à l'heure, n'eût pas été surpris de voir que ces instincts avaient présidé à l'élégance et au confortable de sa demeure. Emmanuel était pair de France ; c'était un homme intègre, loyal, sincère. Il y avait dans ses mœurs toute l'austérité qu'il faut à la pensée et au travail sérieux. Il était de l'opposition la plus avancée, et les questions les plus graves et les plus importantes lui étaient familières. C'était non-seulement un fort, mais un savant politique, et sa science du passé ne contribuait pas peu à l'enhardir dans ses convictions sur l'avenir. Donc, comme nous le disions tout à l'heure, quelqu'un qui n'eût connu de lui que ses discours et que son talent eût pu se figurer un homme chauve, âgé de cinquante ans, habitant un appartement simple et sévère comme ses mœurs, et si ce quelqu'un eût été admis à visiter notre grand orateur, il eût été tout étonné qu'on le fît entrer dans un véritable appartement de femme, tout doré, tout capitonné, tout parfumé, tout chaud comme un nid de fauvettes. D'où venait cela? Cela venait de ce que Emmanuel comprenait le beau et le grand en tout, en meubles comme en politique, en art comme en morale. Il était si sûr que sa réputation n'avait rien à craindre, qu'il se laissait aller librement à ses goûts. Il ne dormait que trois ou quatre heures par nuit, mais il les dormait dans un lit doux, élégant, riche. Il n'était pas un de ceux qui croient que l'austérité doit se continuer jusque dans le repos. Il ne rentrait que rarement dans la vie des autres, absorbé qu'il était dans sa pensée et dans ses travaux; mais lorsqu'il y entrait, il voulait que tout concourût à le distraire. Il avait des tableaux de nos plus grands maîtres anciens et modernes, et mangeait dans des plats d'argent et de vermeil du bœuf et des pommes de terre, car il ne se croyait pas forcé de manger autre chose que ce qu'il aimait, et de se nourrir d'ortolans et d'ananas. Puis il n'admettait pas que, sous prétexte que l'on est un homme supérieur, on doive faire payer par une fatigue ou un ennui quelconque, à ceux qui vous visitent, le plaisir de vous voir. Il voulait donc que les gens qu'il recevait, de quelque monde qu'ils fussent, artistes, gentilshommes ou autres, trouvassent chez lui toutes leurs habitudes, fussent assis commodément, et eussent de belles choses à portée de leurs yeux et de leurs mains.

Maintenant vous croirez peut-être que de temps en temps cet appartement élégant et soyeux était visité par quelque dame mystérieuse, voilée, et à laquelle la grande position d'Emmanuel avait inspiré une passion adultère? Point du tout. Emmanuel n'avait pas de maîtresse, non pas qu'il méprisât les femmes; au contraire, il les aimait trop et les redoutait. Il était convenu que deux grandes passions ne peuvent pas trouver place dans le même cœur, sans que l'une dévore l'autre. La politique était la grande passion d'Emmanuel, elle l'enveloppait. Aussi l'amour ne lui était-il apparu jusque-là que comme une distraction, et souvent même que comme un besoin. Il avait eu l'occasion des meilleures fortunes, et il les avait refusées, d'abord parce qu'il craignait l'empire qu'une femme supérieure eût pu exercer sur lui, ensuite parce qu'il avait horreur du mensonge, et que sentant qu'il n'aimerait pas une femme, il n'avait jamais consenti à lui dire qu'il l'aimait. Il n'avait donc pas de maîtresses, il avait des femmes. Il les aimait comme les aimait l'empereur, comme les aiment tous les grands esprits préoccupés d'une grande chose, et qui ne tardent pas à se convaincre que l'amour est un obstacle à toutes les ambitions et l'ornière de tous les chemins difficiles. Comme un voyageur pressé qui ne voit pas encore le but auquel il faut qu'il arrive, et qui, dans sa longue route, cueille de temps en temps une fleur dont il aspire le parfum, Emmanuel, de temps en temps, s'enfermait avec une femme; au lieu de se servir de son nom pour inspirer un caprice, il ne se servait que de l'attrait de l'argent ou du plaisir, et quand, le lendemain matin, la femme sortait de sa maison, elle emportait peut-être un souvenir, mais elle n'en laissait pas. Et cependant, de même qu'il avait les plus belles choses, il avait les plus belles femmes, dans cette classe, bien entendu, où l'on ne demande aux femmes que la beauté physique.

Maintenant que nos lecteurs connaissent un peu mieux Emmanuel, ils doivent s'expliquer plus facilement encore son indifférence pour Julia Lovely.

Ce fut donc plus qu'un ennemi, ce fut un indifférent qu'elle trouva quand elle se présenta le lendemain chez lui. Pourtant Julia était belle. Emmanuel ne l'avait encore vue que de loin et aux lumières, presque en toilette de bal, encadrée dans une loge d'Opéra, entourée de fleurs, et il la revoyait le lendemain simplement vêtue, enveloppée dans son cachemire, sans aucun des accessoires de la veille, et il était forcé de convenir qu'elle était toujours aussi belle. Ce fut donc avec un sentiment d'admiration naïve qu'il la fit asseoir et qu'il s'assit à côté d'elle.

— Je dois vous paraître bien indiscrète, fit Julia, sans embarras, causant, s'asseyant, et prenant ses aises comme si elle eût connu Emmanuel depuis dix ans; mais faisant tout cela bien plus avec la grâce d'une femme du monde, qu'avec le laisser-aller d'une fille entretenue.

— Et en quoi seriez-vous indiscrète, madame? répondit Emmanuel. Je ne vois dans votre visite, au contraire, que de la bonté et de l'indulgence pour un pauvre reclus qui n'eût jamais osé aller à vous.

— Par une bonne raison : c'est que vous n'auriez jamais fait attention à moi. Oh! je connais vos idées sur les femmes!

— Mais j'ai sur les femmes les idées les plus flatteuses.

— Physiquement peut-être, mais vous leur refusez l'influence morale.

— Quelquefois, je l'avoue, mais je n'attends qu'une occasion de changer d'opinion, répondit Emmanuel en regardant Julia, et en se disant que le marivaudage inévitable qui préside à la première conversation qu'on a avec une femme jeune et jolie n'engage jamais à rien.

— Permettez-moi de vous dire que vous mentez, et de croire que si vous trouviez une femme supérieure, non-seulement vous ne l'aimeriez pas, mais vous la fuiriez.

— Alors, reprit Emmanuel, comment se fait-il que vous soyez ici? car, si je ne me trompe, vous êtes cette femme supérieure que je fuirais.

— Peut-être. — M. de Grige est descendu hier dans votre loge?

— Oui.

— Il vous a parlé de moi?

— Oui.

— Que vous a-t-il dit?

— Ce que je savais déjà, que vous êtes une jolie femme; ce que je sais maintenant, que vous êtes une femme d'esprit.

— Voilà tout?

— Voilà tout.

— Nous ne causons que depuis cinq minutes, vous avez déjà menti deux fois; c'est trop, même pour un diplomate, et surtout avec une femme.

— Que voulez-vous qu'il m'ait dit de plus?

— Il vous a dit que j'avais eu des amants.

— Vous en cachez-vous?

— Non, certes.

— Alors il pouvait me le dire.

— Et je ne lui en veux pas. Il vous a dit, en outre, que c'était moi qui vous avais écrit.

— Il l'a supposé.

— Vous voyez qu'il avait raison.

— C'était plutôt une flatterie qu'il me faisait qu'une critique qu'il faisait de vous.

— Vous a-t-il dit encore autre chose?

— Non.

— Je vais aider votre mémoire qui vous trahit quelquefois, ce qui est tout naturel d'ailleurs, une femme comme moi étant un bien mince événement dans la vie d'un homme comme vous. Donc il a dû vous dire que je me passionnais pour toutes les célébrités, et que par conséquent je vous aimais.

— Il vous a répété notre conversation?

— Non, mais je le connais assez pour deviner ce qu'il a dit de moi.

— Eh bien! vous avez deviné.

— Maintenant, voilà ce que vous vous êtes dit : Cette femme veut m'avoir au nombre de ses amants, parce que Paris s'occupe de moi, et comme un libertin veut joindre à la liste de ses maîtresses une femme à la mode. Ce sera une liaison comme toutes celles que j'ai contractées, liaison inutile par conséquent, et qui ne servira qu'à me faire perdre mon temps et à me retarder dans mon chemin. Vous avez même hésité si vous me recevriez. Est-ce vrai? Parlez franchement, vous n'êtes pas à la Chambre.

— C'est vrai.

— Et si vous m'avez reçue, c'est parce que vous partez dans deux jours, et que vous êtes sûr de m'échapper en partant. Ceci, je ne l'ai pas deviné, on me l'a dit.

— Cela n'en est pas moins vrai.

— Ainsi, vous me recevez ce matin, continua Julia en fixant ses grands yeux noirs sur Emmanuel, par politesse, et vous avez peut-être hâte que je m'en aille.

— Ce que vous venez de dire était peut-être vrai il y a une heure, mais cela ne l'est plus maintenant.

— Foi de gentilhomme ou de diplomate?

— Foi de gentilhomme.

— Maintenant, parlons librement; les questions sont finies, arrivons aux confidences. Il y a trois mois que je vous aime, mais que je vous aime à en perdre la tête. Cela vous semble étrange qu'une femme vous parle ainsi et vous fasse une déclaration qu'un homme oserait à peine faire; mais, outre que je ne suis pas renommée pour ma pudeur, je suis connue pour ma franchise. Si je ne suis pas venue plus tôt à vous, c'est que je sentais que cette fois ce n'était ni à mes sens ni à ma fantaisie que j'obéissais, mais à mon cœur. Alors, j'ai voulu me soumettre à une épreuve. Je me suis isolée, j'ai rompu avec mon amant que jusque-là j'avais cru adorer. J'ai voulu voir si l'ennui me rejetterait dans mes distractions d'autrefois, ou si l'amour que j'avais pour vous comblerait assez mon existence pour que le reste du monde me fût indifférent. Je me suis imposé, fit Julia en souriant et avec un regard noir qui prouvait que cette épreuve avait dû quelquefois être douloureuse, je me suis imposé un veuvage de trois mois, et hier je suis arrivée au dernier jour de mon épreuve sans avoir failli. Aujourd'hui, je suis sûre de moi; je vous aime!

La position était embarrassante pour Emmanuel. Croire aveuglément ce que lui disait Julia, c'eût été de la fatuité; la traiter comme toutes les femmes qu'il avait eues jusqu'alors, c'eût été lâche, car après tout elle pouvait dire la vérité. Puis un homme, quand il est jeune, si cuirassé qu'il soit contre l'amour, sent malgré lui la jeunesse et la vanité, cette éternelle jeunesse du cœur, bouillonner en lui et influencer ses résolutions. De plus même, en y réfléchissant, quel intérêt Julia avait-elle à venir dire si naïvement pareille chose si elle ne l'eût pas pensée, et si elle n'avait pas été emportée à cet aveu par les impatiences de ses désirs et de son amour. Il est vrai qu'au dire de de Grige, ces sortes d'aveux étaient dans les habitudes de Julia; mais ce qu'Emmanuel venait d'entendre avait été dit avec un ton si sincère, avec une franchise si spirituelle et si bien accompagnée de regards et de sourires concluants, que malgré lui il se sentit tout à coup quelque chose dans l'esprit et dans les sens pour cette femme et qu'il lui tendit les mains.

— Quoi qu'il arrive, se disait-il, que je me trompe ou non, je n'accepte pas une grande responsabilité, et je n'aurai jamais voulu que ce qu'elle aura demandé.

Et tout en réfléchissant ainsi, Emmanuel regardait Julia, et il la trouvait plus que belle, il la trouvait réellement tentante.

Elle s'aperçut aisément de l'effet qu'elle produisait sur lui, car elle reprit aussitôt :

— Écoutez, Emmanuel, vous êtes seul, sans famille, sans amis, car les admirateurs ne sont pas des amis; vous n'aimez personne, excepté votre ambition, car vous êtes ambitieux; mais l'ambition est une de ces maîtresses qui, comme Messaline, sont quelquefois lassées, mais ne sont jamais assouvies; c'est une de ces passions qui dominent et qu'on ne domine pas; il vous faut donc une chose à aimer entre vos amis et votre ambition, une chose qui vous aime, qui vous admire, qui vous obéisse, et que vous dominiez; un être qui soit à vous, qui devienne votre esclave, votre chien, que vous puissiez laisser et reprendre à votre fantaisie, qui vous distraie et vous console, une maîtresse réelle, enfin. Eh bien! moi, je serai tout cela; le voulez-vous?

Et comme Emmanuel ne répondait que par un regard, elle ajouta :

— Je sais bien que vous ne pouvez pas m'aimer ainsi tout de suite, et même la démarche que je fais aujourd'hui retardera peut-être votre amour et votre confiance en moi; mais soumettez-moi à une épreuve, demandez-moi un sacrifice quelconque, et je le ferai, non-seulement avec bonheur, mais avec reconnaissance.

— Eh bien! je ne vous demanderai qu'une chose, répondit Emmanuel en portant à ses lèvres les blanches mains de Julia.

— Ce sera?

— Ce sera la permission de vous redire ce soir, et chez vous, ce que vous venez de me dire ici.

— Et vous partirez après demain?

— Si vous m'accompagnez.

Le regard de Julia brilla de joie.

— Venez ce soir, reprit-elle.

— A quelle heure?

— A neuf heures; mais n'allez pas me dire que vous ne m'aimez pas.

— Je resterai jusqu'à demain à vous dire le contraire; est-ce cela?

Pour toute réponse, Julia tendit ses lèvres à Emmanuel, dont le cœur battait violemment, car il y avait en cette femme quelque chose qui évoquait le désir, et qui pouvait pendant quelque temps tromper l'âme avec les sens, et lui faire croire que c'était de l'amour qu'elle ressentait.

— Oui, c'est cela, dit-elle; vous comprenez très-bien.

— Voyez comme nous sommes faibles, murmura Emmanuel en pressant Julia dans ses bras et en sentant, à travers le cachemire qui la couvrait, les élans convulsifs de tout son être; moi, qui m'étais juré de ne jamais aimer une femme, et dans le cas où cela m'arriverait, de ne jamais le lui dire! Jusqu'à présent, j'avais tenu parole.

— C'est que tu n'avais pas encore trouvé une femme qui t'aimât comme je t'aime, mon Emmanuel, répliqua Julia, qui semblait ne plus pouvoir résister aux conseils de ses sens; c'est qu'aucune femme ne te l'avait encore dit comme je te le dis, et surtout, fit-elle en fermant les yeux sous l'espérance de la volupté promise, comme je te le dirai ce soir.

Il fallait que Julia eût en théorie et en pratique toutes les ressources physiques et morales qui peuvent circonvenir instantanément l'esprit d'un homme et le mettre sous l'empire de la passion, comme l'épervier enveloppe sous son vol circulaire la perdrix ou le passereau, qui ne peut quitter sa place, et qui cependant voit devant lui l'immensité de la plaine et la liberté. Emmanuel était si sûr de toujours commander à ses sens, que lorsque Julia fut sortie et l'eut laissé seul, il fut pour ainsi dire effrayé de la scène qui venait d'avoir lieu. Il se voyait attiré vers cette femme par un charme irrésistible; et ce qu'il y avait de plus humiliant, c'est qu'il se rendait parfaitement compte de ce qu'il éprouvait, et qu'il se sentait pris par l'attrait du plaisir, lui, l'homme des grandes études et des austères veillées. Il lui restait de cette visite, contre laquelle il s'était cru si invinciblement armé, cette fatigue morale qui ne laisse plus à l'esprit l'énergie de la résolution. Julia répandait autour d'elle un tel parfum de volupté, que l'air s'en remplissait pour ainsi dire, et que, jusqu'au moment où il devait la revoir, celui qu'elle avait choisi ne respirait que du feu. Julia avait quitté Emmanuel dans cet état de la passion où l'homme est convaincu que la femme qu'il a le plus aimée, ou qu'il aimera le plus, est celle qu'il tient dans ses bras. Elle s'était assez offerte pour qu'Emmanuel sût à quelle splendide nature il avait affaire, pour qu'il surprît les trésors de forme, et par conséquent de plaisir, que possédait cette femme et qu'emprisonnait son cachemire; mais elle ne s'était pas donnée complétement, et elle laissait dans l'esprit de son futur amant tout ce qu'il fallait de réalité pour compléter la beauté du rêve.

— Si j'allais aimer cette femme! fut le premier mot de M. de Bryon quand Julia fut partie.

Quant à elle, lorsqu'elle remonta dans sa voiture, le désordre de sa toilette était complétement réparé, son visage était calme comme si elle fût sortie de chez sa marchande de modes, et elle dit à son cocher d'une voix où ne perçait pas la plus légère émotion :

— Au ministère de l'intérieur.

Un quart d'heure après, la voiture s'arrêtait devant l'hôtel du ministre, et Julia remettait elle-même chez le concierge une lettre que celui-ci monta immédiatement au secrétaire particulier de Son Excellence.

IX

Jusqu'au soir, Emmanuel resta sous l'empire de la visite

qu'il avait reçue et dans l'attente de ce qui devait en résulter. Comme l'homme, si fort qu'il soit, s'aperçoit vite que sa force fond devant la volonté de la femme comme la cire devant la chaleur du feu! Ainsi il devenait évident pour Emmanuel, et c'était cela qui l'épouvantait, qu'il avait en lui un côté vulnérable et accessible à ces émotions du cœur qu'il avait écartées jusqu'alors, parce que jusqu'alors, comme nous l'avons dit, il n'avait pas trouvé dans ses liaisons passagères une nature qui approchât de celle de Julia. C'était la première fois que le souvenir d'une femme se fixait aussi obstinément dans son esprit, et il se débattait entre ces deux sentiments : le regret de l'avoir reçue et l'espérance de la revoir. Cependant ce trésor de volonté qu'Emmanuel avait si patiemment amassé ne pouvait pas se perdre ainsi aux premières promesses d'une femme; mais, nous devons le dire, il ne voyait qu'un moyen d'oublier Julia, et ce moyen, c'était de la posséder. Il mettait ce qu'il ressentait sur le compte du désir, et il défendait encore son âme des atteintes de l'amour.

— Une fois les sens satisfaits, se disait-il, cette femme sera pour moi ce que toutes les autres ont été.

A neuf heures du soir il était chez Julia, qu'il retrouvait telle qu'il l'avait quittée. Seulement, à la robe de soie et au cachemire, avait succédé un peignoir blanc qui s'entr'ouvrait toujours à propos et qui laissait voir tout ce que l'œil n'avait pu que deviner. Julia demeurait rue Taitbout et habitait un vaste appartement, cité dans tout Paris pour son élégance et son confortable. Elle s'entendait du reste à merveille aux choses d'amour. Elle savait parfaitement que, pour un homme qui vient à un premier rendez-vous, il n'y a que la femme qu'il va posséder, et elle entourait sa chute de ce qui pouvait la poétiser. C'était la courtisane, mais la courtisane antique, qui ne se fie pas seulement aux charmes de son corps, et qui appelle à son aide les ressources de l'esprit et les attraits du luxe. En entrant chez elle, l'homme qui allait devenir son amant se trouvait subitement isolé du monde et des autres femmes qu'il avait pu voir. Il respirait une atmosphère nouvelle, et une fois la porte de la chambre à coucher refermée, il n'eût pas su comment sortir, et l'eût-il su, il n'eût pas cherché à s'en aller. Fleurs, dentelles, tapis, parfums, tout cela s'assemblait dans le même but. On sentait qu'on était venu là pour s'enivrer des plaisirs terrestres. Nul bruit n'arrivait du dehors jusqu'à l'heureux initié, et la chambre, sans écho, ne répétait pas une syllabe des étranges paroles qu'elle avait si souvent entendues, et qui, à une certaine heure, semblaient sortir des plis des tentures qui les avaient étouffées et mêler leur concert amoureux aux parfums excitants de cet asile.

Le costume de Julia répondait à l'ensemble de la chambre. Quand Emmanuel arriva, elle était couchée tout au long sur un canapé moelleux comme un lit, ayant pour tout vêtement sa chemise et un grand peignoir de batiste blanche qui, par suite des mouvements qu'elle avait faits depuis qu'elle était dans cette position, avait remonté quelque peu, et laissait à découvert ses pieds et une partie de ses jambes. Or, soit coquetterie, soit habitude, les jambes de Julia étaient nues, et elle retenait avec le bout du pied ses pantoufles de satin qui semblaient toujours prêtes à s'échapper. Elle avait, et cela sans prétention, la pose indolente des femmes d'Orient. Il est inutile de dire que les pieds étaient mignons et d'une blancheur de lait, et que les jambes étaient faites comme sont faites les jambes des femmes qui les laissent voir.

Quand Emmanuel s'approcha de Julia, elle lui tendit une main brûlante et fiévreuse, et il crut comprendre par la pression de la main la cause de la fièvre.

Nous nous abstiendrons de raconter ce qui se passa à partir de ce moment jusqu'à l'heure où le lendemain Emmanuel rentra chez lui. Tout ce que nous pouvons dire, c'est que, depuis qu'il était passé du rêve à la certitude, il était encore plus effrayé.

Une heure après qu'il était rentré, on lui annonça M. de Bay.

— Bonjour, cher ami, fit le baron en entrant. Je craignais de ne pas vous trouver.

— Pourquoi? fit Emmanuel en tendant la main à son ami.

— Parce que je suis venu hier au soir vers neuf heure et demie et que votre domestique a eu l'indiscrétion de m dire que vous ne rentreriez pas coucher. — C'est donc déj fait. La belle Julia Lovely a succombé, ou plutôt vous ave succombé à la belle Julia.

— Hélas !

— Que diable dites-vous là ? c'est une admirable créa ture. Je viens encore de la rencontrer, et elle est vraimen digne de vous.

— Vous venez de la rencontrer ?

— Oui, à l'instant.

— C'est étrange ! Il n'y a pas une heure que je l'ai quittée

— C'était pourtant bien elle.

— A pied ?

— Non, en voiture.

— Où pouvait-elle aller ainsi ?

— Je n'en sais, ma foi, rien. Ah çà ! est-ce que vous êtes jaloux ?

— Non, certes.

— Prenez garde, mon cher ; car, d'après ce que j'ai entendu dire, si vous étiez jaloux, vous auriez fort à faire.

— Comment le savez-vous ?

— J'ai parlé d'elle au club.

— On l'y connaît ?

— Tout le monde. Je suis peut-être de tout le club le seul qui ne la connaisse pas particulièrement.

— Ainsi, c'est tout à fait une fille entretenue ?

— Oui ; seulement tous s'accordent à dire que de toutes les courtisanes de Paris, c'est la plus intelligente, la plus désirable et la plus riche.

— Elle a donc de la fortune ?

— Il faut bien qu'elle en ait pour soutenir le train qu'ell mène. Si elle n'en avait pas, comment aurait-elle vécu de puis trois mois qu'elle n'a pas d'amant ?

— Ainsi, depuis trois mois elle vit seule ?

— Oui.

— Alors elle ne m'avait pas menti ?

— Du reste, elle a cela de remarquable, qu'elle s'est fait

des amis de tous ses amants, et comme elle a toujours pris ses amants dans le plus grand monde, il en résulte qu'il n'y a pas de duchesse, comme nous le disait de Grige, qui ait un entourage aussi agréable et des courtisans aussi assidus qu'elle. Mais il y a dans cette femme quelque chose qui ferait qu'à votre place je me méfierais d'elle.

— Qu'est-ce donc?

— Elle est trop savante pour le métier qu'elle fait, elle est trop discrète pour la position qu'elle a. Elle connaît ses amants depuis leur famille jusqu'à leur opinion, elle vous les analysera tous les uns après les autres, et aucun d'eux ne pourra vous dire ni d'où elle vient, ni même ce qu'elle a fait pendant qu'elle était sa maîtresse. Elle est au courant des questions les plus inaccessibles aux femmes même les plus distinguées. Elle a une façon de surprendre la confiance qui fait qu'au bout d'un certain temps que l'on vit avec elle, elle devient trop une confidente et n'est plus assez une maîtresse. On assure que sa fortune lui vient de secrets dont elle a eu l'adresse de s'emparer, et qu'elle a su revendre à ceux qu'ils intéressaient; et ce qu'il y a de plus étrange, c'est que ceux dont elle a ainsi tiré parti sont ses plus chauds amis et ses plus sincères partisans. Prenez garde, Emmanuel, cette femme a en son pouvoir quelques-unes des magies antiques. Elle tient d'Aspasie, de Circé, de Messaline et de Cléopâtre. Elle est belle avec cela; prenez garde. Elle vous prendra par le plaisir et par l'esprit, et dans votre position, il ne faut pas que vous soyez à la discrétion d'une pareille magicienne.

— Vous avez raison, mon cher baron, et je vous remercie de votre conseil. Ce que vous venez de me dire, je l'avais déjà pressenti, et, j'en conviens, il y a dans cette femme quelque chose que je n'ai jamais trouvé dans celles que j'ai connues. Ce que je crains, ce n'est pas qu'elle me prenne mes secrets, je n'en ai pas, et d'ailleurs, je suis habitué au silence; mais je craindrais qu'elle ne m'absorbât par trop, et qu'elle ne me prît mon temps et ma pensée. Heureusement, il n'est pas trop tard, et demain tout sera fini.

— C'est cela, cher ami. Envoyez-lui cent louis et ne vous

en occupez plus. Il ne faut même pas qu'elle sache que vous l'avez jugée autrement que comme une fille ordinaire. Est-ce convenu ?

— Oui.

— Vous savez combien je vous aime, ajouta le baron en tendant affectueusement la main à Emmanuel, et je ne suis venu ce matin que pour vous donner ce bon conseil. Cette liaison pourrait être mal interprétée par ceux qui ont intérêt à mal interpréter les moindres actions de votre vie, par vos ennemis enfin, et c'est ce qu'il ne faut pas. Vous avez une grande et magnifique carrière devant vous, ne l'oubliez pas. Le moindre caillou peut vous faire tomber. Regardez donc bien où vous mettez le pied, et n'aimez que ceux ou celles qui sont dignes de votre amour, si vous ne pouvez pas vous dispenser d'aimer, ce qui vaudrait le mieux cependant. D'ailleurs, nous partons toujours, n'est-ce pas ?

— Certes.

— Demain ?

— Demain.

— A merveille. Vous ne m'en voulez pas ?

— Êtes-vous fou ?

— Demain donc la voiture viendra vous prendre.

— A quelle heure ?

— A dix heures, si vous le voulez. Cette heure vous convient-elle ?

— Parfaitement.

— Vous partirez sans regret ?

— Soyez tranquille, d'autant plus que lorsque vous êtes venu, j'étais déjà décidé à partir.

M. de Bay serra une dernière fois la main d'Emmanuel et prit congé de lui. Quelques instants après, le domestique de M. de Bryon entra et remit à son maître une lettre qu'on venait d'apporter. Emmanuel reconnut l'écriture. La lettre était de Julia, et contenait ces mots :

« Entre hier et ce soir, il y a toute une journée de doute » pour vous et de craintes pour moi. A quelle heure vien-

» drez-vous me dire que vous ne doutez plus, et que je ne
» dois plus craindre? »

— Attend-on la réponse? demanda Emmanuel à son domestique.

— Non; j'ai répondu que monsieur était sorti, comme monsieur m'avait dit de le dire.

— C'est bien. Allez. Et Emmanuel relut une seconde fois le billet de Julia, en ajoutant :

— Il faut avouer que ceux qui ont la liberté de leurs impressions et qui n'en doivent compte à personne sont des gens bien heureux.

X

Pour que le lecteur s'explique plus facilement encore l'empire soudain que Julia avait exercé sur Emmanuel, il faut qu'il sache quelques détails de la jeunesse de M. de Bryon.

Le vieux comte de Bryon, comme nous croyons l'avoir déjà dit, avait été fait pair par Louis XVIII. Or, la pairie était plus à cette époque une récompense qu'une mission, et la parfaite incapacité de M. de Bryon eût été facile à reconnaître, si Louis XVIII eût voulu se donner la peine de reconnaître quoi que ce fût.

Emmanuel avait donc été élevé comme un gentilhomme destiné à ne rien faire, et à être pair de France après la mort de son père et comme son père l'avait été. Il s'était laissé aller volontiers à ce genre d'éducation séduisant pour un jeune homme, et il n'avait rien demandé de plus. A cette époque de sa vie, il s'était jeté dans les plaisirs que son père ne désertait pas encore, le jeu, les femmes et les chevaux. Mais de temps en temps il lui venait à l'esprit qu'un jour il aurait un mandat politique à remplir, et à remplir consciencieusement, car il ne serait pas, comme pour son père, la récompense des services rendus et de la fidélité gardée. Il avait compris que ce principe de l'hérédité était un privilége destiné à devenir un abus, et, par conséquent, à être détruit quelque jour, si ceux qui en étaient investis n'y voyaient qu'une sinécure, et joignaient ce titre à leur nom, sans satisfaire aux exigences du titre. A partir de ce moment, la résolution d'Emmanuel avait été prise, il avait donné sans effort congé à sa vie d'autrefois, et tout jeune encore il s'était enfoncé dans l'aride sentier de la politique, des hommes et des choses. De là, à la fois cette volonté qui faisait la base de sa vie, et ce besoin de luxe extérieur dont il n'avait pu se défaire et dont, du reste, il eût été inutile qu'il se défît.

Nous le répétons donc, en matière de conscience, Emmanuel était un puritain, mais en matière d'amour il ne l'était pas. Il interprétait le mot *cœur* comme l'interprétait Boufflers, et lui accordait les exigences qu'on accorde au cerveau et à l'estomac, rien de plus. Comme nous l'avons déjà dit, les femmes n'étaient pour lui que de jolies choses, et jamais il ne s'était amusé à sonder la politique de leur cœur, cette autre politique bien plus mystérieuse et bien plus difficile que celle des royaumes et des peuples. Bref, il lisait tous les journaux, tous les économistes, tous les livres sérieux, depuis la première lettre jusqu'à la dernière; il passait des nuits à cela, et se fût endormi sur le premier chapitre d'un roman de Balzac, si l'idée lui était venue de le lire, mais l'idée ne lui en était jamais venue, heureusement pour Balzac. Et cependant il croyait connaître le cœur humain. Le fou! qui ne savait pas que c'est en étudiant les femmes qu'on apprend à connaître les hommes.

Julia avait donc bouleversé un moment les sages théories d'Emmanuel, et il avait suffi pour cela qu'elle causât avec lui. Julia, soit qu'elle aimât réellement Emmanuel, ce que nous saurons bientôt, soit qu'elle eût un intérêt quelconque à se faire aimer de lui, avait déployé pour lui plaire toutes les ressources physiques et morales dont la nature et la civilisation l'avaient douée. Une première nuit d'amour, si attendue qu'elle ait été, si ardente qu'elle soit, ne se passe pas toujours entre les deux amants, lorsqu'ils sont de race un peu intelligente, à se prouver brutalement qu'ils s'aiment et à dormir ensuite. Il y a même, une fois les premiers transports calmés, une volupté nouvelle à causer à voix basse, à la pâle lueur d'une lampe voilée, avec la femme qu'on aime, et à faire une connaissance sans réserve avec la partie immatérielle de sa maîtresse. La femme a, une fois qu'elle s'est donnée, une plus grande expansion dans le cœur, une plus grande franchise dans la parole, une plus grande douceur dans la voix. Elle comprend qu'elle vient de se livrer tout entière et que son esprit doit, dans certains cas, venir au secours des sens. Alors les pommettes empourprées, les yeux à demi éteints, les cheveux en désordre, la poitrine nue, elle s'appuie sur sa main, et considérant l'homme à qui elle vient de se donner et dont elle sent que cet abandon a fait instantanément son maître, elle a un moment de triomphe et de joie en le voyant aussi faible qu'elle. Puis elle lui prend les mains, et d'une voix à la fois pleine de souvenir et de promesses, elle lui fait ces douces et mystérieuses questions de nuit, qui sont faites pour être dites à voix basse dans toutes les langues de la terre. En ce moment l'homme croit qu'il aimera toute sa vie celle qui lui parle ainsi. Il craint de mourir et d'être séparé d'elle. Son cœur rappelle à lui ses illusions, oiseaux au gai plumage qui ne font qu'aller et venir, et lorsqu'il ne trouve plus dans sa parole des mots assez énergiques pour la convaincre, c'est que l'énergie de ses embrassements lui suffit.

La première nuit qu'Emmanuel avait passée avec Julia s'était à peu près passée ainsi. Et dire qu'il vient une époque où l'on prononce quelquefois avec mépris, quelquefois avec haine, presque toujours avec indifférence, le nom de la femme auprès de laquelle on avait fait de si doux rêves! Et cependant, si les hommes et les femmes le voulaient, il y aurait un moyen que cette époque n'arrivât pas, ce serait de ne faire ce rêve qu'une fois et de s'en tenir l'un et l'autre à la première épreuve. Alors il y aurait encore du mystère dans cet abandon, et il y aurait toujours du charme à se le rappeler. La femme se serait assez donnée pour que l'on fût certain de l'avoir eue, et pour qu'il y eût, chaque fois, qu'ils se rencontreraient, entre elle et son amant, un souvenir d'autant plus doux qu'il serait presque un doute;

mais on ne l'aurait pas possédée assez longtemps pour en arriver à la satiété, et c'est la nature elle-même qui veut qu'on y arrive. Quand vous avez bien soif, le premier verre d'eau que vous buvez vous cause un bonheur immense; la moitié du second vous fait plaisir, et l'idée d'en boire un troisième vous dégoûte. Qu'est-ce donc que l'amour, si ce n'est la soif du cœur?

Vous qui me lisez, si vous m'avez lu jusqu'ici, ne vous est-il pas arrivé dans votre vie de voir une femme, de l'aimer, d'obtenir d'elle un rendez-vous et de la posséder? Le lendemain de ce jour, la jalousie d'un mari, des craintes que l'on n'avait pas prévues la veille, un départ, tout ce qui peut arriver enfin, vous séparaient de cette femme. Il ne vous restait d'elle qu'une fleur ou un chiffon, que le souvenir peut-être. Eh bien, n'avez-vous pas gardé de cette femme la mémoire la plus douce et la plus tendre? Quand vous êtes seul, n'est-ce pas son nom qui vient le premier visiter votre solitude et votre rêverie? Ce qu'elle vous a donné ne vous fait-il pas songer perpétuellement à ce qu'elle eût pu vous donner encore? N'est-elle pas pour vous ce qu'est pour le voyageur le fruit qu'il n'a goûté qu'une fois, le sité qu'il n'a vu qu'un jour et qu'il ne reverra plus? N'avez-vous pas, dans quelque position que vous vous trouviez, des élans soudains qui vous reportent vers elle, et comme un infatigable besoin de la revoir et de l'aimer encore? Heureusement ce besoin ne s'assouvit pas, si bien que la réalité commune n'achève pas le doux rêve d'une nuit, et que le tombeau qu'elle a creusé dans votre âme est toujours couvert de fleurs nouvelles. Cependant si, au bout de quelques années, le hasard vous remet en présence de cette femme, si la barrière qui vous séparait d'elle est levée, prenez-lui la main comme à une amie, mais n'essayez pas de rattacher la réalité à votre souvenir. Ce serait faire un dénoûment banal à une chose charmante. N'aimez en elle que la femme d'autrefois, n'aimez en elle que votre amour poétique. Chaque fois que vous la rencontrerez vous sentirez votre cœur bondir de jeunesse, elle sera le sourire éternel auquel vous répondrez toujours. Elle vieillira sans que votre impression première vieillisse. Vos yeux, qui n'auront pas été rassasiés, continueront à ne voir en elle que la fraîche et belle créature qui s'est donnée une fois à vous. Elle sera comme la fleur qui rappelle un jour heureux : ses feuilles peuvent sécher, son parfum peut disparaître; il y a un parfum qu'elle ne perd jamais, celui de la chose qu'elle rappelle. Ces souvenirs-là sont comme les diamants : la monture qui les garde peut vieillir, les diamants sont toujours jeunes. Si en la revoyant vous êtes assez fort pour résister au désir qui vous entraîne naturellement vers elle, vous ne perdrez jamais toutes vos illusions. Vous serez toujours sûr de trouver dans le désert de votre vie une oasis verte où vous reposer, dans le vide de votre âme un nom consolant et doux. Rien ne ternira pour vous cette maîtresse d'un jour. Elle pourra aimer d'autres hommes, se livrer, se prostituer même, il y aura un coin de son cœur que rien ne pourra atteindre, il y aura en elle une première femme à l'abri de la seconde; et cela sera si vrai, que, si corrompue qu'elle devienne, vous n'aurez qu'à vous approcher d'elle et à réveiller dans son cœur ce souvenir endormi, pour la faire sourire ou pleurer, et tant qu'une femme sourit ou pleure, il ne faut pas désespérer d'elle.

Si donc on faisait volontairement ce que parfois le hasard fait faire, on arriverait au même résultat; mais j'avoue qu'il serait assez difficile de faire comprendre à une femme que pour l'aimer toujours il faut la quitter de suite. Elle accuserait d'indifférence, d'ingratitude, et mépriserait même l'homme qui voudrait faire avec elle un pareil marché, car elle croirait qu'il la traite comme une fille perdue. Et cependant ce serait son bonheur que cet homme voudrait! Voyez plutôt comment finissent les mariages d'amour.

Maintenant, puisque nous avons pour ainsi dire commencé un cours d'amour, nous allons tâcher de le faire complet; puisque nous sommes entré dans une digression, nous allons la parcourir tout entière.

La curiosité est le grand principe et le grand moteur de l'amour. — Cet homme m'aimera-t-il autrement que mon mari? se disent les femmes quand elles veulent prendre un amant.—Cette femme me dira-t-elle ce que me disaient les autres? se demande l'homme qui cherche une liaison nouvelle.

On pourrait toujours répondre à tous les deux : Ce sera exactement la même chose, qui n'aura pour la femme que l'attrait du mystère et pour l'homme que l'attrait du changement.

Une fois donc ce principe admis que les hommes et les femmes ne trompent que par curiosité, principe irréfutable, puisque c'est à cet unique péché que l'Écriture a osé faire succomber Ève, il est facile de le combattre, et par les mêmes moyens pour la femme et pour l'homme.

Votre maîtresse aime le changement, et vous, vous aimez votre maîtresse. Eh bien ! flattez son goût en n'étant jamais le même homme. Présentez-vous toujours à elle sous un aspect différent ; faites qu'elle ne vous connaisse pas tout entier tout de suite. Comme un économe qui ménage son argent, ménagez vos qualités. Ayez toujours un côté impénétrable. Étonnez-la, prenez toutes les formes et toutes les variétés que demande son caractère. Faites-vous Protée par amour. Faites qu'elle trouve en vous ce qu'elle chercherait dans un autre. Suivez de l'œil et du cœur les besoins de son organisation. Devinez-la enfin. Soyez assez confiant pour lui prouver votre estime, assez jaloux pour lui prouver votre amour. Écartez d'elle sans brusquerie et sans violence les occasions qui la pourraient tenter. Ne soyez jamais trop grave, cela l'ennuierait ; ni trop léger, cela lui donnerait mauvaise opinion de vous. Souvenez-vous cependant quelquefois qu'il y a de l'enfant dans la femme, et qu'elle a besoin de jeux comme de protection. Rappelez-lui adroitement qu'elle a du cœur, et ne la questionnez sur son passé qu'avec précaution. Habituez-la à l'idée que son avenir sera uni au vôtre. Flattez-la dans sa toilette comme si vous lui faisiez encore la cour, souvent l'amour se trouve retenu dans le cœur par les fils les plus légers. N'affichez pas de théories devant elle, elle prendrait plaisir à les déjouer. Enfin, laissez aller votre vie au courant de la sienne ; et si après tout cela elle vous trompe, c'est que décidément elle n'aura pas de cœur.

Mais, me direz-vous, ce que vous conseillez là deviendrait l'occupation de tous les instants. On n'est plus un amant, on devient une sentinelle, et il faut n'avoir que cela à faire.

Aussi n'est-ce qu'aux gens qui font de l'amour la grande question de leur vie que je m'adresse, et ceux-là me comprendront. Quant à ceux qui ne voient dans l'amour qu'un plaisir, une distraction ou un besoin, ils n'ont besoin d'aucun conseil, ils ont leur jeunesse ou leur argent, c'est tout ce qu'il leur faut.

Vous comprenez parfaitement qu'Emmanuel était fort éloigné d'avoir en amour les principes que nous venons d'émettre, puisqu'il avait sur l'amour les théories que nous avons dites : on pouvait même le ranger dans la catégorie de ceux dont nous avons parlé en dernier lieu; mais nous devons avouer que les premières réflexions que nous avons faites lui étaient venues, et qu'il les avait acceptées comme un charmant moyen d'éluder le danger qu'il redoutait.

— Julia, se disait-il, est la seule femme qui m'ait inspiré un désir et qui m'ait fait penser à elle, une fois ce désir satisfait. Si je continue à la voir, je puis devenir amoureux d'elle, et comme il faudrait tôt ou tard que cette liaison se brisât, ce seraient donc des chagrins ou tout au moins des ennuis que je me préparerais. Soyons fort. Julia est une femme d'esprit et qui acceptera une rupture originale. Rompons tout de suite et pendant que nous n'avons rien à nous reprocher ni l'un ni l'autre. Elle a trompé tous ses amants, m'a-t-on dit, eh bien! je serai le seul qu'elle n'aura pas trompé, et un jour viendra où nous nous rappellerons avec plaisir cette nuit passée ensemble. Puis, je pars demain, et mon absence fera le reste.

Emmanuel comptait beaucoup sur cette dernière raison, qu'il croyait la meilleure; cependant il pressentait que tout ne finirait pas ainsi qu'il paraissait le croire, et que de quelque façon que ce fût, ce désir, auquel il avait succombé, aurait tôt ou tard une influence sur sa vie. Peut-être n'était-ce qu'un pressentiment chimérique, ou peut-être cela venait-il de ce que Julia était la première femme qui fût arrivée à le distraire un instant de son travail et de son but. Toujours est-il qu'il méditait sérieusement la lettre qu'il comptait répondre à celle qu'il venait de recevoir, et les bonnes raisons de rupture qu'il voulait lui donner. Nous allons le laisser aux réflexions de toutes sortes qui venaient l'assaillir, et nous allons voir ce que Julia faisait pendant ce temps, et pourquoi elle était sortie si vite après le départ de son nouvel amant. Cela ne sera peut-être pas sans intérêt pour nos lecteurs.

XI

Comme on se le rappelle, Julia, en sortant la veille de chez Emmanuel, s'était fait conduire au ministère de l'intérieur, où elle avait déposé une lettre qu'on avait remise tout de suite au secrétaire du ministre. Cette lettre, si l'on tient à le savoir, ne contenait que ces mots :

« Ce soir. A demain. »

C'était assez mystérieux, et cependant c'était tout ce qu'il fallait pour se faire comprendre, car le ministre parut satisfait après avoir lu ce billet qu'il jeta au feu, sans avoir besoin de le relire une seconde fois.

Le lendemain donc, quand Emmanuel fut parti, Julia se leva à la hâte, fit atteler sa voiture et se rendit de nouveau au ministère. C'était dans le trajet qu'elle avait été rencontrée par le baron.

Dix heures sonnaient lorsqu'elle franchissait le seuil de l'hôtel du ministre. Elle monta les marches en femme qui connaît les êtres de la maison où elle se trouve, ouvrit la porte des garçons de bureau, qui se levèrent en la voyant entrer, et la saluèrent avec respect.

— Madame veut-elle que je l'annonce ? lui dit l'un d'eux.

— C'est inutile, répondit Julia, et elle passa.

Elle ouvrit familièrement une des portes qui se trouvaient dans le corridor, et qui était celle du cabinet du secrétaire. Ce dernier, qui était un jeune homme, leva la tête en entendant du bruit, et reconnaissant Julia, il vint à elle en lui tendant les mains et en lui disant :

— Comment vas-tu ? belle matinale.

— Je vais bien, et ton ministre ?

— Mon ministre t'attend.

— Va le prévenir alors.

— Tu es donc bien pressée ? fit le jeune homme en pressant les mains de Julia Lovely, et en la regardant de façon à lui faire comprendre ce qu'il ne lui disait pas.

— Ah! ce matin, répondit-elle en le repoussant avec un sourire, je n'ai pas de temps à perdre.

— C'est ton dernier mot ?

— C'est mon dernier mot.

— Et les nouvelles ?

— Elles sont bonnes.

— M. de Bryon ?...

— Tu sauras cela plus tard. Va prévenir M. le ministre, et dépêche-toi.

Le jeune homme ouvrit une porte et disparut. Julia regarda machinalement ce qu'il était en train d'écrire quand elle était arrivée, et voyant que la chose était sans importance, elle s'assit en face de la glace et en souriant à sa beauté; puis elle laissa tomber sa tête sur une de ses mains et se prit à réfléchir, ce qui, du reste, arrivait souvent quand elle était seule.

Quel pouvait être l'objet de ses réflexions ? A quoi eût pensé toute femme à qui, depuis vingt-quatre heures, il fût arrivé ce qui était arrivé à Julia ? Était-ce ce nouvel amour ou plutôt ce nouvel amant qui l'occupait ainsi ? Tout ce que nous pouvons dire, c'est que, lorsque le secrétaire rentra, elle était si profondément absorbée qu'elle ne l'entendit pas.

— Entre, lui dit-il en lui touchant l'épaule, et la voyant si préoccupée, il ajouta : A quoi diable penses-tu ?

— Cela ne te regarde pas, répondit-elle.

— Serais-tu amoureuse, par hasard ?

— Qui sait !

— Tu me conteras cela.

— Nous verrons.

— Tu repasseras par ici ?

— Oui.

Julia passa dans le cabinet du ministre. Le ministre était assis quand Julia entra.

C'était un homme de cinquante-cinq ans. Ses cheveux grisonnaient. Son visage était grave et fier, ses yeux vifs et fins, sa bouche sèche, ses dents blanches et petites. Il y avait du calme, de l'ambition, de la volonté et de la ruse dans les traits de cet homme. On voyait, au premier aspect, que l'on avait affaire à une supériorité.

— Bonjour, Julia, fit-il en allant mettre le verrou à une seconde porte de son cabinet.

— Bonjour, monsieur le ministre, fit celle-ci en s'asseyant aussi sans façon que si elle eût été chez elle. Comme vous avez l'air gai, ce matin?

— Vous savez bien, Julia, que je suis toujours gai quand je vous vois.

— Et pourquoi?

— Parce que vous m'apportez toujours une bonne nouvelle.

— Et que les bonnes nouvelles sont rares pour vous, n'est-ce pas? Êtes-vous toujours content de votre secrétaire particulier?

— Toujours.

— Avouez que c'est un véritable cadeau que je vous ai fait là.

— Je l'avoue.

— Le pauvre garçon, savez-vous qu'il a été bien heureux de me connaître!

— Comment l'entendez-vous? fit le ministre en souriant.

— S'il ne m'avait pas connue, il n'aurait pas une place de quinze mille francs.

— Oui; mais s'il ne vous avait pas connue, il ne serait pas ruiné.

— Croyez-vous? Il se serait ruiné avec une autre qui se fût contentée de le mettre à la porte après; car elle n'eût eu ni ma reconnaissance, ni mes protections, ajouta Julia en s'inclinant devant le ministre en signe de remercîment.

— Eh bien! quoi de nouveau? demanda le ministre, qui paraissait désireux d'en arriver promptement au fait qui amenait Julia chez lui.

— Voulez-vous des nouvelles de l'étranger ?

— Non ; de l'intérieur.

— Vous êtes donc bien au courant de ce qui se passe chez nos voisins ?

— Oui.

— En êtes-vous sûr ?

— Très-sûr.

— Comment va le roi de Sardaigne ?

— Très-bien.

— Erreur, monsieur le ministre, il est à la mort.

— Qui vous a dit cela ?

— Aurélie.

— Et qui est-ce, Aurélie ?

— C'est la maîtresse de l'ambassadeur de Sardaigne. Or, comme vous le savez, ce pauvre ambassadeur est très-vieux, de sorte qu'il a pris une maîtresse pour prouver qu'il ne l'est pas. Tous les jours, de neuf heures à minuit, il reste avec elle, en tout bien tout honneur, je vous prie de le croire. Mais ces trois heures, il faut les occuper à quelque chose ; alors, pour s'excuser de son... comment dirai-je ? de son... silence, il lui dit qu'il est absorbé par les affaires de son pays, et, convaincu qu'elle n'y comprend rien, il lui détaille avec beaucoup d'emphase les secrets de la Sardaigne. Le lendemain elle me conte tout cela, en bâillant encore, et moi je vous le répète. L'ambassadeur donne trois mille francs par mois pour cela à Aurélie. Oh ! la police faite par les femmes est la meilleure police, soyez-en bien convaincu, monsieur le ministre.

— Et cette Aurélie est jeune ?

— Elle a vingt ans.

— Elle doit bien s'ennuyer alors ?

— Non. Elle a un autre amant.

— Qui est ?

— Le premier secrétaire de l'ambassade d'Angleterre.

— William S...

— Justement.

— Et celui-là ?

— Lui conte aussi les affaires de son pays.

— Par insuffisance, comme l'autre?

— Non, par légèreté, et sans savoir ce qu'il fait.

— Et que se passe-t-il chez nos voisins d'outre-mer?

— Rien que vous ne sachiez mieux que moi, monsieur le ministre, car si mes amies ont des amants dans l'ambassade anglaise, vous, vous avez une maîtresse en Angleterre, et une maîtresse qui en sait à elle seule plus long que tous les ambassadeurs. C'est une belle chose que d'être la maîtresse d'un ministre.

— Vous me l'avez cependant refusé bien des fois.

— Parce que vous ne me le demandiez que par politesse. Je ne suis pas une assez grande dame pour jouer le rôle que votre maîtresse joue là-bas, mais j'ai trop d'intelligence et d'esprit pour jouer avec vous le rôle qu'Aurélie joue avec son ambassadeur.

— Vous croyez donc que je lui ressemble?

— Passé cinquante ans, tous les diplomates se ressemblent en amour.

— Vous vous trompez sur mon compte.

— C'est possible. En tout cas, j'aime mieux mon erreur que la réalité. Revenons aux choses sérieuses. Savez-vous, monsieur le ministre, que la mission que j'ai acceptée est quelquefois difficile à remplir?

— Il n'y a pas de difficultés pour vous?

— Je trahis tous mes amis.

— A-t-on des amis, d'abord?

— C'est juste; mais on a des amants quand on est femme.

— Eh bien! quand vous les trahiriez un peu, vous ne feriez que prendre l'initiative sur eux, voilà tout.

— Cependant c'est mal.

— D'où vous viennent ces remords inconnus?

— Ah! c'est qu'il y a des hommes qui ne sont pas comme les autres.

— De qui parlez-vous donc?

— Vous le savez bien; car, vous aussi, monsieur le ministre, vous êtes bien convaincu qu'il n'est pas comme les autres hommes.

— Aussi n'ai-je vu que vous pour en triompher.

— Et si j'allais tourner à l'ennemi?

— Vous en êtes incapable.

— Cela se pourrait, cependant. Il n'a pas passé cinquante ans, lui.

— Il vous aime donc, cet homme qui n'a jamais aimé personne, dit-on?

— Je ne dis pas cela.

— C'est vous qui l'aimez, alors?

— On ne doit jamais répondre de l'avenir, mais cela pourrait bien arriver.

— Diable! ce serait malheureux pour moi.

— Et pour moi, donc.

— Voyons, venons au fait. Vous avez vu Emmanuel?

— Oui.

— Il est venu chez vous?

— Oui.

— Quand?

— Hier.

— Et il s'en est allé?

— Ce matin.

— La partie est belle.

— Je joue avec sang-froid, et j'ai peur.

— Cet homme a donc tout pour lui.

— Oui; puis, nous autres femmes, nous ressemblons à la poudre. Nous n'avons besoin que d'une étincelle pour nous enflammer.

— Vous m'effrayez, Julia; je ne vous ai jamais vue ainsi.

— Enfin, monsieur le ministre, je ferai ce que je pourrai pour tenir ma parole; mais cette victoire me comptera pour deux : car si je triomphe de lui, c'est que j'aurai triomphé de moi.

— Écoutez, Julia, parlons sérieusement, car la situation est grave. Cet homme est fort, cet homme est plus fort que moi. J'ai essayé de tous les moyens de le perdre, sans y réussir; je n'ai plus d'espoir qu'en vous. Il faut qu'Emmanuel vous aime, ou nous sommes perdus!

— Il m'aimera. Cependant, écoutez, monsieur le ministre, je ne veux pas vous trahir; mais je crois que je n'aurai pas non plus le courage de le trahir, lui. Je ferai tout ce que je pourrai pour le rendre amoureux, pour l'éloigner des affaires, pour lui faire abandonner la politique. Je le ferai voyager, je le tuerai, s'il le faut, comme une maîtresse tue un amant qu'elle aime. Vous profiterez de la position; vous le vaincrez dans son sommeil. J'aurai peut-être été votre complice dans l'intention ; mais je ne le serai pas dans le fait. Emmanuel n'a jamais aimé. L'amour est donc son seul côté vulnérable, puisqu'il s'en est défié. Il m'aimera; voilà tout ce que je puis faire pour vous.

— Cela suffit.

— Si vous saviez, monsieur le ministre, quel homme il est!

— Je le sais pardieu bien.

— Quelle finesse de sentiments ! quelle délicatesse de cœur !

— Oh ! je le vois aussi bien avec la crainte que vous avec l'enthousiasme.

— Il sera un jour votre collègue.

— Je serais bien heureux qu'il ne fût que mon collègue ; ce que je crains, c'est qu'il ne soit mon remplaçant. D'ailleurs, votre intérêt est qu'il n'arrive pas au ministère ?

— Pourquoi ?

— S'il me remplace, votre fortune est perdue.

— Vous voulez dire qu'elle est doublée.

Le ministre se mordit les lèvres.

— Supposez que je vous trahisse pour le faire arriver, croyez-vous qu'il soit homme à l'oublier ?

— Alors il y a peut-être autant d'ambition que d'amour dans ce que vous éprouvez pour lui ?

— Cela se pourrait bien. Ai-je jamais nié mes mauvaises passions devant vous ? Mais, d'un autre côté, je suis reconnaissante, vous le savez, et je ne perdrai pas le souvenir de ce que je vous dois. Vous avez fait consul le comte de C..., mon ancien amant, qui me fait depuis cette époque mille écus de rente ; vous m'avez accordé une recette générale pour M..., qui m'a donné cinquante mille francs ; vous avez fait nommer secrétaire d'ambassade le petit Henri de..., qui ne m'avait rien donné, mais à qui je m'intéressais de cœur ;

vous avez fait décorer ce gros vicomte qui croit, ou plutôt qui veut faire croire qu'il descend des rois de la première race, et qui m'a donné vingt-cinq mille francs de diamants pour cette croix, diamants qu'il a achetés à crédit, bien entendu, mais cela ne me regarde pas; vous avez pris pour secrétaire particulier un homme que j'avais aimé, et vous lui avez continué le revenu du capital que je lui avais mangé; vous avez fait obtenir une concession de chemin de fer à mon premier amour, qui m'a donné, la veille de cette concession, deux cents actions, que j'ai revendues le lendemain à quatre cents francs de prime par action; vous-même, vous avez la galanterie de m'envoyer de temps en temps quelques milliers de francs sur vos fonds secrets; vous avez placé mon frère; je vous suis presque devenue nécessaire, et je vous dois ma fortune présente : je n'oublie rien de tout cela. Emmanuel de Bryon vous gêne, c'est un ennemi trop fort; il vous faut un auxiliaire pour le vaincre; vous avez pensé à moi, vous m'avez dit : Soyez la maîtresse de cet homme, et trouvez le moyen qu'il ne puisse rien contre nous. Aimez-le comme Messaline aimait Chéréas, pour le perdre. Surprenez ses secrets, s'il en a; faites qu'il en ait, s'il n'en a pas encore. Je vous ai promis tout cela; je vous l'avoue, car depuis longtemps je vous appartiens; et puisque je faisais tant que de me vendre, j'ai voulu que ma prostitution servît à de grandes choses. C'est une vanité comme une autre. Je suis la maîtresse d'Emmanuel, le premier pas est fait; mais, je vous le répète, il y a un charme tel en cet homme, il y a pour une femme un si grand enivrement à se dire qu'elle est aimée d'un homme comme lui, que maintenant je ne réponds plus de tenir la seconde partie de ma promesse; et s'il a quelque grand secret dont vous puissiez faire usage contre lui et que je surprenne, je crains bien de ne pas vous le dire.

— Eh bien, je ne vous demande plus qu'une chose, Julia, c'est de l'aimer. Vous aimera-t-il, lui?

— Je le crois.

— Si jamais sa santé se fatiguait, ajouta le ministre avec un regard significatif, faites-lui comprendre qu'un voyage lui serait bon, et emmenez-le; votre triomphe de femme serait bien plus grand, Julia, si vous enleviez tout à fait à la politique cet homme qui, jusqu'à présent, n'a vécu que pour elle. Quelle victoire pour l'amour !

— Vous raillez, monsieur le ministre, mais il ne faut jurer de rien.

— Essayez.

— Il est donc bien à craindre... pour vous, bien entendu?

— Oui, il l'est.

— Et pourquoi?

— Parce qu'il est à la fois ambitieux et vertueux, et qu'il a les vertus de ses passions. Ces hommes-là sont terribles.

— C'est la première fois que je trouve un bénéfice de cœur aux services que je vous rends.

— C'est de mauvais augure.

— Pas pour moi, puisque je ne puis qu'y gagner, qui que ce soit que je trahisse.

— A moins que, malgré vos trahisons, Emmanuel ne réussisse pas.

— Aussi, est-ce pour cela que je ne vous trahirais jamais qu'à moitié. — Adieu, monsieur le ministre, et comptez sur moi. Je lui donnerai peut-être mon cœur, mais je vous garde ma tête.

— Adieu, Julia, et à bientôt.

Le ministre baisa la main de la Lovely, qui quitta le ministère après avoir causé cinq minutes encore avec M. le secrétaire particulier.

Julia avait dit vrai : elle ressentait pour Emmanuel ce qu'elle n'avait jamais ressenti pour personne. Aussi, comme les femmes même les plus corrompues s'abandonnent quelquefois à leur premier mouvement, elle était toute joyeuse en rentrant chez elle; car, comme on se le rappelle, en sortant, elle avait écrit à Emmanuel, et s'attendait à trouver une réponse à son retour.

Il n'y avait rien.

Jusqu'au soir, Julia attendit, ne comprenant rien à ce silence.

A huit heures environ, elle reçut une lettre et un écrin.

L'écrin renfermait un bracelet de diamants, et la lettre renfermait ces mots :

« Ma belle Julia,

» Je quitte Paris. — Après ce qui s'est passé hier, une
» femme ordinaire croirait à de l'indifférence de ma part;
» vous qui vous connaissez, vous avez raison de croire que
» j'ai peur. Si je ne vous aimais pas, je resterais.
» Permettez-moi de vous offrir ce bracelet. Ce n'est pas
» un cadeau, c'est un souvenir.

» Emmanuel de B. »

— Et moi qui l'aimais! murmura Julia en pâlissant à la lecture de ce billet. Ah! M. de Bryon, vous ne savez pas à qui vous avez affaire.

Julia fit atteler, courut chez le secrétaire du ministre, et lui dit :

— Verras-tu le ministre ce soir?
— Oui.
— Montre-lui cette lettre, et dis-lui que maintenant il peut compter sur moi.
— Et que ferai-je de la lettre ?
— Tu me la rapporteras demain, si tu veux.

XII

Le lendemain, le baron vint prendre Emmanuel, qui, depuis la veille, avait donné l'ordre de dire qu'il était parti; précaution inutile, du reste, car Julia ne se présenta pas chez lui et ne lui écrivit pas. M. de Bryon et M. de Bay partirent. Emmanuel était enchanté de la façon dont il avait rompu avec Julia. Le temps était beau, la route belle, la voiture bonne ; ils firent un voyage charmant.

— Je vous présenterai au comte, dit M. de Bay à Emmanuel; il sera heureux de faire votre connaissance. Vous verrez là une maison charmante, un homme spirituel, une femme adorable, et deux petites filles gazouilleuses comme des oiseaux. Chasse à tir, chasse à courre.

Emmanuel eut beau dire qu'il ne venait en province que

pour travailler, il fallut bien qu'il en passât par où le baron voulait, et il fut convenu qu'il serait présenté le lendemain de son arrivée.

Le baron se rendit chez M. d'Hermi, pendant qu'Emmanuel se rendait à son petit château, distant environ d'une demi-lieue de celui du comte. M. de Bay fut reçu avec joie, même par les deux jeunes filles, et fit part au comte de la liberté qu'il devait prendre le lendemain de lui présenter Emmanuel. Toute la soirée, il fut question de M. de Bryon, de sa position, de sa fortune, de sa famille, de son talent, de son intégrité, de son courage, enfin, de toutes les vertus que l'on cite dans un homme pour lequel on a grande sympathie. Le lendemain, à onze heures, on annonça Emmanuel.

Le comte d'Hermi, sachant que M. de Bryon devait lui être présenté, avait fait monter un de ses domestiques à cheval, et l'avait envoyé porter à M. de Bryon une lettre pour l'inviter à déjeuner; l'avertissant, en outre, qu'il faisait préparer des chevaux pour une chasse à courre.

La présentation se fit, et l'on se mit à table. Le comte et la comtesse regardaient avec attention le visage de cet homme, sur lequel ils avaient entendu raconter tant de choses; et comme cela arrive toujours en pareille circonstance, la conversation tomba sur les questions qui préoccupaient Emmanuel, et sur lesquelles le comte désirait l'entendre discuter.

— Qu'avez-vous fait hier? lui demanda M. de Bay.

— J'ai travaillé, répondit Emmanuel.

— Déjà.

— Ah! mon Dieu, oui. J'ai écrit, — des mots, — des mots, comme dit Hamlet.

— Oui, mais des mots utiles.

— Qui sait? — en politique les mots utiles hier seront inutiles demain.

— Pas pour ceux qui, comme vous, ont triomphé dans le passé, et sont les maîtres de l'avenir.

— Triomphe magnifique, — il est vrai; — je suis fort, parce que je suis seul. — Parce que, jeune, je suis monté sur les illusions de ma jeunesse, — et que le monde qui me voit sur un piédestal ne s'inquiète pas si ce piédestal est fait avec les pierres d'un autel ou le marbre d'une tombe, —je triomphe ; — mais je sais ce que ce triomphe me coûte, et ce qu'il m'a fallu immoler de sentiments doux et de vertus saintes pour y arriver.

— Allons ! mon cher Emmanuel, — vous vous plaignez à tort. — La gloire politique n'est pas chose tant à dédaigner, et voici monsieur le comte à qui je l'ai entendu envier bien souvent.

— Eh bien ! si vous voulez suivre un bon conseil, renoncez à cette vie que vous n'envisagez encore que d'un côté, dit Emmanuel à M. d'Hermi. — Laissez l'ambition, qui est plus qu'une passion, qui est un vice, — à ceux qui n'ont ni famille, ni ami, ni fortune ; — à ceux que la fatalité a jetés seuls sur la terre, et qui ne pouvant aimer veulent au moins haïr, car toute passion, et surtout celle-là, est basée sur une haine. — Ce n'est qu'en abattant qu'on relève. — Le cœur se resserre peu à peu jusqu'à ce qu'il disparaisse tout à fait, et à la place, on porte, comme l'aigle du nord, un blason et une devise. Croyez-moi, monsieur le comte, gardez votre repos, votre fortune, votre famille ; vous avez une femme, une fille qui vous aiment, vous avez un château royal, que pouvez-vous aimer de plus? Des ennemis? des jalousies? des remords peut-être... Oh ! croyez-moi, l'âme est perdue une fois qu'elle a revêtu cette robe de Nessus qu'on nomme l'ambition, qui brille mais qui brûle.

— Et cependant...

— Et cependant, allez-vous dire, continua Emmanuel, pourquoi ne renoncez-vous pas vous-même à cette vie dont vous voulez garantir les autres? Pourquoi l'homme qui tombe à la mer n'en sort-il pas tout de suite? C'est qu'il ne voit aucun rivage pour aborder, et qu'il lui faut lutter ou mourir là où il est tombé ; c'est qu'une fois qu'on a mis le pied dans cette atmosphère ardente, on ne peut plus la quitter, et que l'air des autres est insuffisant pour soi ; c'est que le cœur s'habitue à ces émotions quotidiennes, à ces ambitions, à ces jalousies, à ces haines, et que si l'on abandonnait ce genre de vie on mourrait du spleen. Mais si je n'avais pas hérité des idées ambitieuses de mon père, si je n'avais pas de bonne heure veillé seul, si j'avais connu quelque affection réelle, jamais je n'eusse voulu entrer dans ce labyrinthe de passions. Malheureusement j'étais de ceux qui, tout à l'apparence, se laissent enthousiasmer par une belle phrase. Quand j'écoutais nos grands orateurs, je me disais qu'un jour je monterais à la même tribune qu'eux, je brûlais d'avoir la même éloquence. Alors je veillais, je passais les nuits dans la lecture et l'étude. Cette jeunesse que d'autres que l'on dit fous, et qui l'étaient cependant moins que moi, passaient en joyeuses parties et en faciles amours, je la dépensais obscurément entre une lampe et un livre. Mon cœur, ouvert aux choses grandes, se fermait d'un autre côté aux choses douces, et se consumait à son propre feu, sans avoir éclairé personne et sans se réchauffer lui-même. Je n'étais pas assez gai pour avoir un ami, j'étais trop isolé pour avoir une amie. Je marchais vers une pensée sans m'arrêter, comme le Juif maudit de Dieu, et je crois que le jour où mon père mourut, je m'écriai : Enfin ! En effet, à compter de ce moment, mon rêve se faisait palpable et sensible. J'allais être quelque chose, après n'avoir été longtemps que quelqu'un. Les questions d'État que j'étudiais loin des débats me semblaient mal jugées. J'arrivai à la Chambre avec des idées neuves, et je crus qu'à mon tour j'allais pouvoir détruire et édifier après. J'eus des luttes terribles à soutenir. Heureusement que j'avais la conscience aussi forte que la voix. Je triomphai. Mais ce que ce triomphe m'a coûté de veilles et d'insomnies, ce qu'il m'a fallu amasser dans mon cœur et dans mon cerveau est impossible à dire, et tout honoré que j'étais, je vous avoue que j'eusse préféré, à cette belle position que les hommes me faisaient, celle que Dieu fait à l'enfant indépendant et libre qui passe joyeusement avec sa fiancée au bras et son amour au cœur.

— Je vous le disais bien, mon cher comte, interrompit le baron en souriant, Emmanuel est devenu misanthrope.

— Point du tout, cher ami. On ne déteste les hommes que dans le commencement qu'on les connaît. Quand on les connaît tout à fait, on les oublie. Ils sont plus fous que méchants. Aussi je ne les hais pas. Dans mes querelles avec eux, ce n'est jamais un homme, mais une idée que j'attaque. Ce n'est jamais au cœur, mais à la tête, que je m'en prends. D'ailleurs notre nature est si changeante, nos pensées sont si mobiles, qu'il faudrait être Dieu lui-même pour avoir le droit de se plaindre des autres. Puis, voyez-vous, ce qu'il y a de vraiment grand et beau dans le monde, ce n'est pas cette gloire factice après laquelle on court, les uns par des sentiers, les autres par des chemins; ce n'est pas ce renom qui fait que, quand on passe, les autres hommes se détournent, et vous regardent peut-être avec admiration, mais peut-être avec envie; ce n'est pas d'avoir à sa boutonnière un ruban rouge que des jalousies vous tiraillent de tous côtés, espérant vous enlever un morceau du cœur en l'arrachant. Ce qu'il y a de vraiment grand dans le monde, c'est tout ce que Dieu a fait lui-même; c'est ce paysage animé et sans bruit qui se déroule devant nos yeux; ce sont ces fleurs, ces champs, ces oiseaux, qui sont tous une note du concert magnifique dont on n'entend rien quand on vit au milieu du chaos de la ville. Oh! je vous le répète, monsieur le comte, gardez votre repos, voyez au milieu de quelle nature vous vivez. Eh bien! en sondant cet horizon bleu, devinez-vous quelque chose de plus beau? Que vous importe qu'il y ait derrière d'autres hommes qui se croient plus intelligents que ces pauvres paysans qui creusent la terre toute leur vie, et qui ne demandent à la terre que ce qu'elle peut donner? que vous importe le cri de la foule? Vous en arrive-t-il quelque chose? et lorsque quelque grande ambition s'est réalisée là-bas, lorsque quelque grande lutte politique s'y fait, y a-t-il le soir un changement dans la nature et dans l'horizon? le ciel en est-il moins beau, les étoiles moins brillantes, l'air moins pur? Non, non, tout est vanité là-bas, tout est bonheur ici; et cependant ce bonheur que je conseille, je ne puis en jouir, car je n'ai personne pour le partager, et comme les phthisiques, je ne me soutiens plus que par la fièvre. Ainsi, chaque jour, au lieu de me lever et d'aller voir le réveil de Dieu, je demande mes journaux que je dévore. J'attends des lettres; je doute; je crains; j'espère. Que sais-je, moi? Et je mourrai probablement sans avoir rien ajouté à l'œuvre des autres.

— Mais pardon, mesdames, continua Emmanuel, je développe des théories fort ennuyeuses que je cesse un peu tard; car, malgré moi, je me suis laissé entraîner.

Marie, qui avait écouté avec un grand étonnement cet homme qui parlait de choses si nouvelles pour elle, ne put s'empêcher de lui dire, en rougissant un peu :

— Au contraire, monsieur, continuez. Je voudrais bien savoir ce que c'est que la politique?

— Oh! mademoiselle, répondit Emmanuel, la politique serait chose bien ennuyeuse pour une jeune fille comme vous.

— Mais enfin, qu'est-ce que c'est?

Marie et Clémentine se regardèrent en souriant, et M. de Bryon lui-même ne put s'empêcher de sourire à l'expression de cette naïve curiosité.

— Eh bien, mademoiselle, répliqua Emmanuel, voici ce que la politique est pour moi, et ce qu'elle devrait être pour vous si vous en faisiez. Vous avez vu, quand vous vous promeniez dans les plaines de M. le comte, un épervier décrire, pendant un quart d'heure, un vol circulaire, et finir par s'abattre sur une pauvre perdrix qui, magnétisée par lui, n'avait pu se sauver, et à laquelle il ouvrait les entrailles. La politique consiste pour les uns à être l'épervier, et pour les autres à défendre la perdrix; autrement dit, la politique consiste pour les mauvaises natures à abuser du pouvoir contre les classes pauvres, et pour les bonnes à protéger les faibles. C'est cette dernière politique que vous exerceriez, mademoiselle, et c'est de celle-là que j'ai essayé de faire la base de ma vie.

— Vous me traitez tout à fait en enfant, monsieur, répliqua Marie, et vous me faites une parabole comme Jésus en faisait aux pauvres d'esprit. C'est de la grande politique que je voudrais vous entendre parler, de la politique des rois et des peuples, des nations et du monde, de la civilisation et du progrès. J'ai vu ces grands mots-là dans les journaux de mon père, et je voudrais bien savoir ce qu'ils signifient.

— Folle! murmura M. d'Hermi.

— Enfant! dit la comtesse en embrassant sa fille.

— Alors, mademoiselle, ajouta M. de Bryon, qui semblait prendre intérêt à cette conversation avec la curieuse jeune fille, et que flattait même cette insistance ; alors, mademoiselle, je vais essayer de vous initier aux grands mystères de la grande scène politique. Il y a trois grands principes qui sont le pivot du monde : Dieu, les rois et les peuples. En 93, le peuple, le peuple français que nous ne pouvons pas faire autrement que de prendre pour exemple, puisqu'il a toujours été le peuple d'initiative et d'action ; le peuple français, dis-je, voulut nier deux de ces grands principes, et crut se suffire lui seul à lui-même. Il abolit la royauté et décapita le roi. Il abolit son Dieu et décapita les prêtres. Il y avait eu abus en haut, il y eut abus en bas. Maintenant qu'elle est passée, nous pouvons bien le dire un peu, cette révolution fut une grande chose et était une chose nécessaire. Dieu, principe infini et éternel, s'est reconstitué, car la main des hommes ne pouvait l'atteindre, mais le trône s'est fortement ébranlé. A chaque mouvement que la royauté fait depuis 93, elle sent qu'elle est près de tomber. Le peuple menace éternellement, car le peuple n'est plus ignorant, et il commence à redemander compte à son roi et à ses ministres de sa misère et de son abandon. Ici commence la politique. Il s'agit pour les uns de faire prendre patience au peuple et de conseiller les rois ; il s'agit pour les autres de faire passer la mer populaire sur le trône, et d'établir à la place du principe monarchique le principe d'égalité que prêchent ceux qu'on appelle les socialistes. Qui a raison des deux, de celui qui veut que le peuple ait un maître qui le dirige, comme les enfants ont un père qui les conduit, ou de celui qui veut que le peuple soit son maître et se dirige lui-même? Les peuples sont comme les hommes. Il est bien rare de voir un homme arrivé à sa majorité user avec intelligence de l'héritage de sa famille, et employer utilement la liberté que ses vingt et un ans lui donnent. Si tôt ou tard, ce qui est inévitable, le peuple recommence sa révolution, s'il se croit majeur enfin, il fera de grandes folies et sera forcé d'en revenir à un roi, c'est-à-dire à une unité, et plus ce roi sera absolu, plus le peuple sera heureux. Les révolutions, qu'on fait toujours au nom des idées, ne sont jamais que des questions d'estomac. Le peuple a faim, le peuple se bat. Faites que le peuple, l'ouvrier, ait toujours de quoi vivre, lui et sa famille ; introduisez en même temps dans son esprit les connaissances qu'il doit avoir, et cette science du bien et du mal, que nous n'avons pas encore, quoi qu'en dise l'Évangile, et les traditions révolutionnaires se perdront. Le peuple ne demande pas un gouvernement plutôt qu'un autre ; il demande la liberté de travailler, de penser et de vivre. Que le chef du gouvernement soit un Bourbon de la branche aînée ou un Bourbon de la branche cadette, peu lui importe, pourvu que ce chef soit loyal, et l'aime. Quant à la république, cette utopie que quelques fous exploitent encore en France, elle est impossible dans l'avenir comme elle l'a été dans le passé. Avant d'en arriver au bien-être qu'il cherche, notre pays essayera peut-être de ce gouvernement, comme un malade essaye les uns après les autres tous les remèdes connus; mais il le rejettera bien vite, parce qu'il tombera entre les mains d'ambitieux ignorants, qui l'écarteront de la grande route qu'il doit suivre. Il y a des gens qui ont des rentes, et il y a des gens à leur porte qui meurent de faim. Qu'ont fait les uns pour être riches, qu'ont fait les autres pour être pauvres? Toute la question est là. Tant que cette injustice sociale existera, nous serons sur un volcan, et malheureusement elle existera longtemps encore.

— Pourquoi? demanda Marie. Il me semblerait bien simple que ceux qui ont donnassent à ceux qui n'ont pas.

— Cela vous semble bien simple à vous, mademoiselle, qui êtes bonne, que les riches partagent avec les pauvres; mais il n'en est pas ainsi pour tout le monde. Puis il faut faire la part des passions. Dans le peuple, il y a des hommes intelligents à qui leur intelligence ne donne que la haine et l'ambition. Ces hommes disent continuellement aux classes qui souffrent : Dieu est injuste et les hommes sont méchants. Tandis que les riches vivent dans le luxe, vous, vous vivez dans la misère ; cela ne doit pas être, et comme ils ne veulent pas vous donner ce qu'ils ont, il faut le leur prendre. Ces quatre lignes-là sont le cercle dans lequel se font toutes les révolutions. Malheureusement, si l'un veut prendre, l'autre tient à garder ; et qui souffre de tout cela ? c'est toujours le peuple, qui ne s'est pas aperçu qu'il n'était que l'instrument de haines et d'ambitions, et que par ces moyens violents il écarte de lui les sympathies et la confiance.

— Comment faire alors ?

— Tout est là. Si on le savait, mademoiselle, on serait bien heureux. Comment faire pour maintenir au dehors l'honneur et la supériorité d'un pays ; comment faire pour maintenir au dedans la confiance et la tranquillité ? Ceux qui ont fait le proverbe : Être heureux comme un roi, ne savaient évidemment pas ce qu'ils disaient. La tâche est rude, et nous userons notre vie et nos veilles peut-être pour rien. Moi, j'aime le peuple comme j'aime l'océan, plus pour ses tempêtes que pour son calme, car il me semble que le marin est plus grand quand il lutte contre les vagues que lorsqu'il chante tranquillement dans la sérénité de la nuit. J'ai l'ambition d'arriver à calmer un jour toutes ces passions, à niveler toutes ces différences, à museler toutes ces haines. Ce serait une belle et grande chose, sous le poids de laquelle je succomberai sans doute comme les autres, mais que je tenterai avec toutes mes forces et toute ma volonté.

— Je ne savais pas que c'était si effrayant que cela, fit Marie en souriant ; il est malheureux que les femmes ne puissent pas faire de la politique, vous en parlez avec un tel enthousiasme que je voudrais m'en mêler un peu.

— Les femmes ont une politique bien plus douce et bien plus facile, car elle vient de leur cœur. Toute la politique d'une femme consiste dans sa bonté et dans son amour. Dieu a simplifié la question pour elles, et c'est une politique que vous exercez depuis votre enfance, mademoiselle.

Tout le temps qu'avait duré cette conversation, Marie avait tenu ses yeux fixés sur Emmanuel. Ce monde qu'elle ne soupçonnait pas, et dont M. de Bryon lui faisait entrevoir toutes les misères et toutes les grandeurs; ces révolutions qu'elle n'avait jusqu'alors considérées que comme des faits, et qui lui apparaissaient tout à coup avec leurs causes et leurs résultats, leur but et leurs conséquences, faisaient rêver cette insoucieuse jeune fille. Puis, il faut dire que si elle prenait plaisir à l'histoire, elle trouvait un grand charme à l'historien, dont la voix vibrante et douce était comme une mélodie. Avec cette exagération qui est le privilége des jeunes esprits, Marie grandissait encore M. de Bryon. Il lui semblait le voir éclairé de la pâle lueur de sa lampe nocturne, travaillant nuit et jour, entouré d'ennemis, luttant sans cesse; et cette vie, si en dehors de la sienne, l'intéressait comme intéressent toutes les choses qu'on ne connaît pas et dont on sent qu'on ne peut sonder ni le fond ni les ténèbres. Les quelques éclairs qu'Emmanuel avait fait jaillir de ce chaos avaient éclairé des choses si nouvelles pour Marie, qu'elle ne pouvait s'empêcher d'admirer l'homme qui vivait continuellement dans cette brûlante atmosphère de politique et de révolutions.

Cependant, malgré le plaisir que tout le monde, excepté Clémentine, avait à écouter Emmanuel, on se leva de table et l'on se prépara à se mettre en chasse. Le comte, Emmanuel et le baron restèrent à causer, pendant que la comtesse, Clémentine et Marie allaient mettre leurs amazones.

— Est-ce que cela t'a amusée, tout ce que ce monsieur a dit? demanda Clémentine à son amie.

— Oui, répondit celle-ci, beaucoup.

— Tu es bien heureuse. Je me mourais de l'envie de bâiller, moi. Je trouve cela fort ennuyeux, les grands hommes.

La comtesse et les deux jeunes filles redescendirent bientôt et se mirent en selle au milieu des recommandations de prudence du comte et du baron, qui, quelques instants après, étaient prêts à partir ainsi qu'Emmanuel. Les chiens hurlaient retenus par les piqueurs. Il faisait une journée magnifique. La petite troupe partit. Le comte et Emmanuel marchaient les premiers, puis venaient le baron et la comtesse ; l'arrière-garde était formée par Clémentine et Marie, riant comme deux folles enfants qu'elles étaient. Les piqueurs entrèrent dans le bois avec les chiens, et un quart d'heure après ils sonnaient la vue.

Les cavaliers s'arrêtèrent attentivement. Marie et Clémentine, qui voyaient cela pour la première fois, étaient pleines d'émotions. Le cerf passa avec la rapidité du vent : le comte enfonça les éperons dans le ventre de son cheval, Emmanuel en fit autant, et tout le monde, piqueurs, cerfs et cavaliers, disparurent dans un nuage de poussière dorée, avec des cris de joie et un accompagnement de fanfares. Emmanuel semblait emporté par son cheval, dont les jambes, souples comme l'acier, ne connaissaient aucun obstacle. Il franchissait les fossés, descendait les côtes au triple galop ; on eût dit un de ces cavaliers fantastiques des ballades allemandes, dont les coursiers crachent le feu, et vont si vite qu'ils ont l'air de ne pas toucher le sol. Le comte d'Hermi montait admirablement aussi, et cependant il avait peine à suivre M. de Bryon. C'est que, pour le premier, le cheval était une habitude, tandis que pour Emmanuel c'était encore un plaisir. On reconnaissait l'homme ardent en toutes choses, et qui devait mettre à toutes les luttes physiques et morales la même force et en même temps la même grâce qu'il mettait à conduire son cheval. Il était comme enivré par cette course, et, certes, si quelqu'un fût venu en ce moment lui parler de Julia Lovely, il eût été un long temps sans savoir ce que l'on eût voulu lui dire. Cela prouvait une chose, c'est que cet homme, vivant depuis dix ans au milieu de ces passions qui avaient creusé ses yeux et peut-être un peu séché son cœur sur certains sentiments, avait gardé les expansions et les goûts naïfs d'un enfant, ce qu'il n'avait jamais eu le temps d'être. En un mot, il s'amusait, et à la première halte que l'on fit, il était ruisselant comme son cheval ; et tandis qu'il s'essuyait le visage d'une main, il tendait l'autre à M. d'Hermi, et lui disait :

— Je vous remercie, monsieur le comte, il y a longtemps que je n'ai été aussi heureux.

Le comte serra la main d'Emmanuel et lui renouvela ses invitations. Pendant ce temps, le baron, qui, plus prudent s'était chargé de la garde des femmes, arrivait au petit galop de chasse, accompagné des trois amazones, riantes, défaites, perdant leurs cheveux, et se racontant leurs mille accidents, heureusement sans résultats.

Emmanuel avait fait une impression réelle sur le comte, qui avait retrouvé en lui la nature correspondante à la sienne, et qui était forcé de lui reconnaître la supériorité du talent et de la position. Aussi, M. d'Hermi admirait-il son hôte, et se sentait-il tout porté à en faire un ami. Tout le temps que dura la chasse, ils ne se quittèrent pas. Cependant, le cerf finit comme tout cerf de bonne maison doit finir. Quand l'heure fut avancée, chassé depuis cinq heures, il n'eut plus d'autres ressources que de tenir aux chiens qui le couvrirent comme une marée vivante. Un garde s'approcha alors du comte et lui présenta une carabine. Le comte la passa à Emmanuel, qui, après s'être incliné en signe de remercîment, épaula lentement. Le malheureux cerf levait la tête, à peine les chiens laissaient-ils place pour la balle. Tout le monde avait les yeux fixés sur M. de Bryon. Le coup partit. Le cerf avait la balle dans le milieu du front. Marie poussa un cri d'admiration et de frayeur. On fit la curée, on jeta la victime sur une charrette, et la petite troupe se dirigea vers le château, qu'on aperçut bientôt se dessinant en vigueur sur les grandes lignes rouges du couchant.

XIII.

Le soir, une véritable intimité régnait entre le comte et Emmanuel, non pas cette intimité de mots, qui n'est souvent que l'expression exagérée d'un sentiment qui n'existe pas; mais cette intimité de cœur qui se manifeste jusque dans le regard et jusque dans la voix. Aussi le soir, après le dîner, ils sortirent tous deux, laissant les jeunes filles et la comtesse fatiguées avec le baron, et ils s'isolèrent sous les grandes allées du parc. Comme on le comprend, ce fut la conversation du matin qui recommença. Questions de la part du comte; conseils et regrets de la part d'Emmanuel.

— Je vous dois une des plus heureuses journées de ma vie, monsieur le comte, disait le jeune homme.

— Allons, vous me flattez, reprenait M. d'Hermi; avouez que quand la Chambre des pairs est pleine, et que vous montez à la tribune, devant une foule sympathique et enthousiaste, avouez que vous passez une plus heureuse journée que celle-ci.

— Non, car ce n'est que la fête de la vanité, tandis qu'aujourd'hui, c'était, permettez-moi de le dire, la fête du cœur. Vous m'avez donné une hospitalité si cordiale, que j'en suis réellement ému. Dans la position que je me suis faite, les hommes ne voient plus en moi qu'un homme d'État; il n'y en a pas un à qui il vienne l'idée que j'ai un cœur. Je ne suis plus qu'une espèce d'automate remonté par l'ambition. Je suis enfin pour tous monsieur de Bryon, pair de France; mais je ne suis pour personne un frère, un père, un ami. On me respecte, on ne m'aime pas; on m'attend, on ne me regrette jamais; à l'heure où je vous parle, mon nom est peut-être prononcé, mais parmi tous ceux qui le prononcent, il n'y a personne qui le prononce avec affection.

— Voyons, reprit M. d'Hermi en souriant; vous n'avez pas, vous-même, dans le fond du cœur, le souvenir d'un nom? Il n'y a pas dans cette grande ville, dont vous dites tant de mal, une maison habitée par quelqu'un qui ne dit peut-être votre nom à personne, mais qui le répète le soir comme une prière? Allons! votre âme, si noble et si grande, n'a pas une sœur quelque part? Vous n'êtes pas amoureux! c'est impossible.

— Et pourtant cela est.

— Personne?

— Personne.

— Vous êtes bien modeste ou bien discret.

— Personne, monsieur le comte; je vous le répète.

— Alors, je vous plains.
— Et vous avez raison.
— Heureusement, vous êtes jeune encore, et ce que la vie ne vous offre pas dans le présent, elle vous le garde peut-être pour l'avenir.
— Peut-être.
— C'est le mot de l'espoir.
— Et du doute.
— Décidément vous êtes misanthrope. Je vous guérirai.
— Vous ferez là une merveilleuse cure, monsieur le comte; et le jour où je serai convalescent, vous aurez un ami bien dévoué de plus.
— Nous essayerons. Je sais déjà l'état de mon malade et je connais son caractère, ce qui est un grand point. Maintenant, je ne vous ai encore parlé que du présent, et il faut que je vous questionne sur le passé. Cette mélancolie est-elle le résultat d'une douleur, ou l'ignorance d'une affection?
— L'ignorance d'une affection.
— Vous n'avez jamais aimé?
— Jamais.
— Par mauvaise volonté?
— Oui, mais pas de ma part. J'ai eu des amours, mais des amours inutiles. Cependant, je crois que si j'avais trouvé une affection sincère, j'eusse tout quitté pour elle; mais franchement, ces femmes à l'amour léger comme la gaze, au visage charmant, à l'âme équivoque, ne valaient pas la peine que je leur sacrifiasse un avenir rêvé depuis mon enfance. Non, je n'ai jamais aimé!
— Et des amis?
— Les amis, c'est un mot rayé de mon cœur. Des amis! un homme comme moi n'en a pas. J'ai vu des gens dont ma fortune servait les ambitions, et qui me serraient la main jusqu'à ce qu'ils trouvassent quelque chose dedans. J'ai vu des gens qui me flattaient dans mon salon et qui me faisaient attaquer dans leurs journaux; d'autres, et c'étaient ceux auxquels je pardonnais le plus vite, qui m'empruntaient de l'argent et me prenaient mes maîtresses. Tous ceux dont je vous parle se disaient mes amis, parce

qu'ils gagnaient quelque chose à prendre ce titre; mais, comme vous le pensez, je n'ai pas cru à ce qu'ils disaient.

— Et le résultat?

— C'est que je suis blasé sans avoir vécu, par théorie et non par pratique; c'est qu'à elle seule, une passion m'a assez refroidi le cœur pour le glacer à toutes celles où d'autres trouvent leur bonheur.

— Il faut aimer.

— Qui?

— La première femme venue, et vous ruiner pour elle plutôt que de vous abandonner à cette vie, qui anéantira votre cœur et votre intelligence.

— Cela vous est facile à dire, monsieur le comte, à vous qui êtes heureux, à vous qui avez une femme adorable, une fille qui a l'air d'un ange, une fortune immense, la santé, l'oubli des passions qui tuent, les sentiments qui élèvent; à vous qui, partout où vous regardez, trouvez quelqu'un qui partage votre tristesse et votre joie, et qui savez enfin que, tous les matins et tous les soirs, il y a sur la terre une bouche pure et un cœur d'ange qui parlent de vous à Dieu. D'ailleurs, je ne sais pas pourquoi je vous dis toutes ces folies; car enfin, je ne suis pas malheureux. Je suis là à faire le Werther, et j'ai tort. C'est cette nature mélancolique du soir qui me fait parler ainsi; c'est parce que j'ai été aujourd'hui plus heureux que d'ordinaire, que je suis ce soir plus triste que de coutume, comme ces gens qui rient trop et qui finissent par pleurer. Tenez, monsieur le comte, je suis un fou dont vous devez rire, et que vous ne devez pas plaindre.

— Je n'en reste pas moins votre médecin.

— Comme vous le voudrez.

— Et vous suivrez mes ordonnances?

— Ponctuellement.

— Voici la première.

— J'écoute.

— Vous viendrez demain dîner avec nous.

— Mais, monsieur le comte...

— Si vous dites un mot, je double la dose, je mets déjeuner et dîner.

— Allons !

— Vous vous résignez ?

— Je le crois bien. Et la seconde ordonnance?

— Vous l'aurez demain.

— Je fais un pari.

— Lequel ?

— C'est que ce sera la même que la première.

— Peut-être. Vous savez que pour les maladies chroniques il faut des traitements longs, simples et uniformes. Je vous guéris, laissez-vous faire : il vous manque des distractions, je vous en fournirai; il vous manque une famille, je vous donnerai la mienne; il vous faut un ami, je deviendrai le vôtre, et sincère et éternel. Que diable! si vous ne guérissez pas avec tout cela, c'est que vous ne voudrez pas.

— Que vous êtes bon !

— Eh! mon Dieu, non; je fais ce que je dois faire, et il y a dans le fond de tout cela un peu d'égoïsme encore, car il y en a dans le fond de toutes nos bonnes actions. Vous êtes une riche et puissante nature, vers laquelle je me sens porté, et quoique je ne vous connaisse que de ce matin, je ne sais pas en nous séparant si je vous manquerais; mais, en tous cas, vous me manqueriez. Ainsi, c'est moi que vous obligez et non vous que j'oblige. Le baron est bien charmant, mais il est toujours fatigué; il aime le repos, et d'ailleurs il aime mieux la comtesse que moi, ce cher baron. Eh bien! nous les laisserons ensemble, et nous deux nous nous ferons vagabonds; nous monterons à cheval, nous chasserons, nous ferons des excursions dans le pays, nous ferons enfin tout ce que vous voudrez; et cet hiver, comme vous pourriez ne pas encore être tout à fait sauvé, nous continuerons le traitement à Paris. Cela vous convient-il?

— Je m'abandonne à vous.

— C'est bien heureux. Maintenant, si vous le voulez, nous allons rentrer voir ce que font les enfants, car il se fait tard.

— Volontiers.

Les deux nouveaux amis se dirigèrent vers la salle où se trouvaient le baron, les deux jeunes filles et la comtesse. Ils s'arrêtèrent et regardèrent de loin ce qui se passait dans le salon. Clotilde et M. de Bay étaient assis à côté l'un de l'autre et causaient, tandis que Clémentine et Marie, l'une assise, l'autre debout au piano, faisaient de la musique.

— Vous êtes heureux, dit Emmanuel au comte en regardant ce tableau.

— Vous trouvez? fit celui-ci.

— Certainement.

— Peut-être un autre à ma place ne le serait-il pas.

— C'est qu'il serait bien exigeant.

— Ou bien scrupuleux, fit M. d'Hermi en souriant.

— Je ne vous comprends pas.

— Mais moi je me comprends. Voyez-vous, le bonheur n'est que là où on le met; quant au bonheur proprement dit, il n'existe pas.

— Ah çà! docteur, est-ce que vous tomberiez malade? C'est que, je vous en préviens, je ne me chargerais pas de vous guérir.

— Soyez tranquille, si j'avais dû mourir de la maladie que j'ai, il y a longtemps que j'en serais mort.

Et le comte suivit, en souriant, Emmanuel qui entrait dans le salon. En les voyant, M. de Bay se leva.

— Ne vous dérangez donc pas, mon cher baron, dit le comte.

Le baron se rassit. Marie courut embrasser son père.

— Tu dois être bien lasse, ma pauvre enfant, continua le comte.

— Aussi, n'attendions-nous que votre retour pour demander la permission de nous retirer.

— On te l'accordera tout à l'heure; mais auparavant...

— Auparavant?

— Tu sais, reprit M. d'Hermi tout bas et en embrassant sa fille, que nous ne sommes pas allés à la chapelle aujourd'hui; tu me dois donc un dédommagement.

— C'est juste.

8

— Mets-toi à ton piano, et joue-nous quelque chose.

— Je suis prête. Que faut-il jouer?

— Ce que tu voudras.

Marie s'assit, et préluda pendant que son père allait se mettre au fond du salon, à côté d'Emmanuel. La musique a besoin d'être entendue dans l'ombre.

La jeune fille joua la *Prière de Moïse*, et elle la joua avec tant d'âme, qu'elle s'émut elle-même, et que quand, aux applaudissements des quelques personnes qui étaient là, elle vint se jeter dans les bras du comte, une larme tomba de ses yeux à moitié clos pour la retenir. Emmanuel lui-même n'avait pu résister au frisson qui gagne tous ceux qui entendent ce morceau unique, et quand la jeune fille vint auprès de lui, ce fut avec une émotion réelle qu'il lui fit son compliment. Puis il la regarda avec plus d'attention qu'il n'avait fait jusqu'alors. Il ne l'avait considérée que comme une enfant, et il s'apercevait à l'expression qu'elle avait mise dans sa musique, qu'elle était une femme. Il se mit donc à la détailler, et cette impression nouvelle ajouta encore, dans l'esprit d'Emmanuel, de nouveaux charmes à la beauté de Marie; si bien que, lorsqu'elle quitta le salon avec Clémentine, il la suivit d'un regard plein d'une tendre admiration, et se tournant vers le comte, il lui dit :

— Quelle charmante enfant!

— Vous aimez la musique? dit le comte à Emmanuel.

— Oui, celle qui parvient à faire pleurer. Les larmes, c'est la sueur de l'âme qui guérit toujours de quelque chose.

— Eh bien, demain, je vous ferai entendre la musique que vous aimez.

— Où?

— Ici.

— Et qui la fera, cette musique?

— Ma fille.

— Allons, décidément, docteur, je crois que vous me guérirez.

— Je veux vous renouveler l'âme comme on renouvelle le sang; je vais vous faire pleurer tout ce que vous avez de tristesse dans le cœur, jusqu'à ce que vous l'ayez comme le jour où Dieu vous le donna. Marie sera mon auxiliaire.

— Vous prenez tout simplement un ange pour allié, comme ces grands héros de l'antiquité qui ne pouvaient combattre sans l'intervention d'un dieu ou d'une déesse. Si j'avais une enfant comme la vôtre, mon Dieu !

— Mariez-vous.

— Et avec qui ?

— Avec la première jeune fille que vous rencontrerez.

— Encore faut-il savoir si elle voudra de moi.

— Il ferait beau refuser un homme comme vous.

— Et si j'allais aimer ma femme ?

— Ce serait un malheur que vous répareriez bien vite, et dont elle prendrait probablement soin de vous garantir. Quand je vous dis de vous marier, je ne vous dis pas d'aimer votre femme, moi ; vous interprétez mal ce que je vous dis. Mariez-vous pour avoir une famille, une distraction, des enfants et surtout une habitude.

— Vous avez raison, j'y réfléchirai.

— Cependant, je ne vous donne ce remède que comme le dernier.

— C'est bien ainsi que je l'entends. Allons, monsieur le comte, la première consultation a été bonne, et j'en garde le plus heureux souvenir. Permettez que je prenne congé de vous jusqu'à demain, c'est-à-dire jusqu'à la seconde consultation.

— Point du tout, vous restez ici.

— Je ne puis accepter.

— Votre cheval est harassé, il est à l'écurie ; ce serait dommage de le déranger. J'ai donné des ordres, et vous avez une chambre à côté de la mienne.

— Il faut toujours vous obéir.

— Vous êtes chez vous, c'est-à-dire libre de vous retirer à l'heure qu'il vous conviendra.

— Eh bien ! alors, monsieur le comte, j'abuserai de cette permission. Je ne suis pas habitué aux journées comme celle-ci, et j'ai grand besoin de repos.

— Je vais vous conduire moi-même.

Emmanuel salua la comtesse et le baron, et sortit avec M. d'Hermi. Le lendemain, à six heures du matin, Emmanuel quittait le château, où il était de retour à quatre heures. Le comte lui tendit la main en lui disant :

— Je vous attendais.

Emmanuel vint saluer madame d'Hermi et suivit le comte, qui l'attendait.

— Où me menez-vous? disait Emmanuel.

— Oublieux! je vous mène entendre cette musique que vous aimez.

Ils montèrent à la chapelle, et se glissèrent derrière l'autel. Quelques instants après, Marie arriva, et certaine que son père était caché quelque part, elle fit résonner l'orgue, et mêla même, de temps en temps, sa voix aux sanglots de l'instrument. Emmanuel écoutait, la tête appuyée contre le mur, les yeux fixés vaguement sur le paysage calme qu'il voyait par la fenêtre. La voix de la jeune fille était si merveilleusement douce, qu'elle s'insinuait dans l'âme comme un parfum. Le jeune pair fût resté des heures dans cette muette extase, s'il ne se fût tout à coup retrouvé au milieu du silence, étonné comme un homme qui rêvait du ciel et qui se réveille sur la terre. Il s'approcha, avec le comte, de la jeune fille, et les larmes aux yeux, il lui baisa les mains. M. d'Hermi embrassa sur le front Marie, qui rougissait d'avoir été entendue par un autre que par son père.

A compter de ce jour, Emmanuel devint le commensal de la maison. Le comte ne pouvait plus se passer de lui, au point que M. de Bay commençait à être jaloux. Du reste, la cure prédite par M. d'Hermi se faisait, et la métamorphose avait lieu. Emmanuel était toujours rêveur, mais il n'était jamais triste, et encore sa rêverie ressemblait-elle fort à de la contemplation; il travaillait toujours, mais il travaillait gaiement. Le comte s'attribuait tout l'honneur de ce changement; et comme une sorte de familiarité s'était établie entre toute la famille de M. d'Hermi et Emmanuel, le baron n'était pas éloigné de craindre pour ses amours. La comtesse, en effet, avec son esprit enjoué et sa grâce insoucieuse, était charmante pour son hôte, et lui rendait aussi agréable que possible l'hospitalité qu'elle lui offrait. Il y avait donc des moments où M. de Bay en était à se repentir d'avoir présenté Emmanuel dans cette maison.

Un jour, il avait été décidé qu'on irait rendre en une seule fois, au jeune homme, toutes les visites qu'il avait faites. On était donc parti en voiture pour le petit château d'Emmanuel, qui offrit son bras à la comtesse pour le lui faire visiter. Clémentine et Marie restèrent quelque temps dans le jardin à considérer l'architecture élégante de ce châtelet, qui, avec ses tourelles et ses statuettes, semblait l'œuvre d'un architecte contemporain de Charles IX. Puis, après avoir bien regardé, elles entrèrent pour rejoindre les autres personnes. Au premier étage, elles trouvèrent un salon d'un goût sévère et riche à la fois, et s'arrêtèrent de nouveau pour regarder des tableaux de Delacroix et de Decamps, qui, à cette époque, étaient dans toute leur jeunesse et déjà dans toute leur force. Dans un des angles du salon, une porte était ouverte, donnant entrée dans une chambre étoilée d'une clarté pâle et mystérieuse. Pendant que Clémentine considérait les mille choses qui peuplaient le salon, Marie s'approcha de cette porte et passa curieusement la tête. La chambre était vide, elle entra. C'était la chambre à coucher d'Emmanuel; mais ce qui avait frappé Marie et l'avait fait entrer, ce n'était pas la magnifique tenture verte qui couvrait les murs, ni les vitraux anciens qui décoraient les fenêtres, ni les meubles de chêne sculpté qui paraient majestueusement cette chambre, c'était dans le fond du lit un portrait de femme d'une incroyable beauté. Marie s'était donc approchée autant qu'elle avait pu de ce portrait, et le contemplait silencieusement, tout en se demandant quelle pouvait être cette femme si belle, objet d'une dévotion si particulière. Elle regardait encore, lorsqu'elle entendit marcher derrière elle. Elle se retourna vivement, honteuse d'être surprise au milieu de sa curiosité. C'était Emmanuel.

— Je vous cherchais, mademoiselle, lui dit-il. Madame la comtesse vous demande.

— Me voici, monsieur, fit la jeune fille un peu embarrassée. Je regardais ce portrait, tout en me disant que je serais heureuse de lui ressembler.

— C'était un vœu inutile : vous êtes plus belle que ce portrait.

— Oh! monsieur, vous me flattez, en me comparant à une personne dont le souvenir vous semble cher.

Il y avait comme un reproche dans cette phrase.

— C'est le portrait de ma mère, mademoiselle, dit M. de Bryon.

— Lorsqu'elle était jeune?

— Un an avant qu'elle ne mourût.

— Vous étiez tout enfant, alors?

— J'avais un an à peine.

— Si bien que vous ne l'avez pas connue?

— Non, mademoiselle.

Il y avait dans cette simple phrase tout un passé de douleurs.

— Oh! pardonnez-moi, monsieur, de m'être permise d'entrer dans cette chambre, qui eût dû m'être sacrée comme un sanctuaire, dit Marie ; et prenant le bras d'Emmanuel, elle descendit avec lui, sans ajouter un mot, jusqu'à l'endroit où se trouvait sa mère.

XIV

Cette dernière circonstance que nous venons de raconter avait établi un courant de sympathies entre Emmanuel et Marie. Les femmes aiment à plaindre, ce qui les amène à consoler, ce qu'elles aiment encore plus ; et notre héroïne ne différait là-dessus en aucune façon des autres femmes. Elle avait surpris dans ce mot, que lui avait dit le jeune homme : C'est ma mère, un tel accent de regret et de douleur, qu'elle s'était dit : L'homme qui regrette et souffre ainsi est noble de cœur ; et elle avait fait son possible pour lui faire oublier les tristesses qui, comme des nuages, jetaient de temps à autre de l'ombre sur son front. Du reste, les femmes, et surtout les jeunes filles, ont dans leur grâce native un tact merveilleux, et elles savent toujours les mots qui consolent. Dieu leur a donné des doigts fins et une voix douce, pour qu'elles pussent panser sans faire du mal les blessures du corps et les blessures de l'âme. Emmanuel, devenu l'hôte fréquent et l'ami toujours bienvenu de la maison, restait chaque jour des heures entières avec Clémentine ou avec Marie. Alors mademoiselle d'Hermi lui faisait de ces douces questions qu'on ne fait que pour avoir le droit d'y ajouter une espérance. Emmanuel se laissait aller au charme des souvenirs, cette immense échelle à laquelle chaque jour ajoute un échelon, et par laquelle la vieillesse redescend dans l'enfance. Il racontait à la jeune fille les premiers chagrins et les premières émotions de sa vie; il lui disait comment, privé tout jeune de sa mère, il avait avec un vague instinct cherché autour de son berceau et de sa jeunesse, sans savoir quel nom lui donner, cet amour qui lui manquait; il lui disait encore comment, lorsqu'il avait eu l'âge de comprendre et qu'il avait commencé à vivre avec d'autres enfants, il avait commencé aussi à souffrir et à envier. Ces autres enfants avaient tous pour la plupart cette moitié du cœur dont Dieu l'avait déshérité, et lorsqu'il voyait, au collège, une mère embrasser son fils, il se retirait seul dans quelque coin et pleurait. Aussi lorsqu'il sortait et venait passer quelque temps de vacances chez son père, il restait en contemplation, en extase et en prière devant ce portrait qu'avait vu Marie. Il disait ensuite à la jeune fille ce qu'il avait éprouvé le jour où son père l'avait pris par la main et lui avait, au cimetière, montré la tombe qui s'était ouverte à côté de son berceau; il avait bien pleuré ce jour-là, le pauvre enfant, tout en cherchant à reconnaître avec les yeux de l'âme, sous le marbre froid et impassible, les traits que lui retraçait la toile.

On ne saurait croire combien Emmanuel trouvait de charme à causer avec Marie. Lui qui s'était toujours, par métier et par habitude, défié de tout le monde, il rencontrait enfin une âme dans laquelle il pouvait sans crainte verser le trop plein de la sienne. Toutes ces choses qu'il racontait avec ce sourire mélancolique qui est toujours le reflet du passé, étaient choses que comprenait le cœur de mademoiselle d'Hermi. Alors les confidences avaient lieu, et ils s'abandonnaient tous deux, avec la confiance des âmes pures, à se dire naïvement toutes leurs impressions. Leurs cœurs s'épanchaient comme leurs yeux, car, bien souvent, aux récits du jeune homme, des larmes furtives venaient éclore sous les cils blonds de la jeune fille. Emmanuel, nous le répétons, avait, sous l'ambition et les passions de l'homme, conservé les sentiments et la simplicité de l'enfant, si bien qu'il suffisait d'un mot pour les faire vivre; d'ordinaire, c'est la mère qui dit ce mot; si ce n'est la mère, c'est une femme aimée; mais, nous le savons, Emmanuel n'avait jamais trouvé de femme assez pure pour que son regard, sa voix ou son amour, touchât les cordes endormies de ses chastes souvenirs. Marie était donc la première femme que le hasard mettait sur son chemin comme une consolation vivante. N'allez pas croire cependant qu'Emmanuel eût pour elle cet entraînement qu'on a pour une femme dont on veut faire sa maîtresse. Il l'aimait comme il eût aimé sa fille ou sa sœur, et cet amour était mêlé de reconnaissance pour le plaisir que Marie prenait à l'entendre et pour les doux entretiens qu'il lui devait. Sans s'en apercevoir, Emmanuel contractait une de ces habitudes de cœur auxquelles on se laisse aller si facilement, et qui, lorsqu'on vient à les détruire, emportent un morceau de la vie. Ainsi il en était venu à oublier presque la Chambre et les hommes, et il passait son temps à écouter mademoiselle d'Hermi faire de la musique et chanter; puis, quand pendant une heure ou deux il avait rêvé en l'écoutant, il l'embrassait sur le front, et tout était dit. Et cependant, Emmanuel était un jeune homme; mais il y a des hommes que la raison a mûris avant l'âge, si bien que, pour tout le monde au château, il était du même âge que M. d'Hermi. Le comte, qui avait entrepris de détourner la mélancolie native d'Emmanuel, était heureux des progrès de sa cure; et comme il avait deviné d'un regard toute la probité du jeune pair, il le laissait sans crainte avec Marie, d'autant plus que, comme nous l'avons dit, très-souvent Clémentine était avec elle.

Quand Clémentine était présente, la conversation était loin d'être la même; la gaieté de la folle enfant venait s'ébattre au milieu de la rêverie accoutumée, et le rire aux dents blanches était momentanément substitué aux phrases sentimentales, si aimées de Marie. Les deux jeunes filles se complétaient l'une par l'autre, et Emmanuel les aimait toutes deux. Toutes deux, en effet, lui donnaient des impressions inconnues jusqu'alors; seulement, avec Clémentine il jouait comme avec une enfant, et avec Marie il causait comme avec une femme. Clémentine, étourdie et rieuse, semblait le connaître depuis des années; elle le faisait courir, monter à cheval, se conduisait enfin en véritable pensionnaire, jetant autour d'elle les reflets de son innocente étourderie. Clémentine était un spectacle quotidien et varié, charmant pour reposer la vue d'un penseur comme Emmanuel. Il n'y avait pas moyen de causer cinq minutes avec elle sans que son imagination vagabonde eût effleuré tous les sujets, et passé de la suprême gaieté à la suprême tristesse, sans raison, sans souvenirs, sans jonction. Elle courait au milieu de la conversation comme au milieu du jardin, sautant, brisant, et revenant cependant toujours au point de départ, l'insouciance! Il était donc impossible d'être triste avec elle, et lorsqu'elle voyait Emmanuel et Marie s'abandonner à cette causerie intime qui ne finit jamais, elle entrait joyeusement dans le salon; venait embrasser son amie, lui prenait le bras, demandait à Emmanuel de les accompagner, et tous trois s'en allaient courir dans le parc, donner à manger aux poules ou cueillir des fleurs.

C'était donc sur ces deux jeunes êtres qu'en se réveillant Emmanuel reportait sa pensée. Ils avaient pris place dans sa vie par la force de l'habitude et il ne pouvait respirer que l'air qu'ils respiraient eux-mêmes. Il arrivait de bonne heure au château et les trouvait soit se promenant dans le jardin, soit faisant de la tapisserie. Quelquefois en venant il apercevait de loin leurs gracieuses têtes à la fenêtre et devinait leurs sourires; il voyait les gestes de salut qu'ils lui faisaient, alors il mettait son cheval au galop sans les quitter des yeux, et ne s'arrêtait que devant la porte. La comtesse aussi était charmante pour le pair. La comtesse, comme toutes les femmes heureuses en raison de leur indépendance, avait la prétention d'être poétique, sentimentale et rêveuse. Or, s'il y avait au monde une nature manquant de ce triple caractère, c'était la sienne. Elle n'en prenait pas moins le bras d'Emmanuel, et se perdant avec lui sous les arbres, elle lui développait des axiomes et des théories sur notre pauvre existence. Mais le jeune homme avait vu tout de suite que ce qui était nature chez la fille était effort chez la mère, et il ne s'était pas laissé aller avec celle-ci à l'abandon qu'il se permettait avec celle-là.

Quant au comte, il voyait tout sans rien dire; il avait, ou du moins il paraissait avoir une pensée qu'il poursuivait dans le fond de son âme, et il étudiait avec le regard assuré et l'intelligence lucide de l'homme qui ne se mêle ni aux tristesses, ni aux joies des autres. Restait le baron, qui, nous le répétons, en était un peu à se repentir d'avoir présenté Emmanuel. Le baron prenait au sérieux les promenades de la comtesse et de son ami, et il tremblait que Clotilde ne s'aperçût de la différence qui existait entre Emmanuel et lui. M. de Bay craignait avant tout, nous le savons, de perdre une habitude contractée depuis un an, et vingt fois il avait été sur le point de questionner le jeune homme pour savoir où il en était avec madame d'Hermi, et l'empêcher d'aller plus loin, s'il était encore temps de le retenir. Mais il avait réfléchi et s'était tu, ce qui prouve qu'il avait bien fait de réfléchir. Du reste, c'eût été une confession inutile, car Emmanuel avait tout deviné, depuis les amours de la comtesse jusqu'à l'indifférence du comte. Dans certains regards du baron il avait trouvé de la surveillance et de la jalousie, et il s'était tu sans même se demander s'il devait se taire. Il laissait donc tout le monde continuer sa vie telle qu'elle était avant son arrivée, et jouissait tranquillement du bonheur inattendu qui lui arrivait.

Les choses en étaient là, quand un soir après le dîner on descendit se promener dans le jardin, ainsi qu'on avait l'habitude de le faire tous les soirs à la même heure. Le baron offrit son bras à la comtesse, le comte prit celui d'Emmanuel, et les deux jeunes filles restèrent ensemble. Il paraît que ces six personnes avaient quelque chose à se dire qui demandait des préliminaires, car on se promena dix minutes environ sans qu'il fût échangé une parole de part ou d'autre. Enfin, chaque groupe, soit hasard, soit volonté, se détacha chacun de son côté et la conversation s'engagea. Il est inutile d'écouter le baron et la comtesse. On devine aisément ce qu'ils disaient. Le baron parlait de ses craintes, la comtesse le rassurait. D'un autre côté du jardin venaient le comte et Emmanuel bras dessus bras dessous.

— Hé bien! disait M. d'Hermi, la guérison promise?

— Elle a lieu, comte, et plus rapide que je ne croyais.

— Je vous l'avais bien dit.

— Malheureusement je crains une rechute.

— Et pourquoi?

— Parce que nous allons bientôt quitter ce pays.

— Ne retournez-vous pas à Paris comme nous?

— Si fait; mais Paris a ses exigences et ses préjugés. Je ne pourrai pas toujours être chez vous comme j'y suis maintenant. Ce qui est ici une chose simple serait là-bas une chose inconvenante; et, restant seul, je redeviendrai triste comme par le passé.

— Il y aurait un moyen de ne pas être seul.

— Lequel?

— Mariez-vous.

Emmanuel regarda le comte.

— Vous m'avez dit que c'est le remède extrême, reprit-il.

— Je n'en vois plus d'autre, d'autant plus qu'aujourd'hui ce n'est plus comme à l'époque où je vous en parlais, et maintenant, si vous vouliez prendre une femme, vous en trouveriez une tout de suite.

— De qui parlez-vous?

— Voyons, soyez franc, ne venez-vous pas ici spécialement pour quelqu'un?

Et en disant cela, le comte regardait Emmanuel.

— Non, comte; je viens pour tout le monde, et surtout pour vous.

— Allons, allons, vous êtes discret, mais je vois tout.

— Alors expliquez-moi ce que vous voyez.

— Qui vous a rendu si gai, ici ? qui a le pouvoir de vous faire, vous l'homme sérieux, courir après des papillons et jouer comme un enfant ?

— Mademoiselle Clémentine.

— Avec qui vous promenez-vous le plus souvent dans le jardin ?

— Avec elle.

— Eh bien ! épousez-la ; ce n'est peut-être pas un beau mariage, mais c'est une bonne action. Clémentine vous aime ou vous aimera. C'est une noble jeune fille, et au moins vous ne serez plus seul.

Emmanuel regardait le comte pour tâcher de lire sur sa figure l'arrière-pensée qui lui dictait ce conseil.

— Vous parlez sérieusement, comte ? lui dit-il.

— Sérieusement.

— Moi, me marier !

— Et pourquoi pas ? Sur l'honneur, je crois que c'est la femme qui vous convient.

— Vous croyez ? répéta machinalement Emmanuel, qui, tout à une pensée nouvelle, n'écoutait plus que faiblement M. d'Hermi.

— Clémentine a justement le caractère opposé au vôtre. Vous êtes un homme d'étude et de rêverie : elle est gaie. Elle prendra de votre mélancolie, vous prendrez de sa joie. Et vous serez heureux, j'en suis sûr. D'ailleurs, je ne sais pas pourquoi je vous dis toutes ces choses, que vous savez aussi bien que moi. Il est clair, à la façon dont vous lui baisez la main le soir à votre départ et dont vous lui souriez le lendemain à votre retour, que c'est elle qui a opéré en vous la métamorphose prédite, et que soit par reconnaissance, soit déjà par amour, vous venez ici pour elle.

Certes, si Emmanuel s'attendait à quelque chose, ce n'était pas à cette confidence ni à ce conseil de la part du comte. Quand il lui avait entendu dire : Mariez-vous ! son cœur avait battu, et un autre nom que celui de Clémentine était venu de son cœur à ses lèvres ; mais quand il avait entendu le père de Marie lui dire sérieusement d'épouser Clémentine, il n'avait rien eu à répondre, et il avait douté lui-même du sentiment qu'il éprouvait pour mademoiselle d'Hermi. Il avait cru d'abord que le comte prenait un détour pour l'amener à un aveu, et il avait, comme nous l'avons dit, cherché à sonder le visage de celui qui lui parlait; mais le visage ne démentait en rien les paroles, et il paraissait évident que le comte était convaincu de ce qu'il disait. Si le comte n'eût pas provoqué cette explication, il est probable que le jeune homme fût resté longtemps dans le doute, et que l'idée que Marie pourrait être sa femme ne lui fût pas encore venue; mais un instant il avait pensé que le comte avait deviné ce qu'il éprouvait, et l'espérance d'épouser la jeune fille s'était révélée à lui tout à coup. Puis cette espérance avait fui aussi vite qu'elle avait paru, et Emmanuel et M. d'Hermi s'étaient enfoncés silencieusement sous les arbres. Venaient ensuite Clémentine et Marie.

— Marie, disait Clémentine, que penses-tu de M. de Bryon?

— Pourquoi me demandes-tu cela?

— Pourquoi ne me réponds-tu pas?

— C'est que tu me fais cette question d'un ton extraordinaire.

— Réponds toujours.

— Eh bien, je pense que c'est un homme charmant, et que j'aime beaucoup.

— Et comment l'aimes-tu?

— Comme un ami; moins que je ne t'aime, bien entendu.

— Tu mens! fit Clémentine en riant.

— Je mens!

— Oui.

— Et quel intérêt ai-je à mentir?

— Est-ce à moi que tu dois cacher ces choses-là?

— Mais, je ne comprends pas, ma chère Clémentine.

— Pourquoi es-tu triste?

— Ne l'ai-je pas toujours été un peu?

— Et maintenant tu l'es davantage.

— C'est tout naturel : nous allons bientôt nous quitter.

— Flatteuse, est-ce bien moi que tu regrettes ?

— Je ne te comprends plus du tout.

— Écoute, Marie, tu as des secrets pour moi, c'est mal. Avec qui causes-tu dans le jour ? à côté de qui fais-tu de la musique ?

— Avec M. de Bryon, à côté de M. de Bryon.

— A qui contes-tu toutes ces choses du cœur que tu me contais autrefois, et avec qui t'ai-je trouvée vingt fois les larmes aux yeux ?

— Avec lui, c'est vrai.

— Eh bien !

— Eh bien ?

— Eh bien, tu l'aimes, voilà tout.

— Tu te trompes.

— Je me trompe !

— Je te le jure ; j'aime M. de Bryon comme un frère. J'ignore comment cela se fait, mais mon cœur se sent entraîner vers le sien en ce qui touche à la tristesse. J'ai du plaisir à le voir et du bonheur à le consoler, parce que je crois qu'il souffre. De son côté, il m'aime comme une sœur, mais il ne faut pas augurer de cela que j'aie de l'amour pour lui ; car je n'en ai pas, je te l'affirme.

— Parle pour toi, mais ne parle pas pour lui ; car lui, il t'aime.

— Tu te trompes encore.

— Non pas ; et je suis sûre qu'il ne vient ici que pour toi, pour toi seule.

— Mais je ne sais vraiment pas à quoi tu penses ce soir.

— Je pense à toi, ma chère Marie.

— M. de Bryon n'est-il pas le même pour nous deux ? N'a-t-il pas pour toi les mêmes égards, les mêmes prévenances et la même amitié que pour moi ? En vérité, tu es folle ; et qui dit que ce n'est pas toi qu'il aime ?

— Je suis bien sûre du contraire.

— Et pourquoi ?

— Parce qu'il ne fait que rire avec moi, tandis que toi, tu pleures avec lui, et qu'en amour la tristesse est un bien puissant auxiliaire, dit-on. Allons! avoue que cela te fait plaisir, quand tu le vois arriver.

— Je l'avoue.

— Avoue que tu es triste de l'idée que tu ne vas plus le voir si souvent.

— C'est vrai.

— Eh bien! tu l'aimes.

— Et moi, je te dis que tu es folle ou jalouse. Tu l'aimes, peut-être?

— Moi, je l'aime comme j'aime tout le monde.

— Et moi aussi.

— Tant pis.

— Pourquoi tant pis?

— Parce qu'il vaudrait mieux pour toi que tu l'aimasses; si tu l'aimais, tu l'épouserais, et si tu l'épousais, tu serais heureuse.

— Qu'en sais-tu?

— Ce n'est pas difficile à voir; c'est un homme qui ferait le bonheur d'une femme. Il est bon, noble, riche, généreux; je n'en demande pas tant, moi.

— Pourquoi ne l'épouses-tu pas, alors?

— Tu es charmante! Est-ce que je puis aller dire à ce monsieur : Monsieur, je trouve que vous ferez un charmant mari, épousez-moi?

— Et s'il te demandait?

— J'accepterais tout de suite.

— Et tu l'aimerais?

— Toute ma vie.

— Il passe à côté de son bonheur, alors.

— Non, car je ne suis pas la femme qui lui convient, je suis d'une nature trop humaine pour lui; c'est un homme à qui il faut un amour idéal et poétique; et je ne dis pas qu'il me haïrait, mais je lui deviendrais indifférente, et un jour je l'ennuierais.

Marie songeait et songea toute la nuit à ce que lui avait dit Clémentine.

XV

Le résultat de ces réflexions fut qu'elle devait être plus froide et plus réservée qu'elle ne l'avait été jusqu'alors avec Emmanuel, puisque sa façon d'être avait fait naître chez son amie des suppositions que peut-être avait faites l'esprit plus exercé du comte ; aussi, le lendemain, lorsque Emmanuel, préoccupé de sa conversation de la veille avec M. d'Hermi, se présenta au château, il fut tout étonné que Marie répondît à son sourire de chaque jour par le salut le plus cérémonieux et le moins usité. Il se demanda la cause de cette froideur, et quand il se trouva seul avec la jeune fille, ce fut à elle qu'il la demanda ; mais elle lui répondit qu'elle avait toujours été ainsi, et que c'était ainsi qu'elle devait être à l'avenir.

Quoique Marie éprouvât une réelle émotion et se contînt évidemment, pour parler de cette façon, Emmanuel crut aux paroles et ne chercha pas à approfondir la pensée. Le jeune pair était, en matière politique, un homme fin qui devinait ce qu'il ne pouvait voir ; mais en amour, cette finesse et cette double vue l'abandonnaient. Il y a loin de la connaissance du cœur des hommes à la science du cœur des femmes, et Lavater, qui croyait connaître les uns, a avoué qu'il ne pouvait rien dire des autres. Or, M. de Bryon crut à tout ce que lui disait la jeune fille, et son cœur se serra. Comme elle lui avait fait comprendre que leurs tête-à-tête fréquents pouvaient être remarqués, il se leva, quitta le salon où elle se trouvait, et descendit dans le jardin. Marie ne s'attendait pas à cette sortie ; de sorte que si Emmanuel s'en alla le chagrin dans le cœur, il laissa la jeune fille les larmes aux yeux. Mais la jeune fille, avec cette puissance sur elle-même que les femmes cachent si bien sous leur faiblesse physique, fit cesser ses larmes ; et, se levant à son tour, elle entr'ouvrit le rideau et regarda où allait Emmanuel. Elle le vit traverser le jardin, regarder du côté de la fenêtre où elle se trouvait, ce qui donna au rideau un tremblement qu'heureusement il ne vit pas, et après s'être retourné vingt fois, croyant ne pas être vu, disparaître sous les arbres.

— Clémentine se trompait, dit Marie en se rasseyant; il ne m'aime pas.

— Je m'étais trompé, se disait Emmanuel, cette petite fille ne songe pas à moi. J'étais fou!

Il est vrai que mademoiselle d'Hermi ne lui avait pas sauté au cou, comme Julia, en lui disant : Je t'aime. Il est vrai qu'elle ne le lui avait pas écrit; mais si elle n'avait pas donné au jeune homme des preuves aussi expressives, elle lui en avait donné de tout aussi certaines, et qu'il fallait être aveugle pour ne pas voir. Il était jeune, Marie était restée des heures avec lui, parlant à voix basse de toutes les choses du cœur; elle l'avait pris pour confident de ses jeunes pensées et de ses premiers souvenirs, elle s'était émue à ses douleurs, elle lui avait tendu la main, et il n'avait rien deviné. Il l'avait vue, lorsqu'il arrivait, se mettre à la fenêtre et lui sourire, rester à côté de lui quelquefois une demi-heure sans parler, craignant que tout à coup sa parole ou seulement sa voix, désobéissante à sa volonté, ne trahît son cœur, et il n'avait rien compris. Il la voyait enfin changer brusquement du jour au lendemain, remettre, dans la crainte de sa faiblesse, entre elle et lui la barrière des convenances, et s'apercevoir la première que leur intimité allait trop loin, et il restait convaincu que Marie ne songeait pas à lui. Après tout, Marie ne savait peut-être pas elle-même qu'elle aimât Emmanuel. Les jeunes filles savent-elles quand et comment elles aiment? Puis, le cœur de la femme est un tel labyrinthe, que souvent elles-mêmes en ignorent les détours; elles y suivent quelquefois une pensée qui y chemine, perdent tout à coup la trace de cette pensée, et ne la retrouvent que longtemps après, forte du chemin parcouru. Or, il est bien heureux que la femme soit ainsi faite. De cette façon, elle sert aux fous et aux sages. Pour les premiers, elle est une passion; pour les autres, elle est une étude. Il est vrai que ceux qui la connaissent le mieux, souvent ce sont les fous; mais comme, cette connaissance acquise, ils deviennent sages, cela revient exactement au même. J'ai déjà dit cela quelque part, je crois; mais qu'importe? Ce qui est bon à dire doit être bon à répéter.

Ils s'en allaient donc tous deux, Emmanuel et Marie; lui, se disant : Si elle eût eu quelque affection pour moi, elle ne m'eût pas dit ce qu'elle vient de me dire; l'autre : S'il m'aimait, il n'en prendrait pas ainsi son parti, et ne me quitterait pas comme il vient de le faire; et se trompant tous les deux. Une enfant de seize ans et un grand politique sont de même force en amour. Ce pauvre Emmanuel! si vous l'eussiez vu ce jour-là, vous n'eussiez pas reconnu en lui l'homme sérieux que nous avons esquissé au commencement de ce livre. Certes, si jamais un homme eut une volonté, ce fut bien lui. Si jamais cette volonté posa avec certitude des bases et une limite à la vie, ce fut bien la sienne. Depuis qu'il avait l'âge des passions, il s'était prémuni contre elles et n'y avait jamais succombé.

Julia était la seule femme dont il eût un instant redouté l'influence, et nous avons vu comme il avait rompu vite avec elle, et comme rapidement il l'avait oubliée. Enfin Emmanuel était ce qu'on peut appeler un homme fort et sûr de lui.

Insensé, mille fois insensé, l'homme qui pense comme pensait Emmanuel, qui croit qu'il commandera à la nature et aux passions humaines. Il comptera ses victimes ou plutôt ses victoires; il aura quinze ans de preuves à l'appui de ses théories; comme Ulysse, il aura résisté aux sirènes, si adroites, si enchanteresses qu'elles aient été; comme Emmanuel, il aura échappé à Julia, c'est-à-dire au type de la ruse féminine et des entraînements sensuels; et un beau jour il se laissera prendre comme un collégien par la candide naïveté d'une fille de seize ans qui l'aura regardé avec ses grands yeux bleus, qui n'aura pour elle que sa grâce de pensionnaire, et qui ne saura pas plus ce qu'elle fait en devenant amoureuse de lui que lui ne sait où il va en l'écoutant. Décidément, l'arme la plus dangereuse des femmes, c'est leur virginité.

Pendant ce temps, le cœur de Marie songeait, et quand

le cœur songe, c'est qu'il est pris; car il ne songe jamais qu'à se défendre ou à se livrer, ce qui, chez les femmes, est à peu près la même chose.

Emmanuel se promena, torturant sa pauvre âme, et lui arrachant, de minute en minute, une illusion et une espérance. Enfin, il fit tant, qu'il se convainquit ou crut se convaincre que Marie ne l'aimait décidément pas. Marie, bien entendu, en faisait autant de son côté. D'où venait donc à Emmanuel ce besoin instantané d'amour? Qui sait s'il n'y était pas tout préparé par les premières émotions des sens que Julia avait éveillées en lui? Tout s'enchaîne en amour, et malgré lui, la figure de Julia venait souvent se poser parallèlement à Marie. La comparaison n'avait fait qu'augmenter le sentiment tout nouveau qu'Emmanuel surprenait en lui, et qui, soit par affection réelle, soit par l'influence de la solitude, était devenu le besoin de son âme. En se promenant dans le jardin, il rencontra le comte.

— Tenez, dit M. d'Hermi en s'arrêtant et en tendant son bras dans la direction de la pelouse; regardez.

— Eh bien!

— Qui voyez-vous?

— Je vois Clémentine qui cueille des fleurs.

— Comment la trouvez-vous?

— Adorable.

— Est-il quelque chose de plus charmant? Voyez-la avec son grand chapeau de paille, ses cheveux noirs, son regard brillant et ses petits pieds! Quelle charmante femme elle fera un jour.

— Vous croyez?

— J'en suis sûr. Avouez que vous l'aimez.

— Oui, je l'aime beaucoup, mais d'amitié seulement.

— Raison de plus pour l'épouser, c'est toujours un malheur d'être amoureux de sa femme en se mariant.

— Et pourquoi?

— Parce qu'il se mêle à cet amour une question de sens, et qu'une fois les sens assouvis, la femme devient ce qu'étaient les maîtresses: tandis qu'une simple affection du cœur est plus durable et plus sûre, sans compter qu'on a toujours la liberté d'y joindre l'autre amour.

— Vous avez raison, toujours raison.

— Épousez Clémentine, croyez-moi.

— En effet, je crois que c'est ce que j'ai de mieux à faire, murmura Emmanuel, que le comte étudiait de son regard fin et clairvoyant.

— J'arrangerai cela, moi, soyez tranquille, reprit M. d'Hermi.

Emmanuel ne répondit pas.

— Oui, j'épouserai cette enfant, se disait-il, elle me devra tout, elle m'aimera par reconnaissance; c'est comme cela qu'il faut être aimé. Pourquoi diable suis-je venu ici! Je ne me reconnais plus. Que se passe-t-il en moi? Je ne me sens même plus la force de refuser au comte cet inutile mariage qu'il m'offre.

Il n'y avait pas de temps à perdre. La fin des vacances approchait, et il fallait que tout fût arrangé avant que Clémentine rentrât en pension. Quant à la jeune fille, elle ne se doutait pas de ce qui se passait autour d'elle. M. d'Hermi ne pouvait pas parler de ce projet de mariage à Clémentine. Ce fut donc à la comtesse qu'il s'adressa. Il lui dit que le bonheur d'Emmanuel dépendait de cette union, et il la chargea d'être l'intermédiaire entre lui et la belle enfant, tout en la priant d'être plus sérieuse que de coutume, puisqu'elle tenait deux existences dans ses mains. Madame d'Hermi prit un air solennel, et s'adressant à Clémentine, elle lui dit :

— Mon enfant, j'ai à causer avec vous, montons dans votre chambre.

On voit que dans le château tout le monde partageait ou semblait partager la même erreur. Le comte, la comtesse, Emmanuel et Marie voyaient ce qui n'était pas, et ne voyaient pas ce qui était. Clémentine seule s'était doutée un instant de la vérité; mais, comme nous l'avons vu, son amie l'avait détrompée tout de suite. C'est qu'on a beau être jeune, riche, noble et spirituel, il y a des choses que l'on ne devine jamais : on peut, comme un conquérant, remuer un monde, sans pour cela lire dans le cœur d'une femme. Il y a des forces énormes qui tombent devant cette faiblesse insondable, comme la science des hommes devant l'énigme du sphinx ; c'est que, vieillard ou jeune homme, qu'on ait la vanité de sa jeunesse ou de son expérience, on est trompé par les mêmes regards et par les mêmes sourires. Clémentine passa devant la comtesse, et toutes deux montèrent à la chambre de la jeune fille.

— Mon enfant, dit madame d'Hermi, en s'asseyant et en faisant subir à son visage charmant une métamorphose complète, en devenant grave enfin, c'est de votre avenir que je veux causer avec vous.

— Je vous écoute, madame.

— Vous êtes assez raisonnable maintenant pour qu'on vous parle comme à une femme. Dans les résolutions qui embrassent toute l'existence, c'est celle qui est intéressée qu'on doit, à mon avis, consulter d'abord. D'ailleurs, vous n'avez plus ni votre père, ni votre mère, mais une tante seulement, qui fera, n'est-ce pas? tout ce que vous aurez résolu.

— Je le pense.

— Écoutez-moi donc? Il faut que tôt ou tard une jeune fille se marie; cela vous fait sourire, et vous pensez qu'il vaut mieux tôt que tard, et que, si vous, par exemple, vous vous mariiez maintenant, non-seulement vous gagneriez un mari, mais vous vous dispenseriez d'une année de pension.

— C'est donc de moi qu'il s'agit, madame?

— C'est de vous.

— Oh! parlez, je vous écoute.

— Eh bien! ma chère enfant, répondez-moi comme à votre mère; car, comme elle l'eût voulu, je veux votre bonheur. Avez-vous rêvé, comme toutes les jeunes filles, un mari impossible, et repousseriez-vous le vrai par amour pour l'idéal?

— Non, madame, fit Clémentine en souriant, et j'ai même bien souvent dit à Marie que le mari que j'espérais serait un mari de province, fort humain et fort matériel sans doute.

— Ainsi, vous accepteriez un homme jeune, noble et riche qui vous aimerait, et vous prendriez la responsabilité de son bonheur autant qu'il serait en vous?

— Oh! oui, madame.

— Eh bien! mon enfant, je crois que vous ne retournerez plus chez madame Duvernay.

— Que dites-vous?

— La verité.

— Alors, madame, répétez-la-moi.

— Je vous répète, ma belle enfant, que si vous n'avez aucune théorie de jeune fille, aucune résolution antérieure, que si votre tante y consent enfin, dans un mois vous serez mariée.

— Et je connais mon mari?

— Oui.

— Il est jeune?

— Oui.

— Joli garçon?

— Oui.

— Bon?

— Oui.

— Et il restera à Paris?

— Toujours.

— Oh! madame, j'accepte, j'accepte!

— Et de plus, il est riche, ce qui ne gâte rien.

— C'est que, moi, je ne le suis pas.

— Qu'importe, puisqu'il l'est!

— Et son nom?

— Devinez.

— J'ignore.

— Comment! quelqu'un que vous voyez tous les jours.

— M. de Bryon?

— Lui-même.

— Mais il ne m'aime pas.

— Il vous adore.

— Il ne me l'a jamais dit.

— Il ne vous l'a pas dit, mais il l'a dit au comte, qui m'a chargée de vous consulter.

— Oh! que vous êtes bonne! C'est que, moi aussi, je l'aime beaucoup.

— C'est tout ce qu'il voulait savoir; maintenant, gardez le silence, ayez l'air d'ignorer ce que je vous ai dit aujourd'hui, et attendez qu'il vous demande à votre tante. Vous me promettez de ne rien dire?

— Je vous le promets.

— Même à Marie?

— Même à Marie.

— Vous comprenez, mon enfant, que ce que je fais, c'est pour votre bonheur. M. de Bryon est un parti magnifique; mais, surtout, patience et discrétion. Maintenant, embrassez-moi.

La jeune fille tendit son front à la comtesse, qui descendit enchantée d'avoir été chargée d'une mission aussi grave, et toute fière de l'avoir menée à si bonne fin.

— Eh bien? dit le comte à sa femme en la voyant venir à lui.

— Eh bien! elle l'aime aussi.

— Allons, tant mieux, Emmanuel sera heureux.

— Qui sait? fit la comtesse avec un soupir.

— Voilà un *qui sait* bien méchant, fit M. d'Hermi en souriant.

— On a vu tant de mariages commencer ainsi.

— Et finir autrement, n'est-ce pas?

— Les hommes ont si peu d'amour!

— Et les femmes tant d'oubli!

— Comte, est-ce un reproche?

— Non, comtesse.

— Vous ne m'avez jamais aimé!

— Chut! fit M. d'Hermi.

— Qu'avez-vous?

— Voici le baron.

— Que m'importe le baron?

— Ingrate!

Pendant ce temps, Clémentine ne revenait pas de sa surprise, elle se promenait dans sa chambre, se mirait dans sa glace, faisait les projets les plus extravagants, et son imagination, en compagnie de son cœur, voyageait Dieu sait où. Lorsqu'au moment de se mettre à table, elle se trouva auprès d'Emmanuel, son cœur battit. Elle rougit et pâlit tour à tour, et faillit se trouver mal. M. d'Hermi lui jeta un regard qu'elle seule pouvait comprendre, et la jeune fille, remise de sa première émotion, s'assit.

Emmanuel, qui ignorait la démarche de la comtesse auprès de Clémentine, était comme toujours, et de temps à autre il regardait furtivement Marie un peu plus soucieuse que de coutume, et faisant tous ses efforts pour paraître gaie. La comtesse n'avait jamais été si radieuse. Le comte et le baron étaient charmants. Le soir, M. d'Hermi prit Emmanuel à part, et lui dit ce que sa femme avait fait. Marie regardait M. de Bryon, se doutant qu'il se passait quelque chose d'extraordinaire au château. Emmanuel la regarda à son tour comme pour s'assurer une dernière fois qu'elle ne l'aimait pas, et il la vit se pencher vers Clémentine et rire avec elle.

— Madame la comtesse a bien fait, dit Emmanuel.

Le cœur de Marie battait à lui rompre la poitrine. On se retira de bonne heure. Marie et Clémentine montèrent ensemble dans leurs chambres. Clémentine était d'une gaieté folle. Marie était rêveuse, et, après la contrainte de toute la journée, ses yeux cachaient des larmes qui n'attendaient qu'une occasion de s'échapper. Clémentine brûlait de tout raconter à son amie, et, après le silence de la journée, ses lèvres cachaient ce secret qui n'attendait qu'un mot pour sortir.

— Bonsoir, dit Marie en tendant la main à Clémentine.

— Déjà! fit celle-ci.

— Je suis fatiguée.

— Il est dix heures à peine.

— Le fait est que tu ne sembles pas avoir envie de dormir.

— Je suis si contente!

— Tu l'es toujours, toi.

— Mais je le suis plus encore aujourd'hui.

— Que t'arrive-t-il donc?

— Ah! voilà, fit Clémentine, du ton qui veut dire : C'est un secret.

— Je ne te demande pas de confidence.

— Tu te fâches?

— En aucune façon.

— Je te le dirais bien, mais...

— Mais?...

— Il faut que tu me jures de n'en pas parler.

— Je te le jure.

— Figure-toi, continua Clémentine en se rapprochant de Marie, chez qui la curiosité l'emportait sur la tristesse, et qui écoutait de toutes ses oreilles, figure-toi que je me marie.

— Vraiment, et quand?

— Dans un mois.

— Ta tante te l'a écrit?

— Non; ma tante n'en sait encore rien.

— Où te maries-tu?

— A Paris.

— Ainsi, madame Duvernay?...

— Oubliée.

— Oh! quel bonheur! s'écria Marie, nous ne nous quitterons pas. Et qui épouses-tu?

— Devine.

— Je connais ton mari?

— Oui.

— Marie eut comme un pressentiment; mais elle n'osa dire le nom qui lui vint aux lèvres.

— Je ne sais pas.

— Cherche.

— Quelqu'un qui vient ici? dit-elle en tremblant.

— Oui.

— Souvent?

— Tous les jours.

— Le baron de Bay?

— Folle!

— M. de Bryon? dit Marie en pâlissant.

— Lui-même, s'écria Clémentine.

Marie faillit tomber.

— Tu l'aimes donc? reprit la jeune fille.
— Oui.
— Mais tu ne l'aimais pas, il y a deux jours?
— Il paraît que je l'aime aujourd'hui.
— Mais... lui?
— Lui, il m'aime aussi.
— Il te l'a dit?
— Non.
— Eh bien! alors?
— Mais il l'a dit à ton père, et ta mère me l'a répété aujourd'hui.
— Oh! mon Dieu! dit Marie.
— Qu'as-tu donc?
— Rien; la joie de cette nouvelle...
— Et il va écrire à ma tante, qui se gardera bien de refuser. C'est ta mère qui arrange tout cela; mais n'en dis rien.
— Sois tranquille.
— Moi qui croyais épouser quelque affreux notaire. Ce qui me réjouit surtout, ma bonne Marie, c'est l'idée que je ne te quitterai pas. Quel bonheur!

Et Clémentine se jetait dans les bras de son amie, qui croyait rêver.

— Cette nouvelle paraît t'attrister.
— Au contraire, ma bonne Clémentine; et je partage bien ta joie.

Marie s'assit, ayant peine à contenir ses larmes.

— Ainsi, cela te rend bien heureuse? reprit-elle.
— Tu me le demandes?
— Ah! tant mieux!
— Et moi qui croyais que c'était de toi que M. de Bryon était amoureux; étais-je folle!

Marie était au martyre.

— Bonsoir, dit-elle avec effort.
— Tu as donc toujours envie de dormir?
— Oui.
— Bonsoir alors.

Clémentine embrassa Marie, qui s'était assise sur le bord

de son lit et qui restait ainsi les yeux fixes. La jeune fille rentra dans sa chambre, toute joyeuse. Quand elle fut sortie, Marie alla fermer la porte machinalement, et tombant à genoux au milieu de sa chambre, elle se mit à pleurer toutes les larmes que son cœur gardait depuis le matin.

XVI

La nuit fut longue pour Marie. On devine ce qu'il y a de douleurs dans la première insomnie d'une jeune fille. Souvent même sa pensée lui échappait, et elle ne se rappelait plus pourquoi elle pleurait. Alors elle se levait, allait ouvrir sa fenêtre, et au milieu du calme et de la sérénité de la nuit, elle se demandait, les yeux fixés sur les arbres mystérieusement ombrés, si c'était là ce bonheur que la vie donne; puis son âme, désespérant déjà du présent, désespérait aussi de l'avenir, et s'attristait encore; car l'âme ne se trouve jamais assez triste et savoure, pour ainsi dire, la volupté de la douleur. Il avait fallu à Marie cette circonstance pour lui révéler, non pas qu'elle aimait, mais combien elle aimait Emmanuel. C'était en voyant passer l'espoir de sa vie dans la vie d'une autre qu'elle commençait à comprendre ce qu'elle éprouvait, car elle arrivait à l'amour par la jalousie. Puis elle reprochait en elle-même à M. de Bryon de l'avoir trompée; elle l'accusait de n'avoir pas deviné ce qu'elle lui cachait; elle lui en voulait et se promenait dans sa chambre en pleurant à chaudes larmes.

La nuit durait toujours. Marie, à sa fenêtre, dans les entr'actes de sa douleur, cherchait à aspirer le calme de cette nature qui l'environnait: on eût dit qu'il n'y avait qu'elle et sa pensée vivantes sous le ciel. La lune éclairait majestueusement de grandes fleurs qui se dressaient au pied du mur, et la grande pelouse qui se déroulait sous les yeux de la jeune fille; mais elle ne laissait filtrer qu'avec peine un rayon furtif dans les longues allées murmurantes et sombres. Derrière ce rayon, on ne voyait plus rien que l'ombre fantastique dans laquelle l'esprit fait éclore ces êtres surhumains qui meurent au premier rayon du jour. De temps à autre, un nuage transparent glissait sous la lune et voilait pendant une minute sa pâle clarté. Tout dormait du sommeil imposant qui finit par effrayer lorsqu'on en est témoin, de sorte que Marie, saisie d'une vague terreur, referma sa fenêtre et se remit au lit. Elle ralluma sa lampe et écouta, car les nuits sans sommeil, on les passe ordinairement à écouter; on croit toujours que, parce qu'il fait nuit, il va se passer des choses qui ne se passent pas dans le jour.

Or, Marie, après avoir bien pleuré, s'était recouchée comme nous venons de le dire, et, habituée à une vie heureuse, elle commençait à douter de sa douleur, et cependant elle ne pouvait dormir! Il lui semblait si étrange, à elle, l'enfant insouciante, sortie depuis six semaines de sa pension, où, après avoir prié tous les soirs, elle dormait toutes les nuits, d'en être déjà à veiller pour un autre que pour son père ou sa mère, que cette pensée seule la tenait éveillée. Du reste, elle n'était pas la seule qui veillât ainsi. Emmanuel, rentré chez lui, n'avait pu dormir non plus; mais celui-ci était fait aux veilles. Cependant ce soir-là ce n'était plus, comme de coutume, une pensée d'étude qui le faisait asseoir près de sa table, et si l'idée de travailler lui vint, ce fut comme distraction à cette pensée qui le persécutait. Il était facile de voir qu'elle revenait toujours, car à chaque instant Emmanuel se levait et se promenait dans sa chambre, la main sur son front. Comme Marie, il ouvrit sa fenêtre, comme elle il aspira cet air qu'elle avait aspiré, et il se disait : A cette heure elle repose; comme elle s'était dit : Maintenant il dort. Puis, il avait refermé sa fenêtre, et se retournant, il avait, dans la pénombre, aperçu le portrait de sa mère lui souriant et protégeant sa nuit. Il s'était rapproché du portrait, et une larme était tombée de ses yeux en même temps qu'une prière de son cœur. Du souvenir de sa mère, il en était revenu au souvenir de Marie, et c'était en vain qu'il s'était remis à sa table pour travailler. C'est que, nous le répétons, un grand changement s'était opéré dans l'âme d'Emmanuel. Depuis qu'il visitait M. d'Hermi, chaque fois qu'il s'occupait des affaires graves et sérieuses qui avaient composé sa vie jusqu'alors, l'ombre de la belle enfant qu'il avait vue dans le jour venait s'ébattre joyeusement au milieu des affaires graves, et les éparpillait comme les brises d'été soulèvent les feuilles de papier sur les tables. Alors Emmanuel ne se donnait pas la peine de ressouder la chaîne interrompue de ses pensées; il se renversait sur sa chaise, et oubliant le monde et les hommes, il rêvait à Marie, à Marie qu'il n'avait d'abord entrevue que comme la sœur de son âme, et qu'il eût voulu maintenant pour la compagne de sa vie; à Marie qui lui semblait l'âme transmise de sa mère, et la protection vivante envoyée par elle du ciel sur la terre; à Marie que, la première fois qu'il l'avait vue, il avait cru reconnaître pour l'ange de son avenir; à Marie, enfin, qu'il aimait et qui ne l'aimait pas. C'était lorsqu'il revenait à cette idée périodique et fatale qu'il prenait la vie en dégoût et les hommes en mépris.

— Oh! les hommes! les hommes! se disait-il, engeance maudite, qui ne donne la gloire qu'à la condition qu'elle prendra le cœur! Et c'est pour entendre prononcer son nom par des lèvres humaines qu'on ensevelit vivants son bonheur et sa joie, quand il serait si doux que ce nom ne fût prononcé que par une seule bouche, dans l'ombre, entre la prière et le sommeil, entre l'âme et Dieu! Oh! moi, l'homme ambitieux et égoïste; moi, fait jusqu'ici d'orgueil et de vanité; moi, qui avais cru pouvoir mathématiser ma vie, je donnerais tous mes travaux passés, toutes mes espérances de fortune et d'avenir, pour qu'à cette heure Marie veillât comme je veille, et pensât à moi comme je pense à elle. Si elle m'avait aimé, nous serions partis tous deux, nous isolant dans notre amour. J'aurais abandonné Paris et les hommes, j'aurais laissé aller le monde sans moi, et il n'y eût rien perdu, car que peut ma petite vanité sur ses grandes destinées? J'ai été fou jusqu'ici. Mais elle ne m'aime pas, et je vais en épouser une autre, et j'en suis encore à me demander pourquoi j'épouse cette enfant? Si j'avais ma mère! Ma pauvre mère! elle me conseillerait. Étant femme, elle me dirait les choses que mon cœur ne devine pas, et si elle ne pouvait rien me dire, elle pleurerait avec moi, et je souffrirais moins, car on souffre moins en souffrant dans deux cœurs. Mais je ne l'ai même pas connue, et je suis déshérité d'avance de tous mes amours. Si j'écrivais à Marie, si je lui avouais tout !

Et il commençait une lettre pour la jeune fille, lettre qu'il déchirait aussitôt, car elle était toujours insensée.

Voilà donc comment Emmanuel et Marie, chacun de son côté, passaient cette nuit.

Il y avait une troisième personne mêlée dans ce drame de famille, c'était Clémentine. Clémentine, en quittant mademoiselle d'Hermi, s'était retirée dans sa chambre, et, au contraire de Marie, elle s'était couchée tout heureuse et toute fière. Quelque chose qu'elle n'eût osé rêver allait s'accomplir providentiellement, et ses pensées, à elle, étaient toutes d'amour et de reconnaissance. Elle faisait le vœu de rendre heureux l'homme qui allait lui donner son nom, et son âme naïve s'abandonnait aux projets les plus chastes et les plus charmants. L'imagination d'une fille de seize ans va vite, et Clémentine s'était endormie souriante au milieu de ses espérances nouvelles, comme un enfant au milieu de jouets nouveaux. Malheureusement, ou heureusement peut-être, la joie comme la douleur fait le sommeil léger, de sorte que la douce enfant, au milieu de ces songes dorés, oiseaux au doux plumage qui venaient chanter dans sa nuit, entendit comme un bruit de fenêtre qui s'ouvrait et se réveilla en sursaut. Elle écouta et n'entendit plus rien. Elle allait donc se rendormir lorsqu'il lui sembla que sa chambre était éclairée; et elle vit glisser en dessous de sa porte un rayon de lumière qui venait de la chambre de Marie. En ce moment deux heures sonnaient.

Elle appela : — Marie, Marie !

Marie ne répondit pas.

Alors elle se leva et s'en vint tout doucement entr'ouvrir la porte, entrant sur la pointe de ses petits pieds blancs, les yeux fixés et les oreilles tendues.

Elle dort avec sa lampe allumée, pensa-t-elle, l'imprudente.

Et elle s'avança pour éteindre la lampe; elle vint ainsi jusqu'auprès du lit, et vit Marie qui, appuyée sur sa main, les yeux rouges de larmes, regardait avec ces yeux hagards que donne une pensée constante.

— Qu'as-tu donc, Marie? dit la jeune fille.

Marie, en entendant une voix, poussa un cri.

— C'est moi, reprit Clémentine. As-tu peur?

— Ah! c'est toi, fit Marie en s'essuyant les yeux.

— Tu ne m'as pas entendue?

— Non.

— Je t'ai appelée deux fois.

— Je dormais.

— Tu mens, tu ne dormais pas. Qu'as-tu donc? continua-t-elle en embrassant Marie et en s'asseyant auprès d'elle sur le lit.

— Je n'ai rien.

— Tu as pleuré.

— Un mauvais rêve.

— Ah! voilà que tu as un secret pour moi; c'est mal.

— Mais, toi, comment es-tu réveillée?

— Je t'ai entendue ouvrir ou fermer ta fenêtre.

— Tu t'es trompée.

— Non, j'en suis sûre. Voyons, ma bonne Marie, dis-moi ce que tu as.

— Puisque je te dis que c'est un enfantillage. Ne t'est-il pas arrivé parfois de pleurer en rêve et de te réveiller tout à coup?

— Oui; mais, toi, tu n'as pas dormi.

— Qui te dit cela?

— Ta lampe qui n'est pas éteinte.

— Je l'ai rallumée. Et d'ailleurs, que t'importe ce que j'ai?

— Comment! que m'importe ce que tu as? c'est méchant ce que tu dis là.

— Tu es heureuse, toi.

— Et toi aussi.

— C'est vrai.

— Et cependant tu pleures!

— N'a-t-on pas quelquefois de tristes pensées qui font pleurer comme des douleurs? J'ai mal aux nerfs, voilà tout.

— Allons, tu me caches quelque chose. Je t'en veux. Adieu.

— Tu t'en vas?

— Oui.

— Pourquoi?

— Parce que tu ne m'aimes plus.

— Reste, je t'en prie.

— Je le veux bien ; mais alors dis-moi pourquoi tu pleures.

— C'est impossible.

— C'est donc bien grave?

— Oui.

— Ta mère le sait-elle?

— Non, il n'y a que moi.

— En effet, depuis quelques jours, tu es encore plus soucieuse. Tu t'ennuies.

— Peut-être.

— Tout cela sera passé demain.

— Je l'espère.

— Embrasse-moi.

— Tu me quittes?

— Oui. Tu as besoin de dormir et moi aussi. Nous recauserons de tes chagrins, fit Clémentine en s'éloignant. Bonsoir.

— Bonsoir.

Clémentine se retira dans sa chambre; mais au lieu de se coucher, elle resta derrière la porte. Elle vit quelques instants après la lampe de Marie s'éteindre ; elle supposa qu'elle se décidait enfin à dormir, et elle se coucha.

Le lendemain, Marie avait les yeux rouges, mais elle paraissait plus calme.

— Ne dis pas à ma mère que j'ai pleuré, dit-elle à Clémentine.

— Je le veux bien, mais à une condition.

— Laquelle?

— C'est que tu me diras la cause de tes larmes.

— Plus tard.

— Quand?

— Quand tu seras mariée.

Et Marie accompagna cette phrase d'un sourire pâle et triste. M. de Bryon arriva comme d'habitude, et remarqua la pâleur de Marie, qui ne remarqua pas la sienne, tant elle était habituelle. Ils restèrent ensemble.

— Vous paraissez souffrante, mademoiselle, lui dit Emmanuel.

— Non, monsieur; j'ai passé une partie de la nuit à causer avec Clémentine, et peut-être la veille m'a-t-elle un peu fatiguée; mais on peut bien veiller pour apprendre le bonheur d'une personne qu'on aime.

— Et mademoiselle Clémentine est heureuse?

— Vous le demandez?

— Oui.

— Vous devez le savoir mieux que personne, puisque son bonheur lui vient de vous.

— Que voulez-vous dire?

— N'allez-vous pas l'épouser?

— C'est vrai, c'est M. d'Hermi qui a ce mariage en tête.

— Avouez que vous êtes un peu son complice.

— Je l'avoue.

— Je vous en félicite; Clémentine est une bonne et noble jeune fille.

— Qui m'aimera peut-être.

— Qui vous aime déjà.

— Elle vous l'a dit?

— Toute la soirée.

— Et vous approuvez ce mariage, mademoiselle?

— J'en suis heureuse pour Clémentine que j'aime, et pour vous que j'estime, monsieur.

A ce mot, un nuage passa sur les yeux de M. de Bryon. Emmanuel se leva, Marie en fit autant.

— Clémentine est au jardin, lui dit-elle.

— Merci, mademoiselle, fit-il en la saluant.

Et il sortit.

Nous laissons à deviner les pensées qui agitèrent Emmanuel et Marie tout le reste de la journée. Clotilde ne se doutait de rien. Le baron ne s'occupait que de Clotilde. Clémentine causait et gazouillait comme un oiseau, ne devenant sérieuse que devant M. de Bryon. Le comte paraissait heureux. On se mit à table pour dîner. La conversation s'engagea. Emmanuel feignit le plus grand calme, et s'efforça même de sourire. Marie voulut faire de même, mais c'était au-dessus des forces de la pauvre enfant, et vingt fois les larmes lui vinrent aux yeux. Elle se contint; cependant, il était facile de voir que quelque chose la préoccupait. Son père l'interrogeait de cet œil inquiet qui emprunte son regard au cœur, mais la jeune fille, sentant qu'au moindre mot elle allait éclater en sanglots, évitait ce regard.

— Qu'as-tu? lui disait tout bas Clémentine.
— Rien, répondait Marie, laisse-moi.
— Comme tu es pâle! lui disait la comtesse; tu souffres.
— Je n'ai rien, ma bonne mère.

On comprend que toutes ces questions, ces réponses et cette contrainte torturaient Marie, mais au moins on s'occupait d'elle, et c'était comme une consolation; enfin, on ne fit plus attention à cette petite bouderie, et la conversation retomba sur un autre sujet.

— Il ne m'a même pas demandé ce que j'ai, pensait Marie.

Clémentine seule, avec cette ténacité irréfléchie des jeunes filles, continuait à questionner tout bas son amie. Marie, poussée à bout, se leva de table et sortit.

— Où va-t-elle? demanda la comtesse.
— Je la crois souffrante, je vais la suivre, dit Clémentine.
— Oui, je vous en prie, fit Clotilde.

Emmanuel eût tout donné pour accompagner Clémentine. Celle-ci trouva Marie dans sa chambre, pleurant, sanglotant sur son lit.

— Mais, au nom du ciel! dis-moi ce que tu as, s'écria Clémentine, prête à pleurer aussi.
— Laisse-moi, va-t'en, répondit Marie, je veux voir ma mère.

Clémentine redescendit, et fit cette commission près de la comtesse. Clotilde se leva, et M. d'Hermi interrogea Clémentine à son tour,

— Oh! ce n'est rien, monsieur le comte, disait la jeune fille, Marie a un peu mal aux nerfs.

— Ma bonne mère! s'écria mademoiselle d'Hermi en se jetant dans les bras de la comtesse, et en sanglotant.

— Mon enfant! disait Clotilde, dis-nous ce que tu as.

— Tu m'aimes, toi, n'est-ce pas?

— Tu le sais bien, mon cher ange, tout le monde t'aime ici. Souffres-tu?

— Non, ma mère.

— Veux-tu un médecin?

— Non, je veux pleurer, cela me fera du bien.

— C'est le temps qui est lourd, disait Marianne.

— Oui, ma bonne Marianne, répondait Marie en tendant la main à la brave femme.

— Couche-toi, mon enfant, couche-toi.

— Oui, ma mère, mais je ne veux pas rester seule.

— Clémentine viendra te tenir compagnie.

— Je ne veux pas de Clémentine.

— Eh bien, moi, je resterai près de ton lit; nous causerons.

— C'est cela, ma bonne mère, embrasse-moi.

Et Marie se jetait de nouveau au cou de la comtesse, qui ne comprenait rien à cette douleur subite.

On déshabilla Marie et on la coucha.

— Tu as la fièvre, lui dit la comtesse, tu es brûlante; couvre-toi bien.

— Oui, ma mère. Sois tranquille, ce ne sera rien sans doute.

Clémentine était restée avec M. de Bryon. Le baron se promenait seul.

— Mademoiselle, dit Emmanuel à Clémentine, qu'a donc Marie, mademoiselle Marie, veux-je dire?

— Rien, monsieur.

— Elle n'est pas malade?

— Non.

— Ah! tant mieux, mon Dieu!

Clémentine regardait Emmanuel, qui lui faisait cette question avec une émotion visible.

— C'est étrange, pensa-t-elle; et Marie qui ne veut pas me voir!

Clémentine s'éloigna rêveuse; et toute la soirée, elle étudia Emmanuel. Marie finit par se calmer; et la nature reprenant le dessus, elle s'endormit, ou plutôt elle fit semblant de s'endormir. Madame d'Hermi redescendit. Quelques instants après, Clémentine entrait dans la chambre de son amie; celle-ci ouvrit les yeux.

— M'en veux-tu toujours? lui dit Clémentine en l'embrassant.

— Je ne t'en ai jamais voulu; j'étais malade, et, tu le sais, quand on souffre, on est mauvais. Pardonne-moi et viens t'asseoir là. Mais toi-même, tu es pâle.

— Cela se peut bien.

— Pourquoi?

— J'ai beaucoup réfléchi depuis une heure.

— Et à quoi?

— A l'avenir.

— Tu deviens sérieuse, Clémentine?

— Il le faut.

— C'est juste, tu vas te marier.

— Non, je ne me marie pas.

— Tu ne te maries pas? s'écria Marie, avec un mouvement de joie involontaire.

— Non.

— Et que fais-tu?

— Je reste en pension.

Clémentine regardait Marie avec attention et tâchait de deviner ce qui se passait en elle.

— Toi qui étais si heureuse de ce mariage!

— J'ai changé d'avis.

— Tu aimais M. de Bryon.

— Je le croyais.

— Il t'aime.

— Non.

— Et qui te l'a dit?

— Il en aime une autre.

Marie pâlit; mais elle sentait approcher la certitude du bonheur qu'elle avait rêvé.

— Et qui t'a dit qu'il en aime une autre? fit-elle en tremblant.

— Je l'ai deviné.

— Tu te trompes, alors.

— Non; car cette autre l'aime aussi.

— Tu le crois?

— J'en suis sûre. Tu vas mieux, Marie; voici tes couleurs qui reviennent.

— Oui, je me sens mieux en effet.

— Allons! je te quitte.

— Si tôt!

— Il viendra de bonne heure demain savoir de tes nouvelles.

— Qui?

— Tu le demandes?

— Que veux-tu dire?

— Je veux dire que M. de Bryon n'est pas encore parti, et qu'il est capable de rester au château jusqu'à demain, sans avoir le courage de le quitter.

— Ma chère Clémentine, tu es un ange.

— Tu avoues donc?

— Il le faut bien.

— Et tu l'aimes?

— Plus que tout au monde.

— Allons! sois heureuse.

— Quelqu'un vient; c'est ma mère. Tais-toi, pas un mot, qu'elle ignore tout; c'est un secret entre nous deux.

— Sois tranquille.

En effet, la comtesse, qui avait entendu parler dans la chambre de sa fille, entra. Clémentine s'approcha de la fenêtre, le temps d'essuyer une larme, et se retourna le sourire sur les lèvres.

— Eh bien? dit Clotilde.

— Eh bien! ma bonne mère, fit Marie, je te l'avais bien dit que ce ne serait rien. C'est Clémentine qui m'a sauvée.

Et Marie tendit une main à son amie et l'autre à sa mère.

XVII

— Veux-tu redescendre au salon? dit madame d'Hermi à sa fille, quand elle la vit complétement calmée.

— Non, ma bonne mère, répondit Marie; je passerai le reste de la soirée avec Clémentine.

— Veux-tu que ton père monte te voir?

— Je ne demande pas mieux.

— M. de Bryon va se retirer bientôt sans doute. Ton père sera libre.

— Veux-tu aller le rassurer, ma bonne mère? fit Marie en embrassant la comtesse, et m'excuser auprès de M. de Bryon, continua-t-elle en regardant Clémentine.

— J'y vais, chère enfant, répondit madame d'Hermi, qui était bien à cent lieues de soupçonner la véritable cause de l'indisposition de Marie.

— Dis-moi, s'écria celle-ci en se jetant dans les bras de son amie, quand la comtesse eut refermé la porte derrière elle, dis-moi que tu ne m'en veux pas!

— T'en vouloir! et de quoi, mon Dieu? de ce que tu aimes M. de Bryon? Mais, au contraire, j'en suis enchantée, car M. de Bryon t'aime.

— Tu as vu cela, toi?

— Tu sais qu'il y a longtemps que je t'en ai prévenue.

— C'est vrai, répondit Marie en tendant la main à Clémentine; tu es plus que bonne, tu es prévoyante, tu devines avec ton excellent cœur ce qui se passe dans le cœur des autres; aussi, ma chère Clémentine, je veux que tu sois bien heureuse. Cela me regarde. M. de Bryon et moi nous te trouverons un mari.

— Tu parles de M. de Bryon comme si tu étais déjà sa femme.

— Ne le serai-je pas?

— J'ai bien failli l'être, moi. Tu as même bien fait de me prévenir à temps. Sais-tu que nous aurions fait un triste ménage à nous deux? Comme je l'aurais ennuyé, ce pauvre M. de Bryon! mais j'aurais été pairesse, c'est bien quelque chose.

— Avoue que tu le regrettes.

— Pourquoi pas? Si je ne le regrettais pas un peu, je ne le ferais pas un sacrifice, et je veux avoir l'orgueil de t'en avoir fait un; je veux pouvoir me dire un jour que c'est à moi que tu dois ton bonheur.

— Le bonheur de toute ma vie, vois-tu bien, reprit Marie, car je sens maintenant qu'il dépend de ce mariage.

— Es-tu sûre de ne pas te tromper? A notre âge, nous obéissons facilement aux premiers conseils de notre cœur, et il serait douloureux d'avoir enchaîné sa vie à un sentiment qui ne fût pas sérieux. Si tu allais t'apercevoir un jour que tu n'aimes pas M. de Bryon?

— Ce n'est pas à craindre, je l'aime, ma bonne Clémentine. Personne, avant lui, n'a troublé mon sommeil ni ma pensée; personne, avant lui, ne m'a fait te haïr un instant.

— Ainsi tu m'as détestée?

— Pendant toute une nuit.

— Enfant! Il fallait me dire la vérité.

— Que veux-tu? Je croyais qu'il ne m'aimait pas, mais le jour de votre mariage je serais morte de désespoir.

— Que va dire ton père, qui était si content de ce qu'il avait fait?

— Ne lui parle de rien.

— Il me semble cependant qu'il vaudrait mieux le prévenir, au point où en sont les choses, et après les confidences que la comtesse m'a faites.

— Attends encore quelque temps.

— Tu le veux absolument?

— Oui; il n'y a pas assez longtemps que j'ai dit à mon père que je ne le quitterais jamais.

— Ton père, ma chère Marie, tu me l'as dit toi-même, t'a beaucoup et affectueusement parlé de ton avenir. Il t'a confié ton bonheur. Il t'a laissée libre de choisir qui tu voudrais, convaincu qu'un noble cœur comme le tien ne peut pas se tromper. Ton père sera heureux et fier de cet amour.

— Sans doute; mais tout le monde dans la maison saura que j'aime M. de Bryon, et l'on parlera tout de suite du mariage. Je préfère, maintenant que je n'ai plus de rivale, je préfère garder encore un peu ce secret à moi toute seule; je dis à moi toute seule, parce que ton cœur est comme le mien et que tu ne me trahiras pas. J'aime mieux que M. de Bryon, maintenant que je suis sûre qu'il m'aime, doute encore quelque temps de mon amour. Je veux exercer ma politique de jeune fille contre sa politique d'homme d'État. Je veux voir si ce diplomate, qui lit si facilement dans le cœur des hommes et dans les destinées des empires, lira dans mon âme le mot qui l'intéresse. Je veux l'emporter sur son ambition, car il est ambitieux, heureusement. On dit que c'est une noble et belle passion quand elle habite un grand et noble cœur. Je veux lui faire oublier ses travaux, son but, ses calculs, ses théories, tout cet échafaudage sur lequel jusqu'à présent sa vie s'est basée et de l'appui duquel il paraît si certain. Tu te rappelles nos conversations du soir, tu te souviens avec quelle infaillibilité il nous disait avoir posé les bases de son avenir politique. Il paraissait, sans toutefois nous le dire ouvertement, ajouter fort peu d'importance aux détails du cœur, et ne leur donner sur l'existence d'un homme, ce qu'il prétend être, qu'une influence fort médiocre. Je veux le punir de cette présomption. Je veux, puisque je suis la plus forte, car tu me réponds qu'il m'aime?...

— Je t'en réponds, fit Clémentine en riant.

— Je veux qu'il m'offre de me tout sacrifier. Je veux faire un Tircis de ce Talleyrand, risque à lui rendre sa liberté après. Quel triomphe pour moi, si l'on disait : M. de Bryon, notre jeune pair, notre austère politique, quitte la Chambre, va vivre dans une vallée de la Suisse, avec sa femme, une jeune fille de dix-sept ans, bien blonde, bien douce, bien naïve, bien sentimentale ! Cela ne t'amuserait-il pas d'entendre dire cela?

— Si; surtout si l'on ajoutait : C'est à cette pauvre Clémentine Dubois que mademoiselle d'Hermi doit d'avoir pu opérer cette grande transformation.

— Voilà déjà que je l'oubliais. Que le bonheur est égoïste! Sache, du reste, reprit Marie, que ce que je veux faire ne me paraît pas très-difficile à accomplir. M. de Bryon a, sous cette écorce politique, une sensibilité de jeune fille. Quand il me parlait de sa mère, il avait les larmes aux yeux. Je suis sûre d'une chose, c'est que M. de Bryon a plus d'amour dans le cœur que qui que ce soit; d'autant plus qu'il n'a jamais trouvé l'occasion de l'exercer et de le reporter sur quelqu'un. La preuve en est l'avidité avec laquelle il a accepté l'habitude et le commerce de notre maison. L'as-tu vu le jour de la chasse à courre? Ce n'était pas un homme, c'était un véritable enfant. Tu seras ma demoiselle d'honneur?

— Quand tu te marieras, je serai chez madame Duvernay.

— Eh bien! j'irai me marier à Dreux.

— Tu feras cela?

— Pourquoi pas? Ce sera une superstition bien naturelle, une reconnaissance bien juste, un devoir bien doux.

— Quel effet cela fera à Dreux!

— Toute la ville sera sur pied.

— Quel honneur pour le pensionnat de madame Duvernay!

— Que la vie est une heureuse chose, ma bonne Clémentine!

— Tu ne disais pas cela, hier.

— Mais je le dirai toujours, à partir d'aujourd'hui.

— Je le demande à Dieu, ma bonne Marie; mais qui diable vais-je épouser, moi, maintenant?

— Sois tranquille, nous te trouverons cela.

En ce moment, on frappa à la porte de la jeune fille.

— Parlons chiffons, dit Marie; voici mon père. Entre! cria-t-elle de sa douce voix.

Le comte ouvrit la porte. Il souriait.

— Eh bien! dit-il, ma pauvre enfant, tu as donc été malade?

— C'est passé, mon bon père.

— Ta mère vient de me dire que c'est Clémentine qui a fait cette belle cure.

Et en disant cela, le comte regardait mademoiselle Dubois

avec un regard presque confidentiel que ne s'expliqua pas bien la jeune fille.

— Oui, mon père, répondit Marie; mais comme tu as tardé à monter!

— Je ne pouvais pas faire partir M. de Bryon.

— Ah! qu'avait-il donc de si pressé à te dire?

— Rien. Seulement il s'inquiétait de toi. Il me disait qu'il a étudié un peu la médecine; il m'offrait ses soins, il me questionnait, me demandait ce qui avait pu t'indisposer ainsi; enfin, continua M. d'Hermi du ton le plus naturel, il me disait tout ce qu'un homme du monde peut dire à un père dans une pareille circonstance.

— Et tu l'as rassuré complétement?

— Oui. Ce qui ne l'empêchera pas, m'a-t-il dit, de venir demain de grand matin prendre lui-même de tes nouvelles.

Le comte étudiait le visage de sa fille. Marie rougit un peu en regardant furtivement Clémentine, mais elle ne répondit rien. M. d'Hermi s'assit auprès de son lit et lui prit la main. Madame d'Hermi vint rejoindre son mari et les deux jeunes filles. Le baron fut admis quelques instants dans la chambre à coucher de Marie, et l'on se sépara vers onze heures.

— Descendez de bonne heure demain, j'ai à vous parler, dit tout bas le comte à Clémentine, en l'embrassant.

— C'est bien, monsieur le comte, répondit la jeune fille; à huit heures, je serai dans le jardin.

Marie n'entendit ni ce qu'avait dit son père, ni ce qu'avait répondu son amie.

— Avoue que tu dormiras bien cette nuit, dit Clémentine à Marie, quand elles furent restées seules.

Pour toute réponse, mademoiselle d'Hermi embrassa encore une fois sa camarade, qui passa dans sa chambre et se coucha.

Le lendemain, Clémentine, fidèle à sa promesse, et se demandant ce que le comte pouvait avoir à lui dire, descendit au jardin. Pour cela, il lui fallut traverser la chambre de Marie; mais celle-ci, que la joie avait tenue longtemps éveillée, ne s'était endormie qu'assez avant dans la nuit; et, la tête sur son bras droit, elle dormait, la bouche entr'ouverte et souriante. Si Emmanuel eût pu la voir ainsi, je n'affirme pas qu'il eût résisté à la tentation d'embrasser ce front blanc et cette épaule arrondie, que le drap ne couvrait plus entièrement. Clémentine traversa la chambre sur la pointe du pied et descendit. Marie ne bougea pas. M. d'Hermi se promenait déjà, accompagné de ses deux chiens favoris, qui profitaient de ce favoritisme pour ravager les plates-bandes.

— Me voici, monsieur le comte, dit Clémentine, en prenant le bras de M. d'Hermi.

— Comme vous êtes exacte, chère enfant, répliqua le père de Marie, en embrassant la jeune fille. Maintenant, nous allons causer de choses sérieuses.

— Je vous écoute.

— La comtesse vous a parlé l'autre jour, fit le comte d'un ton tout à fait paternel, et en prenant dans sa main gauche la blanche main que Clémentine appuyait sur son bras droit.

— Oh! je sais ce que vous allez me dire, interrompit la belle enfant.

— Ah! vous le savez.

— Oui, je le sais; vous allez me parler de mon mariage avec M. de Bryon.

— Justement.

— J'y renonce.

— Et pourquoi?

— Parce que décidément je ne l'aime pas, et que je crois qu'il ne m'aime pas non plus.

— Voilà la seule raison?

— Oui.

— Vous le jurez?

— C'est selon sur quoi il faut faire le serment.

— Vous êtes un ange! mais il est inutile que vous essayiez de me tromper. Je sais tout.

— Que savez-vous donc?

— Je sais que Marie aime M. de Bryon.

— Qui vous l'a dit?

— Et qu'Emmanuel aime Marie.

— Où avez-vous appris tout cela?

— Je l'ai vu.

— Hier?

— Le second jour qu'Emmanuel est venu ici, j'ai vu que cela serait, et il y a plus de quinze jours que je suis sûr que cela est.

— Alors, je ne comprends plus, fit Clémentine.

— Que ne comprenez-vous plus?

— Comment il se fait que, sachant tout cela, vous ayez voulu me faire épouser M. de Bryon? Vous ne voulez donc pas qu'il épouse Marie?

— Au contraire. Je le souhaite ardemment.

Clémentine regarda le comte d'un air qui voulait dire:

— Lequel de nous deux est fou?

— Et c'est pour vous expliquer tout cela, reprit le comte, que je vous ai priée de descendre ce matin et de causer avec moi seul. Je savais que Marie aime M. de Bryon, et que M. de Bryon aime ma fille; mais je savais aussi qu'ils ne s'avoueraient pas leur amour : car notre grand politique, dans les choses du cœur est un grand enfant, et certes, ce n'est pas Marie qui lui en eût parlé la première. Le temps se passait; nous allions retourner à Paris, où les relations seraient naturellement moins fréquentes. Je tenais et je tiens encore à cette union, car je crois qu'Emmanuel rendra Marie heureuse; il fallait donc une crise qui forçât nos deux amoureux à se prononcer. Vous comprenez bien tout cela, ma chère enfant?

— A merveille.

— Je conseillai à Emmanuel de vous épouser.

— Dans l'espérance qu'il vous avouerait son amour pour Marie?

— Justement. Mais Emmanuel, qui n'était pas sûr d'être aimé, et qui peut-être ne se rend pas encore bien compte de ce qu'il éprouve, accepta.

— J'aurais fait là un joli mariage, moi!

— Il n'y avait pas à craindre que ce mariage eût lieu. C'est alors que je vous fis parler par la comtesse, qui, elle, ne se doute de rien et qui croit qu'Emmanuel est amoureux fou de vous. J'étais bien convaincu que, malgré la promesse que vous lui aviez faite de ne lui en rien dire, vous annonceriez cette nouvelle à Marie, et qu'alors elle avouerait tout. Elle n'a rien avoué, mais la scène d'hier m'en a assez dit, et le trouble d'Emmanuel en la voyant malade me prouve que je ne m'étais pas trompé. A la gaieté de Marie, hier au soir, j'ai compris qu'elle vous avait tout dit ou que vous aviez tout deviné, et que vous renoncez à ce mariage.

— Tout cela est vrai. Comme vous voyez les choses de loin!

— C'est que j'aime Marie, voyez-vous, au-dessus de toute expression.

— Mais si j'avais été amoureuse de M. de Bryon, moi? dit Clémentine en riant.

— Vous ne l'étiez pas.

— Vous aviez vu cela aussi?

— Oui. Maintenant, ma belle et chère enfant, je vous ai priée de descendre pour vous remercier de ce que vous avez fait pour Marie, et pour vous dire que c'est un sacrifice que je n'oublierai jamais. Je vous dois un bon mari, je vous le donnerai.

— Oh! que cela ne vous inquiète pas, monsieur le comte; je le trouverai bien si vous ne le trouvez pas.

— Faut-il vous recommander de ne pas parler de ce que je viens de vous dire à Marie?

— C'est inutile, je le lui conterais tout de même.

— Mais vis-à-vis d'Emmanuel, de la comtesse et de M. de Bay?

— Je garderai le plus grand silence.

— C'est cela. Le bonheur, ma chère Clémentine, est une fleur qui a besoin d'ombre pour éclore. Il faut que Marie, vous et moi, seuls, sachions que Marie va être heureuse.

— Soyez tranquille, monsieur le comte, je me tairai.

M. d'Hermi embrassa Clémentine.

— Mais, reprit celle-ci, comment maintenant allons-nous rompre mon mariage avec M. de Bryon?

— Ne craignez rien, vous ne l'épouserez pas. Je me charge de ce détail. Ainsi, reprit M. d'Hermi, Marie aime M. de Bryon?

— Elle a pleuré toute la nuit dernière, et vous avez vu dans quel état elle était hier à dîner.

— Ainsi, elle sera heureuse avec lui, vous le croyez?

— Je connais Marie, j'en suis sûre.

— Vous me pardonnez, alors?

— Quoi donc?

— De m'être ainsi servi de vous, chère enfant.

— Marie n'est-elle pas comme ma sœur, monsieur le comte? n'êtes-vous pas comme mon père? Non-seulement je vous pardonne, mais encore je suis fière d'avoir pu aider à assurer le bonheur de Marie. D'ailleurs, Marie m'a promis une chose qui m'ôterait mes derniers regrets si je pouvais en avoir.

— Que vous a-t-elle promis?

— Elle m'a promis de venir se marier à Dreux.

— Et soyez tranquille, elle tiendra sa promesse.

— Eh bien! monsieur le comte, comment se porte, ce matin, mademoiselle d'Hermi? dit derrière lui une voix que M. d'Hermi reconnut pour être celle de M. de Bryon.

— Merci, mon cher Emmanuel, répondit le père de Marie en se retournant et en serrant cordialement les mains du jeune pair, merci; elle va tout à fait bien, vous la verrez tout à l'heure.

Emmanuel tira alors son mouchoir de sa poche et essuya son front baigné de sueur. Il était venu au grand trot de son cheval, et n'avait mis que dix minutes pour faire une demi-lieue. Clémentine et le comte se regardèrent en souriant.

XVIII

On était arrivé au mois de novembre, le temps devenait froid, les arbres se dépouillaient. Le parc commençait à maigrir, si l'on peut s'exprimer ainsi, et les feuilles jaunies frissonnaient aux premiers vents d'automne. On ne sortait plus le soir et l'on se réunissait déjà autour d'un grand feu. Marie et Clémentine faisaient de la musique. M. de Bay jouait au billard avec le comte. M. de Bryon restait à écouter

Marie, sous prétexte de ne pas laisser la comtesse seule.
Un jour, M. d'Hermi avait dit à Emmanuel :

— La comtesse a écrit à la tante de Clémentine, afin d'avoir son avis sur le mariage projeté.

— Et?... avait demandé Emmanuel avec une inquiétude qu'il n'avait pu dissimuler tout à fait.

— Et, continua le comte, à qui le mouvement de M. de Bryon n'avait pu échapper, la tante a répondu qu'elle voulait que Clémentine passât encore une année en pension.

Nous n'avons pas besoin de dire qu'Emmanuel n'avait pas insisté. L'ouverture des Chambres allait avoir lieu. M. de Bryon, qui avait besoin de retourner à Paris, n'en parlait cependant pas. Il attendait que toute la famille de M. d'Hermi partît. Son cœur était là. Elle eût passé l'hiver au château qu'il eût sacrifié la Chambre. Ce fut encore Marie qui devina cela.

— Mon père, dit-elle un matin au comte, devant Emmanuel, je voudrais bien assister à l'ouverture de la Chambre des pairs; j'ai entendu si souvent M. de Bryon parler politique, que je voudrais voir de près ce que cela est.

— La Chambre s'ouvrira dans huit jours, dit Emmanuel, et vous serez encore ici à cette époque.

— Non, répondit le comte, qui comprit l'intention de Marie, nous partirons demain.

Emmanuel remercia Marie du regard. Le lendemain, à midi, la comtesse et les deux jeunes filles montèrent en voiture et partirent. Une autre chaise de poste les suivait, renfermant le comte, Emmanuel et M. de Bay. On arriva à Paris, ce qui veut dire que l'on se sépara. Le comte, la comtesse, Clémentine et Marie rentrèrent dans leur hôtel de la rue des Saints-Pères. Emmanuel et le baron prirent congé d'eux.

Emmanuel garda toute la soirée le baron avec lui; on eût dit qu'il voulait continuellement avoir à ses côtés quelqu'un qui lui rappelât le bonheur qu'il venait de goûter pendant deux mois. La vue de son appartement le rejeta, pour ainsi dire, dans la réalité. La première chose qui frappa ses yeux fut la lettre de Julia, qu'il avait laissée sur la table et qu'il retrouva où il l'avait laissée. Il lui sembla, en relisant cette lettre, qu'il y avait dix ans que l'aventure qu'elle rappelait avait eu lieu. Il la jeta au feu. Cet appartement, où il rentrait autrefois si préoccupé, où le travail, hôte égoïste, ne laissait pénétrer aucune autre pensée, sembla un désert immense à M. de Bryon. L'habitude qu'il avait contractée, au château de M. d'Hérmi, de voir aller et venir les deux charmantes ombres qui depuis deux mois animaient sa vie, manquait à son cœur autant qu'à ses yeux. Il semblait même à Emmanuel que Clémentine n'eût pas été de trop chez lui. La gaieté de la belle enfant l'eût un peu consolé du sentiment de tristesse et de regret qui l'avait accueilli quand il était rentré dans sa vraie maison et dans sa vraie vie.

Ce qu'il avait prévu se réalisait. Il devenait impossible à Emmanuel et à la famille de M. d'Hermi de se voir aussi fréquemment qu'à la campagne. Une visite devenait presque une affaire à Paris, tandis qu'elle était auparavant un plaisir facile et quotidien. La ville ne donne pas les aises comme la campagne, et cependant le comte avait prié Emmanuel de continuer à Paris l'habitude contractée au château. Cependant, ce nouveau sentiment, qui avait tout à coup envahi le cœur de M. de Bryon, l'étonnait tellement depuis qu'il était revenu, que, bien seul, bien à lui, bien en face de ses habitudes passées, il voulut se rendre compte de ce sentiment et le raisonner. Il se dit que peut-être l'aspect continuel de la nature, le repos, l'isolement, l'intimité d'une famille nouvelle, avaient fait à sa vie un besoin que sans doute son retour à Paris, c'est-à-dire aux affaires, allait détruire, du moins quant au côté sentimental qu'il pouvait avoir. En face de son existence théorique, et dont chaque chose pour lui était une preuve, Emmanuel essaya de se convaincre que sa nature était antipathique aux joies tièdes du ménage et de la famille. Il alla même jusqu'à se dire qu'il serait ridicule qu'il suivît la route commune, et qu'il épousât une petite pensionnaire de seize ans, lui, l'homme qui avait fait à sa vie politique le serment de ne la distraire en rien du but, et de la faire toujours indépendante. Il en vint à se demander si décidément il aimerait Marie, et à se féliciter de ne l'avoir pas encore demandée à son père.

Ce fut en raisonnant ainsi qu'Emmanuel s'endormit la première nuit qui suivit son arrivée. Le lendemain matin, il se leva de bonne heure ; il demanda les journaux, s'enveloppa de sa robe de chambre, s'assit au coin de son feu, comme il le faisait avant son départ pour le Poitou, et, consciencieusement, prit la pose et l'attitude d'un homme qui va s'occuper de choses sérieuses. Il ouvrit ses journaux, dont les caractères se mirent à danser sous ses yeux, car il pensait à tout autre chose qu'à les lire ; et machinalement, malgré lui-même, il s'habilla et se rendit rue des Saints-Pères, presque sans savoir ce qu'il faisait, et comme s'il eût suivi son cœur marchant devant lui.

Il était neuf heures quand il se présenta chez le comte. Tout le monde dormait encore à l'hôtel. Emmanuel n'était pas encore assez connu des gens de la maison pour se permettre d'attendre familièrement le réveil de M. d'Hermi. Il quitta donc la rue des Saints-Pères, presque honteux de cette invincible attraction à laquelle il avait succombé et qui ne le menait à rien. Il faisait froid, mais il faisait beau. Emmanuel, au lieu de rentrer chez lui, se promena sur les quais, sans but, sans raison, ne sachant qu'une chose, c'était qu'il lui était impossible de rien faire avant d'avoir vu Marie. En passant sur le pont Royal, il vit venir un jeune homme dont il lui sembla reconnaître le visage, et qui, en effet, s'approcha de lui avec un air de respect tout à fait flatteur et lui demanda des nouvelles de sa santé.

— Je suis le marquis de Grige, dit le jeune homme, voyant qu'Emmanuel, tout en reconnaissant son visage, paraissait ne pas se rappeler son nom, et j'ai eu l'honneur de vous être présenté à l'Opéra par le baron de Bay.

— Je me souviens parfaitement, répondit Emmanuel en tendant affectueusement la main au jeune marquis, et en prenant à son tour de ses nouvelles.

— Vous avez quitté Paris, comme vous deviez le faire, deux ou trois jours après le soir où je vous vis à l'Opéra ? demanda Léon.

— Oui; je suis allé en Poitou.

— Et, continua le marquis en souriant, puis-je vous demander comment s'est terminée l'aventure de la belle Julia ?

— Très-bien.

— Vous avez résisté ?

— Non.

— Et vous êtes parti ?

— Avec de Bay, au jour et à l'heure convenus.

— Qu'a-t-elle dit de cela ?

— Je n'en sais rien, je ne l'ai pas revue, et elle ne m'a pas écrit.

Emmanuel se mit à marcher du côté du quai Voltaire.

— Vous allez dans le faubourg Saint-Germain ? lui dit de Grige.

— Oui; je vais rue des Saints-Pères.

— Si vous le permettez, je ferai route avec vous, je vais rue Jacob. Ah! vous n'avez pas entendu reparler de Julia! ajouta Léon d'un air étonné et en marchant à côté d'Emmanuel.

— En aucune façon. Comme vous voyez, vous vous exagériez sa passion pour moi, et l'importance qu'elle y attachait.

— Tout n'est pas fini.

— Vous vous trompez, tout est bien fini, au contraire, répliqua Emmanuel d'un ton qui voulait dire : Je n'ai plus de temps à donner à de pareils amours.

— Tout est bien fini de votre part, je le crois, mais elle n'est pas femme à prendre ainsi son parti d'une rupture avec un homme comme vous. Vous auriez été plus qu'un amant, vous auriez été une position pour elle. Julia Lovely, la maîtresse de M. de Bryon! Songez donc un peu à l'effet que cela eût fait dans Paris, et combien sa réputation de femme à la mode s'en fût augmentée. Vous ne courez qu'une chance, c'est de l'avoir blessée à la fois dans son amour-propre et dans son amour; car, après tout, il n'y aurait rien d'étonnant qu'elle vous aimât.

— Vous a-t-elle parlé de cette histoire? demanda Emmanuel.

— Je ne l'ai pas vue depuis. J'ai quitté Paris presque en même temps que vous, et je suis de retour depuis quelques jours seulement; mais il y a demain aux Italiens une grande représentation, à laquelle elle assistera évidemment, et où j'irai. Il faudra que je la questionne un peu et que je sache ses intentions, car il est impossible que ce brusque dénoûment ne lui tienne pas au cœur. Si elle a des intentions de guerre, et que je les soupçonne, je me ferai une gloire de la trahir et de vous en informer.

— Je vous assure, monsieur, répliqua Emmanuel, qui paraissait humilié qu'on attachât une si grande importance à une chose qui lui semblait si futile, je vous assure que les déclarations de guerre de mademoiselle Lovely ne sont pas plus à craindre que ses déclarations d'amour. Je serais désolé que cette aventure fût connue, et qu'on crût que j'y attache le moindre souvenir ou la moindre importance.

— Pardonnez-moi, monsieur, ajouta de Grige, je vis dans un monde de désœuvrés, dont ces sortes d'aventures sont les grands événements, et j'oublie toujours qu'heureusement pour vous, vous ne vivez pas dans ce monde-là.

La conversation changea brusquement. Il fut question, entre les deux promeneurs, de chasse, de chevaux et de politique. En causant, ils arrivèrent à la rue des Saints-Pères.

Emmanuel s'arrêta devant le n° 7.

— C'est ici que vous entrez? lui dit Léon.

— Oui.

— Vous allez chez M. d'Hermi?

— Justement. Le connaissez-vous?

— Non. Je devais lui être présenté depuis longtemps par M. de Bay, qui m'avait dit que c'est une maison agréable, et cela ne s'est jamais trouvé. Je n'en garde pas moins le désir de faire la connaissance du comte.

— Je me charge de la présentation, fit Emmanuel, et je tiendrai mieux ma promesse que le baron. Le comte et la comtesse sont de retour seulement depuis hier. Ils vont reprendre leurs jours de réception. J'irai vous prendre et je vous présenterai. Votre adresse?

— Vous êtes vraiment trop bon, fit Léon en s'inclinant et en remettant sa carte à M. de Brvon, qui prit congé de lui, et entra dans l'hôtel.

Le comte était levé.

— Vous êtes déjà venu? dit-il à Emmanuel en le voyant, et avec un sourire.

— Oui.

— Pourquoi n'êtes-vous pas entré?

— Vous dormiez encore.

— N'êtes-vous pas ici chez vous!

Emmanuel serra la main de M. d'Hermi.

— Ma foi, dit-il, je viens d'agir comme si j'étais de la maison.

— En quoi faisant?

— En promettant à un charmant garçon, le jeune marquis de Grige, de vous le présenter.

— Présentez, cher ami, présentez. Tous ceux qui viendront par vous seront les mieux venus. Vous restez à déjeuner avec nous?

— Non, vraiment. Je voulais vous voir, je vous ai vu; je m'en vais.

— Vous ne pensez pas un mot de ce que vous dites. Votre cœur, mon cher Emmanuel, n'a pas encore de politique, et ne sait pas cacher ce qu'il pense. Les enfants vont se réveiller et paraître.

— Comme vous me connaissez! je reste.

En effet, Emmanuel s'assit à côté du comte.

— Votre soirée de demain n'est pas prise? demanda celui-ci.

— Non.

— Alors, vous pouvez nous la donner?

— Avec grand plaisir.

— Nous allons aux Italiens. Il y a une grande représentation; la comtesse a trouvé le coupon de sa loge, et nous voulons faire voir cela à Clémentine, notre pauvre pensionnaire, qui nous quitte dans deux jours pour retourner à Dreux.

— Je suis tout à vous, répéta Emmanuel.

On assure qu'on a très-souvent le pressentiment des choses malheureuses. Emmanuel, qui était aussi fataliste qu'un autre, ne soupçonna cependant pas que cette soirée du lendemain dût avoir une grande influence sur sa vie.

XIX.

Marie n'avait pas passé non plus, sans réfléchir beaucoup, la première nuit de son retour à Paris; mais, pour elle, l'incertitude n'existait pas; elle était bien sûre qu'elle aimait Emmanuel. Un trop grand changement moral s'était opéré dans sa vie depuis l'arrivée de M. de Bryon pour qu'elle doutât encore. Le château qu'elle venait de quitter lui semblait triste, désert et inhabitable sans Emmanuel; elle ne comprenait pas comment, jusqu'alors, elle avait pu se promener dans le bois qui en dépendait sans deviner qu'un jour elle s'y promènerait avec lui; enfin la présence d'Emmanuel, dans tous les lieux qu'elle avait aimés jusqu'alors, lui semblait l'accessoire indispensable de son bonheur à venir. Pas une parole d'amour n'avait encore été échangée entre elle et M. de Bryon; mais, à partir du jour où Clémentine avait renoncé à son mariage, Marie, qui avait compris que c'était sa froideur instantanée qui avait poussé Emmanuel à accepter cette union, Marie s'était repentie, et pour le dédommager de ce qu'il avait dû souffrir, elle s'était remise avec lui sur le pied de son ancienne intimité, et avec cet art que possèdent si bien les femmes, elle avait achevé de se conquérir le cœur et la pensée d'Emmanuel. Bref, ils ne s'étaient pas dit, mais ils étaient sûrs qu'ils s'aimaient. Cependant, Marie avait redouté le retour à Paris. Elle s'était mise à craindre que les affaires politiques et les habitudes contractées antérieurement ne fermassent leur cercle autour de celui qu'elle aimait, et ne parvinssent à le distraire d'un amour accidentel. Aussi, quand, le lendemain de son arrivée, elle l'avait vu venir à neuf heures et revenir à onze, elle avait repris courage et s'était dit : Décidément, il m'aime.

Il y avait et il était même naturel qu'il y eût de l'orgueil dans l'amour que ressentait Marie. Un jeune homme plus jeune, plus beau, plus expansif qu'Emmanul, l'eût sans doute moins frappée. Ce qui l'avait séduite tout d'abord dans M. de Bryon, c'était l'étrangeté et la célébrité de sa vie. Occuper la pensée d'un pareil homme avait été pour elle une sorte de défi que son cœur lui jetait, et comme elle l'avait dit à Clémentine, elle s'était mis en tête de soumettre à elle seule et de réduire à son unique volonté cette puissante nature qui, jusqu'alors, avait eu besoin des grandes luttes parlementaires. Elle y était arrivée. Emmanuel ne s'appartenait plus. Comment elle avait fait, c'est ce qu'elle-même n'eût pu dire. Elle s'était penchée sur son cœur, elle l'avait écouté et elle avait fait ce qu'il lui avait dit de faire.

Cette représentation qui allait avoir lieu aux Italiens, et à laquelle Emmanuel devait assister dans la même loge qu'elle, était pour Marie un grand événement. Il lui semblait que tout le monde allait lire sur son visage le bonheur dont son cœur était plein, que tout le monde allait deviner l'amour auquel elle avait amené M. de Bryon, et que le lendemain il ne serait question à Paris que de cette grande nouvelle : M. de Bryon est amoureux. Marie faisait part de tous ses rêves à Clémentine, et elle les lui répétait incessamment. Clémentine devenait presque soucieuse, car le lendemain elle allait repartir et quitter la douce vie qu'elle menait depuis deux mois, pour reprendre la vie de province et de pensionnat. Nous avouerons qu'il y avait des moments où elle ne pouvait s'empêcher de regretter le beau rêve qu'elle avait fait un instant, et dont elle avait fait si facilement le sacrifice à son amie. Lorsqu'elle pensait à la petite chambre où elle allait se retrouver seule, elle ne pouvait se défendre d'une tristesse réelle que Marie, devenue insoucieuse par le bonheur, ne remarquait même pas.

— Je vais bien m'ennuyer à Dreux, disait Clémentine.

— Pauvre chère, lui disait alors Marie, qui, lorsque l'ennui de sa compagne s'exprimait par la parole, y sympathisait aussitôt ; veux-tu que j'aille passer quelques jours avec toi chez madame Duvernay?

— Comme tu sais bien que je n'accepterai pas!

— Pourquoi ?

— Aurai-je le courage de t'enlever à Paris en ce moment ?

— Je te ferais bien le sacrifice de Paris.

— Oui, mais me ferais-tu le sacrifice de ceux qui y sont depuis hier ?

Pour toute réponse, Marie pressait la main de Clémentine.

L'heure de se rendre aux Italiens arriva. La comtesse avait à ce théâtre une grande loge de face avec un salon, où il était rare que le baron n'allât pas dormir au moins pendant un acte, chaque fois qu'il y venait. L'arrivée de madame d'Hermi, des deux jeunes filles et de M. de Bryon dans la même loge, fit grande sensation. Toutes les lorgnettes se braquèrent de leur côté, et Marie baissa les yeux malgré elle, ayant peine à contenir les battements de son cœur. Parmi les yeux qui se fixèrent sur cette loge, il y en eut deux grands qui appartenaient à notre ancienne connaissance Julia Lovely.

— C'est bien lui, murmura-t-elle en reconnaissant M. de Bryon, et une légère pâleur masqua un instant le visage de Julia.

— Il y a deux jolies personnes dans la loge de M. d'Hermi, dit Léon à Julia, dans la loge de laquelle il était.

Disons tout de suite que cette loge était au rez-de-chaussée, et que Léon n'y pouvait être vu que lorsqu'il le voulait bien.

— Deux petites pensionnaires assez insignifiantes, répondit la Lovely après avoir lorgné. — Il m'a vu, dit-elle tout à coup.

— Il va venir ici, alors.

— Non, il a eu l'air de ne pas me voir.

— Il faut que je sache quelles sont ces deux jeunes filles, reprit Léon.

— Ce sont sans doute les filles de la comtesse.

— Elles sont charmantes, la blonde surtout.

— Que fait Emmanuel dans cette loge ? demanda Julia.

— Il fait ce que je fais dans la vôtre, il est aux Italiens.

— Il connaît donc M. d'Hermi ?

— Beaucoup.

— Qui vous l'a dit?
— Lui.
— Vous l'avez donc vu ?
— Hier.
— Où cela?
— Sur le pont Royal.
— Vous a-t-il parlé de moi?
— Il m'a dit, répondit négligemment de Grige, que vous êtes une femme charmante.
— Voilà tout?
— Voilà tout. Que voulez-vous qu'il dise de plus ?
— Je vous trouve assez impertinent ce soir, mon cher Léon.

Léon, les yeux fixés toujours au même endroit, semblait ne pas entendre ce que lui disait Julia, et ne répondit que machinalement.

— Ah çà! qu'est-ce que vous regardez ainsi? fit Julia.
— Je regarde cette petite fille : elle est ravissante.
— Voilà déjà que vous vous passionnez.
— Pourquoi pas? Je n'ai jamais vu une plus charmante tête.
— C'est encore un compliment que vous me faites là!
— Il y a longtemps que je ne vous en fais plus. Cela ne me sert à rien.
— C'est peut-être un nouveau moyen que vous trouvez de me faire la cour.
— Ma foi, non; j'y ai renoncé.
— Et vous avez bien fait.

Il y eut un silence.

— Je croyais, reprit Léon après quelques instants, que la comtesse d'Hermi n'avait qu'une fille.
— Mon cher ami, vous m'assommez avec votre mademoiselle d'Hermi. Son père et sa mère sont là; allez la demander en mariage, épousez-la pendant l'entr'acte, et laissez-moi tranquille.

Julia était visiblement impatientée, mais ce n'était pas Léon qui l'impatientait. De temps à autre, elle regardait dans la loge où se trouvait Emmanuel, tout en ayant l'air de lorgner d'un autre côté de la salle. M. de Bryon semblait un peu soucieux. En effet, la vue de Julia lui était désagréable, non pas qu'il attachât de l'importance à ce qui s'était passé entre elle et lui, mais il aimait autant éviter les occasions de la rencontrer. Il s'était donc assis dans le fond de la loge, et se consolait en regardant Marie, heureuse à la fois par l'orgueil et par le cœur, car elle pouvait parier que, dans la salle, nulle femme n'était plus belle ni plus aimée qu'elle. La Grisi chantait au milieu de tout cela.

— Il y a une dame qui lorgne toujours ici, dit Marie à sa mère en lui montrant des yeux la loge de Julia. La connais-tu?

— Non.

— Et toi? continua Marie en s'adressant à son père.

— Non, répondit le comte.

— Elle est belle et elle a au bras un bien beau bracelet en diamants; c'est peut-être pour le montrer qu'elle lorgne toujours.

Emmanuel tressaillit malgré lui à l'idée que Marie pouvait apprendre que c'était lui qui avait donné ce bracelet à Julia et pourquoi il le lui avait donné. Mais il se rassura en se demandant, et avec raison, qui pourrait donner de pareils détails à une jeune fille. L'entr'acte arriva. Léon se leva pour quitter la loge de Julia.

— Où allez-vous? lui dit celle-ci.

— Je vais voir M. de Bryon, qui vient de sortir de la loge de M. d'Hermi.

— Ne me l'amenez pas.

— Soyez tranquille. D'ailleurs, il n'a pas envie de venir.

— Qui vous l'a dit?

— Je le sais bien.

Léon, qui n'avait jamais été l'amant de Julia, qui ne la redoutait en rien, ne la ménageait en aucune façon. Du reste, il le faisait sans intention, ce qui n'empêcha pas cette fois Julia de se mordre les lèvres.

— Vous me laissez seule? dit-elle.

— Non, voici le vieux vicomte de Camul qui vient vous voir.

— Je le croyais mort de vieillesse.

— Ah! s'il eût dû mourir de cela, fit Léon en mettant son chapeau, il y a longtemps qu'il en serait mort.

Léon rencontra Emmanuel dans le foyer. Malgré lui, M. de Bryon, comme tous les hommes d'une position élevée et qui font retourner les gens qui passent, se montrait volontiers dans les lieux publics. Il avait comme un besoin d'entendre murmurer son nom à son oreille, et ce jour-là plus que les autres jours, puisque depuis deux mois il était loin de Paris. Il se promenait avec le comte, que M. de Bay remplaçait dans la loge de la comtesse.

— Je ne puis pas trouver une plus belle occasion, dit Emmanuel en prenant la main de Léon. Mon cher comte, je vous présente M. le marquis de Grige, qui, depuis longtemps, désire vous être présenté. C'est un plaisir que je vole au baron.

Léon s'inclina.

— Nous recevrons tous les jeudis à partir du 15 novembre, dit le comte, et j'espère, monsieur, que vous voudrez bien être des nôtres. Vous trouverez toujours M. de Bryon chez madame la comtesse. Je vous dis cela pour vous engager encore plus à venir.

Léon répondit par une phrase et un salut.

— Je voudrais bien vous demander quelque chose, dit-il tout bas à Emmanuel.

— A moi seul?

— Oui.

— Mon cher comte, fit Emmanuel, je vous rejoins dans un instant.

Le comte et le marquis se saluèrent encore une fois.

— La comtesse d'Hermi a donc deux filles? demanda Léon.

— Non, elle n'en a qu'une.

— La brune, ou la blonde?

— La blonde.

— Je ne l'avais jamais vue ni avec le comte ni avec la comtesse.

— Elle arrive de son pensionnat de Dreux.

— Elle est fort jolie.
— En effet. La brune est fort belle aussi, se hâta d'ajouter Emmanuel.
— C'est sa parente ?
— Non; c'est une amie de pension qui repart demain.
— J'aime mieux mademoiselle d'Hermi, et vous?
— Et moi aussi, dit Emmanuel sans pouvoir s'empêcher de sourire.
— Pourquoi souriez-vous?
— Pour rien.
— A propos, je suis dans la loge de Julia, elle ne fait que parler de vous.
— Qu'elle en parle.
— Vous n'avez pas envie de venir la voir?
— Certes, non.
— La toile est levée. A bientôt. Merci de votre présentation.

Emmanuel et Léon échangèrent une poignée de main, et l'un rentra dans la loge de la comtesse, tandis que l'autre rentrait dans celle de Julia.

— C'est la blonde qui est mademoiselle d'Hermi, dit Léon se rasseyant auprès de Lovely, qui fit un mouvement d'impatience en entendant de Grige l'entretenir d'une chose qui lui était fort indifférente; c'est M. de Bryon qui me l'a dit.
— Il ne vous a dit que cela?
— Et il m'a présenté au comte, qui reçoit tous les jeudis, et chez lequel il est toujours.
— Il est peut-être l'amant de la comtesse.
— Peut-être.
— Ces hommes politiques ont toujours des maîtresses impossibles.
— Je le saurai bien.
— Comment ferez-vous?
— J'irai aux soirées du comte.
— Pour surprendre la mère ?
— Non, pour voir la fille.
— Vous avez votre place à l'orchestre? demanda Julia.

— Oui.

— Eh bien! faites-moi le plaisir d'y retourner, fit Julia avec un ton demi-rieur, demi-sérieux ; car, en vérité, je n'ai jamais rien vu d'ennuyeux comme vous, ce soir.

— J'y vais, répondit Léon en souriant.

Et il sortit après avoir baisé la main de Julia. Pendant l'entr'acte suivant, Léon se leva, et tournant le dos à la scène, il fit ce que font presque toujours les jeunes gens qui sont placés à l'orchestre, il se donna le spectacle de la salle, et passa en revue toutes les loges.

— Tiens, dit tout bas Clémentine à Marie en lui désignant Léon, tu vois bien ce jeune homme qui sourit à cette dame que tu montrais tout à l'heure à ta mère?

— Oui. Eh bien?

— Eh bien! si je pouvais choisir mon mari, c'est un mari comme celui-là que je prendrais.

— Et tu aurais mauvais goût.

— Pourquoi?

— Parce qu'il est trop joli garçon pour faire un bon mari.

Quand le spectacle fut terminé, Léon alla prendre Julia, qui, comme cela lui arrivait souvent, était venue toute seule, et il la reconduisit jusqu'à sa voiture.

— Me donnez-vous à souper jusqu'à demain matin? lui dit-il.

— Oh! non!

— Sans rancune.

Le jeune homme s'éloigna en riant. Chaque fois qu'il voyait Julia, il lui demandait à être son amant, comme par habitude, et il arrivait souvent que, tout en le lui demandant, il pensait à autre chose.

XX

Le lendemain, Clémentine partit accompagnée de Marianne, qui devait la remettre entre les mains de sa tante, chez laquelle il était convenu qu'elle passerait quelques jours avant de retourner chez madame Duvernay. Nous n'avons pas besoin de dire que ce départ fut entremêlé de regrets, d'embrassements, de larmes, de promesses de s'écrire et de serments d'amitié éternelle. La chaise de poste partit. Clémentine agita une dernière fois son mouchoir à l'angle de la rue des Saints-Pères et du quai, et la voiture disparut. Marie referma la fenêtre du balcon, qu'elle avait ouverte, et d'où elle avait voulu dire un dernier adieu à son amie.

L'amour est un sentiment si égoïste, que Marie fut presque heureuse du départ de Clémentine, départ qui allait lui permettre de se livrer librement à toutes les pensées qui viennent peupler la solitude de la femme aimée et qui aime. Elle n'analysa point le sentiment que faisait naître en elle Clémentine absente, mais elle l'accepta sans effort.

Nous n'allons pas détailler un à un les petits événements de la vie de Marie, ni la suivre heure par heure. En l'écoutant parler elle-même, nous donnerons bien mieux la situation de son âme. Quelques jours après que Clémentine eut quitté Paris, Marie reçut d'elle une lettre ainsi conçue :

« Ma bonne amie, je suis malgré moi bien triste, et tu en
» es la cause malgré toi. Je suis restée trois jours auprès de
» ma tante, à Rieuville, dans ce charmant petit pays que
» tu connais et dont les maisons ont l'air, au printemps,
» de corbeilles de roses. Mais, à cette époque de l'année, les
» rosiers qui les couvrent sont dépouillés, et notre pauvre
» village ressemble toujours à une corbeille de fleurs, mais
» de fleurs fanées. Ma tante habite toujours la petite mai-
» son que tu lui connais, et où tu as bien voulu venir deux
» ou trois fois passer les fêtes de Pâques. Cette maisonnette
» m'a semblé un monde de solitude et de mélancolie ; aussi
» ai-je manifesté bien vite le désir de retourner chez ma-
» dame Duvernay. C'est toi qui m'amènes à souhaiter cela
» comme une distraction. J'y suis revenue ce matin. Là,
» mon désappointement a été plus grand encore. Dans la
» maison de ma tante, tu n'as passé que quelques instants,
» tandis que chez madame Duvernay tu es restée des an-
» nées. J'ai retrouvé ma petite chambre telle que je l'avais
» laissée, et pendant plus de deux heures, je n'ai pas osé
» entrer dans la tienne, sûre que j'étais de ne pas t'y voir.

» Notre vieille lingère, que nous avions surnommée la mère
» Jupon, est venue l'ouvrir avec cette indifférence des gens
» qui ne se doutent pas qu'on puisse ajouter de l'impor-
» tance à une chose aussi simple. Elle voulait donner de
» l'air à cette chambre, et m'a dit de choisir entre celle-là
» et celle que j'habitais avant les vacances. J'ai pris la tienne.

» Tout le jour, nous avons parlé de toi avec madame Du-
» vernay. Elle t'aimait décidément bien, car je l'ai vue deux
» ou trois fois essuyer des larmes quand je lui faisais part
» du riant avenir que j'espère pour toi. Tout est triste ici.
» Les arbres sont effeuillés, la campagne, qu'on aperçoit
» de la fenêtre, est déserte. Tes colombes familières sem-
» blent avoir deviné que tu n'es plus là. Il fait froid. Les ré-
» créations ont lieu dans les classes, parce que le jardin est
» humide. Il fait nuit à cinq heures. Je t'écris à la lueur
» d'une lampe. Que vais-je faire ici toute seule? Écris-moi,
» ce sera ma seule distraction; écris-moi souvent, toujours;
» dis-moi que tu es heureuse. Rappelle-moi au souvenir de
» ton père et de ta mère. Me regrettent-ils un peu? Quel
» bon temps j'ai passé en Poitou! et comme il a passé vite!

» Je ne sais pas pourquoi la vie m'apparaît tout à coup
» sous un aspect lugubre. J'ai le cœur gros comme si je
» venais de perdre une seconde fois mes parents. Je me
» figure que jamais le bonheur ne reviendra. N'oublie pas
» que tu dois venir te marier à Dreux; je tomberais ma-
» lade si tu l'oubliais.

» Et M. de Bryon?

» Tout le monde ici m'a demandé de tes nouvelles. Notre
» vieux curé va toujours bien. Il est enchanté, parce qu'un
» couvent de femmes se fonde sous ses auspices. Ce couvent
» sera dans une charmante position; il dominera la vallée
» de Vert, où nous avons été si souvent nous promener.

» Adieu, ma bonne Marie; je ne t'en écris pas plus long,
» car je crains de t'ennuyer, mais à la condition que tu m'é-
» criras une longue lettre où tu ne parleras que de toi.

» Ta bien affectionnée,

» Clémentine Dubois. »

Marie fut émue en recevant cette lettre, qui la reporta

au temps qu'en quittant le pensionnat elle regardait déjà comme le temps le plus heureux de sa vie. Elle fut presque effrayée de la rapidité avec laquelle elle avait vécu, puisqu'en trois mois sa vie avait pris un but et s'était déterminée à un bonheur défini.

— Cette pauvre Clémentine! se dit-elle, c'est moi qui suis cause de la solitude de son cœur et de l'isolement de sa vie.

Ce fut sous cette impression qu'elle commença à répondre à son amie; mais le cœur d'une jeune fille ne sait pas masquer longtemps ses véritables impressions, et, comme nous allons le voir, Marie se laissa bien vite aller au plaisir de parler d'elle-même et de l'avenir qui lui souriait déjà.

« Ma bonne Clémentine, écrivait-elle, j'ai reçu ton excel-
» lente lettre; et je n'avais pas besoin que tu m'écrivisses
» ce que tu éprouves pour l'éprouver moi-même. Je me
» mets aisément à ta place, et je comprends la douloureuse
» tristesse qui a dû te saisir en rentrant entre les murs de
» la pension; heureusement, cela ne durera pas longtemps
» Nous parlons tous les soirs de toi, de ta joyeuse verve, de
» ta belle insouciance, des charmes exquis de ton esprit et
» de ton cœur. Mon père a un amour réel pour toi. Clé-
» mentine est un ange, répète-t-il souvent; aussi, c'est moi
» que son bonheur regarde. Heureusement que ma bonne
» et excellente mère vit encore, sans quoi je croirais que tu
» vas devenir ma belle-mère.

» Pourquoi ta tante tient-elle absolument à ce que tu
» passes encore une année en pension? J'ai eu beau, dans
» mes dernières lettres, la supplier de te laisser avec nous,
» elle n'y a pas consenti. Elle dit que tu n'as pas assez
» de fortune pour n'être pas une femme accomplie, et elle
» compte sur ton éducation pour ton mariage. Croit-elle
» donc qu'on prend une femme pour avoir un diction-
» naire? Veut-elle faire de toi une sous-maîtresse? Je crois
» que son grand regret est que tu ne saches pas le grec. Je
» te dirai, du reste, que ta grande érudition n'est pas la
» moindre cause de l'affection que mon père a pour toi.
» J'en rougis même quelque peu, moi qui suis une igno-
» rante, comparativement, bien entendu.

» Emmanuel vient tous les jours ici. Je craignais que
» notre retour à Paris ne changeât ses habitudes; il s'en
» faut bien. Je ne sais vraiment pas où il prend le temps
» de travailler; il passe toutes les soirées avec nous. Mon
» père est au courant de notre amour, j'en suis convaincue;
» et je parierais bien que tu es pour quelque chose dans la
» dénonciation. Ma mère seule ne voit rien ; il faut te dire
» aussi que ma mère est plus enfant que moi. Elle ne parle
» que robes et parures ; elle se fait une fête des bals aux-
» quels nous assisterons cet hiver ; elle m'en entretient
» continuellement. Son esprit et son cœur ont seize ans à
» peine à eux deux. Emmanuel semble se complaire dans le
» silence extérieur de notre amour ; il sait que je l'aime;
» et lui, l'éloquent orateur, n'emploie avec moi que l'élo-
» quence de l'âme et des yeux. On dirait que toute sa
» science ne lui donne pas de mots équivalents à ce qu'il
» éprouve et à ce qu'il voudrait dire. Il est comme étonné
» de ce qu'il ressent ; il se laisse, lui, le grand politique,
» analyser fibre par fibre par une petite pensionnaire. Ce-
» pendant, il faudra bien qu'il se prononce. Si matériels
» que soient le oui matrimonial et le tabellion traditionnel,
» ils mènent à un bonheur immense, du moins pour moi.
» C'est une clef commune qui ouvre la porte d'un paradis,
» comme diraient les faiseurs d'antithèses.

» Les soirées de ma mère ont commencé ; c'est assez
» amusant. On fait de la musique, on danse un peu. — Que
» n'es-tu là, ma chère Clémentine! Ah! j'oubliais de te
» dire. Tu te rappelles ce jeune homme que tu m'as montré
» aux Italiens, et à propos duquel tu m'as dit : C'est un
» mari comme cela que je voudrais? Eh bien! ma chère,
» il est venu en soirée chez nous; Emmanuel l'avait pré-
» senté à mon père. Il est très-aimable et très élégant sur-
» tout. Je voudrais bien le voir au milieu d'un salon de
» Dreux; il aurait l'air d'un oiseau bleu dans un nid de
» hiboux. Il a causé longtemps avec moi; il cause assez
» bien. Il me regardait comme un événement.

» Hier, je suis restée deux grandes heures toute seule
» avec Emmanuel. Je crois que c'est mon père qui avait

» ménagé ce tête-à-tête. Je crois, en vérité, que mon père
» est plus impatient que moi, et qu'il voudrait voir M. de
» Bryon s'expliquer tout de suite. Moi, comme je te l'ai
» déjà dit, j'éloigne autant que possible la conversation :
» j'ai toujours préféré le rêve à la réalité. Du jour où je
» serai mariée, je serai heureuse, je le sais bien, mais je
» serai heureuse d'un bonheur connu de tout le monde;
» tandis que maintenant, je dispose, pour ainsi dire, de
» mon bonheur, et personne ne le connaît. Je l'évoque
» quand je veux, et toujours il me répond. Il m'arrive in-
» tact, car il n'a couru sur les lèvres de personne, et n'est
» pas arrivé à l'état de fait. Il n'a pas sa place dans la
» chronologie ; il n'est pas inscrit sur un livre ; il n'a pas
» envoyé de lettres de faire part. Personne ne sait que j'aime
» Emmanuel, personne ne sait qu'il m'aime, excepté toi et
» mon père, peut-être, deux cœurs à moi, deux tabernacles
» saints dans lesquels j'enfermerais sans défiance tous les
» trésors de ma vie. Je n'ai qu'à étendre la main, et mon
» rêve se fera palpable ; mais je crois le bonheur une chose
» si fragile, que je crains, en saisissant le mien, d'en faire
» tomber la fleur, comme les enfants font tomber, en les
» cueillant, la poussière dorée et le duvet virginal qui cou-
» vrent les fruits d'automne.

» Hier donc, pour en revenir à ce que je te disais, j'ai
» passé deux grandes heures, courtes comme deux minutes,
» avec Emmanuel. Que ces deux heures étaient pleines,
» et que peu de mots nous nous sommes dits ! Ma mère
» s'habillait ; mon père était à écrire ; j'étais dans le bou-
» doir ; Emmanuel m'y a trouvée seule et s'est assis au coin
» du feu.

» — On m'avait dit que M. d'Hermi était ici, m'a-t-il dit,
» comme pour excuser sa visite, comme si sa visite avait
» besoin d'excuse.

» — Mon père va venir, attendez-le un peu, me suis-je
» empressée d'ajouter, dans la crainte qu'il ne s'en allât
» trop vite.

» Un quart d'heure s'est passé sans que nous nous disions
» un mot. Que de paroles eussent volé dans l'air, si nos bou-

» ches eussent répété tout ce que disaient nos cœurs! Je
» brodais, et les yeux fixés sur mon ouvrage, je sentais que
» le regard d'Emmanuel ne me quittait pas. Enfin, j'ai levé
» la tête et j'ai vu des larmes dans ses yeux.

» — Qu'avez-vous? lui ai-je dit avec une intonation qui
» renfermait tous les sentiments que j'éprouve pour lui.

» — J'ai, m'a-t-il dit, que je n'ai jamais tant regretté ma
» mère qu'aujourd'hui.

» — Pourquoi? Seriez-vous malheureux?

» — Non; mais parce qu'elle vous eût dit pour moi tout
» ce que je n'ose vous dire.

» — Votre silence ne me le dit-il pas aussi bien qu'elle?
» Ce n'est plus à moi qu'il faut parler, c'est à mon père.

» Il était impossible de faire un aveu plus clair et plus
» net. Alors Emmanuel m'a pris la main, l'a pressée dans
» les siennes, l'a portée à ses lèvres, a tiré de son doigt un
» simple anneau d'or qui lui venait de sa mère, et, sans
» dire une parole, me l'a mis au doigt. Nous nous sommes
» regardés et nous n'avons plus rien dit.

» Allons, ma bonne Clémentine, je crois que les enfants
» de chœur de Dreux chanteront bientôt une messe de ma-
» riage. Je ne fais plus ma prière qu'après avoir embrassé
» l'anneau d'Emmanuel. Et cependant l'avenir m'effraye :
» il est trop beau.

» Embrasse madame Duvernay pour moi, rappelle-moi
» au souvenir de notre bon curé, et dis-lui que j'espère
» bien, le jour de mon mariage, l'aider dans la pieuse fon-
» dation de son couvent. »

Le jour où s'était passée, entre Emmanuel et Marie, la
scène que celle-ci écrivait le lendemain à Clémentine, M. de
Bryon avait, en quittant l'hôtel de la rue des Saints-Pères,
rencontré Léon de Grige.

— Où allez-vous ainsi, lui avait-il dit?

— Je vais faire une visite à la comtesse d'Hermi. Et vous?

— Moi, j'en viens.

— Mon cher monsieur de Bryon, dit alors Léon à Emmanuel, en lui serrant affectueusement les mains, me
croyez-vous digne d'un peu d'intérêt?

— Certes, répondit Emmanuel; et si je puis vous être bon à quelque chose, croyez-moi bien tout à vous.

— Vous avez de l'influence sur l'esprit du comte?

— Le comte m'aime beaucoup.

— J'aurais besoin de votre protection auprès de lui.

— De quoi s'agit-il?

— D'une chose que je vous conterai ce soir, si vous voulez bien me dire où je vous trouverai.

— Vous me trouverez chez moi, et heureux de vous y recevoir.

— Merci, fit Léon en serrant la main d'Emmanuel et en prenant congé de lui; merci, et ce soir à neuf heures je serai chez vous.

Emmanuel s'éloigna en se demandant ce que de Grige pouvait avoir à lui demander.

Le marquis fit à la comtesse une visite d'une heure au moins. Pendant ce temps, Marie laissait l'ombre gagner le boudoir, sans songer à demander de la lumière, et sans vouloir entrer au salon, que Léon quitta plus rêveur encore qu'il n'y était entré.

XXI

Depuis qu'Emmanuel avait quitté Paris, il ne s'était pas passé un jour sans que Julia se rappelât qu'elle avait à se venger de lui. Julia était une de ces femmes dont le temps augmente la haine au lieu de l'apaiser. Une idée devenait chez elle une habitude, un besoin, et il fallait que tôt ou tard, idée d'amour ou de vengeance, elle reçût son accomplissement. On parlait dans le monde de terribles représailles dont elle avait poursuivi des gens dont elle avait cru avoir à se plaindre, et rien n'était plus facile que de la blesser, car aucune femme n'était plus exigeante qu'elle. Elle était donc, depuis trois mois, revenue tous les matins avec une ténacité de fer à cette pensée : Il faut que je me venge de cet homme! Son amour-propre, sa fortune même y étaient engagés. Julia n'avait voulu être la maîtresse d'Emmanuel que par devoir, pour ainsi dire, puisqu'elle avait promis au ministre, en échange de tout ce qu'il lui donnait, de faire pour lui tout ce qu'il serait en son pouvoir de faire. Or, rien ne répugnait moins à Julia que de prendre un nouvel amant. Mais le hasard avait voulu qu'elle tombât sur un homme exceptionnel, qui avait pris place tout de suite dans son esprit, et pour qui, malgré elle, elle avait ressenti quelque chose d'assez puissant pour qu'elle fit au ministre l'aveu dont nous avons fait part à nos lecteurs. Puis, cet homme l'avait traitée comme la première fille venue, lui avait payé sa nuit et s'en était allé, se croyant plus que quitte avec elle.

La femme avait été trop blessée dans son amour-propre et dans le sentiment nouveau qu'elle avait ressenti pour pardonner jamais. A partir du moment où elle avait reçu la lettre de M. de Bryon, elle lui avait déclaré une guerre mortelle, et elle avait passé la revue de ses troupes. Cependant, la lutte était difficile, et cette conviction, qu'elle acquérait tous les jours, qu'Emmanuel était invulnérable, n'avait fait que souder plus solidement encore au cœur de Julia ce besoin de vengeance qu'elle eût peut-être oublié, si elle eût eu affaire à un adversaire facile.

Comme nous l'avons dit dans un chapitre précédent, Julia avait des connaissances et même des amis partout. Beaucoup de gens qu'elle connaissait lui avaient souvent servi sans s'en douter, et elle avait exploité leur influence avec une invisible habileté. On se demandait comment Julia avait pu s'emparer de certains secrets qui semblaient ne devoir être connus que de Dieu seul, et elle eût raconté comment elle les avait surpris, qu'on ne l'eût pas crue. Dans sa haine contre Emmanuel, elle eût été jusqu'à le faire tuer, quoique ce ne fût pas à sa vie qu'elle eût désiré s'en prendre. Ce qu'elle eût voulu détruire, c'était cette réputation de loyauté qui précédait partout le jeune pair; c'était la pureté transparente de son passé, les rêves de son avenir. Elle eût voulu l'attaquer dans ce qu'il avait de plus cher : dans sa famille, pour laquelle il avait gardé un religieux respect; dans ses affections, s'il en eût eu, mais il n'en avait pas. Elle avait cherché longtemps de quelle femme il pouvait avoir été l'amant et qu'elle eût pu compromettre; mais elle n'avait eu connaissance que de liaisons banales, auxquelles, dans son dédain des femmes, Emmanuel avait assimilé l'amour de Julia. Un jour, elle avait questionné un vieux gentilhomme du même pays que M. de Bryon, ennemi juré des opinions du jeune pair; elle avait tout fait pour qu'on lui amenât cet homme, et elle eût encore tout fait pour tirer de lui la moindre chose contre Emmanuel.

— Vous avez connu le père de M. de Bryon? lui avait-elle dit.

— Oui.

— Quel homme était-ce?

— Un homme charmant, plein de dévouement et de cœur.

— N'a-t-il pas un peu trahi la cause des Bourbons?

— Jamais.

— Et sa femme?

— Était un ange de vertu, de résignation et de charité.

— N'a-t-on pas parlé un peu de ses amours?

— Elle n'a jamais aimé que son mari.

— Est-ce bien sûr?

— Si sûr, que moi, qui suis l'adversaire de son fils, je tuerais l'homme qui dirait un mot contre elle. Nos paysans ont gardé pour madame de Bryon la dévotion qu'on garde pour une sainte.

Julia avait frappé ainsi à la porte de toutes les haines qu'Emmanuel avait pu faire naître sur son passage, et elle avait trouvé la même réponse chez tous ses ennemis. Alors elle s'était adressée aux amis; mais, par un hasard étrange, ses amis comme ses ennemis avaient rendu justice à M. de Bryon. Julia avait donc senti sa haine s'augmenter par la loyauté des autres, et elle avait impatiemment attendu le retour d'Emmanuel, se disant qu'elle prendrait conseil des circonstances. En attendant, elle avait fait faire des articles de journaux contre lui, articles dont Emmanuel avait eu connaissance dans le Poitou, mais auxquels il était resté indifférent, comme un homme habitué aux luttes et qui connaît d'avance les armes dont se serviront ses antagonistes. Du reste, il était à cent lieues de supposer que Julia pût être pour quelque chose dans ces attaques ; puis, n'avait-il pas, pour compenser ces petits ennuis, le bonheur qui l'attendait tous les jours à la porte de M. d'Hermi ?

Cependant, comme tous les caractères loyaux, Emmanuel se sentait toujours blessé par la calomnie. Qu'on l'attaquât dans ce qu'il faisait, c'était un droit qu'il reconnaissait à tout le monde ; mais qu'on prêtât à ses actions une autre intention que celle qu'il avait eue, un autre but que celui qu'il s'était proposé ; qu'on essayât d'en attenter à la probité de la guerre qu'il faisait et à la sincérité de ses armes, voilà ce qui lui faisait une impression réelle. Une fois, Julia avait trouvé, moyennant une certaine somme, un écrivailleur assez habile qui, mourant à peu près de faim avant de la connaître, s'était mis à sa discrétion, et lui avait promis de faire tout ce qu'elle voudrait. Il écrivait dans un petit journal ; mais quand l'arme dont on se sert est empoisonnée, qu'importe qu'elle soit petite ! Un article avait paru : cet article attaquait la mémoire du père d'Emmanuel. Celui-ci en avait immédiatement envoyé demander raison, ce à quoi ne s'attendait guère le plat-gueux qui l'avait fait, si bien qu'il trembla de tous ses membres en voyant et surtout en écoutant les témoins de celui qu'il avait attaqué, et que le lendemain il fit dans son journal une rétractation des plus humbles et des plus basses.

Julia le fit mettre à la porte comme un laquais ; et voyant que ses attaques n'avaient servi qu'à faire glorifier Emmanuel, elle fut prise d'un accès de colère immense, au beau milieu duquel on lui annonça Léon de Grige. C'était justement le jour où il venait de faire une visite à la comtesse d'Hermi que le marquis se présentait chez Julia. Il était facile de voir, à l'altération des traits de la jeune femme, que quelque chose d'inusité se passait en elle.

— Qu'avez-vous donc ? lui dit Léon.

— Je n'ai rien, répondit Julia qui ne tenait pas à faire confidence des causes de sa colère.

— Vous êtes pâle !

— Vous vous trompez.

— Vous avez l'air contrarié?
— Point du tout.
— Je vous ennuie, peut-être?
— Pas plus aujourd'hui que les autres jours.
— C'est poli.

Julia ne répondit pas.

— Voulez-vous que je me retire? fit Léon.

Julia réfléchit qu'elle s'ennuierait probablement encore plus si elle restait seule, et elle dit à Léon.

— Vous pouvez rester, si vous avez quelque chose de nouveau à me dire.

— Hélas! non, je ne sais rien qu'une nouvelle qui ne sera que d'un médiocre intérêt pour vous.

— Laquelle?

— Je suis amoureux.

— En effet, cela m'est assez indifférent. Et qui vous mit au cœur ce nouvel amour?

— Une jeune fille.

— La blonde de l'autre soir?

— Justement.

— Où cela vous mènera-t-il?

— Où mène l'amour?

— Il mène à se faire aimer, ordinairement.

— Pas toujours.

— Vous avez vu la jeune fille, aujourd'hui?

— Non; mais je sors de chez sa mère, une femme adorable, pleine d'esprit et de grâce.

— Ah çà! est-ce la mère ou la fille que vous aimez?

— C'est la fille.

— Lui avez-vous fait votre cour?

— On ne fait pas légèrement la cour à une fille comme celle-là. Je ne saurais vraiment pas comment m'y prendre.

— Comment vous y êtes-vous pris avec moi?

— Oh! ce n'est pas la même chose.

— Merci.

— Puis ce ne serait pas engageant, puisque vous m'avez repoussé; mais j'ai un auxiliaire auprès de mademoiselle d'Hermi.

— Qui donc?

— M. de Bryon.

— Il est donc décidément l'ami de la maison?

— On ne jure que par lui.

— Et vous l'aimez, M. de Bryon?

— De toute mon âme.

— Vous l'avez fait le confident de votre amour?

— Pas encore; mais cela ne tardera pas. J'ai rendez-vous avec lui ce soir.

— Où?

— Chez lui.

— N'a-t-il pas eu une affaire dernièrement?

— Oui, avec un mauvais journaliste qui lui a fait des excuses.

— Voudrez-vous lui dire que j'ai été inquiète jusqu'à la solution de cette affaire? Vous me le promettez?

— Je n'y manquerai pas.

— Mais, pour en revenir à votre jeune fille, c'est une fin que vous allez faire?

— Pourquoi pas?

— Vous marier?

— Mon Dieu, oui.

— A première vue?

— Je suis comme cela; puis il n'est que temps de s'inscrire; une fille aussi noble, aussi riche, aussi jolie, sera recherchée.

— Mais, parmi ceux qui la rechercheront, il y en aura peu d'aussi nobles, et, pardon, j'allais dire d'aussi riches que vous.

— Vous pouvez le dire. Je n'ai pas mangé plus d'un million, il m'en reste bien un, c'est assez avec ce qu'elle aura.

— Et vous croyez qu'on va vous la donner?

— Je ne dis pas cela, je dis que je vais la demander, ou plutôt la faire demander pour moi par M. de Bryon, qui parlera de ma famille, de ma fortune et de mes intentions au comte; de cette façon, je saurai tout de suite à quoi m'en tenir.

— Et si on vous la refuse?

— Je partirai, attendu que, si je reste, je deviendrai de plus en plus amoureux.

— C'est sérieux, alors?

— Oh! très-sérieux!

— Quelle matière inflammable vous êtes!

— Voilà que vous regrettez vos rigueurs à mon égard, fit Léon en souriant.

— N'allez pas croire cela.

— Enfin, si vous vous repentez, dépêchez-vous, vous n'avez que le temps bien juste.

— Pour qui me prenez-vous? répliqua Julia, que blessaient quelquefois les façons impertinentes de Léon, lequel cherchait toutes les occasions de prendre sa revanche du temps qu'il avait perdu à lui faire la cour.

— Allons, allons, ne vous fâchez pas, je m'en vais.

— Que faites-vous ce soir? demanda Julia en se levant, et en lissant ses bandeaux.

— Je vous l'ai déjà dit, j'ai rendez-vous avec M. de Bryon. Et vous?

— Moi, je reste ici.

— Si je ne reviens pas trop tard, je viendrai vous dire bonsoir.

— Oh! ne vous dérangez pas pour cela, je n'y tiens que modérément.

— Quelle charmante cordialité dans nos rapports! fit Léon en riant et en baisant la main de la Lovely. Nous nous querellons comme si nous nous étions aimés.

— Fiez-vous donc aux apparences!

— Adieu.

— Ainsi, vous n'étiez venu que pour me conter vos nouvelles amours?

— Oui.

— Merci de votre confiance. Dites bien des choses de ma part à Emmanuel.

— Ainsi, vous ne l'avez pas revu depuis son retour?

— Non. Dites-lui même que je lui en veux. Il eût été de bon goût qu'il restât mon ami, faites-le-lui comprendre.

— Qu'est-ce que vous me donnerez si je l'amène?

— Tout ce que vous pourrez prendre.

— Ce n'est pas assez, dit Léon en riant et en prenant une dernière fois congé de Julia; mais je n'en ferai pas moins ce que je pourrai pour qu'il vienne.

— Essayez.

— Vous l'aimez donc encore?

— Peut-être.

— Faut-il le lui dire?

— Non, ce serait le forcer à venir.

Tout en parlant ainsi, Julia avait accompagné Léon jusqu'à la porte du carré.

Le marquis remonta dans sa voiture et s'éloigna.

— Malgré elle, Julia ne pouvait s'empêcher de se dire de temps en temps :

— S'il allait venir !

Cette pensée lui donnait une émotion réelle, et à chaque coup de sonnette son cœur battait plus violemment.

A dix heures Léon entrait dans sa chambre.

— Seul! murmura-t-elle en voyant M. de Grige. Oh! quelle drôle de figure vous avez, mon cher Léon! fit-elle en remarquant dans les traits du jeune homme un bouleversement inaccoutumé.

— On l'aurait à moins, cette figure, répliqua Léon en se laissant tomber dans un fauteuil.

— Que vous arrive-t-il donc?

— J'ai vu M. de Bryon.

— Eh bien?

— Eh bien! savez-vous ce qu'il m'a dit?

— Il vous a dit que mademoiselle d'Hermi était promise peut-être?

— C'est cela même. Mais savez-vous qui elle épouse?

— Non.

— Je vous le donne en cent.

— Vous me le donneriez en mille que je ne le trouverais pas.

— Elle épouse M. de Bryon.

— Lui! s'écria Julia avec une sorte de joie sauvage.

— Lui-même.

— Dans combien de temps?
— Dans un mois au plus tard.
— C'est sans doute pour cela, fit Julia d'un ton amer, qu'il ne veut plus voir notre mauvaise société.
— Sans doute, répliqua Léon, comme un homme soucieux qui répond machinalement.
— Ah! M. de Bryon! murmura alors la Lovely, ou je me trompe fort, ou maintenant vous êtes à moi.

XXII

Quelqu'un qui eût été caché dans la chambre de Julia et qui eût pu voir ce qui se passa après cette dernière phrase, eût assisté à un spectacle étrange et curieux. Il eût fallu, pour que ce spectacle eût un charme réel, que ce quelqu'un sût, aussi bien que nous, quelles avaient été jusqu'à ce jour les idées de Julia sur Léon.

Léon ne se gênait pas devant la Lovely; aussi, les deux pieds étendus devant le feu et la tête appuyée sur l'une de ses mains, réfléchissait-il assez profondément, assez tristement même, sur ce qui venait de lui arriver, et sur ce rêve qui avait disparu presque aussitôt qu'il était né. Pendant quelque temps, Julia le considéra et le laissa dans cette attitude sans lui dire une parole. On eût dit qu'elle méditait à l'avance ce qu'elle allait lui dire, ce qu'elle allait lui dire devant avoir une certaine importance. Enfin son plan se trouva suffisamment combiné, à ce qu'il paraît, car elle s'approcha de de Grige, lui prit la main, et, d'une voix presque maternelle, elle lui dit :

— Voyons, ami, consolez-vous.
— Voilà que vous me plaignez, vous, Julia!
— Pourquoi ne vous plaindrais-je pas?
— Ce n'est guère dans vos habitudes.
— On voit bien que vous me connaissez peu.
— D'ailleurs le malheur qui m'arrive n'est pas un malheur irréparable.
— Certes non, mais enfin la perte d'une espérance est toujours une douleur.

— Pourquoi, diable, ai-je été me passionner pour cette petite fille?

— Cela passera.

— Il le faudra bien; mais, en attendant, je vais quitter Paris.

— A quoi bon! Le raisonnement fera plus que le départ. Vous réfléchirez qu'après tout vous n'avez pas eu le temps de devenir bien sérieusement amoureux de mademoiselle d'Hermi, et la société de vos amis vous distraira de cet enfantillage, car, en vérité, c'en est un.

— Ah çà! ma chère Julia, je ne vous ai jamais vue si compatissante que ce soir.

— C'est que, lorsque vous m'avez vue, vous n'aviez jamais de chagrin. Vous avez donc cru, comme beaucoup de gens le croient, que je ne suis qu'une fille de relations banales, un peu plus spirituelle que les autres, et voilà tout? Vous n'avez donc jamais compris qu'il pût y avoir en moi une corde sensible et sympathique qui résonnât sous la douleur des gens que j'aime? Vous êtes de ces gens-là, cependant. Est-ce parce que je n'ai jamais été votre maîtresse que vous croyez que je ne vous aime pas? Les hommes n'ont donc trouvé que ce moyen de faire prouver leur affection à une femme? En effet, j'ai été la maîtresse de gens qui ne vous valaient pas. Ai-je eu tort de croire que vous ne vous contenteriez pas de l'amour dont ils se contentaient? Était-ce vous prouver mon indifférence que de ne pas vous aimer, et de vous faire l'honneur de vous croire plus d'esprit qu'aux autres? Nous nous querellons continuellement, mais comme de bons amis se querellent. Aujourd'hui, je vous vois un chagrin, je vous tends la main et je vous dis : Léon, puis-je vous être bonne à quelque chose? Quand ce ne serait qu'à vous distraire, usez de moi.

Julia avait débité tout cela d'un ton presque ému; elle avait retrouvé dans sa voix certaines notes pathétiques dont elle avait si bien profité, que Léon baisa la main qu'elle lui tendait et lui dit :

— Pardonnez-moi, ma chère Julia; mais, en vérité, cette aventure me rend maussade. C'est l'affaire de quelques jours. Du reste, je vais vous débarrasser de moi. Je m'en vais.

— Point du tout, vous allez rester quelques instants avec moi. Nous allons souper.

— Oh! grand merci, je n'ai pas faim.

— C'est possible; mais, moi, je soupe, et comme j'ai horreur de souper seule, vous me tiendrez compagnie.

En même temps Julia sonna.

— Servez-moi, dit-elle à son domestique, qui, quelques instants après, apporta, dans la chambre à coucher où se trouvaient Léon et Julia, une petite table toute servie.

Julia s'assit.

— Ce mariage était sans doute résolu depuis longtemps par la famille d'Hermi et par M. de Bryon? dit-elle. Quand il a quitté Paris, ce devait être une chose convenue?

— Non, fit Léon. Ce n'est qu'en Poitou que cela s'est décidé.

— Il ne connaissait pas mademoiselle d'Hermi?

— Il ne l'avait jamais vue.

— Et il en est devenu amoureux?

— Comme un fou.

Julia se mordit les lèvres.

— Il vous a conté tout cela? reprit-elle.

— Oui.

— C'est bien sentimental, sans doute?

— J'oubliais, en l'écoutant, que j'entendais M. de Bryon, tant ce qu'il me disait ressemble peu à l'idée que je me faisais de lui.

— Ainsi, le voilà, lui, l'homme fort, lui, l'homme sérieux, pris par une enfant? Un aigle prisonnier d'une colombe! c'est curieux!

— C'est ainsi, répliqua Léon avec un soupir.

— Il vous a recommandé le secret, sans doute?

— Non; il a été charmant. Il m'a tout à fait traité en ami, et m'a dit que je suis le premier à qui il ait fait part de ses impressions nouvelles.

— Mais il y avait sans doute de l'orgueil dans ce qu'il vous disait? Il était fier de l'amour qu'il inspire?

— En aucune façon. Il m'a dit : « Mademoiselle d'Hermi est tellement belle et digne d'être aimée, que si vous l'aimez sérieusement, je comprends ce que vous devez souffrir; mais, a-t-il ajouté, vous la connaissez depuis peu de temps, et cet amour n'a pas dû jeter de profondes racines. Vous êtes jeune, et vous avez dû être séduit plus par la beauté de mademoiselle d'Hermi que par autre chose. Votre esprit et vos sens sont, je l'espère, plus en jeu que votre cœur. » Il a peut-être raison. En tous cas, c'est un homme heureux.

— Son bonheur ne date pas de cet amour, fit Julia avec intention.

— C'est mon avis, répondit Léon en souriant, car il avait deviné l'intention de Julia.

— Il faut vous distraire, mon cher Léon, fit Julia en se levant de table et en venant s'asseoir auprès du marquis.

— En quoi faisant?

— En prenant une maîtresse.

— En trouverai-je une qui ressemble à mademoiselle d'Hermi?

— Qui sait? fit Julia en sonnant de nouveau. Emportez cette table, dit-elle au domestique, qui obéit. Je n'ai plus besoin de vous ni de ma femme de chambre. Allez. Dites en bas qu'on ne laisse monter personne.

Léon regarda Julia presque avec étonnement.

— Est-ce que le tête-à-tête vous effraye, lui dit-elle.

— Au contraire, et j'en suis heureux.

— Vous vous croyez forcé de me faire la cour par acquit de conscience, et parce que nous restons seuls ensemble. A quoi bon? Vous ne m'aimez pas, moi.

— A qui la faute?

— A vous.

— A moi! J'étais au contraire, toute disposée à vous aimer, fit Julia en ôtant ses manchettes. — Voulez-vous me dégrafer ma robe?

— Volontiers.

Léon se leva et commença à ôter l'une après l'autre les agrafes de la robe de soie que portait Julia.

— Vous allez vous coucher? dit-il.

— Oui.

— Je me retire, alors.

— Une femme au lit vous fait peur?

— Non; mais je peux gêner une femme qui se met au lit.

Julia ôta sa robe et la jeta sur un fauteuil.

— Faut-il délacer le corset maintenant? demanda Léon, qui semblait prendre goût à cette tâche.

— C'est inutile, répondit Julia, et tirant une baleine par derrière, le corset tomba.

Julia était devant le feu, et l'éclat du foyer dessinait à travers sa chemise de batiste des formes merveilleuses que malgré lui Léon regardait.

La réalité d'une chose peut quelquefois distraire du rêve d'une autre.

— Tenez, fit-elle en s'asseyant et en tendant son pied à Léon, ôtez-moi mes bottines.

De Grige se mit à délacer les bottines.

— Et les bas? lui dit Julia quand il eut fini.

Alors, Léon tira les bas de soie, et porta à ses lèvres ces petits pieds blancs et roses dont Julia était si coquette.

Depuis le commencement du déshabillé, il avait eu le temps d'étudier les détails qu'il avait sous les yeux, et sans ce qui venait de se passer chez M. de Bryon, il eût été en chemin de s'en émerveiller, et de regretter d'avoir mis si peu d'insistance à la cour qu'il avait faite à Julia.

— Merci, dit la Lovely prenant la tête de Léon dans ses mains et en se baissant pour l'embrasser au front, de telle façon que la chemise s'ouvrit un peu et que Léon put voir deux seins fermes et arrondis comme ceux de la Vénus de Milo.

— Il n'y a pas de quoi, balbutia Léon l'œil fixé sur ce qu'il voyait.

— Quand on pense, se dit en elle-même Julia, à laquelle le trouble physique de Léon n'échappait pas, quand on pense qu'on peut prendre tous les hommes de la même façon !

Puis elle courut à son lit et s'y fourra comme une frileuse.

— Voyons, dit-elle alors, approchez-vous et causons.

— De quoi diable voulez-vous que je cause, maintenant? fit Léon.

— Du même sujet que tout à l'heure.

Léon se tut.

— Quelle heure est-il? demanda Julia.

— Onze heures, répondit Léon.

— Déjà! fit Julia.

— Voilà un mot charmant pour moi.

— Voyons, me suis-je jamais ennuyée avec vous?

— Mais, ce soir, je ne suis pas bien drôle.

— Que voulez-vous! vous êtes amoureux. C'est un temps à passer. Savez-vous, reprit Julia, que si vous perdez une charmante femme en mademoiselle d'Hermi, elle perd un charmant mari en vous.

— Savez-vous, répliqua Léon en prenant la main de Julia, que si M. de Bryon gagne une charmante femme en épousant mademoiselle d'Hermi, il perd une adorable maîtresse en ne venant plus vous voir?

— Je n'aurais pas la vanité de me mettre en parallèle avec mademoiselle d'Hermi.

— Vous êtes plus belle qu'elle.

— Non, d'abord; puis, je n'ai plus ses seize ans; puis, je manque de ce qui constitue les vierges, ce grand attrait auquel tant d'hommes se laissent prendre, sans comprendre que la vraie virginité des femmes est plus dans l'âme que dans le corps.

— C'est bien vrai, ce que vous dites là.

— Est-ce que quelqu'un m'a jamais aimée comme Emmanuel aime cette enfant? J'ai eu des amants, mais pas d'amours. Et cependant je suis jeune, je suis belle, j'ai une âme comme les autres. Je me sens tous les jours prête à aimer l'homme qui viendrait à moi sans restriction et qui ferait de son amour autre chose qu'une brutalité et qu'un échange, un homme qui m'aimerait pour lui et non pour moi, qui ne se croirait pas forcé de me payer, et auquel je pourrais dire tout ce que je n'ai encore osé dire à personne, tous mes rêves et tous mes souvenirs d'enfance, si jeunes et si doux, et qui mourront enfouis sous les cendres de ma vie brûlée. Tenez, continua Julia en serrant la main de Léon, je sens que j'eusse bien aimé l'homme qui m'eût comprise.

— Il en est temps encore.

— Hélas! non. Et cependant, il y a trois mois, je le croyais. Je puis vous le dire, à vous, un instant j'ai cru qu'Emmanuel m'aimerait. Jamais je n'ai vu un homme plus ardent en amour et plus capable de bouleverser les sens et la raison d'une femme; et il ne m'aimait pas, cependant. Qu'est-ce que cela doit être quand il aime? — Oh! mademoiselle d'Hermi sera heureuse. Je n'ai passé qu'une nuit avec l'homme qu'elle va épouser, et il n'y a pas de jour que le souvenir de cette nuit ne me brûle.

Si Julia, en disant cela, avait eu une intention, elle avait frappé juste. Léon se sentit pris tout à coup d'un sentiment de haine pour Emmanuel, et le tableau des amours de M. de Bryon et de Marie traversa son esprit.

Julia regardait Léon. On eût dit qu'elle étudiait ce qui se passait en lui.

— Allons, lui dit-elle, je ne vous retiens plus.

— C'est-à-dire que vous me congédiez?

— Nullement; mais vous êtes peut-être attendu?

— Par qui?

— Par votre maîtresse.

— Je n'en ai pas. C'est plutôt vous qui attendez quelqu'un.

— N'ai-je pas fait dire qu'on ne laissât monter personne?

— Ainsi, vous n'avez pas d'amant?

— Non.

— Depuis longtemps?

— Depuis Emmanuel.

— Et d'où vient cela?

— Cela vient de ce que je n'ai pas trouvé un homme qui le valût.

— En quoi?

— En tout.

Léon se tut.

— Cependant, dit-il, vous ne vivrez pas toujours ainsi?

— C'est probable.

— Si je n'étais si insuffisant, je me proposerais encore.

— Vous !

— Pourquoi non ?

— Vous êtes le dernier homme dont je voudrais.

— D'où vous vient cette grande répugnance ? fit Léon, blessé malgré lui de cette réponse.

— Ce n'est pas de la répugnance, c'est de la crainte.

— Vous me craignez ?

— Parfaitement.

— Expliquez-vous.

— Cela n'a pas besoin d'une grande explication. Je n'aurais qu'à me passionner de vous !

— C'est bien douteux.

— C'est pourtant cette crainte-là qui m'a empêchée jusqu'à présent de vous prendre.

— Vous vous moquez de moi.

— En quoi donc ? Je vous l'ai dit tout à l'heure, je suis la femme la plus disposée à aimer. Si j'étais votre maîtresse et que je vous aimasse, je serais très-malheureuse. Vous êtes jeune, vous changez souvent de femmes ! Non, non, je ne le veux pas. Puis, vous venez me demander à être mon amant, une demi-heure après m'avoir conté le chagrin que vous éprouvez à ne pouvoir être le mari d'une autre. Je ferais là une belle affaire !

— Eh bien ! Julia, vous le prendrez comme vous voudrez, mais je vous jure que vous êtes la seule femme que je pourrais aimer maintenant.

— Savez-vous ce qui vous fait croire cela ?

— Dites.

— C'est l'envie que vous avez de vous venger un peu de M. de Bryon, et vous croyez peut-être qu'il pense encore à moi.

— Certes, non, et je suis même convaincu du contraire.

Julia pâlit à ce mot.

— Écoutez, dit-elle, vous me jurez que vous n'avez pas de maîtresse ?

— Je vous le jure.

— Vous m'avouez qu'excepté mademoiselle d'Hermi, vous n'aimiez aucune femme?

— C'est la vérité.

— Eh bien!..

Julia s'arrêta.

— Eh bien? demanda Léon en se rapprochant d'elle.

— Non, décidément, je ne le veux pas; allez-vous-en!

— Qui le saura? dit tout bas Léon.

— Oh! ce n'est pas cela qui m'arrête; au contraire, si vous étiez mon amant, je voudrais que tout le monde le sût.

— Pourquoi?

— Parce que je serais fière de vous; mais cela ne se peut pas, ne doit pas être.

— Et tout en parlant ainsi, Julia serra la main de Léon, comme pour lui faire comprendre qu'elle résistait au conseil de ses sens.

— Ainsi depuis trois mois?... dit tout bas Léon en se mettant à genoux près du lit et en approchant la tête de l'épaule de Julia.

— Depuis trois mois, reprit celle-ci, je vous jure que pas un homme n'a tenu seulement ma main dans la sienne, et, ajouta-t-elle, cela n'a pas été sans effort; car, après tout, je suis jeune, et j'ai du sang italien dans les veines.

— Eh bien! que je sois le premier, dit Léon, et si demain vous sentez qu'il vous est trop difficile de m'aimer un peu, vous me le direz franchement.

— C'est peut-être là-dessus que vous comptez?

— Pouvez-vous penser cela? dit Léon d'un ton de reproche; car, en proie au désir, il croyait parler franchement et se sentir des dispositions à aimer Julia.

— Je serais trop jalouse, reprit celle-ci.

— De qui?

— De toutes les femmes!

— Je resterai toujours avec vous. Au fait, se disait Léon, quand je partirais, ce serait stupide. Il faut toujours que j'aie une maîtresse, autant celle-ci qu'une autre. Voyons, Julia, reprit-il tout haut, et en jetant ses bras autour des épaules de la jeune femme, voyons, aimez-moi un peu.

— Comme vous savez bien vous rendre nécessaire, répliqua la Lovely, dont l'œil brûlait de désirs, et qui frissonnait comme involontairement au contact des mains brûlantes de Léon. Allez-vous-en, allez-vous-en ; je vais sonner pour que mon domestique vous éclaire.

Et Julia, sautant à bas de son lit, courut à la sonnette de la cheminée.

Au moment où elle allait l'atteindre, Léon la prit dans ses bras, et sentit ce beau corps, qui n'était défendu que par une chemise de batiste, tressaillir de plaisir et d'amour.

Si, dans l'état où il était, Léon avait pu réfléchir à quelque chose, il se fût souvenu que Julia avait envoyé ses domestiques se coucher, et qu'elle les eût sonnés en vain.

Léon ne sortit de chez elle que le lendemain à midi.

A peu près à la même heure, Marie écrivait à Clémentine :

« Emmanuel sort d'ici. Il m'a enfin demandée à mon père.
» Dans quinze jours je serai sa femme. Je suis trop heu-
» reuse ; prie pour moi ! »

XXIII

Ce fut une touchante cérémonie que celle qui se passa dans l'église Saint-Pierre de Dreux, quinze jours après les événements que nous venons de raconter. L'église était pleine de curieux, qui étaient accourus de tous les points de la ville pour voir de près les deux jeunes mariés. Le nom de mademoiselle d'Hermi, qui avait été élevée à Dreux, était connu de tous, et le nom de M. de Bryon n'était ignoré de personne. Le ciel lui-même avait souri au bonheur des deux époux, car, malgré ses habitudes de froid, décembre s'était fait doux et serein.

Beaucoup d'autres avant nous ont décrit des mariages heureux, nous pourrons donc nous abstenir d'entrer dans de plus longs détails. Une église pleine, des fleurs, des chants, des sourires, des vœux, du recueillement et de l'amour, voilà tout. Ce fut le vieux curé avec qui nous avons fait connaissance au commencement de ce livre, qui officia, et le saint homme avait les larmes aux yeux, tant il était touché de la pieuse superstition qui avait fait venir la jeune fille se marier dans la ville et dans l'église où elle avait fait sa première communion. Clémentine était rayonnante, heureuse, fière. Après la messe, Marie remit au curé une somme de dix mille francs.

— C'est pour votre couvent de la vallée de Vert, mon père, lui dit-elle.

— Merci, mon enfant, répondit le vieillard; mais vous pouvez encore faire quelque chose pour ce couvent.

— Dites, mon père.

— Vous pourrez prier pour celles qui viendront y chercher un asile; et Dieu les bénira, car votre prière sera celle d'un ange.

M. de Bryon offrit une somme égale dans le même but, et nous vous laissons à penser si la ville de Dreux parla longtemps de cette double générosité. Madame Duvernay n'avait pas manqué à la fête, et toutes les grandes jeunes filles de sa pension y avaient assisté. Les cœurs semblaient trop petits pour contenir l'enthousiasme et la joie dont ce jour était plein. Les pauvres s'en retournèrent riches pour huit jours, et toutes les offrandes et tous les cadeaux furent faits avec tant de grâce et de pudeur, par la jeune mariée, qu'aucune main ne fut honteuse d'accepter ce qu'elle offrait.

Dans la journée, M. de Bryon prit Clémentine à part.

— Eh bien, mademoiselle, lui dit-il, cette journée paraît vous rendre bien heureuse.

— Oui, monsieur, répondit Clémentine, d'autant plus heureuse que je me rappelle encore que c'est à moi que Marie la doit; cela soit dit sans reproche, monsieur, ajouta mademoiselle Dubois en rougissant et en riant tout à la fois.

— Je connais votre conduite dans toute cette affaire, mon enfant; permettez-moi de vous appeler ainsi, et Dieu sait si je vous en suis reconnaissant. Voulez-vous me permettre à moi, qui serais presque votre père, à moi qui veux rester votre ami, de vous laisser un souvenir de ce jour? Ce que je vous offre n'a de prix à mes yeux que parce que cela vient de ma mère; mais le souvenir que vous devez recevoir de moi doit avoir autre chose qu'une valeur d'argent, il doit avoir une valeur de cœur, quoique je tienne à ce que votre jeune et simple coquetterie en soit heureuse. Prenez donc cet écrin, chère enfant; permettez-moi de vous embrasser comme ma sœur, et si quelqu'un oublie ce jour, ce ne sera pas moi. Je n'osais pas vous offrir moi-même ce bijou; mais Marie, madame de Bryon, fit Emmanuel avec un sourire indescriptible, l'a voulu absolument.

— Et j'ai bien fait, n'est-ce pas, ma bonne Clémentine ? s'écria Marie en entrant sur ces derniers mots, et en sautant au cou de son amie.

Les deux jeunes filles, dont l'aînée était depuis une heure jeune femme, s'embrassèrent avec ces larmes d'émotion qui mouillent les yeux tout le long d'un jour comme celui que nous décrivons. Clémentine tenait son écrin à la main; mais elle n'osait l'ouvrir, quoique sa curiosité le lui conseillât. Cela n'échappa pas à Marie, qui prit l'écrin, qui l'ouvrit, qui en tira une garniture de corsage en émeraudes et en diamants, qui la planta sur le corsage de Clémentine, et qui lui dit :

— Voilà comment on met cela.

Ce bijou valait une trentaine de mille francs. Clémentine était éblouie, elle aurait voulu sortir dans les rues de Dreux, en plein jour, avec sa garniture de corsage, pour que tout le monde la vît et en fût ébloui comme elle. Des chaises de poste attendaient, et vers quatre heures du soir, M. le comte et la comtesse d'Hermi, Emmanuel et sa femme partirent pour Paris. Le mariage s'était donc fait suivant les habitudes reçues, puisque, la messe terminée, les deux mariés étaient partis. Clémentine resta avec sa tante, bien contente de ses émeraudes, mais bien triste du départ de son amie.

Emmanuel et sa femme étaient seuls dans leur voiture. Que ceux qui tiennent à savoir ce qu'ils se disaient devinent ou se souviennent.

XXIV

Il est des émotions dont il faut renoncer à se faire l'historien. Nous avons dit tout ce que nous pouvions dire. Ce qu'il y a de certain, c'est que les deux jeunes mariés s'aimaient. Emmanuel avait mis malgré lui, dans cet amour, toute sa jeunesse, toute sa force, toute son ambition. Quand un homme de sa nature est arrivé à son âge sans aimer, le jour où il aime pour la première fois, son amour envahit son cœur, le déborde, et comme un avare qui deviendrait prodigue, il dépense toutes les joies qui s'amassaient en lui et dont il ne jouissait pas. Ainsi, M. de Bryon était pour sa femme ce qu'il eût dû être pour sa première maîtresse; il passait des heures à ses genoux, la contemplant comme une madone, baisant ses petits pieds, et versant imprudemment toute sa vie dans la vie de Marie, qui s'abandonnait sans réserve à tous les enchantements de son existence nouvelle, donnant en échange son amour et le bonheur de l'aimer. C'était une âme si neuve, si naïve, si chaste, que celle de la jeune fille! un livre si pur que celui de sa vie! Pas une pensée qui ne fût sainte, pas une action qui ne fût noble, pas un mot que ne pût entendre un ange. Aussi, Emmanuel feuilletait triomphalement et à son aise, il inscrivait son nom à toutes les pages blanches, et la douce créature, toute d'amour et de piété, se laissait aller aux réalités de ses rêves.

Ce mariage avait fait grand bruit, et l'on attendait avec impatience que les nouveaux mariés parussent dans les salons. Mais les nouveaux mariés ne paraissaient pas; ils ne voulaient pas, dans le commencement d'une intimité si désirée, s'astreindre à l'étiquette du monde, et aller se montrer pour recevoir des compliments fades ou équivoques. Ils restaient donc le soir dans leur chambre, Emmanuel aux pieds de Marie, se souriant tous deux et se parlant tout bas, quoique tout seuls.

— Le jour où je me suis aperçu réellement de mon amour pour toi, disait Marie couchée aux pieds d'Emmanuel et la tête posée sur les genoux de son mari, c'est lorsque nous sommes allés dans ton petit château et que j'ai vu le portrait qui est dans ton lit. J'ignorais alors que ce fût ta mère, et j'ai été jalouse ; or, on n'est pas jalouse sans aimer.

— Et cependant, tu me rendais bien malheureux, reprenait Emmanuel. Si tu savais ce que j'ai souffert le jour où tu m'as fait comprendre qu'il y avait trop d'intimité entre nous !

— C'est que je sentais que je t'aimais déjà, et que je craignais que tu ne m'aimasses pas ; puis, tu voulais épouser Clémentine ?

— C'est ton père qui s'était mis ce mariage en tête.

— Et si Clémentine n'avait pas renoncé ?...

— Il se serait fait.

— Et moi, que serais-je devenue ? Je serais morte !

— Moi aussi, je serais mort !

— Il était bien plus simple de tout s'avouer.

— C'est vrai.

— Comme on est fou quand on s'aime !

— C'est toujours vrai.

— Le soir où Clémentine m'a conté en riant, et tout heureuse, que tu allais l'épouser, comme j'ai pleuré, mon Dieu !

— Pourquoi ne lui as-tu pas tout dit ?

— A quoi bon lui ôter une joie sans la certitude de me donner un bonheur ? J'ai cru que tu l'aimais.

Et tous deux se racontaient ainsi leurs émotions passées avec une naïveté d'enfant.

Nous avons dit que ce mariage d'Emmanuel avait fait grand bruit ; il en avait fait d'autant plus, que, depuis qu'il était consommé, M. de Bryon avait complétement déserté la Chambre. Jamais on n'avait vu, en effet, ménage plus charmant, ni félicité plus parfaite. Emmanuel et Marie vivaient l'un pour l'autre, sans éprouver le besoin de la vie extérieure. Marie s'amusait de sa nouvelle position ; l'enfant reparaissait sous la femme ; elle était si jeune encore, qu'elle jouait pour ainsi dire avec son mariage. Comme nous l'avons dit, la correspondance continuait toujours entre elle et mademoiselle Dubois, devenue, ou plutôt restée la confidente de toute les émotions que madame de Bryon seule pouvait décrire.

« Ma bonne Marie, lui écrivit un jour Clémentine, j'ai
» quitté madame Duvernay, et me voici maintenant tout
» à fait auprès de ma tante ; la pension m'était devenue in-
» supportable. Il y a, dans notre petite maison de Rieuville,
» un appartement que tu pourrais accepter avec M. de
» Bryon, si, au printemps, tu consentais à venir passer avec
» lui huit jours auprès d'une bonne amie qui pense à toi
» sans cesse, et dont tu as emporté une moitié du cœur. Je
» m'amuse cependant ici ; tu sais qu'il suffit de peu de chose
» pour cela. — Mais il faudrait être réellement bien triste,
» pour ne pas rire de tout ce que je vois. Ma tante n'a pas
» caché qu'elle me retirait de pension pour me marier, si
» bien que les prétendants accourent déjà ; et quels préten-
» dants ! J'ai déjà été demandée par le fils du receveur des
» contributions, lequel possède, avec la plus drôle de tête
» qu'on puisse voir, une somme de cent mille francs ; — ce
» qui lui fait croire que si Paris était à vendre, il pourrait
» l'acheter. Dès que j'entre dans une maison où il est, il
» fixe sur moi ses gros yeux bleus et me contemple. — Je
» voudrais alors qu'on vînt m'annoncer une mauvaise nou-
» velle qui me fît pleurer, tant j'ai envie de rire. Il joue de
» la flûte et chante des romances. Il n'est question ici que
» de ses bonnes fortunes.

» Il en est d'autres qui me font leur cour, et veulent s'as-
» surer de mon cœur avant de demander ma main. Les
» compliments que je reçois sont curieux. Comme ces mes-
» sieurs savent que je vis seule avec ma tante, ils ne se
» gênent pas pour m'écrire les lettres les plus bouffonnes que
» puisse m'écrire un provincial. Je t'en envoie quelques-
» unes comme échantillon de l'esprit du département.

» J'ai fait sensation et je suis fêtée partout. Cependant,
» j'ai mes dépréciateurs et surtout mes dépréciatrices. Ce
» sont les pères et mères nantis de filles ridicules dont mon
» arrivée recule les noces. Elles me critiquent, et tâchent

» d'éloigner de moi les partis qui se présentent. Je dois dire
» que je suis un peu leur complice là dedans, car je ne fais
» rien pour les attirer. Enfin, ma chère Marie, si tu es tou-
» jours heureuse, moi, je suis toujours gaie. Si tu aimes, je
» ris. Rien n'est donc changé dans notre existence; et
» puisque nous avons toujours même sort, ayons toujours
» même amitié. Dès que j'aurai quelque nouvelle impor-
» tante pour moi, je t'en informerai. »

A cela, Marie répondait avec ce ton un peu doctoral de la femme mariée, qui se croit tout à coup devenue raisonnable, comme si c'était là l'effet ordinaire du mariage.

« Ma chère Clémentine, réfléchis bien avant de te ma-
» rier, ne te fie pas aux apparences, songe à l'avenir avant
» tout. C'est parce que, moi, je suis heureuse, que je tiens
» à ce que tu le sois. Recherche les qualités du cœur, inap-
» préciées avant, inappréciables après le mariage.

» M. de Bryon est toujours le même pour moi ; oui, chère
» amie, je suis heureuse, bien heureuse, et il y a encore
» quelque chose qui ajoute à mon bonheur, c'est la certi-
» tude que je vais être mère. Tu ne sais pas encore, mais
» tu sauras un jour la céleste félicité qu'il y a dans ce mot,
» tu ne peux pas comprendre la joie qu'il y a à se dire :
» Un être va me devoir la vie et va m'aimer, car il sera
» l'enfant de mon amour et de mes entrailles. Depuis que
» j'ai annoncé cette heureuse nouvelle à mon mari, il ne
» me quitte plus; rien n'est touchant comme les soins qu'il
» me donne. Il me prend dans ses bras comme un enfant,
» et me porte de ma chambre à ma voiture; tous mes dé-
» sirs, tous mes caprices même, sont exécutés avant que je
» les exprime. Souvent, lorsque je suis auprès de lui, quand
» il travaille, je lis ou je fais un peu de tapisserie, et je le
» surprends qui me regarde et m'admire, car son amour
» me fait à ses yeux plus belle que je ne suis.

» Si tu nous entendais faire nos rêves d'avenir, tu rirais
» ici comme tu ris là-bas. Nous avons dépassé l'impossible.
» Car, en me rappelant toutes les douleurs dont j'ai été,
» sinon le témoin, du moins l'écho, je me dis qu'il est in-
» vraisemblable qu'une pareille joie dure éternellement, et

» cependant, il n'y a pas de raison pour qu'elle cesse, car
» nous nous aimons plus encore qu'au premier jour. Ce qui
» me fait voir que j'aimerai toujours Emmanuel, c'est que
» jamais une pensée étrangère à lui ne traverse mon esprit.
» Je ne comprends pas une fête, pas un plaisir, sans qu'il
» y soit associé; et ce que je préfère à tout, ce sont nos
» tête-à-tête du soir, dans notre charmant hôtel, auprès de
» notre feu. Nous nous interrompons tout à coup, lui de sa
» pensée, moi de ma lecture, pour nous sourire et nous
» parler. Il se lève alors, se couche à mes pieds, et reste
» ainsi des heures entières. Nous entendons l'un après
» l'autre mourir le bruit de la ville, à qui nous n'avons pas
» demandé une joie, et que nous regardons s'agiter de loin,
» sans avoir besoin d'elle, et sans qu'elle ait besoin de
» nous. Puis tout se tait, la nuit se fait calme, et il semble
» qu'il n'y ait plus dans la création que nous et notre
» amour.

» Je ne sais pas d'où viennent et je ne sais pas où vont
» ceux qui passent le soir, mais je plains ceux ou celles
» qui n'ont pas, aux premières heures de la nuit, un cœur
» qui les aime et leur fasse un monde de leur isolement.

» Nous devons partir, plus tard, dans un an : nous de-
» vons aller voir Rome, Naples, Venise, tous ces paradis que
» Dieu a donnés à la terre. Quel charmant voyage à faire
» avec l'homme qu'on aime! Aller voir les pays des grandes
» choses, où Dieu a placé ses faveurs ou ses colères; voir
» avec son cœur comme avec son esprit; suivre avec son
» amour à soi la trace des amours passées; respirer cet air
» parfumé de souvenirs; s'enivrer de soleil à Naples, de
» chants à Venise, de pensées à Rome, et n'être toujours
» que deux, voilà encore un bonheur, et ce bonheur-là, je
» l'aurai. Il y a vraiment des poésies qu'on ne peut com-
» prendre que lorsqu'on aime. Te souviens-tu, lorsque nous
» étions en pension, et que nous traduisions Shakspeare?
» Nous trouvions cela fort beau, c'est vrai, mais il y avait
» des choses auxquelles nous restions insensibles; c'est que
» les cordes de notre âme, que ces choses touchaient, n'a-
» vaient pas encore été touchées par une main aimée, et,

» n'ayant pas reçu la vie, restaient muettes. Eh bien!
» maintenant, je passe des heures, des journées à lire mon
» Shakspeare, le même que j'avais en pension, et il me
» semble que c'est un livre tout nouveau. Je me fais tour
» à tour Juliette, Ophélie, Desdémone; je comprends les
» passions de ces belles et chastes figures. Je comprends
» leur amour par le mien, leurs pensées par les miennes.
» Je les trouve plus que belles, je les trouve vraies ; puis je
» passe le livre à Emmanuel et je l'écoute lire. C'est bien
» Othello, c'est bien Hamlet, c'est bien Roméo. Je devine
» dans ses intonations, dans sa voix, dans son âme, qu'il
» unit à celle du poëte toute la jalousie du Maure, toute la
» rêverie de Hamlet, tout l'amour de l'amant de Juliette.
» Quand je lis ces choses-là, je doute que ce soit un homme
» seulement qui les ait faites, et il me semble que le mot
» Shakspeare n'est qu'un pseudonyme divin.

» C'est le cœur qui élève l'esprit et qui l'éclaire ; mais,
» comme cette lumière vient d'en bas, souvent elle trompe
» aussi. Je comprends bien les erreurs de ces jeunes filles
» qui, seules, se perdent par ces livres que nous trouvons
» si beaux à deux. Elles se passionnent pour un de ces types
» qu'elles croient toujours retrouver dans le premier homme
» qu'elles rencontrent, et laissent leur imagination faire les
» affaires de leur cœur, ce qui est une faute.

» Tout ce que je t'écris là t'ennuie peut-être beaucoup,
» ma chère Clémentine, mais ton âme est la confidente de
» la mienne, et je me laisse aller à te dire toutes mes pen-
» sées, dont la première et la dernière sont toujours que je
» t'aime. »

« Eh bien ! ma chère Marie, disait plus tard mademoiselle
» Dubois dans une de ses lettres, je crois que, décidément,
» je vais me marier. Tu m'as dit de tenir surtout aux qua-
» lités du cœur, je vais suivre ton conseil. Mon jeune
» homme aux yeux bleus, tu sais, celui qui joue de la flûte
» comme le dieu Pan, est décidément ce que la ville ren-
» ferme de mieux. Il est bon; on m'a cité des traits tou-
» chants de sa part, et il m'aime réellement beaucoup. Le
» pauvre garçon ! il passe toutes ses soirées à faire le whist

» avec ma tante, et tu sais que depuis très-longtemps c'est
» ainsi qu'on prouve aux nièces qu'on les aime. Je t'avoue
» que je me laisse prendre à cette preuve-là. Puis, il faut
» tout dire, il n'est plus reconnaissable, je l'ai changé com-
» plétement. Autrefois, je le voyais arriver dans des cos-
» tumes plus aimables qu'élégants, mais qui étaient surtout
» d'un goût désastreux; il n'y avait rien de trop voyant
» pour lui : il portait une barbe pleine de majesté dans la
» vie militaire, mais affreuse dans la vie civile. J'ai dit un
» jour devant lui comment je voudrais que mon mari fût
» habillé, et trois jours après, il se présentait chez ma
» tante, ayant, au grand complet, le costume que j'avais
» désigné, c'est-à-dire un charmant pantalon de fantaisie,
» une cravate sérieusement mise, la barbe fauchée, les che-
» veux peut-être un peu trop maniérés encore, mais on
» n'obtient pas tout en une fois; enfin il était méconnais-
» sable. Tu comprends qu'une femme n'est pas insensible à
» une pareille obéissance, et je crois bien que je vais m'ap-
» peler madame Barillard.

» Après tout, tu sais que je ne suis pas exigeante. En
» réunissant tout ce que nous avons tous les deux, et ce
» qu'il aura à la mort de son père, nous nous trouverons à
» la tête d'une douzaine de mille livres de rente, et nous
» pourrons encore venir passer trois mois à Paris, si nous
» n'y restons tout à fait; car je deviens ambitieuse, et tu
» es, comme tu penses, une des causes de cette ambition.
» Il n'y a qu'une chose qui me chagrine, c'est qu'il s'appelle
» Barillard, et Adolphe par-dessus le marché; mais le bon-
» heur n'est pas dans le nom. Du reste, il est d'une très-
» excellente famille. — Son père est même un homme d'es-
» prit, et, je t'assure, d'un esprit très-fin.—Aussi, je compte
» bien épouser le fils, mais causer avec le père. Il vient
» quelquefois chez ma tante, et nous faisons de bonnes et
» longues causeries. C'est un de ceux qui ont vu la révolu-
» tion, et c'est toujours intéressant d'entendre ceux qui ont
» vu de grandes choses.

» Aide-moi donc de tes conseils de femme mariée et
» d'amie, ma chère Marie. Je crois que je trouverai en cet

» homme une affection sincère et durable; c'est tout ce
» qu'il me faut. Pourvu qu'il fasse toutes mes volontés, et
» il les fera, je le rendrai l'homme le plus heureux du
» monde. Je n'aurai jamais un grand amour pour lui, mais
» j'aurai évidemment de l'amitié et de l'estime, car il est
» bon. Décidément, je vais me marier, seulement je le ferai
» attendre encore un peu, car il n'y a jamais de mal de se
» faire désirer.

» Les villes de province sont vraiment curieuses à étu-
» dier. Les assiduités de ce jeune homme auprès de moi
» ont fait faire deux camps aux oisifs. J'ai mes partisans et
» mes ennemis; le soir on ne parle que de moi. Les uns me
» critiquent sans m'avoir vue, les autres me protégent sans
» me connaître, et tout cela parce qu'on prétend que je fais
» la coquette avec M. Barillard, qui était l'ambition de toutes
» les mères. Puis, il faut tout avouer : je me suis un peu
» jetée au travers des habitudes, et j'ai rompu la monotonie
» régnante avant mon arrivée. Quand j'ai vu la chambre
» que l'on me destinait, et qui était toujours celle d'autre-
» fois, j'ai fait dépouiller les murs de leur papier antique et
» solennel, et j'y ai substitué une tenture comme celle qui
» tapisse la chambre que j'occupais chez toi. J'ai changé
» toute la maison. On a crié au luxe, au scandale. J'ai
» laissé crier. Maintenant, cette folle dépense que je me
» suis permise est texte à médisances. On dit qu'avec le peu
» de fortune que j'ai je ne tarderai pas à mourir de faim, si
» je me lance dans de pareilles excentricités, et moi je laisse
» dire comme j'ai laissé crier.

» Écris-moi un peu plus souvent que tu ne le fais, ma
» chère Marie, car, sous prétexte que tu es heureuse, tu
» oublies. »

Clémentine avait raison de se plaindre, car Marie ne lui écrivait que rarement. Il est vrai qu'elle n'avait le temps d'écrire que lorsqu'elle était seule, et cela n'arrivait pas souvent, car Emmanuel, que la politique ne parvenait pas à distraire de son bonheur nouveau, n'avait aucune raison d'abandonner sa femme, même un instant. Le temps que Marie donnait à Clémentine était donc un temps volé à son mari, et pendant quelques mois, du moins, l'amitié, comme la politique, devait céder le pas à l'amour.

Cependant, au reçu même de la lettre de Clémentine, Marie répondit :

« Chère bonne, tu me demandes mes conseils, marie-toi;
» le mariage c'est tout simplement le bonheur quand on
» aime et qu'on est aimé. Épouse M. Adolphe Barillard,
» puisque Barillard il y a, et viens te fixer à Paris, puisque
» c'est ton caprice, et que tes caprices seront les volontés de
» ton mari.

» Emmanuel m'a fait une confidence hier et qu'il m'avait
» cachée jusqu'à ce jour. Il paraît que M. le marquis Léon
» de Grige, ce jeune homme que tu me montras aux Ita-
» liens, était devenu amoureux de moi, et que, sachant
» qu'Emmanuel était très-aimé de mon père, il était venu
» demander à Emmanuel sa protection pour obtenir ma
» main; c'est même cela qui a décidé M. de Bryon à la de-
» mander tout de suite, mais pour lui, et sans parler même
» à mon père des intentions du marquis. Il est fort bien, ce
» jeune homme, mais quelle différence avec Emmanuel !
» Depuis mon mariage, il n'a pas osé reparaître ni chez
» mon père, ni chez Emmanuel dont il était l'ami cepen-
» dant. Il a tort. Emmanuel est bien trop sûr de moi et ne
» serait certes pas jaloux de lui. Il arrive tous les jours qu'un
» jeune homme demande une jeune fille en mariage, et
» qu'on ne la lui donne pas, surtout quand elle est déjà
» promise à un autre. Il n'y a rien d'humiliant à cela.

» Je ne t'ai pas encore parlé de mon père, et cependant
» tu ne peux pas te figurer combien il m'aime. Je suis toute
» sa pensée, toute sa vie. Le pauvre homme s'est imposé
» un sacrifice énorme en me mariant. J'ai laissé, en le quit-
» tant, le même vide dans son âme que dans sa maison.
» Dans le commencement, toute au bonheur égoïste d'être
» mariée, je ne remarquais pas ce qui se passait en lui,
» mais maintenant je le vois. Si je reste un jour sans venir
» lui apporter sa ration d'amour quotidien, il est triste tout
» ce jour; et le lendemain, quand j'arrive, je devine du
» chagrin dans son sourire, et des larmes dans ses yeux; e

» cependant jamais il ne me fait un reproche ; il m'em-
» brasse un peu plus, voilà tout, comme s'il disait : Je ne
» l'ai pas vue hier et je ne la verrai peut-être pas demain.
» Aussi maintenant je vais le voir tous les jours ; c'est plus
» qu'un devoir que je remplis, c'est un plaisir que je me
» donne. Tout ce que je sais de cet amour je l'ai deviné,
» car il ne m'en a rien dit. Il me laisse libre de venir ou
» de ne pas venir ; seulement ma présence fait ses jours
» heureux et mon absence ses jours sombres.

» Il y a quelque temps, je lui ai dit inconsidérément que
» je compte aller en Italie avec Emmanuel ; il ne m'a ré-
» pondu que par un sourire. Mais il y avait dans cette ré-
» ponse muette tant de mélancolie et de regrets, que j'ai
» compris la douleur qu'il me cachait. Je me suis alors jetée
» à son cou en lui disant : Je ne partirai pas, et il m'a
» serrée dans ses bras à m'étouffer. Quelle pure et sainte
» affection que cette affection paternelle qui vous environne
» de tous côtés, qui vous fait impénétrable aux mauvaises
» pensées et qui offre toujours un abri à notre âme ! Si ja-
» mais j'étais triste ou malheureuse, c'est avec mon père
» que j'irais pleurer, et Dieu me consolerait, car, au lieu
» d'une prière, il en aurait deux, et deux ferventes.

» Nous allons, Emmanuel et moi, profiter de quelques
» beaux jours que le ciel semble promettre, pour aller voir
» son petit château, que je n'ai pas revu depuis notre ma-
» riage. Mon père va nous accompagner. Ces messieurs
» chasseront. Emmanuel ne veut plus entendre parler de
» la Chambre. Je te disais bien que la politique ne serait
» pas si forte que moi, et que je ferais un berger de ce
» diplomate.

» Reparlons de ton mariage avec Adolphe. Décidément,
» puisque tu commences à revenir sur son compte, c'est
» que tu n'es pas loin de l'aimer. A te parler franchement,
» je ne te crois pas d'un caractère à avoir jamais une de ces
» passions étranges qui laissent leur empreinte dans le
» cœur. Ce serait donc folie à toi de la chercher. Je te crois
» destinée à une vie calme et douce, faite d'harmonie et
» d'habitudes, aux joies de la famille et du foyer. Épouse

» donc vite M. Adolphe, et, je te le répète, viens habiter
» Paris; de cette façon la capitale possédera deux femmes
» réellement heureuses, ce qui ne lui est pas arrivé souvent.

» Ma mère me charge de t'embrasser. Tu sais qu'elle ne
» change pas, ma bonne mère. Elle a passé toute cette nuit
» au bal; et quand je suis allée la voir, elle était aussi
» fraîche et aussi dispos que si elle l'eût passée dans son
» lit. Je ne connais rien de plus souriant que ma mère.
» Quand je disais qu'à ton arrivée Paris posséderait deux
» femmes réellement heureuses, je lui faisais tort d'une troi-
» sième, et j'oubliais celle qui l'est depuis longtemps.

» Adieu, chère amie; écris-moi, et je trouverai ta lettre
» à mon retour, car, selon toute probabilité, nous parti-
» rons demain. Si cependant tu avais quelque chose de
» pressé à me dire, une bonne nouvelle, par exemple,
» adresse ta lettre à la campagne : une bonne nouvelle ne
» se sait jamais trop tôt. »

Le lendemain, on partit comme il avait été convenu. La première chose que Marie fit en arrivant à la campagne fut d'aller se jeter aux pieds du portrait de la mère d'Emmanuel. Elle la remercia de tout le bonheur qu'elle lui devait, sans doute, et la pria encore pour l'avenir; elle lui demanda de détourner de son cœur toute crainte et tout soupçon. Puis elle revint à son père, qui se promenait seul dans le jardin, pendant qu'Emmanuel donnait des ordres dans la maison.

— Eh bien! mon enfant, dit M. d'Hermi à sa fille, es-tu toujours heureuse?

— Oui, mon père. De quoi mon cœur peut-il manquer entre vos trois affections : ma mère, Emmanuel et vous?

— Et tu es bien sûre que je m'intéresse à ton bonheur?

— Vous me le demandez?

— Et si je te donnais un conseil?

— Je le suivrais à l'instant.

— Écoute-moi donc. Tu vois quel changement tu as opéré dans ton mari; tu vois qu'il oublie tout ce qu'il aimait jadis pour toi, ma fille; il faut que tu comprennes qu'il y a pour un homme d'autres devoirs que celui d'époux, et surtout pour un homme dans la position d'Emmanuel. M. de Bryon est pair de France, il représente un pays qui lui a confié ses intérêts, il faut qu'il les défende. Il a des ennemis et des envieux, comme tout homme de talent doit en avoir; cette désertion de la Chambre pourrait lui être nuisible. Peut-être ne se souvient-il pas, tant il t'aime, de la responsabilité qu'il a prise; mais il ne doit pas plus manquer au serment qu'il a fait à son pays qu'à celui qu'il a fait à sa femme; peut-être aussi comprend-il qu'il n'a pas le droit de disparaître ainsi du monde politique sans une raison sérieuse, et n'ose-t-il pas te demander deux heures de liberté par jour. Eh bien! ces deux heures, il faut que tu les lui donnes; ces deux heures, tu les passeras avec moi; ton mari n'y perdra rien, et ton père y gagnera quelque chose. Puis, crois-moi, mon enfant, Emmanuel est un homme trop fort, une intelligence trop élevée, pour ne pas se fatiguer de l'oisiveté. Laisse-le continuer d'être grand pour qu'il ne cesse pas d'être heureux; et quand il reviendra, et qu'après le bruit de la Chambre il sera sûr de trouver le repos du foyer, il t'en aimera davantage.

— J'avais pensé à cela, mon père; mais Emmanuel paraissait si content auprès de moi, que j'aurais craint, si je lui avais proposé de retourner à la Chambre, qu'il ne crût que j'étais déjà fatiguée de mon bonheur. Mais puisque vous avez fait les réflexions que j'ai faites, puisque vous trouvez juste que je le rende à ses devoirs d'autrefois, dès ce soir, mon bon père, je suivrai votre conseil.

En effet, le soir même, Marie dit à Emmanuel, en lui prenant le bras et en posant coquettement sa tête sur son épaule :

— Mon ami, il vient de me venir une fantaisie.
— Laquelle?
— Celle de retourner à Paris.
— Capricieuse! Nous partirons demain.
— Tu me le promets?
— Ce soir, si tu veux.
— Et si j'aimais mieux rester?
— Nous resterions.

— Eh bien, nous partirons demain.
— Capricieuse, en effet !
— Et sais-tu ce que nous ferons ?
— Nous ferons ce que tu voudras.
— Il va s'agiter une grande question à la Chambre.
— Où as-tu vu cela ?
— Dans le journal.
— Eh bien ?
— Eh bien ! nous irons à la Chambre des pairs, ce jour-là.
— Quoi faire, mon Dieu ?

Marie regarda Emmanuel en souriant, comme si elle n'eût pas cru à cette expression de dédain ; et disons qu'elle faisait bien de n'y pas croire.

— Toi, tu parleras ; moi, j'écouterai, continua-t-elle.

Emmanuel embrassa Marie sur le front en lui disant :

— Décidément, tu es un ange.
— J'ai donc bien fait de deviner ?
— Oui.
— Allons ! continua-t-elle, vous êtes un grand enfant auquel il serait malheureux de retirer son jouet.

Et la douce jeune femme fit à son mari un collier de ses deux bras.

XXV

On doit comprendre, par ce qu'il venait de faire, tout ce qu'il y avait de religieusement jaloux dans l'amour du comte pour sa fille ; depuis qu'il l'avait revue si belle, si douce, si chaste, un sentiment presque inconnu avait envahi son cœur. Il avait compris que c'était dans la vie de cette enfant qu'était la sienne. Il avait, sinon dans un remords, du moins dans un souvenir, demandé pardon à Dieu de son passé, en le priant de le faire disparaître, dans la crainte que le reflet ne ternît la pureté de l'ange qu'il mettait à ses côtés. Il avait donc laissé la comtesse continuer sa vie tissue de frivolités et d'oublis, et il avait silencieusement renfermé dans son cœur cet amour qui allait le faire meilleur et le protéger. Tout le temps que Marie avait ignoré une autre affection que celle de ses parents, son père avait été heureux. Il l'avait en effet tout entière à lui ; mais, du jour où il avait deviné qu'un autre allait devenir nécessaire au bonheur de son enfant, une pensée d'amour égoïste et de jalousie bien naturelle lui avait serré le cœur. Cependant, il s'était résigné, car la moitié de l'amour paternel est dans l'abnégation et dans le sacrifice qu'il fait de sa joie à celle de ses enfants.

Ainsi, le soir du mariage de Marie, lorsque la jeune fille, joyeuse auprès de celui qu'elle aimait, oubliait tout, le comte se souvenait, et assis dans sa chambre, seul, il était triste, comme si une douleur eût frappé sa maison ; et c'était avec des larmes dans les yeux et dans l'âme que M. d'Hermi se disait, en pensant à sa fille : Elle en aime un autre. Cependant, il ne pouvait faire son bonheur à lui-même sans faire le malheur de Marie, et comme Dieu a donné aux pères et aux mères la résignation, le comte se résigna et ne s'occupa plus que d'assurer la tranquillité de son enfant.

Il était donc tout naturel qu'avec la connaissance qu'il avait acquise des hommes, il songeât à donner à sa fille le conseil qu'il lui avait donné, qu'elle avait suivi, et que M. de Bryon avait accepté avec une certaine joie. Du reste, ces idées ambitieuses qu'il avait encore, c'était pour elle qu'il les avait. L'homme de cœur veut toujours honorer la femme qu'il aime, en lui donnant le spectacle de sa force et de son génie ; il renouvelle son amour et le complique d'enthousiasme et d'admiration. Si quelque chose ou plutôt si un être au monde est vaniteux, c'est la femme. Elle a son ambition, qui l'élève quand elle est accomplie par son mari, qui l'égare quand elle est accomplie par elle-même ; elle veut avoir, outre l'amour qui console son cœur, le nom qui flatte sa vanité ; elle veut qu'à ce nom les autres se retournent, et rarement une femme consentira à tromper l'homme à qui elle devra ce nom.

Toutes ces pensées étaient venues à l'esprit de Marie, et elle s'applaudissait d'avoir été au-devant d'un désir qui tôt ou tard aurait repris sa place dans la pensée d'Emmanuel.

M. de Bryon reparut donc à la Chambre, où son retour

fit grande sensation. Une grande question s'agitait en effet, question grave s'il en fut, et depuis plusieurs jours Emmanuel, qui savait de quoi il allait être traité, ne pouvait s'empêcher de regretter son absence, qui allait devenir une sorte de désertion aux principes qu'il s'était posés. Il s'agissait du retour des princes exilés. La Chambre presque tout entière était contre cette proposition, quand Emmanuel monta à la tribune. Oh! que le cœur de Marie battait en ce moment! comme son regard, comme son âme, comme son être tout entier était suspendu aux lèvres de l'orateur, et comme elle se sentit peu de chose quand elle entendit la puissance de cette voix qui dominait toute l'assemblée. Cet homme qui parlait, et dont la parole élargissait tout à coup les horizons politiques, lui semblait être un autre homme que celui qui, la veille, couché à ses pieds, murmurait tout bas des paroles d'amour.

Emmanuel fut sublime, et chaque fois que l'auditoire applaudissait, il fixait les yeux sur ce point de la salle où se cachait Marie, voilée, la main sur son cœur, et frémissante à la fois de crainte et d'admiration. Emmanuel voulait naturellement le retour de tous les exilés, fussent-ils princes, eussent-ils été rois. Il voulait que la France triomphât non-seulement des autres, mais d'elle-même, et que, grande par la force, elle fût grande par la confiance et par le pardon. Tout ce que demandait Emmanuel était beau, était noble, était juste. Ceux qui assistèrent à cette séance battirent des mains.

La Chambre passa à l'ordre du jour.

C'était pour Emmanuel une défaite, mais une de ces défaites qui valent mieux qu'une victoire, et où le vaincu est plus grand que le vainqueur, espèce de Moscou politique. Il avait cessé de parler, que Marie écoutait encore; il lui semblait que la voix de son mari vibrait toujours autour d'elle, car elle ne l'écoutait pas seulement avec les oreilles, mais avec son cœur et son âme tout entière.

Une autre femme, à qui ce discours n'avait pas produit la même impression qu'à Marie, assistait aussi à cette séance. Cette femme, c'était Julia, voilée comme madame de Bryon, mais pâle et menaçante sous son voile. Plus le triomphe d'Emmanuel grandissait, plus elle le reconnaissait fort, plus elle sentait la haine s'amasser dans son cœur. Nous allons bientôt la revoir à l'œuvre, car il nous faudra bientôt revenir à elle, comme on en revient malgré soi à la fatalité, cette puissance mystérieuse qui attend l'homme à tous les coins de sa vie, comme le voleur et l'assassin attendent le voyageur dans l'ombre de la route. Julia, en voyant que depuis plusieurs mois Emmanuel ne reparaissait pas à la Chambre, en entendant parler de l'intention où il était de quitter la France avec sa femme, avait été épouvantée de l'idée que sa vengeance lui échappait; car, comme nous le verrons, sa vengeance future lui coûtait déjà assez cher pour qu'elle y tînt; et lorsqu'elle avait appris que M. de Bryon allait faire sa rentrée, elle avait voulu être là, comme son mauvais génie, ou tout au moins comme un mauvais présage. Mais Emmanuel n'avait pas soupçonné la présence de son ancienne maîtresse. Julia était une femme que les obstacles enhardissaient.

— Cet homme est fort, s'était-elle dit en l'entendant parler; cet homme est heureux et tranquille, s'était-elle dit encore en le voyant partir avec Marie; eh bien! je veux qu'un jour, force et bonheur, tout cela tombe sous mon souffle et se torde à mes pieds.

Marie, la chaste enfant, ne soupçonnait rien de tout cela. La colombe qui passe en chantant dans l'air soupçonne-t-elle le vautour qui l'attend? Marie n'était, elle, épouvantée que d'une chose qui la rendait fière en même temps, c'était de cette éloquence puissante aux sources de laquelle elle venait de s'abreuver, et qui lui faisait comprendre de quelles émotions avait soif l'âme ardente de son mari. Aussi, quand après la séance elle rentra chez elle, elle éprouva comme un sentiment de peur à la vue d'Emmanuel, elle se jeta dans ses bras, et lui dit :

— Tu m'aimes toujours, n'est-ce pas?

— Et pourquoi cette question folle? lui répondit son mari d'une voix douce.

— C'est qu'en te voyant si grand tout à l'heure, mon

ami, en voyant de quelles idées ton cerveau s'emplit, j'ai pensé que mon amour tranquille et solitaire devait être peu de chose dans ton existence, et qu'assez fort pour le soutenir, il ne le serait pas assez pour le consoler, si jamais quelque désenchantement politique te frappait. J'ai senti mon infériorité. Je me suis dit en jalousant la France, ma rivale : Elle lui donne la gloire, moi je ne lui donne que ma vie, et j'ai regretté de t'avoir conseillé de retourner à la Chambre.

— N'aie aucune crainte, enfant, tu es et tu seras toujours la bien-aimée de mon âme et l'aimée de mon cœur ; laisse-moi prendre là-bas un peu de cette fièvre dont j'ai besoin, et le breuvage d'amour qui m'attend au seuil et que je puise sur tes lèvres ne m'en paraîtra que plus doux. D'ailleurs ne suis-je pas ton esclave aussi soumis qu'heureux ? Dis un mot, ma belle enchanteresse, et le torrent deviendra un ruisseau limpide, les orages se calmeront pour une éternelle sérénité, tu évoqueras un pays nouveau, et tous deux, l'un pour l'autre, l'un avec l'autre, oublieux d'un monde qui nous oubliera, nous partirons sans souvenir du passé, sans crainte de l'avenir, veux-tu ?

— Non, mon Emmanuel, non ; laisse ta vie s'accomplir comme tu l'as décidé, car mon amour lui-même est fait d'orgueil, je veux pouvoir t'admirer comme je t'aime. Tout ce que je te demande, c'est de me garder dans ton cœur un coin mystérieux et abrité, où personne ne puisse entrer que moi.

Sa volonté fut faite. Emmanuel reprit sa vie d'autrefois, vie de travail, d'étude, de lutte. Seulement il avait maintenant quelqu'un qui l'encourageait dans le travail, qui le soutenait dans l'étude, qui le reposait après la lutte ; mais il arriva que Marie, qui assistait aux séances de la Chambre, avait ses émotions et ses craintes. Si elle applaudissait du cœur et de la tête au moindre signe approbatif, elle tremblait au moindre mot d'improbation. Son esprit de femme s'exagérait les conséquences de ce combat quotidien, et elle était bien près de s'évanouir quand elle voyait toute la salle se lever contre un mot d'Emmanuel, qui, le front calme, lui souriait pour la rassurer. Cependant, M. de Bryon s'opposa à ce qu'elle continuât à venir ainsi l'entendre, et Marie, dont l'amour s'épouvantait de tout, allait encore chez son père, et lui faisait répéter mille fois qu'Emmanuel ne courait aucun danger.

On comprend que tout ceci était matière à correspondance, et que Clémentine recevait tantôt des lettres joyeuses, tantôt des lettres tristes. Puis, peu à peu, grâce à l'amour d'Emmanuel, grâce aux lettres de son amie, grâce enfin à son père qui la rassurait, Marie prit l'habitude de cette vie, dont, dans le principe, elle n'avait envisagé que le beau côté, dont elle s'était ensuite exagéré les dangers, et elle en était arrivée enfin à voir toujours revenir Emmanuel avec bonheur, comme à le laisser partir sans crainte.

Clémentine continuait sa vie transparente et limpide. La jeune fille avait épousé M. Adolphe Barillard, et elle avait fait le bonheur d'un homme, en prenant son nom. Le pauvre garçon était la créature la plus heureuse de la terre, et il faut avouer que Clémentine n'avait non plus rien à demander à Dieu, et que la vie se présentait à elle sous l'aspect le plus harmonieux et sous les couleurs les plus tendres. Clémentine s'amusait et se faisait un plaisir de tout, non pas qu'elle fût égoïste, nous la connaissons assez pour nous abstenir d'une pareille pensée; mais parce qu'elle envisageait la vie par le seul côté où il soit raisonnable de la voir. Aussi était-elle tout étonnée de trouver dans les lettres de son amie certain reflet de tristesse précoce qu'elle n'avait pu effacer, et qui reparaissait comme malgré elle. Cependant, Clémentine n'eût pas questionné Marie pour rien au monde : elle eût craint de lui révéler tout à fait ce qu'il lui semblait deviner, et elle prenait à tâche de lui écrire des lettres gaies et indifférentes; elle lui racontait les aventures et les caquets de la province. Elle lui faisait des portraits et pailletait ses lettres de cette insoucieuse gaieté dont pendant deux mois elle avait enchanté le château de M. d'Hermi.

Marie était comme toutes les femmes. Si Clémentine, devinant ce qui se passait, lui eût écrit : Pourquoi es-tu triste? Marie lui eût à l'instant même répondu : J'ignore ce qui te fait croire à ma tristesse ; je suis toujours heureuse. Mais Clémentine, nous le répétons, par une délicatesse de cœur bien sentie, avait toujours paru ignorer la mélancolie visible sous les lettres transparentes de Marie, de sorte que madame de Bryon, qui n'en eût pas convenu si la question fût venue de son amie, l'avoua par cela même que cette question ne venait pas. Elle lui écrivit donc :

« Ma bonne et chère Clémentine, tu as dû remarquer
» dans mes dernières lettres, si tu m'aimes toujours comme
» autrefois, un peu de chagrin et d'ennui. Je ne sais si c'est
» parce que les jours sont froids et pluvieux, mais il me
» semble qu'il y a dans mon cœur un peu de la tristesse de
» la nature ; c'est donc dans ce moment que je te regrette
» surtout, car, tu le sais, c'est aux heures longues qu'on
» pense à ses amis. M. de Bryon est presque toujours à la
» Chambre, et je suis bien seule. Je vais voir mon père, il
» est vrai ; mais restent les soirées, pendant lesquelles, de-
» puis quelque temps, mon mari travaille, ce qui fait que
» je lis, et ce n'est pas toujours bien amusant de lire à mon
» âge, si beau et si vrai que soit le livre. Ce ne sera sans
» doute qu'un temps à passer. Il pleut toujours ; la pluie est
» évidemment la déesse de l'ennui ; et si Jupiter a inventé
» la pluie d'or pour séduire une femme, il a évidemment
» inventé la pluie d'eau pour punir les hommes.

» Emmanuel est toujours aussi bon pour moi ; et si quel-
» que chose est changé en lui, c'est qu'il m'aime davan-
» tage, voilà tout ; et cependant j'ai une rivale que je me
» suis volontairement donnée et que je voudrais bien tuer
» maintenant, c'est la politique. Il y a dans le monde bien
» assez de malheurs et d'accidents inévitables sans qu'on
» aille encore inventer celui-là. Si l'on a un mari soldat,
» le jour où il revient de l'armée avec un bras ou une
» jambe de moins, c'est fort douloureux, j'en conviens ;
» mais au moins il ne peut plus y retourner, et on l'a tout
» entier, sinon de corps, du moins de cœur. Mais ne me
» parle plus de ces luttes de paroles, dont le champ de ba-
» taille est une tribune. Les haines et les passions y sont
» sourdes comme les murmures inintelligibles qu'elles exci-

» tent. Le combattant est quelquefois lassé, mais jamais
» assouvi; et tous les jours il recommence avec la même
» force et la même volonté, car la même passion ronge son
» esprit. Dire qu'il y a sur la terre des coins du paradis ou-
» bliés par Dieu : l'Italie, l'Espagne, l'Orient; dire qu'il y
» a dans le cœur des plaisirs célestes donnés par les anges :
» l'amitié, la foi, l'amour; et qu'au lieu d'aller visiter ces
» paradis qui éclairent la pensée, les hommes ont inventé
» des passions égoïstes, quand elles ne sont pas haineuses;
» des passions dont ils ont fait des gloires, pour couvrir
» d'un beau nom une chose laide, comme on couvrirait un
» squelette d'une couronne d'or et d'un manteau de pour-
» pre! Les hommes sont bien fous! Si jamais un d'eux fut
» chastement et saintement aimé ; si jamais un amour s'as-
» socia à un autre amour, dévoué et éternel, c'est Emma-
» nuel, c'est son amour. Je n'ai pas une pensée qui ne soit
» à lui, pas un rêve dont il ne soit, pas une ambition qu'il
» ne partage ; et au lieu de rester tout le jour avec moi, au
» lieu de nous enfuir, escortés du bonheur qui est en nous,
» dans les pays enchantés où l'on est si bien à deux, il va
» à la Chambre. La Chambre! belle gloire! belle com-
» pensation! User dans une tribune la voix de sa bouche
» et de son cœur pour ajouter un titre à son nom, une
» vanité à son orgueil, quand il y a d'autres mots si doux à
» dire !

» Et cependant je n'ai pas le droit de le blâmer, car ce
» que je réprouve aujourd'hui, c'est ce qui m'a séduit au-
» trefois; et maintenant encore, quand les journaux par-
» lent de lui, quand je vois ce nom rayonner pour les au-
» tres, je suis fière, je suis heureuse, et j'oublie combien
» d'heures tristes j'ai passées pour arriver à ce moment de
» triomphe; c'est que d'abord je dois à ce triomphe la joie
» de mon mari; c'est qu'au moins il rentre moins rêveur et
» moins soucieux, et qu'il redevient ce qu'il n'a pas cessé
» d'être dans le fond, le mari le plus amant qu'on puisse
» voir. Une chose me console, quoique bien entendu je ne
» sois pas assez malheureuse pour avoir besoin d'être con-
» solée, c'est l'enfant dont je vais être mère, et qui, à lui

» seul, sera aussi fort que toutes les politiques du monde.
» Quand Emmanuel m'en parle, ses yeux brillent de tous
» les feux de son cœur.

» Tu ne me parais pas être trop malheureuse non plus.
» Quelle charmante organisation que la tienne ! C'est main-
» tenant d'après toi que Dieu fera les anges. Tu éclaires
» tout ce qui t'entoure, et le malheur n'oserait t'appro-
» cher : tu es une trop rude adversaire pour lui. Continue,
» ma bonne Clémentine, c'est toujours une joie de savoir
» heureux ceux qu'on aime; car si l'on cessait de l'être, on
» pourrait aller les trouver et fouiller dans leur cœur
» comme on fouille dans la bourse d'un ami. Que ton mari
» doit être content et comme il doit t'adorer ! Vous devez
» faire le plus gentil ménage du monde. Il me semble te
» voir, avec ta mine railleuse et ton sourire éternel, le faire
» enrager et payer tes folies d'un baiser. Enfin, *ma chère*
» *madame Barillard*, ne prends pas ma tristesse au sé-
» rieux, et ne crois que ce qu'il faut en croire. — J'ai quel-
» ques moments plus vides que les autres, et c'est pendant
» ces moments-là que je t'écris. Tu dois m'en savoir gré.
» C'est une preuve de l'affection et de la confiance que j'ai
» mise en toi. Te souviens-tu de nos bonnes soirées de la
» pension, quand nous nous asseyions à côté l'une de l'au-
» tre, nos coudes sur nos genoux, et regardant le feu s'é-
» teindre peu à peu au milieu du silence et de l'ombre ?
» C'était l'époque où nous faisions des projets : maintenant
» ces projets se sont réalisés.

» Nous avons pris notre place dans la vie. Que de change-
» ments en peu de mois ! Si quelqu'un, l'année dernière,
» nous eût dit que nous serions mariées toutes deux aujour-
» d'hui, nous ne l'aurions certes pas cru, et cependant c'est
» vrai. Comme les jours, les mois et les ans s'emplissent
» vite; comme la chaîne des émotions quotidiennes se con-
» tinue rapidement ! Excepté les deux ou trois heures qu'Em-
» manuel passe à la Chambre, les autres s'envolent comme
» des minutes. Les soirées seules sont un peu longues. Songe
» donc que, vivant au milieu des plaisirs de Paris, je n'en
» prends aucunement ma part. Il arrive bien rarement que

» nous allions au spectacle, excepté aux Italiens, où de
» temps en temps j'accompagne ma mère; mais les Italiens
» sont fermés en ce moment. Emmanuel a horreur du
» monde; le bruit inutile des théâtres et des fêtes le fa-
» tigue; et comme c'est un sacrifice qu'il me fait de m'ac-
» compagner, j'aime mieux lui faire, moi, le sacrifice de ce
» plaisir, et je reste avec lui à la maison. Mais alors, je te
» le répète, il travaille, et je suis jalouse des mots qu'il
» écrit, de la pensée qui l'occupe, de la plume qu'il tient.
» Ainsi, souvent, toujours même, je m'ennuie de le voir
» ainsi; je lui ôte le papier qu'il a sous les yeux, et je le
» force à ne plus voir que moi, ce qu'il fait, je dois le dire,
» avec une grâce parfaite.

» Après tout, il faut bien pardonner quelque chose aux
» gens qui vous aiment, et il m'aime tant ! Tous les jours
» c'est un soin nouveau, une prévenance nouvelle. Il est
» rare qu'il ne rentre pas avec quelque bijou qu'il m'offre
» en souriant et tout heureux de ma surprise. Mais ces mal-
» heureux bijoux, je ne les utilise pas; ils sont, comme
» des condamnés, enfouis dans les tiroirs, et passent de
» mode, j'en suis sûre, sans avoir été vus. Nous dînons quel-
» quefois chez une sœur d'Emmanuel qui est restée fille,
» et qui est devenue dévote. Je ne sais rien de plus revêche
» ni de plus roide que cette femme. Elle est peut-être
» bonne au fond, mais elle cache sa bonté sous des prin-
» cipes impitoyables. Elle ne pardonne rien, et je me méfie
» de celles qui n'ont été ni épouses ni mères, et à qui Dieu
» a refusé les deux plus nobles sentiments du cœur : l'a-
» mour de l'époux et l'amour de l'enfant. Je ne voudrais
» pas que cette femme eût quelque chose à me reprocher.
» Emmanuel est comme moi, sans doute, car il paraît avoir
» pour elle plus d'estime que d'affection.

» Pourquoi ne viens-tu pas à Paris ? Tu devais venir au
» printemps : le printemps est passé, et je ne t'ai point vue.
» Si ton mari ne peut t'accompagner, viens seule, Paris
» ne te perdra pas, et tu seras reçue ici comme une sœur.
» Cependant, ne t'alarme pas plus de cette teinte de tris-
» tesse qui voile un peu mes lettres, qu'on ne s'alarme l'été

» des vapeurs blanches qui courent sous le ciel, et qui ne
» portent ni l'hiver ni même la pluie. »

XXVI

Revenons tout à fait à Julia. Nos lecteurs ont peut-être été un peu scandalisés de la brusque façon dont elle s'était donnée à Léon ; mais outre qu'ils savent que Lovely n'était pas avare de son corps, et qu'elle en faisait facilement des prodigalités, ils ont dû supposer que ce rapide changement qui s'était opéré en elle, à l'endroit du marquis, ne s'était pas opéré sans motif. En effet, à la lueur de sa pensée toujours tendue vers un même but, Julia avait compris le parti qu'un esprit habile pouvait tirer de l'amour que M. de Grige ressentait déjà pour mademoiselle d'Hermi, et comme elle ne reconnaissait à personne une habileté supérieure à la sienne, elle s'était adjugé à elle-même le rôle à jouer dans cette circonstance, et elle était bravement entrée dans ce rôle en devenant la maîtresse de Léon, qu'il fallait avant tout empêcher de partir. Elle avait bien prévu que le résultat mystérieux auquel elle voulait atteindre se ferait attendre longtemps encore ; mais la patience est la vertu de l'éternité, et Julia nourrissait dans le fond de son âme une haine éternelle.

Cette haine était-elle raisonnée ? Non. Beaucoup d'hommes lui avaient fait ce que lui avait fait Emmanuel, et elle ne les avait pas haïs, et elle ne s'était pas vengée d'eux pour cela. D'où venait donc qu'elle en voulût tant à M. de Bryon ? Cela venait tout simplement de ce que M. de Bryon était un homme supérieur, de ce que, dans la solitude de ses espérances, elle avait osé un instant associer sa vie à celle du jeune pair, de ce qu'elle avait été jusqu'à faire les rêves les plus insensés, et de ce que tout cela s'était évanoui en une seconde, sous la lettre dédaigneuse qui avait succédé au premier rendez-vous que Julia avait donné à Emmanuel, et ensuite sous l'amour profond que celui-ci avait conçu pour mademoiselle d'Hermi, et qui avait dû lui faire oublier jusqu'au nom de Julia.

Nous l'avons dit, Julia était une de ces créatures fatales qu'aucun obstacle ne rebute, et qui vont, par quelque chemin que ce soit, à l'accomplissement de leur résolution avec une ténacité de fer. Julia avait en haine une société qui la rejetait, et qui faisait bien de la rejeter. Longtemps elle avait cherché l'occasion de manifester cette haine par quelque grand scandale, tendant à prouver que les courtisanes valent mieux que les femmes du monde, paradoxe social, qui, comme tous les paradoxes, est quelquefois vrai, mais qui aura bien de la peine à se faire admettre; malheureusement pour elle, bien entendu, cette occasion ne s'était jamais présentée, jusqu'au jour où elle avait appris qu'Emmanuel épousait mademoiselle d'Hermi, la plus belle, la plus chaste, la plus heureuse, la plus aimée surtout des jeunes filles de ce monde fermé pour Julia. A compter de ce moment, la haine générale de Lovely, si nous pouvons nous exprimer de la sorte, avait eu un but comme sa haine particulière : s'acharner après ce type de grâce, de beauté, de jeunesse, d'amour et de vertu; le détruire, le traîner dans la boue et dire : C'est moi, moi, Julia Lovely, la courtisane, qui ai fait cela ! Telle était l'ambition que notre héroïne avait conçue.

Nos lecteurs commencent-ils à comprendre à quoi pouvait, dans tout cela, lui servir l'amour de Léon pour Marie ? Oh ! il y avait cent à parier que ce serait une combinaison insensée, impossible même, et que tout viendrait se briser contre la pureté de la jeune fille ; mais où eût été le mérite du triomphe s'il eût été facile ?

Du jour où Marie devint la femme d'Emmanuel, Julia ne la quitta pas des yeux, et quelqu'un qui eût pu lire dans cette âme eût été épouvanté de ce qu'il y eût vu, comme le voyageur qui se penche sur un abîme, au fond duquel il entend gronder des torrents mystérieux. Elle avait entouré Léon de ce charme qu'elle possédait au dernier degré, et qui traçait autour de l'homme qu'elle aimait, ou qu'elle disait aimer, un cercle qu'il ne pouvait franchir, à moins qu'il ne fût doué, comme Emmanuel, d'une grande volonté. Elle avait affiché son nouvel amant ; elle s'était montrée partout avec lui ; elle lui avait fait de la voir une habitude quotidienne ; elle avait joué la passion avec un art infini ; bref, elle était extérieurement maîtresse et bien maîtresse de lui. Mais dans le fond, et ce que nous disons là nous pourrions nous dispenser de le dire, elle détestait Léon, ou plutôt elle le méprisait comme on méprise l'instrument dont on se sert, comme on méprise l'esprit dont on a besoin et que l'on sent inférieur à soi. Aussi les journées de Lovely n'étaient-elles pas toutes roses, et était-elle prise souvent, non pas de découragement, car elle n'était pas femme à se décourager, mais de craintes en voyant combien de temps encore il lui faudrait attendre pour commencer son œuvre de haine et de destruction.

Si Julia avait pu lire la dernière lettre que Marie avait écrite à Clémentine, et que nous avons reproduite à la fin du chapitre précédent, elle eût été bien joyeuse en voyant cette première mélancolie, qui, comme un brouillard, se levait dans l'esprit de madame de Bryon. Quand Julia avait lu dans le journal : « M. de Bryon, pair de France, vient d'épouser à Dreux la fille du comte d'Hermi, » elle avait passé le journal à Léon, et lui avait dit :

— Lisez.

Et elle avait étudié l'impression que faisait cette nouvelle à son amant.

— Je savais déjà cela, avait répondu le marquis. Que veux-tu que ce mariage me fasse ?

— Tu n'es donc pas amoureux de cette jeune fille ? avait demandé Julia.

— Tu le sais mieux que personne.

De Grige mentait évidemment et ne pouvait pas tromper Julia.

— Tant pis ! avait dit alors Lovely.

— Et pourquoi tant pis ?

— Parce que cela me fait voir que l'amour ne vit pas longtemps dans votre cœur, et cela me fait craindre pour moi.

A la fin de cette phrase, Julia s'était assise aux pieds de Léon, et avait posé sa tête sur ses genoux.

— Je n'aime que toi, ma Julia, répondit Léon en passant ses mains dans les cheveux de sa maîtresse.

— Aussi j'ai été bien imprudente, continua celle-ci.

— Comment ?

— Vous le demandez ? En devenant votre maîtresse pour vous distraire un peu du chagrin que vous causait le mariage de mademoiselle d'Hermi. Et maintenant que je sens que je vous aime, je tremble que vous ne me méprisiez et surtout que vous ne m'aimiez pas. Que suis-je en effet à côté de cette enfant, et quelle compensation mon amour peut-il vous donner en échange de celui que vous eût donné mademoiselle d'Hermi ? Je vous ennuie peut-être déjà, et vous ne restez peut-être avec moi que par pitié et que parce que vous savez que cette séparation me retirerait une de mes plus douces espérances.

— Tu te trompes, Julia ; je t'aime et je ne pense plus à madame de Bryon, fit Léon en posant ses lèvres sur celles de Lovely.

— Tout va bien, pensa celle-ci, que l'on trompait difficilement en matière d'amour, il l'aime encore.

Julia ne laissait échapper aucune occasion d'entretenir Léon de l'amour qu'Emmanuel avait pour sa femme, amour qui faisait grand buit dans le monde. Elle arrivait ainsi, non pas à faire que Léon devînt plus amoureux de Marie, car, en somme, l'amour qu'il avait éprouvé pour mademoiselle d'Hermi était destiné à mourir vite, comme un feu qui s'éteint faute d'aliment ; mais à lui inspirer un sentiment de haine contre Emmanuel qui lui avait ravi et qui goûtait le bonheur qu'il avait rêvé. Aussi y avait-il des moments où, si ce n'eût été la chose la plus ridicule du monde, Léon eût cherché querelle à M. de Byron, et, voyez combien est faible et basse notre pauvre nature, à nous autres hommes, Léon subissait si aveuglément la politique de Julia, qu'il en était venu à être jaloux, lui qui ne l'aimait pas, de l'amour qu'elle lui avait avoué avoir ressenti pour Emmanuel, à détester un peu plus M. de Bryon à cause de cela, et à se convaincre par moments qu'il était fou de Julia.

Vous avez vu un chat jouer avec une boule de papier. Il

arrive parfois que, par un mouvement trop brusque, il envoie cette boule sous un meuble, et qu'elle lui échappe momentanément ; mais il fait tant, soit en se glissant sous le meuble, soit tout simplement en étendant la patte, qu'il redevient maître de son jouet une seconde après l'avoir perdu. Eh bien ! l'homme, quel qu'il soit, est entre les mains d'une femme de tête ce que la boule de papier est entre les pattes du chat. S'ils échappent l'un et l'autre, ce n'est que par hasard ; s'ils sont abandonnés, c'est qu'ils ne sont plus bons à rien.

Il y avait des moments où, quand de Grige songeait à sa situation, il faisait la réflexion que voici, réflexion que comprendront tous les gens qui comme lui ont vécu avec des filles comme Julia :

— Je me compromets avec Lovely, se disait-il ; je me montre publiquement avec elle ; j'ai l'air d'être très-fier d'être son amant et de posséder une femme que tout le monde a eue. Comme M. de Bryon doit rire en me voyant prendre au sérieux une femme qu'il n'a voulue qu'une fois ! C'est donc à dire que je dois me contenter de ses restes et faire mon bonheur de ce qui n'a eu que son dédain ! Si jamais je trouve l'occasion de prendre ma revanche, que Dieu me damne si je la laisse échapper.

Croyez-vous que tous ces monologues secrets échapassent à Julia, qui faisait tout au contraire pour les provoquer ? Julia connaissait la terre qu'elle avait à sa disposition, et elle savait bien qu'elle n'avait qu'à y semer un mot, pour que la rancune, la vanité, et toutes ces petites passions qui se partagent l'homme, y germassent et grandissent aussitôt.

Au milieu de tout cela, le comte d'Hermi donna un bal, au plutôt une fête dans une maison de campagne qu'il avait louée aux environs de Paris, car il avait été décidé que cette année-là on n'irait pas en Poitou, ou que, si on y allait, on n'irait que lorsque madame de Bryon serait accouchée. Marie était entourée de tant de soins, que son père et son mari redoutaient pour elle le voyage d'abord, puis son séjour dans un pays où les grands médecins n'abondaient pas, et où l'on ne pouvait trouver, pour une femme dans

15

sa position, toutes les ressources de l'art au moment voulu. Cette fête avait lieu à Ville-d'Avray. Le comte, qui ignorait ce qui s'était passé entre Emmanul et de Grige, envoya une invitation à ce dernier, invitation qu'il eût envoyée quand même il eût été au courant des projets que le marquis avait eus.

Léon avait grande envie de se rendre à cette fête ; mais il n'osait y aller sans le consentement de Julia, qui avait fini par prendre la direction complète de sa vie, et à laquelle, comme elle paraissait de temps en temps être jalouse de Marie, il n'osait demander cette permission. Ce fut encore Lovely qui vint au-devant de son désir.

L'annonce de cette fête faisait grand bruit, car tout fait du bruit à Paris quand on le veut.

— M. le comte d'Hermi donne un grand bal, dit Julia à Léon la veille du jour où ce bal devait avoir lieu.

— En effet, répondit Léon.

— Ne vous a-t-il pas invité?

— Si fait, j'ai reçu une invitation.

— Vous y rendrez-vous ?

— Non.

— Pourquoi?

— J'aime mieux passer ma soirée ici.

Julia regarda Léon.

— Il faut aller à ce bal, reprit-elle.

— A quoi bon? fit le marquis enchanté.

— Ce serait inconvenant d'y manquer. Vous auriez l'air de garder rancune à M. de Bryon, qui pourrait croire encore que c'est moi qui vous éloigne de lui.

— C'est juste.

— Croyez-moi, Léon, fit Julia, car je puis de temps en temps donner un bon conseil, car je ne suis pas une femme comme toutes les femmes : non-seulement ne boudez pas M. de Bryon, mais encore tendez-lui la main; prouvez-lui que vous ne regrettez pas ce que par lui vous avez perdu, et que vous êtes heureux avec la femme qu'il a dédaignée. Allez à ce bal, Léon, allez à ce bal, je vous en prie, je le veux.

Julia insistait ainsi pour avoir l'air de croire réellement

que de Grige ne voulait pas être de cette fête. Il en fut. Il y vit Marie plus belle qu'elle n'avait jamais été, car tous ses charmes de jeune fille s'étaient accrus de ce je ne sais quoi que la vierge acquiert en devenant femme, charme indéfinissable, espèce de virilité qui la fait à la fois plus sérieuse et plus douce, qui donne à sa beauté de la souplesse et de l'énergie, de la force et de l'abandon. Léon fut émerveillé. Emmanuel vint à lui.

— Je suis heureux de vous voir, Léon, lui dit-il en lui tendant affectueusement la main, et comme une âme honnête qui a affaire à une loyauté : à partir d'aujourd'hui, j'espère que je vous verrai, non-seulement chez le comte, mais de temps en temps chez moi. L'hiver prochain, madame de Bryon recevra, et vous serez des nôtres, n'est-ce pas, Marie? dit Emmanuel à sa femme, qui passait en ce moment et qui, ayant reconnu Léon, le salua.

— Vous dites à M. de Grige de ne pas négliger ses amis? fit-elle.

— Oui.

— Vous faites bien, mon ami, ajouta Marie avec un de ces sourires du monde comme une femme en donne tant dans une soirée, et qui, tous réunis, ne pèseraient pas le quart du sourire qu'une maîtresse donne à son amant aimé.

Léon s'inclina.

— Quelle confiance a cet homme! murmura-t-il.

Et il serra la main d'Emmanuel. Marie s'éloigna après avoir regardé son mari. Tout son amour était dans ce regard.

— Comme elle l'aime, se dit Léon, et comme elle est belle!

La fête dura jusqu'à six heures du matin. Le marquis s'en alla le dernier.

— Eh bien! vous êtes-vous bien amusé? dit le lendemain Julia à de Grige.

— Ma foi non, répondit celui-ci.

— Avez-vous vu M. de Bryon?

— Oui.

— Que vous a-t-il dit?

— Il m'a invité aux prochaines soirées qu'il donnera.

— Allons, tout va bien, pensa Julia, et j'entends que vous y alliez, dit-elle tout haut ; je ne veux pas qu'on puisse soupçonner un instant que je rends esclave l'homme que j'aime et qui m'aime, car vous m'aimez toujours, car tu m'aimes toujours, mon Léon adoré.

Cependant, Julia n'oubliait pas ses intérêts, et le jour même elle alla faire une visite au ministre, qui avait appris sa liaison avec de Grige !

— Que devenez-vous, ma chère Julia ? lui dit-il ; on ne vous voit plus ; et quel diable d'amour avez-vous dans le cœur ! Quel amant inutile que ce M. de Grige !

— Vous vous trompez, monsieur le ministre, répondit Julia, nous n'avons jamais eu de plus puissant auxiliaire. L'aurais-je pris sans cela ?

— Expliquez-moi ce mystère.

— Non ; vous avez douté de moi, vous serez puni.

— Prenez garde, Julia, Emmanuel devient de plus en plus dangereux, car il devient de plus en plus populaire. Un instant j'ai espéré que son mariage le ferait renoncer à la politique, mais je m'étais trompé. Il est revenu plus fort que jamais, son discours de rentrée lui a fait beaucoup de bien.

— Il est à nous, vous dis-je. Mais que me rapportera cette victoire ? car j'ai bien du mal, monsieur le ministre.

— Tout ce que vous voudrez, on vous le donnera.

— Ouvrez votre caisse toute grande, alors, car je compte sur vous pour achever ma fortune et me reposer après.

— Et vivre avec M. de Grige, tourterelle ?

— Oh ! non. Je voyagerai.

— Je vous enverrai en Russie. Vous ferez une belle madame des Ursins, Julia.

— Eh bien ! nous en reparlerons ; la politique étrangère me reposera de la politique intérieure.

XXVII

Le mois d'août arriva. Or, si le lecteur a la mémoire des dates, le mois d'août devait amener un grand changement dans la vie de Marie. En effet, vers le 20 du mois, les douleurs de l'enfantement commencèrent. La jeune femme les éprouvait avec plaisir, et cette souffrance qui allait la rendre mère lui mettait la joie au cœur. Emmanuel ne la quittait pas. Ce fut là que son amour se révéla dans toute sa force. Il lui souriait comme on sourit à un enfant. Il restait à genoux auprès du lit, priant Dieu dans le fond de son âme de délivrer la frêle créature pour laquelle il ne pouvait rien, lui. Il lui baisait les mains; et la douce jeune femme, fière de cette affection sainte et profonde, souriait au milieu de ses cris et de ses larmes.

M. d'Hermi, présent, comme on le pense, à la douleur de sa fille, était calme; mais, pâle et le cœur haletant, il ne la quittait pas des yeux. — C'était lui qui souffrait le plus, et Marie le comprenait, car elle étouffait devant lui les cris qui gonflaient sa poitrine, et qu'elle répandait à l'aise devant les autres. Quant à la comtesse, elle était toujours la même. Elle soignait sa fille, parce que c'était à elle, femme, que revenait ce devoir. Mais cette souffrance, qu'elle avait éprouvée, lui semblait la chose du monde la plus naturelle, et ne l'inquiétait en aucune façon. Elle était donc assise à côté du lit, riant et causant comme de coutume; ce qui, du reste, rassurait la jeune femme sur cette douleur inconnue. Plus le moment prévu approchait, plus M. de Bryon avait peur. Il se promenait à grands pas dans la chambre, son mouchoir entre ses dents, et lorsque le médecin entrait, il le suivait d'un regard suppliant, comme celui que le condamné adresse à son juge. On sentait que sa vie était suspendue à celle de sa femme, et que l'une, en se brisant, briserait l'autre. Cela dura trois jours, et le soir du troisième jour, une crise plus violente se déclara. Tout le monde quitta la chambre, excepté le médecin, et deux heures après, Marie était mère. Tout ce temps, M. d'Hermi et Emmanuel l'avaient passé en prière, loin l'un de l'autre; et lorsqu'on vint leur annoncer que tout était fini, ils se comprirent et se serrèrent la main. Il y a des douleurs en effet devant lesquelles notre nature humaine est impuissante, et ne trouve de recours que dans la prière, cette messagère des hommes à Dieu. Marie était comme folle; elle ne voulait plus quitter son enfant. Une fois le danger passé, tout le monde riait dans la maison, depuis Emmanuel jusqu'à Marianne, qui, comme on le pense bien, avait veillé toutes les nuits près de la jeune femme. Puis la convalescence vint; puis l'oubli de cet événement, dont il ne restait qu'un bonheur, c'est-à-dire une adorable petite fille.

Chacun revint à son existence ordinaire. Le comte et la comtesse retournèrent dans leur hôtel. Emmanuel reprit ses habitudes et retourna à la Chambre. Ce fut donc seulement dans la vie de Marie que quelque chose fut changé, car elle se consacra toute à son enfant. Elle avait écrit à Clémentine la naissance de sa fille, et Clémentine, quelques mois après, lui avait annoncé la naissance d'un garçon. Les deux existences des jeunes filles marchaient toujours de front, quoique séparées, lorsque l'hiver arriva. Or, cet hiver-là s'annonça plein de fêtes. Il sembla que tout allait faire accueil au bonheur de la jeune femme.

Clémentine devait venir passer cet hiver à Paris. Mais M. Barillard, qui aimait la province, qui y avait sa famille et ses habitudes, retardait autant que possible son départ, et sa femme ne le tourmentait pas trop. Il en est ainsi. Deux jeunes filles, quand elles sortent de pension et qu'elles s'aiment, croient qu'elles ne pourront jamais vivre l'une sans l'autre, et elles s'aperçoivent un jour, quand elles ont pris chacune un mari, qu'il y a un an ou deux ans qu'elles ne se sont vues, et qu'elles vivent parfaitement sans même se voir. Elles ne s'en aiment pas moins pour cela, et elles n'en sont peut-être que plus heureuses quand elles se retrouvent; mais en attendant elles sont séparées. C'est que la vie tend toujours à s'isoler des premières habitudes contractées; c'est que, chez l'homme comme chez la femme, l'amour remplace l'amitié, qui passe à l'état de souvenir, jusqu'à ce qu'elle redevienne un besoin, quand l'amour a trompé et que l'âge est venu. Il était donc naturel que Clémentine et Marie, toutes deux aux premières joies du mariage et de la maternité, se négligeassent un peu dans leurs rapports, sinon dans leur affection, et que Clémentine écrivît à Marie :

Viens donc à Dreux, tandis que Marie écrivait à Clémentine : Viens donc à Paris. Toutes deux eussent été enchantées de se voir ; mais aucune ne faisait le premier pas, retenues qu'elles étaient par leurs nouvelles impressions.

Dans le monde, Marie se retrouva avec Léon. Pour toute autre femme qu'elle, la présence du marquis eût pu être un prétexte à craintes ou à coquetteries ; mais pour Marie, qui voyait la vie à travers son bonheur et son innocence, non-seulement la présence de Léon ne l'embarrassait en rien, non-seulement elle ne songeait pas à se dire : Voilà un homme qui m'a aimé et qui m'aime peut-être toujours ; mais encore elle eût voulu remercier le marquis de son amour par une bonne et franche amitié. Léon ne se faisait pas tout à fait le même raisonnement. Quand il avait vu Marie devenir la femme de M. de Bryon, il s'était dit : Je n'ai plus rien à espérer de ce côté, et il avait essayé d'en prendre son parti ; mais, comme nous l'avons dit, Julia avait entretenu dans l'esprit de son amant le nom et le souvenir de Marie, et cela avec une habileté telle, que Léon n'eût pas pu dire avoir entendu Julia parler de madame de Bryon depuis qu'il la connaissait. Alors le marquis avait détesté Emmanuel, qui lui semblait trop sûr de son bonheur et de sa confiance, et il avait un peu désiré la femme par haine du mari ; puis, il avait parlé à madame de Bryon, et celle-ci l'avait si bien accueilli avec sa douce et charmante naïveté, elle lui avait montré une âme si pure, qu'il s'était dit : Essayer de se faire aimer de cette femme serait une folie, s'en faire aimer serait une lâcheté ; et il avait pris la ferme résolution de ne plus penser à Marie, comme il y avait pensé jusque-là, et il avait franchement et loyalement serré la main qu'Emmanuel lui avait tendue.

Malheureusement, il y avait des heures vides dans la vie de de Grige. Julia lui répétait bien tous les jours qu'elle l'aimait ; elle lui offrait bien, étant sûre qu'il n'accepterait pas, de s'exiler du monde et d'aller vivre dans quelque pays bien retiré, bien ignoré, bien poétique ; mais Léon sentait malgré lui que sa vie ne pouvait pas s'ajuster complétement avec la vie de sa nouvelle maîtresse. Il n'osait la quitter, car elle avait si bien joué son rôle, qu'il raisonnait ainsi : Cette pauvre femme, tant calomniée par tout le monde et par moi-même, dont je n'ai jamais négligé l'occasion de dire du mal, s'est donnée à moi pour me distraire, pour me consoler du premier chagrin que j'ai eu ; maintenant, elle m'aime, et j'irais la quitter et la récompenser par l'abandon! cela serait mal. Puis, après tout, que ferais-je? Et la vie que je mène avec elle n'est-elle pas, dans la position où je suis, la plus heureuse que je puisse mener?

Cependant, tout en se disant cela, Léon sentait bien que le bonheur n'était pas pour lui dans la vie factice qu'il avait menée jusqu'alors et qu'il continuait avec Julia. Pendant les quelques instants qu'il avait espéré épouser Marie, il avait senti s'éveiller en lui des sentiments qu'il avait toujours ignorés, et qui lui avaient montré tout à coup l'existence sous un nouvel aspect, le bonheur sous un nouveau point de vue.

Il avait, à cette époque, jeté les yeux sur son passé, et il l'avait trouvé sombre, désert. Il s'était dit : A quoi bon tout cela? Et reportant de là sa pensée sur l'avenir, il avait entrevu une vie calme, pleine, azurée ; semblable au voyageur qui s'est trompé de chemin, qui s'est fatigué à gravir et à redescendre des montagnes arides, et qui s'aperçoit qu'il eût pu suivre un sentier ombreux, au bord d'une rivière transparente et tranquille, dans laquelle il lui reste heureusement encore le temps de se baigner pour se remettre un peu des lenteurs et des ennuis du voyage accompli. L'impossibilité de réaliser ses rêves avec Marie n'avait pas détruit dans l'esprit de Léon ce nouvel ordre d'idées. Il avait entrevu le bonheur, il ne pouvait plus renoncer à y croire. Il cherchait toujours de l'œil et du cœur ce coin du ciel qui lui était apparu, et il n'abandonnait sa vie à Julia qu'en attendant : du moins, il le croyait ainsi, et comme un roi qui retourne à son palais et qui est forcé de faire des haltes dans les mauvaises auberges qu'il rencontre.

Quand il avait revu Marie si heureuse avec Emmanuel, si aimée, si amoureuse de lui, il s'était demandé s'il ne pourrait pas reporter sur une autre le sentiment nouveau qu'il avait éprouvé pour elle, et continuer près d'une autre jeune fille le rêve commencé près de celle-là. Il avait cherché ; mais il n'avait trouvé dans aucune tout ce qui l'avait charmé en Marie, et il s'était dit en regardant madame de Bryon :

— Allons, décidément, il y a un côté de ma vie attaché à cette femme, et puisque je n'ai pu être son mari et que je ne puis être son amant, je prendrai d'elle et de sa vie tout ce que je puis en prendre, et je serai son ami.

Emmanuel et Marie, comme deux cœurs loyaux qu'ils étaient, avaient accepté cette amitié ; et Léon, qui avait fait part à Emmanuel franchement et simplement des sentiments divers qu'il avait éprouvés pour lui et pour sa femme, avait été reçu avec cette cordialité qu'on doit à tous les cœurs francs et généreux. Cependant, Léon n'avait rien dit de tout cela à Julia ; car il s'était fait ce raisonnement bien simple, qu'elle avait connu son amour pour Marie, et que si elle savait qu'il la revît, elle serait jalouse. Or, Léon n'avait aucune raison de faire de la peine à Julia. C'était donc en cachette d'elle qu'il venait faire ses visites à madame de Bryon et à madame d'Hermi, qui l'adorait et qui, si elle n'eût été en chemin de rompre aussi avec son passé, eût peut-être rendu M. de Bay bien malheureux. Julia voyait tout, savait tout et ne disait rien ; seulement, elle se promettait bien de faire payer cher un jour à Léon le rôle ridicule qu'il croyait lui faire jouer.

XXVIII

Quand Léon sortait de chez madame de Bryon et qu'il retournait chez Julia ; quand il comparait ces deux existences si différentes l'une de l'autre, se demandant pourquoi Dieu n'avait pas voulu que l'une lui appartînt, et pourquoi le hasard voulait qu'il appartînt à l'autre, il était pris de tristesses réelles. Alors, n'osant plus retourner chez Marie, ne voulant pas rester chez Julia, il allait n'importe où, pourvu que là où il allait il pût emporter librement sa pensée avec lui. Néanmoins, Julia comprit qu'il ne fallait pas laisser les choses suivre tranquillement leur cours, sous peine d'être un beau jour complétement abandonnée et de perdre le fruit d'une liaison patiente passée à Paris à l'état de proverbe; car on disait : Amoureux comme Léon et fidèle comme Julia, deux rapprochements qu'on n'eût jamais soupçonnés deux ans auparavant.

Les absences du marquis commençant à prendre de l'importance, Julia en augura qu'il fallait commencer à prendre des précautions. Une scène de jalousie ne pouvait pas faire de mal; elle la fit; et dans cette scène elle se donna le droit de dire plus tard à son amant : Je vous avais prévenu.

— Léon, lui dit-elle un jour, vous m'oubliez beaucoup depuis quelque temps. Ne m'aimez-vous plus? En ce cas, dites-le-moi franchement.

Excellent moyen qu'ont trouvé les femmes de se faire toujours répondre qu'elles sont adorées.

— Et pourquoi ne vous aimerais-je plus, Julia? fit Léon.

— Vous n'êtes presque jamais ici maintenant. Où allez-vous ?

— Je vais au club.

— Ainsi, vous m'abandonnez pour le jeu?

— Non; je crains de vous ennuyer en étant toujours chez vous. Vous êtes une femme exceptionnelle, Julia; vous avez besoin d'être aimée, mais d'être aimée à vos heures, et la pastorale n'est pas dans vos goûts.

— Traduction libre : Vous n'avez pas autant de cœur que les autres femmes.

— Ce n'est pas cela que j'ai voulu dire.

— Mais c'est cela que j'ai compris; et comme je devine ce qu'on ne me dit pas, je devine, mon cher Léon, que vous avez une autre maîtresse que moi.

— Julia, je vous jure que non.

— Vous aimez une autre femme, alors.

— Pas davantage.

— Cette madame de Bryon, peut-être.

— Y songez-vous?

— Folle que j'ai été, dit Julia, de vous donner le conseil de revoir cet homme! Il vous a dit du mal de moi, n'est-ce pas? que je ne suis pas digne d'être aimée, que je suis une courtisane, une fille perdue; et vous, qui êtes amoureux de sa femme, vous avez eu un double intérêt à le croire. Avouez que j'ai trouvé la vérité.

— M. de Bryon n'a jamais prononcé votre nom devant moi, dit Léon.

— C'est encore plus méprisant. Vous me jurez que vous n'aimez pas madame de Bryon?

— Je vous le jure.

— Que vous ne lui faites pas la cour?

— Que je la vois à peine.

— Prenez garde, ami. Je vous aime, moi, comme je n'ai jamais aimé; et si vous me trompiez un jour avec cette femme, je la perdrais. Je suis dévouée dans mon amour; mais je suis à craindre dans ma haine. Il en est temps encore, si vous ne m'aimez plus, si vous avez un autre amour dans le cœur, dites-le moi franchement; nous nous donnerons la main, nous aurons une bonne amitié l'un pour l'autre, et tout sera dit.

— Je vous répète, Julia, que vos suppositions n'ont aucun fondement, que vous êtes folle et que je vous aime.

Nous devons à Léon cette justice de dire que s'il eût été l'amant de madame de Bryon, non-seulement il ne l'eût pas avoué à Julia, mais encore qu'il le lui eût caché avec le plus grand soin, à elle comme à tout le monde.

— A nous trois, maintenant, se dit Lovely. Et le soir même elle se mit à l'œuvre. Oh! Julia voyait ou plutôt pressentait les choses de loin.

Cachée au fond de sa voiture, elle se rendit chez Léon, qui l'avait quittée après avoir dîné avec elle, et qui s'était rendu aux Italiens, où elle n'avait pas voulu aller. Elle était donc sûre que Léon n'était pas chez lui. C'était ce qu'elle voulait.

— M. de Grige est-il chez-lui? demanda-t-elle au portier.

— Non, madame, lui répondit-on.

— Mais son valet de chambre y est?

— Oui, madame.

— Cela suffit, répondit Julia; et elle monta.

— Florentin, dit-elle au domestique, combien gagnez-vous ici?

— Cent cinquante francs par mois, madame.

— Voulez-vous gagner le double?

— Dans une autre place?

— Non, en gardant celle-ci, mais en faisant ce que je vous dirai de faire. Quatre cent cinquante francs par mois, ce n'est pas à dédaigner.

— Parlez, madame.

— Où votre maître va-t-il le plus souvent?

— Rue de Varennes.

— Chez M. de Bryon?

— Oui, madame.

— Et ensuite?

— Rue des Saints-Pères.

— Chez M. d'Hermi?

— Oui, madame.

— Vous savez tout ce que fait votre maître, Florentin? Répondez franchement.

— Oui, madame.

— Vous lisez un peu toutes les lettres qu'il laisse traîner, et même celles qu'il cache, quand vous en trouvez l'occasion?

Florentin hésita.

— Ne craignez rien, lui dit Julia, ce n'est pas pour vous trahir que je viens ici. J'ai besoin de vous, bien au contraire.

— Madame a deviné, alors, dit Florentin; un domestique aime toujours savoir chez qui il est, ajouta-t-il comme pour s'excuser.

— C'est trop juste, fit Julia. Il ne s'agit, pour que vous gagniez vos trois cents francs, que de faire pour moi ce que vous faites pour vous.

— Ainsi, les lettres qui traîneront...

— Vous ne me les apporterez pas; vous ne m'apporterez que celles qui seront cachées.

— Comment ferai-je?

— C'est bien simple. On a toujours un meuble de préférence pour ces sortes de choses. Où M. de Grige renferme-t-il mes lettres?

— Il ne les renferme pas, madame; il les brûle.

Julia se mordit les lèvres.

— Où renferme-t-il ses papiers importants? reprit-elle.

— Dans ce meuble, répondit Florentin; et il montrait un meuble de boule placé entre les deux fenêtres du salon.

— Il a toujours la clef sur lui?

— Oui, madame.

— Il faudra faire faire une seconde clef.

— Comment?

— En prenant la première au marquis, et en lui faisant croire qu'il l'a perdue. Cette première clef me sera remise. Vous n'avez rien à craindre, Florentin; il n'y a là-dessous qu'une jalousie de femme. Votre rôle se borne à venir me dire tous les jours où votre maître a été, s'il a reçu des lettres et s'il les a serrées ou brûlées. Vous comprenez bien?

— Oui, madame.

— Demain matin la clef?

— Et demain soir le rapport.

— C'est cela. Voici votre premier mois.

Julia tendit sa bourse à Florentin.

— Si jamais il vient une femme ici, ajouta Julia, il faut que je le sache, dix minutes après, dix minutes avant, si cela est possible.

— C'est entendu, répondit Florentin. Oh! madame peut oublier, je devinerai ce qu'elle aura oublié.

— Vous êtes donc très-intelligent? fit Julia.

— Madame le verra.

— Silence, surtout!

— Que madame soit tranquille.

Le lendemain Julia avait la clef.

Que faisait Marie pendant que l'on s'occupait ainsi d'elle, et que Julia prévoyait le moment où elle tromperait son mari? Elle partageait son cœur entre son père, sa mère, Emmanuel et son enfant. Mais nous devons ajouter que la chaste jeune femme trichait un peu en faveur d'Emmanuel et de sa fille, et que lorsqu'elle écrivait à Clémentine, il n'y avait plus de mots tristes dans ses lettres.

XXIX

Cependant, voici ce qu'elle écrivait un jour à Clémentine :
« Je t'ai dit, dans une de mes dernières lettres, que
» M. Léon de Grige, qui a eu la fantaisie de m'épouser, n'o-
» sait plus revenir ni chez mon père ni chez mon mari ; et,
» si tu t'en souviens, je te disais qu'il avait tort, et qu'il
» paraissait ajouter de l'importance à une chose qui ne de-
» vait pas en avoir. Eh bien ! il a repris courage, et il a re-
» paru. Il est devenu un de mes fidèles, et je crois qu'il me
» fait la cour. Tu comprends bien que je n'ai pas dit un
» mot de cela à Emmanuel, car je n'ai besoin de personne
» pour me défendre contre ce jeune homme ; et la cour qu'il
» me fait me distraira toujours un peu. Les hommes sont in-
» croyables ! Ils se figurent que lorsqu'on est mariée depuis
» dix-huit mois, on doit avoir bien assez de son mari et être
» toute disposée à accueillir leurs prétentions. Les autres
» femmes sont peut-être ainsi faites ; mais alors il y a une
» grande différence entre elles et moi. Je ne me vante pas
» de ma force ; elle n'est pas en moi-même, elle est dans l'a-
» mour que je ressens pour Emmanuel, et dans l'affection
» que j'ai pour ma fille, deux sentinelles que Dieu a posées
» au seuil de ma maison, et qui me gardent mieux qu'une
» armée. Du reste, il a une très-jolie maîtresse, beaucoup
» plus belle que moi, en vérité, et je ne sais pas pourquoi
» il ne passe pas sa vie à ses genoux. Tout s'enchaîne d'une
» étrange façon dans les petits événements de la vie. Tu te
» rappelles bien cette femme brune que nous avons vue
» aux Italiens, qui portait au bras un bracelet de diamants
» qui nous l'a fait remarquer : c'est justement cette femme
» qui est la maîtresse de M. de Grige, ou, si elle ne l'est pas,
» elle fait bien tout ce qu'elle peut pour le faire croire, car
» on la rencontre partout avec lui.

» Pour en revenir à ce qui me regarde, voici ce qui s'est
» passé hier. Tu sais comme Emmanuel est franc et loyal.
» Il a tendu la main à M. de Grige ; il l'a invité à nous venir
» voir, et il ne se souvient même pas que j'ai pu plaire

» autrefois au marquis, et que le marquis a pu penser à
» moi. Emmanuel voit, dans la vie privée, le cœur des au-
» tres à travers le sien. Il n'est sceptique qu'en politique.
» Bref, M. de Grige vient me voir souvent, et presque
» toujours aux heures où mon mari est à la Chambre. Or-
» dinairement, ma mère ou mon père, où M. de Bay sont
» là ; mais quelquefois je suis seule : comme hier, par exem-
» ple. Rien qu'à la façon dont il a entamé la conversation
» hier, je devinai que le marquis était préoccupé; mais je
» ne me doutais pas encore qu'il me ferait une déclaration
» si formelle. Je t'assure que je comprends le plaisir que
» doivent éprouver certaines femmes à se faire faire la
» cour. C'est une chasse où l'on est à la fois chasseur et
» gibier, et ce doit être intéressant pour celles qui n'ont
» rien de mieux à faire.

» Si je continue mes digressions, je n'arriverai jamais au
» fait.

» Nous engageâmes, M. de Grige et moi, une de ces con-
» versations banales qui ne serviraient à rien dans le monde,
» si elles n'étaient le masque d'une pensée et le prétexte
» d'arriver à dire des choses qu'on ne peut dire en entrant
» en matière. Et cependant, il y a une race de gens que je
» ne connais que depuis peu, et qui est bien ce qu'il y a de
» plus insipide et de plus décourageant. Ce sont ces gens
» qui viennent ce qu'on appelle vous faire des visites, pour
» lesquels la visite est une habitude, un devoir, un besoin,
» qui n'ont que cela à faire, et qui ne font que cela. Ces
» gens-là ne s'écartent jamais de la plus scrupuleuse éti-
» quette ; rien n'est plus convenable, mais rien n'est plus
» ennuyeux qu'eux. Comprends-tu des gens qui mettent une
» cravate, des gants et un habit, pour venir vous dire des
» choses comme celles-ci :

» — Vous étiez à l'Opéra, hier, madame ?
» — Oui, monsieur.
» — Que dites-vous de cette représentation ?
» — Elle était fort belle.
» — On assure que nous allons avoir un opéra nouveau
» de Rossini ?

» — Tant mieux !
» — On en parle beaucoup.
» — En connaît-on le sujet?
» — Pas encore; mais il paraît que cela est très-beau.
» — Rossini peut-il faire autrement?
» — Comptez-vous aller au bal chez la comtesse de***?
» — Je n'en sais rien encore.
» — Ce sera charmant. Elle reçoit l'élite de la société.
» Toutes les jolies femmes doivent y être : vous ne pouvez y
» manquer!

» Quand ils se permettent un compliment, voilà de quelle
» force il est. Cela dure ainsi une heure; après quoi, ils
» s'en vont chez une autre, et ainsi de suite. On appelle ces
» gens-là des hommes du monde; on va même, par habi-
» tude, jusqu'à les trouver spirituels. A quoi servent ces
» gens-là sur la terre? Ils n'aiment donc rien, qu'ils sont
» ainsi maîtres de leur temps, et qu'ils peuvent le dissiper
» si inutilement? Il y a des femmes qui ne pourraient vivre
» sans eux. Moi, j'aime mieux ceux qui, comme M. de Grige,
» donnent un but à leur visite. Au moins, ce n'est pas tout
» à fait un automate qu'on a sous les yeux. Notre conversa-
» tion avec M. de Grige commença par les mêmes prélimi-
» naires; mais il était évident, même pour moi qui ne suis
» pas encore habile en ces sortes de manœuvres, que, comme
» un joueur de paume qui se fait la main, M. de Grige rou-
» lait la balle avant de la lancer. Je voulus tout de suite
» prendre barre sur lui.

» — Vous étiez à la dernière représentation des Italiens?
» me dit-il.
» — Oui, monsieur, et je crois même vous y avoir vu.
» — J'y étais, en effet.
» — Dans une loge de côté, n'est-ce pas?
» — C'est vrai, fit M. de Grige en rougissant.
» — Je soutenais à M. de Bryon que c'était vous, et il
» s'entêtait à me dire que non. Du reste, on vous voyait à
» peine. Vous étiez dans le fond de la loge, et le devant était
» occupé par une dame extrêmement belle.
» — Elle est brune, fit M. de Grige d'un ton presque mé-

» prisant, et qui était une flatterie pour la couleur de mes
» cheveux.

» — Oh! ne faites pas fi des cheveux noirs, monsieur de
» Grige, répliquai-je en souriant ; cela est très-beau, et vous
» le savez aussi bien que moi. Si vous en pensez mal, ce
» n'est pas depuis longtemps, car hier encore vous causiez,
» aux Champs-Élysées, à la portière de sa voiture, avec
» cette même dame brune que je rencontre souvent. J'ai
» même eu la curiosité de demander à ma mère si elle la
» connaissait ; mais ma mère m'a répondu que c'était la
» première fois qu'elle la voyait.

» — En effet, cette dame est étrangère, riposta M. de
» Grige en rougissant de nouveau.

» — Italienne, je parie?

» — Justement, madame.

» — J'aime ces femmes-là ; elles ont le vrai type de beauté.

» — Vous êtes indulgente pour elles, comme doit l'être
» une femme pour ses sujettes.

» C'était assez banal ; mais je répondis, pour voir si M. de
» Grige profiterait de ma réponse :

» — Vous êtes un vrai courtisan, monsieur le marquis,
» et je voudrais bien que M. de Bryon fût un peu ce que
» vous êtes.

» — J'accepterais volontiers l'échange, répondit-il, et je
» consentirais facilement à être un peu ce qu'il est.

» C'était à mon tour de rougir. Je m'attendais bien à
» quelque chose, mais non à une réponse d'aussi mauvais
» goût.

» Le marquis s'aperçut sans doute du mauvais effet de ce
» qu'il venait de dire, car il reprit, courant après sa phrase,
» à laquelle il essaya de donner un autre sens :

» — On ne parle que de M. de Bryon partout, et tout le
» monde serait heureux et fier d'être à sa place.

» — C'est quelquefois bien triste pour moi, repris-je ; car,
» pendant qu'il se fait un nom à la Chambre, souvent je
» m'ennuie ici.

» J'avais peut-être tort de parler ainsi, et de provoquer ce
» pauvre jeune homme à me faire ses confidences ; mais je

» le faisais par intérêt pour lui-même, et pour que notre po-
» sition, vis-à-vis l'un de l'autre, fût tout de suite régularisée.

» — Ennui que doivent encore augmenter des visiteurs
» importuns? reprit-il.

» — J'ai dit *souvent*, j'aurais dû dire : quand je suis
» seule; vous êtes aussi scrupuleux que flatteur, M. de Grige.

» — Alors, madame, se hâta d'ajouter le marquis, si vous
» le permettez, je continuerai à venir vous demander un
» peu de votre ennui.

» — Malheureusement, vous partez.

» En effet, dans une de ses dernières visites, M. de Grige
» m'avait fait part de l'intention où il était de quitter Paris.
» Il avait peut-être cru, en me disant cela, que l'idée de
» son départ allait éveiller de l'amour en moi!

» — C'est juste, me répondit-il; mais si j'avais le pouvoir
» de vous désennuyer une heure par jour, je ne partirais pas.

» — Et pourquoi me feriez-vous ce sacrifice, dont les
» cheveux blonds ne pourraient que vous être reconnais-
» sants, et dont vous puniraient peut-être les cheveux noirs?

» — Ce qui veut dire que je ferai mieux de ne pas re-
» noncer à mon projet de voyage.

» — D'autant plus, ajoutai-je avec une véritable cruauté,
» que je me plains comme un enfant, sans avoir de raison
» pour me plaindre, et que si je suis triste pendant l'ab-
» sence, je n'en suis que plus heureuse au retour. Puis, la
» Chambre n'aura pas toujours les soins d'Emmanuel, et il
» pourra voyager avec moi. Que ne vous mariez-vous? vous
» pourriez voyager avec votre femme.

» En ce moment, Marianne entra m'apportant ma fille à
» embrasser. C'était la première fois que M. de Grige voyait
» cette enfant.

» — Il fait beau, dis-je à Marianne, prends la voiture et
» va promener un peu Clotilde. J'ai voulu que ma fille por-
» tât le nom de ma mère.

» J'embrassai l'enfant, je la fis danser sur mes genoux,
» et je la remis à Marianne. Ce spectacle semblait attrister
» M. de Grige.

» — Pardonnez-moi de vous faire assister à ces détails de

» famille, lui dis-je; mais quand vous serez marié, vous
» comprendrez le bonheur des mères.

» Marianne sortit avec Clotilde.

» — Me marier, reprit M. de Grige; à quoi bon et avec
» qui?

» — Que n'épousez-vous cette belle étrangère?

» — Qui vous dit, madame, qu'elle n'est pas déjà mariée;
» et d'ailleurs, est-ce que je l'aime, pour l'épouser?

» — Pourquoi ne l'aimeriez-vous pas? Elle est jeune, elle
» est belle.

» — Elle aime quelqu'un, fit le marquis.

» — Qui ne l'aime peut-être pas? C'est toujours ainsi,
» fis-je d'un petit ton qui tenait le milieu entre une mélan-
» colie philosophique et une philosophie railleuse.

» — Qui ne l'aime plus, répliqua M. de Grige.

» — Par sa faute? demandai-je.

» — Non; mais il s'est passé dans la vie de cet homme
» des événements qui ont brisé l'amour qu'il croyait avoir
» pour elle.

» — Tout à fait?

» — Oui, et qui ont reporté cet amour sur une autre, ce
» qui fait qu'il n'y a plus de remède maintenant.

» — Mais cette autre, l'aime-t-elle?

» — Hélas! non.

» — Peut-être aussi, repris-je lentement et pour ne pas
» faire de faux pas sur le nouveau terrain où la conversa-
» tion était amenée, peut-être aussi, l'amour de ce quel-
» qu'un n'est-il que de l'entêtement.

» — Non, c'est un amour réel, un de ces amours dont on
» peut mourir.

» — Mais dont on ne meurt pas.

» — Ce qui est un malheur, car la mort, c'est l'oubli.

» — Savez-vous, monsieur de Grige, que vous paraissez
» très-bien comprendre ces douleurs-là?

» — C'est que je les ai éprouvées, madame.

» — Et vous connaissez celui qui souffre ainsi?

» — Beaucoup.

» — Que ne restez-vous pour le consoler?

» — Il part avec moi.
» — Il a peut-être tort.
» — En quoi?
» — Et l'espérance?
» — Elle est impossible maintenant.
» — Voilà qui rend hommage à la vertu de la personne
» aimée.
» — Et cependant, reprit le marquis, vous lui conseille-
» riez de rester.
» — Oui.
» — Mais si, en vous demandant ce conseil, il vous di-
» sait : Madame, je ne me sens pas la force de passer froi-
» dement à côté de celle que j'aime depuis...
» M. de Grige hésita à ce mot.
» — Depuis combien de temps? fis-je en souriant. Depuis
» un mois peut-être ?
» — Depuis près de deux ans, madame, répondit-il d'une
» voix grave. S'il vous disait : Elle est heureuse, et son
» bonheur me fait souffrir ; s'il vous disait enfin : Je serai
» peut-être un jour assez hardi pour lui dire que je l'aime,
» et que je mourrai si elle me repousse, que lui conseille-
» riez-vous?
» — Je lui conseillerais encore de rester. Je lui dirais : A
» quoi bon vous séparer d'un monde qui peut vous dis-
» traire, et d'une femme qui peut elle-même vous guérir
» de votre amour? Restez, voyez-la souvent, et votre
» amour deviendra, par l'intimité, un sentiment fraternel.
» Elle n'a pu ou n'a voulu être votre femme, elle ne doit,
» ne peut ni ne veut être par conséquent votre maîtresse,
» mais elle peut et veut être votre amie sans doute. L'ab-
» sence sépare, mais ne console pas. On revient croyant ne
» plus aimer, et l'on est tout étonné de trouver son amour
» qui vous attend à la descente de la voiture qui vous ra-
» mène. L'habitude, voilà, je crois, le véritable tombeau
» des amours sans espoir.
» — Mais s'il ajoutait encore, reprit M. de Grige : C'est
» cet amour, tout malheureux et tout impossible qu'il est,
» qui me fait vivre, et je le préfère au calme. Cet amour

» éteint, mon cœur ne sera plus que cendres et ma vie ne
» sera plus qu'un mouvement sans cause, sans raison, sans
» effet. C'est une mort vivante que vous me conseillez,
» c'est un cadavre avec la perception seule de la douleur
» que vous voulez faire de moi : que lui répondriez-vous,
» madame?

» — Alors, je lui dirais : Partez, mais ne revenez jamais.
» M. de Grige se leva.

» Je lui tendis la main, car il était en proie à une émotion
» réelle.

» — Cette femme est mariée, ajoutai-je, vous me l'avez
» dit du moins, c'est-à-dire qu'elle a un nom qu'elle a reçu
» pur et qu'elle doit transmettre comme elle l'a reçu aux
» enfants qu'elle a. Il faudrait donc que votre ami comprît
» que, dans le cas où il resterait, des visites trop fréquentes
» pourraient la compromettre, car il doit avoir fait la con-
» fidence de son amour. Ce serait donc un embarras pour
» elle de le voir trop souvent. Une femme, même lorsqu'elle
» est sûre d'elle, n'aime pas se trouver trop souvent avec
» un homme dont elle sait être aimée à ce point. Que votre
» ami vienne la voir tant qu'il voudra lorsqu'il sera certain
» de rencontrer son mari, et, si je connais le cœur des
» femmes, elle sera heureuse de le voir ainsi, car ce lui
» sera une preuve de son respect et de la pureté de ses sen-
» timents. Dites-lui tout ceci, et ajoutez que le conseil vient
» d'une femme : cela lui donnera peut-être plus de valeur.
» Pardon, si je vous quitte déjà, monsieur de Grige, mais
» il faut que j'aille prendre mon mari à la Chambre. Le
» pauvre garçon ne trouva pas une parole; il baisa ma main
» et sortit.

» Voilà, ma chère Clémentine, la scène qui a eu lieu
» hier entre M. de Grige et moi. Ai-je bien fait, ai-je eu
» tort d'agir ainsi? Je n'avais vu d'abord dans cette espèce
» de cour que le marquis me faisait qu'un enfantillage qui
» pouvait me distraire; mais quand j'ai reconnu à ses assi-
» duités un caractère plus grave, j'ai voulu en finir d'un
» seul coup. Cependant, il était si triste en me quittant,

» qu'il m'a fait de la peine. Il m'aime peut-être. Je le plains
» alors ! »

Madame de Bryon reçut à cette lettre une réponse qui ne renfermait que ces deux lignes :

« Plains-le si tu veux, mais prends garde. »

XXX

« Prends garde, me dis-tu ? écrivit aussitôt Marie à Clé-
» mentine. Prendre garde ! Et à quoi, mon Dieu ! à l'amour
» de M. de Grige ? Es-tu folle ? Pour que cet amour fût
» dangereux, il faudrait qu'il y eût complicité, et que de
» mon côté je le ressentisse. Or, je ne sais pas à propos de
» quoi tu supposerais un seul instant que je pusse aimer
» M. de Grige. Ne me connais-tu plus, et faut-il que je t'ap-
» prenne mes sentiments et mes pensées ? Une autre femme
» pourrait être séduite par le nom, par la jeunesse, par
» l'élégance de M. de Grige, j'en conviens ; mais, moi, ai-je
» une raison avant, aurais-je une excuse après ? Mon père,
» ma mère, mon mari, mon enfant, ne tiennent-ils pas au-
» dessus de ma tête un bouclier qui me fait invulnérable ?
» Le respect que j'ai pour ma famille et pour moi-même,
» mon amour toujours le même pour Emmanuel, ne sont-
» ils pas des garanties suffisantes à tes yeux, aux yeux d'une
» amie qui devrait me connaître si bien ? Allons, tu ne sa-
» vais ce que tu faisais, chère Clémentine, quand tu as écrit
» ces deux lignes trop courtes et trop longues à la fois. Je
» ne te cache pas cependant que, dans les heures oisives
» que me font les absences quotidiennes de mon mari, j'ai
» voulu m'amuser un peu de la cour de M. de Grige, et voir
» de quelle façon s'y prennent les soi-disant débauchés qui
» portent le trouble dans les ménages ; mais j'avoue qu'il
» faut avoir bien grande envie de succomber pour se laisser
» aller à de si pauvres tentations. Il faut surtout, car je ne
» veux pas blâmer celles qui sont moins fortes que moi, que
» celles qui succombent n'aient pas comme moi dans le
» cœur un nom qui les garantisse de toute atteinte, comme
» faisaient les talismans des magiciens du moyen âge.

» Ces talismans ne devaient pas être autre chose que la
» foi conservée aux personnes aimées. La médaille ou la
» croix que l'on portait à son cou étaient destinées à rap-
» peler sans cesse le serment que l'on avait fait, et la cré-
» dulité populaire finissait par croire à l'influence physique
» de l'objet, médaille ou croix, tandis qu'il fallait simple-
» ment se dire : Ce qui rend l'homme fort et invulnérable,
» c'est la pensée qu'une autre existence est attachée à la
» sienne et que quelqu'un mourra de sa mort. Ce qui le
» garde, c'est la prière que l'on adresse tous les jours à
» Dieu pour lui, et qui part d'un cœur resté pur parce qu'il
» est aimé, aimé parce qu'il était pur. J'ai ce talisman-là,
» moi. J'aime et je suis aimée, je n'ai donc rien à craindre.
» Je n'en suis ni plus fière de moi, ni plus sévère pour les
» autres. Parlons de toi maintenant.

» Ne nous verrons-nous donc plus? M. Barillard, comme
» un égoïste qu'il est, veut donc te garder éternellement à
» Dreux? Il ne sait donc pas que tu as à Paris une bonne
» amie qui le recevrait comme un frère, car elle t'aime
» comme une sœur? S'il ne peut t'accompagner, n'es-tu
» pas assez grande pour venir toute seule passer quelques
» bonnes journées avec moi? M. Barillard te ferait-il l'in-
» jure d'être jaloux à ce point? En vérité, qui nous aurait
» vues il y a deux ans ne pouvant nous passer l'une de
» l'autre, et qui nous reverrait aujourd'hui séparées par
» trente lieues et ne faisant pas un pas pour nous rencon-
» trer, ne pourrait croire à ce qu'il verrait si en contradic-
» tion avec ce qu'il aurait vu. Nous qui, dans nos rêves,
» associions toujours nos deux existences, qui n'entrevoyions
» le bonheur qu'escorté de notre amitié, comment se fait-il
» que nous nous contentions de nous écrire? Tâche de ré-
» soudre ce problème, toi qui trouvais autrefois une solu-
» tion à tout. Après tout, nous nous savons heureuses, cela
» nous suffit. Outre les yeux du corps, qui ne voient qu'à
» une distance rapprochée, n'avons-nous pas les yeux de
» l'âme à l'aide desquels nous traversons l'espace? Ne te
» vois-je pas aussi distinctement que si tu étais assise au
» même foyer que moi? Je connais tes habitudes, ton ca-

» ractère, ton âme tout entière; j'ai vu la maison que tu
» habites, tes traits sont gravés dans ma mémoire comme
» ceux de ma mère; à l'aide de tout cela, quand je pense
» à toi, ce qui m'arrive souvent, mon cœur et mon imagi-
» nation recomposent ta vie. Je te vois aller et venir. Je
» t'entends presque, et je suis sûre qu'il ne t'arrive rien,
» car, s'il t'arrivait la moindre chose, je ressentirais une
» douleur et je pousserais un cri.

» Mon mari travaille beaucoup en ce moment. Je suis
» initiée à tous les mystères de la politique. Te rappelles-tu
» les questions que je fis à M. de Bryon la première fois
» qu'il vint nous voir? Aujourd'hui, je regarderais avec
» mépris une femme qui en ferait de pareilles. Je suis de
» force à faire des premiers Paris dans un grand journal. Je
» suis au courant des intrigues, des cabales, des moyens,
» des causes et des effets; et ces grands mots : patrie, peu-
» ple, qui font battre le cœur de tant de braves gens, m'ap-
» paraissent avec leur véritable sens. Ces deux mots sont
» les fils avec lesquels on fait danser toutes les marionnettes
» politiques, et cela depuis des centaines d'années.

» Cette autopsie des grandes choses est quelquefois bien
» triste à voir de près; mais ce qui me rend heureuse et
» fière, c'est le caractère droit et loyal qu'Emmanuel con-
» serve au milieu de tout cela. Du reste, cette indépendance
» lui réussira bientôt peut-être. Il est question d'une nou-
» velle combinaison ministérielle dont Emmanuel serait. Le
» roi commence à comprendre le besoin de se rattacher
» des hommes probes et forts. Je te dis cela sous le sceau
» du secret. Emmanuel est allé trois jours de suite aux
» Tuileries. La proposition du ministère lui a été faite offi-
» ciellement, mais il a répondu qu'il ne l'accepterait que
» s'il lui était permis de détruire tous les abus qu'il connaî-
» trait, et de remplacer tous les hommes qui trompent la
» confiance du pays. Il paraît qu'il est très-difficile pour un
» gouvernement de se débarrasser de ceux-là même qui lui
» font le plus de tort et d'appeler à lui ceux qui le soutien-
» draient honnêtement. La probité en matière politique est
» une chose difficile à placer. J'espère qu'Emmanuel arri-

» vera, parce que cela lui fera plaisir, car pour moi, tu
» dois bien comprendre que j'aimerais mieux vivre auprès
» de lui dans le fond de quelque vallée suisse que dans le
» plus somptueux ministère. C'est son ambition : que sa
» volonté soit faite. Il m'aime bien pair de France, il m'ai-
» mera bien ministre.

» Du reste, je commence à me rendre compte de la na-
» ture de son amour. Emmanuel ne peut pas m'aimer
» comme aimerait un berger de Florian ou un jeune pre-
» mier d'opéra-comique. Son esprit, nourri dès l'enfance
» dans les idées politiques, ne peut pas se satisfaire avec ma
» seule parole. Son âme est trop vaste pour ne contenir que
» l'amour. Ce serait verser le contenu d'un fleuve dans le
» bassin d'un océan. Seulement, je suis pour lui la chose
» qui lui avait manqué jusqu'à ce qu'il me connût. Il n'a-
» vait eu que la lutte sans le repos ; il n'était pas complé-
» tement heureux : s'il n'avait que le repos sans la lutte,
» il serait malheureux tout à fait. Je suis le banc de mousse
» qu'il trouve chaque soir après la route parcourue, sur le-
» quel il s'endort et qui lui rend les forces nécessaires pour
» le lendemain. Que veux-tu ? Il est des organisations qui
» tendent toujours au mouvement. Nous autres femmes,
» que devons-nous être pour ces organisations ? Nous devons
» les comprendre, les admirer, les soutenir et faire de notre
» amour une consolation et une espérance. D'ailleurs, cette
» vie agitée d'Emmanuel m'est un sûr garant qu'il m'ai-
» mera toujours. Comme il n'a que quelques heures à me
» donner par jour, son amour ne s'use pas comme s'il pou-
» vait me donner tous les instants de sa vie. Je comprends
» qu'un homme et une femme qui n'ont pas d'autre occu-
» pation que leur amour en arrivent, quand deux ou trois
» ans se sont passés sans qu'ils se quittent, à être rassasiés
» l'un de l'autre, comme au bout d'un certain temps on ré-
» pugnerait à manger le mets qu'on a le plus aimé, si l'on
» en avait mangé à tous ses repas.

» Dans les instants qu'il me donne, Emmanuel est le plus
» expansif des amants. J'ignore comment les autres femmes
» sont aimées ; mais je ne crois guère possible qu'elles le

» soient mieux que moi. C'est pour qu'il puisse causer avec
» moi comme avec un ami, c'est pour être pour lui autre
» chose que sa femme, que je me suis fait initier peu à peu
» à la politique contemporaine. Croirais-tu que quelquefois
» il me consulte? Je suis bien orgueilleuse ces jours-là! Que
» Dieu est bon de permettre à l'amour de s'exprimer de
» tant de façons et de lui ouvrir tant de routes! Cela dé-
» pend un peu de l'intelligence du cœur. Pour être heu-
» reuse en amour, il faut non-seulement, je crois, savoir
» aimer, mais encore savoir être aimée.

» La tendresse qu'Emmanuel a pour sa fille est une chose
» indescriptible; il faut dire aussi qu'elle a l'air d'un de ces
» petits anges roses de la couronne d'anges de Rubens.
» Quelle chose incroyable que cette transmission de la vie!
» Que de peines éveille en nous la vue de notre enfant!
» quelles douces émotions nous éprouvons aux premiers
» mots qu'il bégaye! Puis l'enfant grandit, sa conduite de-
» vient intelligence, son bégayement devient voix, ses in-
» stincts deviennent des sentiments et des passions; il va
» marchant à grands pas dans la route que nous commen-
» çons à descendre et au milieu de laquelle la nature a
» voulu que nous l'abandonnions, sans doute pour per-
» mettre à son cœur les affections dont il a besoin pour être
» heureux et que notre amour égoïste ne peut lui fournir,
» car nous n'avons plus rien à donner et nous n'avons plus
» qu'à recevoir. Je comprends bien mieux maintenant ce
» que mon père me disait à ce sujet. Que de choses dans
» un enfant! Quand je considère ce petit être encore sans
» force et sans pensée, qui ne sait qu'étendre instinctive-
» ment ses bras vers le sein qui l'a porté, j'ai peine à me
» convaincre que nous avons été ce qu'il est. Je me de-
» mande alors quel avenir Dieu garde à cette faible créa-
» ture, qui un jour aura la perception de toutes les choses
» de la vie, qui aimera, qui souffrira peut-être, qui rencon-
» trera quelque part un homme, enfant comme elle à cette
» heure, dont nous ne savons pas le nom, et qui deviendra
» tout à coup nécessaire à son bonheur, comme Emmanuel
» au mien. Puis, comme nous, elle aura des enfants et elle

» mourra à son tour, et il viendra un temps où nous ne
» serons plus que des noms pour nos descendants. Nos por-
» traits, portraits de vieux, seront pendus dans la galerie
» où sont ceux que nous avons vus ensemble ; et de notre
» amour, de nos rêves, de nos joies, il ne restera rien ; et
» des milliers d'années, dont nous ne serons pas, s'écoule-
» ront encore, et la terre dévorera jusqu'aux os ce qu'avec
» des larmes nos enfants lui auront confié.

» Voilà pourtant ce que c'est que la vie. C'est lorsque ces
» réflexions-là me viennent que je me demande pourquoi
» Emmanuel, au lieu de me le donner tout entier, à moi et
» à ma fille, jette son temps à des ambitions chimériques
» qui n'auront même pas la durée de notre existence. Puis
» un sourire de ma Clotilde et un baiser de mon mari chas-
» sent toutes ces idées noires, que tu vas être bien étonnée
» de trouver dans ma lettre, et auxquelles j'espère que ta
» porte reste toujours close ; mais, tu le sais mieux que
» personne, j'ai toujours été un peu mélancolique, tu m'ap-
» pelais en riant madame Werther.

» Tu vois comme je suis loin d'avoir à redouter M. de
» Grige.

» Écris-moi donc une longue lettre pour compenser la
» dernière. »

Madame Barillard répondit :

« Si je t'ai écrit : « Prends garde, chère amie, » c'est
» qu'on ne sait jamais à quoi s'en tenir avec les hommes.
» Les moins séduisants comptent des bonnes fortunes, à
» plus forte raison doivent-ils en espérer ceux qui, comme
» M. de Grige, sont jeunes, beaux, riches et élégants. Tu
» sais que j'ai toujours eu un faible pour lui ; j'aime au-
» tant, pour le repos de M. Barillard, que ce jeune homme
» n'habite pas Dreux : je serais moins sûre de moi que tu
» ne l'es de toi. Je crois que tout ce qui a été peut être :
» or, il est arrivé que des femmes qui adoraient leur mari
» se sont laissées aller à le tromper. Nous sommes faites de
» la même argile que les autres femmes, ma chère Marie ;
» tenons-nous donc sur nos gardes. Nous avons dix-huit
» ans ; ne répondons pas de l'avenir. Tu vas peut-être croire,

» en lisant cela, que j'ai un amour en tête? Détrompe-toi;
» rien n'est plus simple et plus prosaïque que ma vie. Je
» n'aime que mon mari, qui, malheureusement, n'est pas
» comme le tien au moment d'être ministre. Sa seule occu-
» pation sérieuse, c'est d'aider son père dans ses comptes
» d'administration; sa seule distraction, c'est de jouer de la
» flûte; son seul bonheur, c'est moi et mon fils, aimable
» gamin qui commence déjà à crier comme un diable, et
» qui fera un excellent mari pour mademoiselle de Bryon,
» si mademoiselle de Bryon ne le trouve pas trop roturier
» pour elle, quand elle sera en âge de se marier.

» Pour en revenir aux bonnes fortunes des hommes les
» moins séduisants, j'en ai appris de belles sur le compte de
» M. Barillard. Figure-toi, chère amie, qu'avant de se ma-
» rier, M. Adolphe était un des grands débauchés de la ville
» de Dreux. Te figures-tu ce que cela peut être, un débau-
» ché de Dreux qui joue de la flûte? Il avait enlevé une
» jeune fille, une ouvrière, qui avait quinze ans; il était
» parti avec elle pour Paris. Le père de la jeune fille, qui était
» cantonnier, s'est fâché; et M. Barillard fils, menacé d'un
» procès qui aurait fait le plus grand tort à M. Barillard
» père, a été forcé de payer cette fredaine d'une somme de
» vingt mille francs, avec la rente desquels l'honnête can-
» tonnier vit à deux lieues de Dreux, aussi tranquillement
» que si ces vingt mille francs étaient le fruit de son travail.
» Il paraît qu'il y a des pères qui estiment à vingt mille francs
» l'honneur de leur fille; c'est bien cher ou bien bon mar-
» ché, qu'en penses-tu? Mais M. Adolphe Barillard ne s'est
» pas arrêté là; il a fait la cour à la femme d'un haut fonc-
» tionnaire d'ici, et il a réussi au point que le fonctionnaire
» a été forcé de donner sa démission, et qu'on lui a fait
» obtenir la croix pour le consoler. Voilà quel Lovelace j'ai
» épousé, ma chère. Quand j'ai appris tout cela et que j'en
» ai parlé à M. Barillard, qui croyait que je n'en serais ja-
» mais instruite, il a fait une si drôle de figure, que j'ai
» éclaté de rire, et que j'en ris encore en écrivant cette
» lettre.

» Je suis bien sûre que pour certaines gens l'amour

» prend ses flèches dans un carquois particulier, et mon
» mari doit être de ces gens-là. Je l'aime bien, mais je
» doute, si j'étais la femme d'un autre, que je tromperais
» cet autre pour lui. En somme, je suis très-heureuse. Je
» me sers à merveille de ce que j'ai appris pour faire faire
» à Adolphe tout ce que je veux. Du reste, il est amoureux
» comme un tourtereau.

» Ne va pas croire cependant que ce soit un monstre.
» D'ailleurs, tu le verras bien, car j'ai mis dans ma tête
» d'aller à Paris, et nous irons, mais pas encore, car je crois
» que bientôt mon fils aura un frère ou une sœur, peut-être
» les deux en même temps : on ne sait pas ce qui peut arri-
» ver. Tu as des idées bien philosophiques, pour ne pas dire
» bien noires, et qui ne me viendraient pas, à moi. Il est
» vrai que je ris toujours. D'abord, depuis que j'ai appris
» ses bonnes fortunes, je ne puis plus regarder mon mari
» sans rire, et je le regarde souvent.

» Nous avons eu un bal superbe à la sous-préfecture.
» Madame X..., que tu connais, avait une robe de satin
» vert, une espèce de turban jaune qu'elle portait sur le
» coin de l'oreille et qui était orné d'un oiseau de paradis.
» Elle avait l'air d'un perroquet en grand costume. C'était
» la mieux mise. Oh! si jamais tu es triste, viens ici, tu
» riras. »

Un mois environ après qu'elle avait reçu cette lettre, Marie eût pu partir pour Dreux, car elle était bien triste, mais d'une de ces tristesses que rien ne peut faire sourire. Voici ce qui s'était passé.

XXXI

Au milieu de tout cela, madame d'Hermi n'avait pas changé. Elle était restée ce qu'elle avait toujours été, femme du monde, aimant le bal, les lumières, les fêtes, les fleurs et tous les plaisirs de la vie extérieure. Depuis que sa fille était mariée, la comtesse avait bien souvent voulu l'entraîner avec elle, mais Marie n'avait cédé que cinq ou six fois, préférant, au contraire de sa mère, la tranquillité de son foyer au bruit du monde. Cependant, un grand bal devait avoir lieu trois semaines environ après les derniers événements que nous venons de raconter. Ce bal était donné par la marquise de L..., et l'on en promettait des merveilles. Madame d'Hermi avait tant tourmenté sa fille, que celle-ci avait consenti à l'accompagner, et qu'Emmanuel, qui n'eût pas su refuser un plaisir à sa femme, avait paru se faire une fête de ce bal, tant il avait à cœur, non-seulement d'accorder à Marie ce qu'elle lui demandait, mais de mettre son bonheur à le lui accorder.

Quinze jours avant ce bal, madame d'Hermi et Marie avaient commencé leurs emplettes, courant les magasins et changeant d'idées vingt fois par jour. La comtesse essayait de faire comprendre à sa fille tout le plaisir qu'il y a à changer souvent d'idées en matière de toilette. Tout Paris a gardé le souvenir de ce bal où se trouva tout ce qui avait un nom, et qui contrastait singulièrement avec l'aspect de la ville. En effet, il faisait un froid peu connu dans les annales des thermomètres parisiens, et la neige, qui tombait à larges flocons, faisait un tapis d'un demi-pied de haut au pavé de Paris. Mais à Paris, quand on va au bal, s'occupe-t-on du temps qu'il fait? le sait-on seulement? On monte dans une voiture dont on ferme les vitres; on arrive, on danse, on revient par le même procédé. Tout est dit, et le lendemain on ne se souvient plus s'il faisait chaud ou froid.

Il y avait plus de trois cents voitures sur la place Vendôme. C'était là que demeurait la marquise de L... Marie n'aimait pas le bal avant d'y arriver; mais elle l'aimait fort une fois qu'elle y était, et la danse avait pour elle de réels enivrements. Léon était à ce bal. Depuis un mois elle l'avait revu trois ou quatre fois au plus, et il avait paru oublier la conversation qu'il avait eue avec madame de Bryon, et que nous avons fait connaître à nos lecteurs. Ce fut avec lui que la comtesse dansa en arrivant, et ce fut à son bras qu'elle revint au-devant de sa fille.

— Donne une valse à M. de Grige, dit-elle à Marie; je ne connais pas de meilleur valseur.

Marie n'avait aucune raison de ne pas danser avec Léon.

Elle eut l'air de ne pas s'apercevoir de l'émotion à laquelle le marquis était en proie en lui prenant la main, et, tout en valsant, elle souriait à Emmanuel, autour duquel étaient venus se grouper de nombreux admirateurs, fiers de le connaître et d'être connus de lui.

Les lumières, les diamants, les fleurs, les parfums, l'harmonie, ruisselaient dans les salons de la marquise. Il y avait dans l'air qu'on respirait là de quoi faire damner cent jeunes filles. Le bal est pour les jeunes filles le plus court chemin du paradis à l'enfer, s'il y a un enfer, ce dont je ne doute pas. C'est incalculable combien de vertus ont les ailes prises dans toutes ces pressions de mains faites sous des prétextes de poules, de pastourelles et de valses.

Ces réflexions n'ont aucun rapport avec Marie. Cette nuit-là, beaucoup de mains pressaient la sienne, mais la sienne resta de marbre. Cependant, si beau, si gai que soit un bal, il faut qu'il finisse. Peu à peu les salons s'élargirent, et l'heure de se retirer arriva.

— Allons, chère enfant, dit la comtesse à sa fille, partons ; car elle trouvait qu'à quatre heures du matin, quand les toilettes sont chiffonnées, le bal devient impossible, et elle était alors aussi pressée de le quitter qu'elle avait eu hâte d'y venir.

Elle fit demander sa voiture, et quand on vint la prévenir que sa voiture l'attendait, elle descendit, couverte de cette simple pelisse qu'elle avait en venant et sous laquelle nous nous étonnions de ne pas voir frissonner ses épaules nues. Une autre voiture se glissa avant celle de la comtesse, qui fut ainsi forcée d'attendre cinq minutes sous une galerie où pénétrait de temps en temps l'air glacé du dehors. Le comte voulut la faire remonter un instant dans les salons, mais elle ne voulut pas ; et, quand elle entra dans sa voiture, elle frissonnait et ses dents claquaient. Quand elle se réveilla à quatre heures du soir, elle ne pouvait remuer ; un voile de plomb couvrait sa tête, et la fièvre la dévorait. Elle s'opposa à ce qu'on envoyât chercher le médecin, disant que cette indisposition n'était que de la fatigue ; mais le soir le délire se déclara, et il fallut bien avoir recours au docteur habituel de la comtesse.

Marie, étant venue comme de coutume voir sa mère et l'ayant trouvée au lit, fit dire à Emmanuel qu'elle ne rentrerait pas, et la cause de cette absence. Le médecin arriva, demanda ce que la malade avait fait depuis deux jours, se plaignit qu'on l'eût envoyé chercher si tard, et constata une fluxion de poitrine. Le soir tout Paris savait la maladie subite de la comtesse, et tout le monde venait s'inscrire. Léon, comme on le pense, ne fut pas le dernier à remplir ce devoir. En sortant de la chambre, Emmanuel était venu rejoindre Marie, qui ne quittait pas le chevet de sa mère. Chaque fois que madame d'Hermi retombait dans le délire, la pauvre enfant tremblait. Cette folie momentanée, cette aliénation fiévreuse l'épouvantait, et elle se jetait sur sa mère en l'embrassant et en pleurant; puis le calme revenait à la malade, et la pieuse fille passait des larmes à la prière et de la terreur à la joie. Et cependant, chaque fois que le médecin revenait, il répétait toujours :

— Pourquoi ne m'a-t-on pas envoyé chercher tout de suite ?

Alors Marie le regardait avec inquiétude, le suppliant de la rassurer, et le pauvre homme, qui l'avait vue naître et qui l'aimait comme son enfant, lui disait : Tranquillisez-vous, il n'y a aucun danger; et cependant Marianne lui avait vu secouer la tête en quittant la chambre de la comtesse, ce qu'elle s'était bien gardée de dire à personne, et ce qu'elle n'avait dit qu'à Dieu, car la pauvre femme était allée à l'église brûler un cierge à la Vierge et la prier pour sa maîtresse.

La maladie faisait en effet des progrès rapides et terribles; en trois jours la comtesse n'était plus que l'ombre d'elle-même; ses beaux yeux, si riches d'éclat quelque temps auparavant, ne brillaient plus que par intervalles, et c'était la fièvre qui leur donnait ces éclairs passagers; ses lèvres, roses le jour du bal, entr'ouvertes maintenant et pâles, laissaient passer une respiration difficile et embarrassée; les joues s'étaient creusées, et les pommettes seules brûlantes portaient cette petite teinte rouge, si dénonciatrice pour les gens de l'art; les bras étaient amaigris, et l'on se demandait, en voyant cette femme si abattue et si changée, si jamais Dieu referait d'elle ce qu'elle était auparavant.

Marie n'avait pas dormi une minute; les yeux constamment fixés sur sa mère, elle cherchait à découvrir le centre de la maladie; elle étudiait la respiration, le regard, le délire de la comtesse, ne trouvant, lorsqu'elle la voyait souffrir, que des larmes et des prières. Aussi la pauvre femme, qui voyait dans ses moments lucides ce que souffrait sa fille, lui prenait les mains et ramenait la blonde tête de son enfant sur sa poitrine, elle la consolait et lui disait d'espérer; puis, la force lui manquait, et elle retombait dans cette morne atonie qui semble une préface de la mort. On ne peut savoir, à moins de l'avoir éprouvé, ce qu'il y a de tortures à voir souffrir sa mère comme tout être qu'on aime d'une affection sainte. Le monde disparaît alors devant la douleur, toutes les autres affections qu'on avait se concentrent sur l'être chéri qu'on craint de perdre, et l'on payerait un mot d'espoir de la moitié de sa vie; on rit et l'on pleure comme un enfant, selon que la malade est calme ou souffrante; les jours sont longs ou courts, selon que le médecin a été plus ou moins satisfait; lorsque approche l'heure à laquelle il doit arriver, on tremble comme le condamné qui attend son juge, et le cœur bat à rompre la poitrine; on voudrait alors être à la place de celle qui souffre et qui ne sait pas ce qui se passe autour d'elle; puis, si ce qu'ordonne le médecin la soulage, on bénit Dieu et on l'aime; si, comme pour madame d'Hermi, les remèdes et les secours humains sont toujours impuissants, on se retire dans sa douleur et l'on est bien près de blasphémer.

La nuit, la pauvre enfant était pleine de terreur, lorsque dans son grand fauteuil, où elle voulait veiller, elle s'endormait un peu, et que tout à coup elle se réveillait au milieu de cette chambre éclairée de la lueur seule d'une petite veilleuse, entre son père qui la regardait à demi caché dans l'ombre, et sa mère dont elle entendait heureusement encore la respiration chaude et altérée. Elle avait grand'peur, la pauvre petite; nous le répétons, alors elle se levait, mettait un peu de tisane dans une tasse et versait cette liqueur dans la bouche entr'ouverte de sa mère, dont l'oppression se calmait un instant, mais pour recommencer bientôt après; puis elle allait embrasser son père et se remettait dans son fauteuil, où elle écoutait machinalement le bruit de quelque voiture attardée qui troublait le silence de la nuit, et le mouvement cadencé de la pendule dont l'aiguille pouvait d'un instant à l'autre marquer une heure fatale. Puis, lorsque arrivait le matin, et que les premiers bruits de Paris qui se lève arrivaient aux oreilles de la belle garde-malade, pendant que les rayons du jour pénétraient graduellement dans la chambre, elle entr'ouvrait un peu les rideaux et regardait ce qui se passait dans la rue, car son existence était depuis quelques jours si douloureusement changée, qu'elle avait besoin de voir la vie des autres pour croire à la sienne. A sept ou huit heures le médecin arrivait, puis Emmanuel, puis M. de Bay, qui restait auprès de la comtesse autant que les convenances le permettaient, et sur qui cette maladie faisait une bien vive impression. Mais il ne se faisait aucune amélioration dans l'état de madame d'Hermi, elle reprenait connaissance de temps en temps et sortait de son sommeil fiévreux; elle prenait la main de sa fille et celle de son mari, et les regardait tous deux, l'une avec une bénédiction, l'autre avec une prière, car au moment de paraître devant Dieu, comme mère elle avait le droit de bénir, mais, comme épouse, il fallait qu'elle implorât; car elle avait à se faire pardonner sur la terre pour se faire absoudre dans le ciel.

Pour le comte, il n'y avait plus de doute, et s'il donnait une espérance à sa fille, il n'en gardait pas pour lui; il voyait les progrès effrayants du mal dont il devinait déjà presque le terme, et à cette heure dernière, solennelle, il ne se sentait pas la force de se souvenir. Il ne revoyait dans cette femme mourante, pâle et belle encore, que la jeune fille candide qu'il avait aimée jadis; il ne se rappelait et ne voulait se rappeler que cette année douce qu'ils avaient passée ensemble et qui était restée la seule étoile de son passé, sur laquelle allait s'étendre un nuage de mort. Il pardonnait donc du regard et de l'âme, et pleurait comme un amant, tout en reconnaissant dans cette fin la conséquence de la vie de Clotilde. Il était logique que la comtesse, insoucieuse, folle, légère, ne vivant que de la vie superficielle du monde, de bals, de fêtes, d'éclat, mourût de ce qui l'avait fait vivre. On ne peut dire la joie de la pauvre femme en voyant les larmes de son mari, ce pardon visible, qui venait de l'âme par les yeux ; et si en ce moment elle eût elle-même gardé l'espérance de vivre, elle eût fait vœu de ne vivre que pour lui. Marie seule espérait encore, et la pauvre jeune femme soignait sa mère avec une bonté et une candeur d'ange. Confiante dans les paroles du médecin, elle croyait que tout ce qu'elle donnait à la comtesse faisait faire un pas à la guérison ; et tout dans la nature, le soleil, les étoiles, les hommes, la vie des autres enfin était si bien la même, qu'elle ne supposait pas que, sans raison, Dieu, qui devait la bénir encore, lui enlevât un de ceux qu'elle aimait le plus au monde.

Cependant, malgré ses prières et ses soins, la loi de la fatalité s'accomplit. Le dixième jour après le commencement de sa maladie, Clotilde parla une heure environ au baron, au comte, à Emmanuel et à sa fille rassemblés autour de son lit ; puis sa voix s'éteignit peu à peu, et elle ne put qu'articuler des sons auxquels ses gestes avaient peine à donner un sens ; des larmes abondantes tombaient de ses yeux, et, à compter de ce moment, personne, même Marie, n'osa conserver d'espoir. La comtesse parut s'assoupir, et tout le monde crut que c'était la mort qui venait ; mais un sommeil à peu près calme s'empara d'elle, et chacun sortit de sa chambre, la laissant seule avec sa fille, qui ne voulait pas la quitter, et qui, à genoux, continua sa prière commencée depuis dix jours. En sortant de la chambre de la comtesse, M. de Bay tendit la main à M. d'Hermi, qui comprit tout ce qu'il y avait d'âme dans ce geste, et qui, sans répondre un seul mot, serra la main du baron, qu'il laissa pleurant et se promenant à grands pas. Le jour se passa ainsi. A quatre heures le médecin vint.

— Viendrez-vous demain, docteur? fit le comte en le voyant s'éloigner après être resté peu d'instants auprès de la malade.

— Ce sera ma dernière visite, répondit celui-ci; c'est au médecin de l'âme, maintenant.

Les deux hommes se serrèrent la main, et M. d'Hermi rentra dans la chambre où Marie priait toujours. Il s'approcha d'elle et lui toucha l'épaule.

— Mon enfant, lui dit-il, viens avec moi.
— Pourquoi, mon père?
— J'ai à te parler.
— Oh! mon Dieu! qu'allez-vous me dire?

Et Marie se releva tout effrayée.

— N'aie pas peur, mon enfant : rien qui puisse t'attrister.
— Dites-le-moi ici, mon père, bien bas, pour ne pas réveiller maman, et pour que je ne la quitte pas.
— C'est impossible.
— Pourquoi?
— Il faut que ta mère soit seule.
— Mon Dieu! mon Dieu! s'écria madame de Bryon, et, la figure en larmes, elle se jeta dans les bras de son père.
— Viens avec moi, disait le comte, ému de cette scène.

Et il entraînait sa fille. Marie le suivait machinalement; mais, arrivée à la porte, elle se retourna et courut au lit de la mourante, qui, les yeux déjà fixes, respirait cependant encore.

— Est-ce long ce que vous avez à me dire, mon père?
— Non, ma fille; viens, nous reviendrons bientôt, et alors, tu ne quitteras plus ta mère.

Marie sortit, appuyée sur son père et sans quitter le lit des yeux. Au moment où il refermait la porte, Marianne, tout en pleurs, lui parla bas. Le comte emmena alors plus rapidement encore Marie, à qui un bruit de pas qui se faisait dans l'escalier donna les idées les plus étranges.

— On ne va pas emmener ma mère, dit-elle?
— Non, sois tranquille.
— Mais qu'y a-t-il? s'écria-t-elle alors avec des sanglots.
— Il y a, mon enfant, dit le père, en l'asseyant dans une

autre chambre, qu'il faut que les hommes sortent lorsque le Seigneur entre.

— L'extrême-onction! dit-elle.

Et elle tomba à genoux. Et ses larmes s'arrêtèrent, car elle souffrait trop pour pleurer. Mais lorsque les larmes ne sortent pas par les yeux, elles retombent sur le cœur et l'inondent. La pauvre enfant était suffoquée, et le comte n'eut que le temps de la porter sur son lit, qu'elle voulait obstinément quitter pour aller retrouver la comtesse.

— Ma mère! ma mère! étaient les seuls mots qu'elle pouvait articuler, et elle se roidissait sur ce lit dans une attaque nerveuse effrayante, se levant à chaque minute pour sortir, et ne reconnaissant pas son père ni Emmanuel qui la retenaient; enfin, le médecin lui versa quelques gouttes de fleur d'oranger dans la bouche, et elle retomba anéantie : sa respiration oppressée se calma peu à peu. Depuis dix jours et dix nuits elle n'avait pas fermé les yeux, le médecin lui fit prendre un soporifique sans qu'elle sût ce qu'elle prenait, et il la quitta calme et endormie.

Elle dormit longtemps sans doute, car lorsqu'elle se réveilla, il faisait nuit; elle passa les mains sur son front, se souvint, et cette nuit et ce silence l'épouvantèrent; elle n'osait bouger de son lit, et elle appelait à voix basse son père, mais rien ne répondait; elle était seule dans la chambre. Alors, les yeux hagards, les cheveux flottants, elle se leva et gagna, comme une somnambule, la porte de la chambre, se heurtant à tous les meubles; elle sortit : même silence au dehors qu'au dedans; elle traversa le salon vide et triste avec son grand lustre, ses grands tableaux : tout avait une apparence désolée, et elle arriva au seuil de la chambre de sa mère. Elle écouta, comme elle avait déjà fait tant de fois, mais elle n'entendit rien; alors, elle entr'ouvrit la porte et vit, à la clarté d'une seule bougie, ce que depuis dix jours il lui avait tant de fois semblé voir.

M. d'Hermi était à la fenêtre malgré le froid et la pluie. M. de Bay, assis près du lit, le coude appuyé sur les draps et la tête dans sa main, pleurait. Emmanuel était assis dans l'ombre, et la main dans la main du comte. Marianne pleurait au pied du lit. Le médecin venait de partir. Madame d'Hermi était morte.

XXXII

Ce fut une triste soirée, celle qui suivit la mort de madame d'Hermi ; Marie était atterrée ; on eût dit que la pauvre enfant avait, avec une moitié de son cœur, perdu toute sa raison ; elle restait les yeux fixes, muette et sourde à tout ce qu'on pouvait lui dire. Parfois, un sourire pâle et triste, un regard humide et voilé, répondaient au sourire et au regard de son père ; puis elle retombait dans son atonie, car ses forces paraissaient épuisées, et elle ne semblait même plus capable de souffrir. C'était la première douleur de Marie, aussi était-elle profonde ; cependant, maladie et mort s'étaient suivies avec une telle rapidité, que la pauvre enfant se croyait par moments sous l'empire d'un mauvais rêve. C'est étrange comme l'esprit a peine à s'habituer à l'idée de la mort, et comme on comprend difficilement qu'un être aimé, qu'on était habitué à voir et à entendre, soit immobile pour l'éternité ; on croit toujours que les autres se sont trompés, et que si l'on allait l'appeler, il reconnaîtrait la voix et répondrait. Il fallait pourtant bien que Marie se convainquît de la vérité ; ceux qui l'entouraient n'étaient ni plus crédules ni moins désolés qu'elle, et elle avait toujours devant les yeux la tête pâle de sa mère qu'elle avait touchée de ses lèvres, la poitrine inanimée qu'elle avait touchée de sa main, et ce regard glacé qu'elle avait voilé elle-même ; triste devoir qu'elle savait bien remplir un jour, mais qu'elle ne croyait pas remplir si tôt. Quant à Emmanuel, il souffrait de la souffrance de Marie ; il lui prenait les mains ; mais, quoi qu'il fît, le cœur de la pauvre enfant était déchiré, et la blessure était trop saignante encore pour se cicatriser tout de suite. M. de Bay comprenait sa fausse position, et une heure après la mort de la comtesse, il avait pris congé du comte, qui n'était pas le moins affligé des spectateurs de cette scène douloureuse.

Il y a des nuits longues qui semblent ne devoir jamais

conduire au lendemain, et la nuit qui venait fut une des longues nuits que passa Marie ; il lui semblait à chaque instant voir entrer sa mère, et elle n'osait fermer ses yeux appesantis par la fatigue et les larmes. Le lendemain, la constatation de la mort eut lieu, puis l'autopsie, cette dernière opération qui consiste à ne plus laisser d'espérance à ceux qui pouvaient en avoir encore. Tous les amis de la maison étaient venus s'inscrire, et au nombre des plus fidèles se trouvait M. Léon de Grige, qui n'avait pas laissé passer un jour sans venir prendre des nouvelles ; ce qu'au milieu de son chagrin avait assez remarqué Marie pour lui en savoir gré.

Le surlendemain eut lieu l'enterrement. Pendant qu'on menait les restes de sa mère à l'église et au cimetière, Marie écrivit à Clémentine ; elle avait besoin d'épancher sa douleur dans le sein de quelqu'un. Avec les gens qui sont témoins de ce qu'on souffre, la douleur est muette ; car elle ne trouverait pas d'expression, et n'en a pas besoin. Elle raconta donc avec son cœur tout ce qui avait eu lieu depuis dix jours, et ce qu'ignorait son amie. Elle pleura longtemps ; puis, lorsqu'elle eut cacheté sa lettre, elle entra dans la chambre de sa mère, toucha tous les objets que sa mère avait aimés, s'agenouilla près du lit, et pria longtemps, si longtemps, qu'elle priait encore lorsque le comte et Emmanuel revinrent sombres et pâles de la triste cérémonie qui venait de s'accomplir.

Le temps semblait bien fait pour le chagrin : le ciel était gris, les rues étaient boueuses et la neige tombait. La maison était triste, les visages étaient consternés ; le comte, Emmanuel et Marie restèrent ensemble toute la soirée sans se dire une parole. On eût dit que le premier qui allait prononcer un mot au milieu de ce silence allait glacer de terreur les deux autres. A onze heures on se retira ; les deux hommes, après s'être serré la main ; Marie, après avoir embrassé son père. La première nuit qu'un mort aimé passe au cimetière, celui qui l'aimait et qui le pleure se sent pris d'une pensée douloureuse, qui est celle-ci :

— Comme il doit être mal dans sa tombe!

On a eu si peu de temps pour s'habituer à l'insensibilité de l'être enseveli, que l'on croit toujours qu'il lui reste assez de vie pour sentir qu'il est entre les quatre parois d'une bière, couché dans l'ombre humide de la terre. On se rappelle alors les moments les plus heureux de celui ou de celle qu'on vient de perdre, et toujours le masque froid de la mort remplace le visage souriant dont on évoque l'image. Marie ne pouvait se faire à l'idée de cette mort. Elle était si heureuse depuis deux ans ! Les moindres incidents de sa vie, auxquels madame d'Hermi avait été mêlée, passaient devant son regard, empruntant au passé et au présent deux faces bien distinctes : l'une gaie, l'autre triste, et la chère enfant s'écriait tout à coup : C'est impossible ! et elle fondait en larmes. Cette mort avait frappé beaucoup le comte; son cœur était trop bon pour qu'il en fût autrement, non pas qu'il aimât sérieusement sa femme; mais il aimait en elle la mère de sa fille, et c'était de la douleur de son enfant qu'il souffrait.

— Mon père, avait dit Marie au comte, il faut que la chambre de ma mère reste éternellement comme elle était au moment de sa mort, afin que, lorsque nous y entrerons, rien ne puisse faire faute au souvenir que nous devons y retrouver d'elle.

— Oui, mon enfant, avait répondu le comte, il sera fait ainsi que tu le veux. Tu auras une clef de cette chambre, et tu pourras y venir prier comme dans une église. Tout y restera dans l'état où cela est, de façon que l'on croie la comtesse absente seulement et que l'on tâche d'oublier qu'elle est partie.

Le jour où il avait dit cela, le comte s'était enfermé dans la chambre de la comtesse, car il avait un devoir pieux et secret à remplir. Quand il se fut assuré que personne ne pouvait entrer, il alla à un meuble dont la comtesse avait toujours la clef, de son vivant, et il l'ouvrit. Divers papiers étaient dans les tiroirs de ce meuble, le comte les prit; c'étaient des lettres de deux ou trois écritures différentes. Rien qu'en les regardant, on devinait des lettres d'amour. Avons-nous besoin de faire connaître toutes les pensées qu'éveillèrent dans l'esprit du comte ces lettres adressées par d'autres hommes à une femme qui avait été la sienne et qui se trouvaient maintenant en sa possession par la mort de cette femme?

— Pauvre comtesse, fit-il en jetant ces lettres au feu sans chercher de quels noms elles étaient signées, toute sa vie était là-dedans.

Et il regarda les papiers se tordre dans le feu, se consumer et disparaître dans la cheminée. Rien n'est attractif comme les papiers que l'on fouille. Une fois qu'on s'est mis à feuilleter le passé, on en a pour des heures avant de l'abandonner. De ces lettres, dont il avait voulu ignorer le contenu, le comte passa aux papiers qu'il pouvait connaître. Il retrouva des notes de chiffons de toutes sortes et de toutes ces choses qui avaient composé le bonheur de la comtesse, des invitations de bal, des vers, des lettres d'amis, des déclarations même, et tout ce qui forme l'ensemble de la vie d'une femme du monde.

— Que reste-t-il de tout cela maintenant? disait le comte, en jetant au feu une à une toutes ces pages du passé.

La mort de la comtesse faisait plus vide et plus déserte encore l'existence de M. d'Hermi et resserrait les liens du cœur qui l'unissaient à Marie.

— Si Dieu maintenant me reprenait ma fille! pensait-il, que deviendrais-je?

Clémentine était accourue à Paris. Cette fois, rien n'avait pu la retenir. Ce qu'elle n'avait pas fait pour le plaisir, elle le fit pour la douleur. C'était bien naturel. Elle passa huit jours avec son amie; toutes deux occupaient leur temps, assises au coin du feu, à parler d'autrefois et à échanger leurs souvenirs pendant ces heures mélancoliques qui sont le repos de la souffrance morale. Emmanuel se mêlait souvent à ces causeries intimes, et du regard il sondait la profondeur du chagrin de sa femme, se demandant ce qu'il pourrait faire pour le calmer; mais celle-ci lui souriait, lui tendait la main avec un regard qui semblait dire : Laisse-moi pleurer, cela me fait du bien; et il ne lui donnaît que cette expressive et muette consolation des yeux.

Le matin du huitième jour, Clémentine repartit après avoir été faire, avec son amie, un troisième pèlerinage au cimetière, où la pieuse fille allait tous les deux jours malgré le froid et la neige. Emmanuel embrassa comme une sœur celle qui avait failli être sa femme; il la remercia encore du bonheur qu'elle lui avait fait, et lui et Marie l'accompagnèrent jusqu'à la voiture, où elle remonta pour aller rejoindre M. Barillard, qui devait déjà être bien malheureux, malgré deux lettres écrites pour le rassurer.

Clémentine repartie, le petit hôtel reprit sa vie ordinaire. Or, nous devons avouer que depuis la mort de madame d'Hermi, il avait un aspect sinistre. La mort a une influence si prolongée sur les cœurs d'élite! Une pensée incessante assombrissait à la fois le cœur et le visage de Marie. Emmanuel la quittait le moins possible, mais dès qu'il était parti, la pauvre enfant retombait dans sa rêverie accoutumée : ses yeux se voilaient involontairement de larmes, et le vide grandissait autour d'elle; alors elle s'approchait de sa fille, se rappelant ce que son père lui avait dit : que le berceau consolait de la tombe. Le soir, Emmanuel se mettait comme autrefois à ses pieds, et, lui prenant les mains, il la regardait lui sourire de ce sourire mélancolique que les lèvres empruntent à la tristesse de l'âme. Il faisait alors des rêves d'avenir, lui parlait de voyages, de bonheur; mais Marie, comme si elle eût déjà senti que sa vie était bornée, levait les yeux au ciel et se contentait de dire : Espérons. Le souvenir passait sur son cœur, et ses yeux s'inondaient de larmes; tout l'ennuyait; elle restait des journées entières dans un abattement lugubre; l'heure se passait sans qu'elle y fît attention, et seule dans sa chambre, assise, comme Marguerite dans son affliction, auprès de son feu qui s'éteignait sans qu'elle songeât à le faire rallumer, elle songeait. Le crépuscule sombre de l'hiver arrivait et pénétrait dans l'appartement, ne laissant plus d'objet distinct; si bien que, lorsque Emmanuel rentrait, il arrivait quelquefois jusqu'à sa femme sans qu'elle s'aperçût de son retour, tant elle était absorbée par sa méditation.

Quelquefois, elle s'approchait de son piano et elle laissait errer ses doigts sur le clavier ; alors, son âme cherchait dans la musique l'écho de sa pensée ; mais peu à peu ses yeux s'emplissaient de larmes, elle retombait sur sa chaise, et le piano se taisait. Pour se distraire, si cela était possible, Marie avait rouvert sa porte aux visiteurs. C'était au milieu de ces tristesses-là qu'arrivait Léon. L'intimité s'était faite tout à coup plus grande, car il avait pris auprès d'elle le rôle qu'elle-même avait pris autrefois auprès de M. de Bryon ; il la consolait, et la pauvre enfant contractait l'habitude de voir cet homme sans se douter de l'influence que cette habitude pourrait prendre sur sa vie. Il lui parlait de sa mère qu'il avait perdue, lui aussi, et consolait la douleur de Marie par la sienne. Léon savait par où l'âme se laisse surprendre, il profitait de cette inertie dans laquelle des souvenirs récents jetaient la jeune femme, et se rapprochant d'elle comme un père, il lui serrait la main comme un amant ; elle ne voyait pas l'homme, et n'entendait que la voix qui parlait à son cœur ; si bien qu'elle oubliait auprès de lui l'heure comme elle l'oubliait étant seule. C'était devant son père que Marie s'abandonnait le plus volontiers à sa tristesse, car il lui semblait qu'il devait la partager plus que tout autre.

— Si tu t'obstines dans ta douleur, lui disait-il, d'abord tu feras mourir ton père, puis tu useras ta santé ; et un jour, lorsque ta fille sera plus grande, lorsqu'elle aura besoin de cet amour maternel dont elle pourrait se passer étant enfant, mais qu'elle cherchera quand elle sera femme, tu mourrais à ton tour et tu lui donnerais, à elle, le chagrin que tu as aujourd'hui. Pense à l'avenir, mon enfant ; pense à ceux qui t'aiment, à celle que tu dois aimer, car ta vie, depuis un an, ne t'appartient plus. — Marie était dans cet état où sont souvent ce qu'on appelle les femmes nerveuses quand elles viennent d'éprouver une grande douleur morale ; elle ne savait ce qu'elle voulait faire : tantôt elle voulait partir et aller passer un mois chez Clémentine ; tantôt elle voulait, malgré son deuil, retourner dans le monde, car l'isolement la tuait ; puis il y avait des jours où elle ne se croyait plus aimée d'Emmanuel et où elle ne l'aimait plus; enfin, par moments, elle se mettait au rang nombreux des femmes malheureuses et incomprises, et, se promenant avec agitation dans sa chambre, elle pleurait alors sans raison, jusqu'à ce qu'Emmanuel rentrant, elle lui fît des reproches qu'il n'avait pas mérités, après quoi elle se mettait à ses genoux et lui demandait pardon.

Un jour, elle alla au cimetière; ce qui, comme nous l'avons dit, lui arrivait souvent; elle descendit de sa voiture à la porte du saint lieu, et, seule, se perdit au milieu des arbres désolés, jusqu'à ce qu'elle fût arrivée à la tombe de sa mère, déjà vieille par la pluie et la neige; elle entra dans le caveau et s'agenouilla; il n'y avait qu'elle vivante dans le lugubre jardin, car une pluie fine et glaciale tombait du ciel sur la terre, et personne, excepté elle, n'allait visiter les morts par cet horrible temps. En proie à une sorte de fièvre, elle avait comme un besoin de froid; et ses mains se plaisaient, au milieu de sa prière, à toucher le marbre de la tombe; elle resta ainsi une heure, puis elle sortit et remonta dans sa voiture. La cité vivante paraissait continuer la cité morte, tant la pluie la faisait déserte et abandonnée. Marie rentra chez elle, les nerfs plus irrités que jamais, la tête brûlante, la poitrine oppressée.

Il y avait dix minutes à peu près qu'elle était assise devant son feu, lorsque Léon entra; elle lui tendit sa main ardente de fièvre. Léon remarqua l'agitation où elle était, et lui demanda ce qu'elle avait.

— Je reviens du cimetière, lui dit-elle.

— Vous avez été imprudente, madame, fit le jeune homme; le cimetière est mortel par un pareil temps: il frappe à la fois le corps et l'esprit.

— Il faut bien, reprit la pauvre enfant, que je me souvienne des morts et que j'aille à eux, puisque les vivants m'oublient!

— Et qui peut vous oublier, madame? Votre chagrin vous égare, et jamais femme ne fut plus saintement et plus continuellement aimée que vous.

— Et qui m'aime donc ainsi? fit-elle.

— Qui? Votre père, d'abord.

— Mon père? reprit-elle. Un père aime toujours.

— Mais tous n'aiment pas comme lui.

— Eh bien! mon père m'aime; voilà tout.

— Votre mari? dit timidement Léon, attendant avec anxiété la réponse de Marie.

— Mon mari, fit-elle avec un sourire de doute et en marchant à grands pas dans sa chambre, mon mari m'aime, dites-vous? Il m'aimait, vous voulez dire. Mais que fait-il maintenant? Il sait que je suis seule ici, que je souffre, que le souvenir et la fièvre me brûlent; et lui, pendant ce temps, il est à la Chambre; il fait de la politique, de l'ambition, que sais-je, moi? Et il reviendra ce soir; car, ce soir, ce sera assez tôt pour moi. Oh! non, Emmanuel ne m'aime plus, mon Dieu!

Et Marie pressait son front entre ses deux mains, comme pour retenir la pensée qui était près de lui échapper.

— Personne ne vous aime, dites-vous, madame? reprit Léon; c'est qu'alors vous êtes bien oublieuse, ou bien aveugle?

— Oui, vous m'aimez peut-être, vous, répondit franchement Marie; mais vous êtes la seule personne que je ne puisse aimer; et, d'ailleurs, votre amour est-il vrai?

— Vous me le demandez?

— Oui; vous êtes toujours là quand je suis triste; vous venez me consoler; que deviendrais-je sans vous? Et cependant, Dieu n'a pas voulu que je vous aimasse. Oui, vous êtes bon, noble et généreux; et si vous étiez mon mari, au lieu d'être mon ami, vous ne me laisseriez pas souffrir ainsi; car, mon ami seulement, vous faites déjà ce que mon époux ne fait pas; mais vous ne pouvez être ni mon mari, ni mon amant, et je ne vous aime pas, moi! — Oh! mon Dieu, que je souffre!

— Vous souffrez, dites-vous? Croyez-vous donc que je n'ai pas souffert, moi, madame, lorsque je suis venu parler de vous à Emmanuel, et que j'ai appris que vous alliez être sa femme? Croyez-vous donc que lorsque je suis revenu chez vous, que je vous ai retrouvée mariée à celui qui vous aimait et que vous aimiez, et que vous avez fait à mon amour l'aumône de votre amitié, croyez-vous donc que je n'ai pas souffert ? Et aujourd'hui, que je vous sais triste et malheureuse, parce qu'un autre ne vous aime pas, car il ne peut vous aimer comme je vous aime, croyez-vous que je ne souffre pas encore ?

Marie s'était rassise, et, la tête rejetée en arrière, elle écoutait Léon, qui était tombé à ses genoux, et qui lui baisait les mains.

— Et cependant, reprenait-il à voix basse, nous aurions été si heureux, si vous saviez, Marie ; nous ne nous serions pas quittés. J'aurais été votre esclave le plus soumis, votre amant le plus fidèle ; toute femme eût envié l'amour dont je vous aurais entourée ; car vous n'auriez eu dans mon cœur aucune rivale, car, excepté vous, mon cœur n'aurait eu aucune passion. Eh bien ! ce paradis que j'avais rêvé, vous en avez fait un enfer ! Un instant j'ai cru que je pourrais vous oublier ; mais si vous saviez ce qui se passe en moi lorsque je vous quitte, si vous pouviez deviner mes nuits, vous comprendriez peut-être alors ce que c'est qu'un homme qui aime, et vous me plaindriez plus que vous ne le faites.

Marie ne répondait rien. Elle n'écoutait pas, elle n'entendait pas même ce que lui disait Léon.

— Oh ! je veux tout vous dire, Marie ; nous sommes seuls, et d'ailleurs c'est la première fois que je vous parle ainsi, et ce sera sans doute la dernière, car vous ne me pardonnerez pas, et demain votre porte me sera fermée comme votre cœur, car vous ne savez pas que l'amour que j'ai pour vous est un de ces amours dont on meurt.

— Mon Dieu ! mon Dieu ! que je souffre ! répétait Marie.

Et elle appuyait ses mains sur son front pendant que Léon, la tenant dans ses bras, lui répétait encore qu'il l'aimait.

La pauvre enfant ! Dieu l'oubliait sans doute, car elle abandonnait sa main à Léon, ne sachant même pas ce qu'elle faisait. Ce qu'il y avait de certain pour elle, c'est qu'elle avait la tête et la poitrine en feu, et qu'elle n'avait même pas la force de se défendre. C'est à peine si elle s'apercevait qu'un homme se roulait à ses pieds, en proie à tous les délires et à toutes les fièvres de l'amour. Elle tentait cependant quelquefois de se dégager de ses bras; mais toujours elle retombait inerte et épuisée, et trouvait, en retombant, la voix de Léon qui couvrait de ses serments les mots qu'elle allait dire. Toutes les femmes ne se donnent pas par amour, car alors toutes les femmes seraient excusables et excusées. Demandez à celles qui ont brisé leur avenir en un instant, et la plupart, pour ne pas dire toutes, vous répondront, si elles sont franches, qu'elles en sont encore à se demander la cause de leur première faute. La femme est un être si faible, au cœur de laquelle il est à la fois si bon et si fou de se confier! Sait-elle ce qu'elle veut et surtout ce qu'elle voudra? Elle subit l'influence de tout, excepté de la raison. N'ayant pas, comme l'homme, les grandes pensées qui occupent la vie, elle croit dans ses heures d'ennui à tous les conseils de sa faiblesse, ce dont elle se repent un jour, car la grande vertu des femmes est le repentir.

Marie aimait-elle Léon? Non. Elle savait parfaitement qu'elle ne l'aimait pas, elle venait de le lui dire, et qu'elle ne l'aimerait jamais. Mais Marie était nerveuse d'habitude, et ce jour-là plus encore que de coutume; elle était mélancolique d'ordinaire, et ce jour-là elle était triste. Enfin elle aimait Emmanuel à donner sa vie pour lui, mais ce jour-là elle avait été au cimetière, elle avait la fièvre; elle était comme folle; le temps était sombre, Emmanuel n'était pas là, et les sens brûlés par les baisers d'un homme, elle n'avait ni la force de se défendre, ni même la force de crier. Dans l'état où elle était, tout homme l'eût possédée s'il avait voulu, car elle n'était plus maîtresse de son âme. Malheureusement, quelle que soit la cause, les conséquences sont les mêmes, et deux heures après que Léon était auprès d'elle, si Marie fût morte, les anges se fussent voilé le visage et ne l'eussent pas reconnue pour leur sœur.

Marie savait à peine ce qui s'était passé. Léon, haletant, fou d'amour, et se traînant à ses genoux, lui baisait les pieds, tandis qu'en proie à un rêve terrible qui lui faisait battre les artères et bouillonner le sang, elle ne voyait même pas à ses genoux l'homme à qui elle appartenait. Léon s'en alla sans qu'elle s'en aperçût, et la laissa à demi morte à la place où elle était. La nuit descendait toujours. Ce soir-là Emmanuel ne rentra que tard ; il paraissait heureux comme il ne l'avait jamais été. Il trouva Marie à moitié assoupie, les yeux fermés, les mains pendantes, et la respiration double. Elle n'avait pas la force même de parler. Il s'approcha d'elle, et lui prit les mains. Elle rouvrit les yeux.

— Eh bien ! chère enfant, lui dit-il en l'embrassant sur le front, tu ne m'entendais pas, plongée que tu étais comme toujours dans tes sombres pensées.

Marie écoutait machinalement cette voix qu'elle ne reconnaissait pas pour celle qui, depuis quatre heures, bourdonnait à ses oreilles ; elle porta les mains à son front, et vit Emmanuel qui la regardait avec amour. Tout lui traversa l'esprit avec la rapidité et la lueur sinistre de l'éclair. Elle poussa un cri déchirant et tomba sans connaissance dans les bras de son mari.

XXXIII

Marie croyait avoir rêvé ; lorsqu'elle revint à elle, elle était couchée. Emmanuel et Marianne étaient auprès de son lit. Elle rassembla de nouveau ses idées, et le même souvenir se présenta encore à son esprit, sombre et fatal comme un spectre ! Elle regarda attentivement Emmanuel, l'interrogeant du regard et cherchant à deviner si, pendant son sommeil, elle n'avait rien dit, car elle en était déjà à avoir peur même de ses rêves ; mais Emmanuel avait assisté à son réveil le sourire sur les lèvres. On ne peut croire ce que la vue de son mari causa de tortures à la pauvre enfant ; elle se jeta dans ses bras, pleurant toutes les larmes de son cœur, mais sans prononcer un mot, tant elle craignait de répondre, malgré elle, à la pensée terrible qui emplissait son cerveau. Elle regardait autour d'elle, car il lui semblait qu'autour d'elle, comme en elle tout devait être changé ; mais tout était à sa place, le portrait de sa mère lui souriait encore du fond de son lit, même calme au dedans, même bruit au dehors, rien de changé qu'un nom, c'est-à-dire toute sa vie.

— Vas-tu mieux? lui disait Emmanuel.
— Oui, bien mieux, disait-elle.
— Mon enfant, qu'avais-tu donc?
— Rien.
— Tu as encore été au cimetière?
— Oui.
— Tu te tueras et tu me tueras aussi.
— Tu m'aimes donc toujours, mon Emmanuel?
— Si je t'aime!
— Oh! mon Dieu! mon Dieu! répétait la pauvre femme dans des convulsions étranges.
— Je t'en prie, Marie, calme-toi, continuait M. de Bryon en se jetant sur le lit, en prenant la tête de sa femme dans ses mains et en la couvrant de baisers; calme-toi, ne suis-je pas là? Qu'as-tu? dis-le moi.
— Je n'ai rien, absolument rien, reprenait Marie les yeux fixes; c'est le temps, la solitude, ma mère!
— Toujours cette pensée; voyons, pense à moi, pense à ta fille, et ne pleure plus ainsi.
— Oui, à ma fille, à ma Clotilde, tu as raison.

Et des larmes abondantes débordaient des yeux de la jeune femme.

— Puis, maintenant, continuait Emmanuel, nous ne nous quitterons plus, plus un instant, nous serons toujours ensemble. Tu as peut-être bien souffert de mes absences, car tu m'aimais et tu m'aimes encore, n'est-ce pas? mais à l'avenir tu n'auras rien à me pardonner, car je serai tout à toi. Comprends-tu cette joie d'être toujours l'un auprès de l'autre? Tous nos rêves, nous les accomplirons : nous ferons nos voyages promis. Il y a des choses que tu ne peux comprendre : la Chambre, que je déserterai si tu le veux, je ne pouvais la quitter plus tôt; il ne fallait pas que ma désertion eût l'air d'une fuite, mais d'un abandon.

Marie souffrait tant, que ses larmes s'étaient séchées, et qu'elle écoutait son mari avec la pâleur d'une morte et les yeux hagards d'une folle. Emmanuel ne comprenait rien à tout cela. Marie ne savait que faire; elle eût voulu voir Léon, car elle doutait encore; elle eût voulu aller chez lui, exiger de lui qu'il partît sans dire un mot, sans se retourner en arrière, en oubliant ce qui s'était passé, et peut-être qu'à force de prières Dieu lui eût donné aussi l'oubli à elle-même; puis elle voyait qu'elle ne pouvait sortir seule sans raison. Elle tremblait à l'idée que le lendemain Léon allait revenir, et elle se cachait la tête dans son oreiller, dévorant ses larmes et sa honte. Puis elle se levait pâle, défigurée, les yeux rouges et humides, les cheveux épars, et elle ouvrait la fenêtre, cherchant le calme dans le froid de la nuit, et n'écoutant ni Emmanuel ni Marianne, qui se demandaient vainement quelle pouvait être la cause de cette grande douleur et de cette grande fièvre, et qui finissaient tous deux par la mettre sur le compte de la visite faite au cimetière.

Il est évident que jamais Marie n'avait aimé Emmanuel comme elle l'aimait en ce moment; son amour s'augmentait encore de ses remords et de sa faute à laquelle elle ne pouvait donner aucun prétexte, car, nous le répétons, elle n'aimait pas Léon; si elle l'eût aimé, son front fût resté calme, sa bouche souriante au retour de son mari, et les regrets tout naturels qu'elle eût éprouvés un instant se fussent, comme des nuages d'été, bien vite effacés au souffle de ce nouvel amour; mais ce qui la torturait, c'était l'idée qu'elle avait confié à un homme qu'elle n'aimerait jamais, toute sa vie et tout le trésor de candeur de son passé; que cet homme était désormais son maître, et qu'elle dépendait de lui dans le présent comme dans l'avenir. Marie n'était pas corrompue, on le sait, on le voit; une autre femme eût pris une résolution plus hardie, et, au lieu de pleurer et de se lamenter comme le faisait madame de Bryon, elle eût tout simplement dit à sa femme de chambre : Quand M. de Grige se présentera, vous répondrez toujours que je n'y suis pas. Et si le hasard l'avait mise en face de son amant, et qu'il lui eût rappelé ce qui existait entre elle et lui, elle lui eût répondu : Je ne vous connais pas. Et elle eût de cette façon gardé son repos, son bonheur et son teint. Mais une semblable idée ne vint même pas à l'esprit de Marie. L'innocente jeune femme, penchée sur l'abîme qu'elle avait ouvert devant elle, en mesurait toute la profondeur, et, au lieu d'employer l'impudence, songeait au contraire à avoir recours à la pitié. Elle ne connaissait pas les hommes, elle ignorait qu'il pouvait y avoir de la part de Léon deux raisons pour continuer d'être son amant et abuser de sa position : l'une, son amour, raison probable ; l'autre, sa vanité, raison certaine. Si bien que la pauvre ignorante, au lieu de retirer des armes contre elle à M. de Grige, n'eût rien de plus pressé que de lui en fournir.

Comme nous l'avons vu, Marie souffrait beaucoup le soir ; mais, au milieu de sa douleur, son esprit s'arrêta à une résolution, et elle sembla se calmer. Les femmes, il faut l'avouer à leur louange, mettent de la naïveté dans leurs plus grandes fautes. Certes, la faute de Marie, même et surtout à ses yeux, était énorme ; mais elle n'aimait pas Léon, et elle se faisait ce raisonnement faux, que quelques hommes ont sanctionné à tort, que le cœur seul peut se prostituer, et qu'il n'y a pas crime lorsque le corps seul se donne. Marie se calma donc, à cette idée que le lendemain elle écrirait à Léon d'oublier, au nom de son amour pour elle, ce qui s'était passé la veille ; que, de cet oubli, dépendaient son bonheur et son repos à venir, et qu'il était trop noble pour briser l'existence d'une femme qui ne lui avait rien fait. Pauvre Marie !

Du reste, ce qui avait eu lieu était si invraisemblable, que, peu à peu, l'esprit reposé de la jeune femme se refusait à y croire. Après bien des larmes versées, son cerveau se refroidit un peu, et à force de voir Emmanuel à son chevet, lui souriant comme autrefois, elle, l'aimant comme dans le passé, elle en arrivait réellement à se convaincre qu'elle avait été en proie à un rêve affreux dont elle se réveillait enfin ; d'autant plus que Léon n'était pas là pour lui rappeler la vérité.

— Oui, se disait-elle, il est noble, il est bon, il comprendra ce que je souffre, il partira, il quittera Paris ; cette journée disparaîtra peu à peu de ma vie, qui reprendra son cours ordinaire. Dieu me pardonnera une faute dont je ne suis pas coupable, et dont je ne puis être victime; et je pourrai encore être heureuse.

Ce qui n'empêchait pas que de temps en temps, lorsque la possibilité du contraire se présentait à l'esprit de Marie, des frissons glacés passaient sur son front, comme si elle eût été sur le point de mourir.

Le lendemain vint, car, hélas! tous les lendemains viennent. Marie, en se réveillant dans les bras d'Emmanuel, avait oublié tout; ce ne fut que peu à peu que le souvenir lui revint : alors son cœur se serra, et elle pâlit encore. M. de Bryon, la croyant tout à fait revenue à la santé, était joyeux et lui souriait. Il ne pleuvait plus; il y avait même du bleu dans le ciel; Dieu souriait de son côté. S'il eût fait ce temps là la veille, Marie fût allée voir son père, et ce qui était arrivé n'eût pas eu lieu. A quoi tient la destinée?

Marie se leva, embrassa sa fille plus encore que de coutume; cette enfant était désormais plus que son espérance, c'était son pardon. Jusqu'à deux heures, elle fut assez calme. A deux heures, Emmanuel sortit; mais il promit d'être de retour promptement. Elle resta seule, c'est-à-dire avec le mot : hier! constamment devant les yeux, comme le spectre de Banquo devant Macbeth.

Vingt fois elle s'approcha de sa table pour écrire à Léon; mais cette lettre qu'au milieu de sa fièvre elle avait trouvée si bonne et si émouvante, elle ne pouvait s'en rappeler le premier mot; puis, les difficultés augmentaient : par qui envoyer cette lettre sans éveiller de soupçon? puis, elle pouvait tomber dans d'autres mains que celles à qui elle était destinée. Que faire? L'heure se passait; Marie était attentive au moindre bruit; trois heures étaient sonnées, et Léon n'avait pas encore paru.

— S'il pouvait ne pas venir, se disait-elle; si la journée pouvait se passer ainsi?

Le moindre bruit la faisait tressaillir. Vers trois heures et demie, on sonna; elle faillit se trouver mal; le domestique entra annonçant M. de Grige. Marie déchira les dix lettres qu'elle avait commencées pour lui, et les jeta au feu au moment où Léon se montrait à la porte du boudoir. Elle voulut se lever; mais elle ne put y parvenir. Léon était pâle au moins autant qu'elle. La position était embarrassante pour tous deux.

— Madame, fit Léon, je craignais que vous ne fussiez pas visible; car on m'a dit que vous aviez été souffrante hier, et c'est pour cela même que j'ai insisté, prêt à me retirer tout de suite, si ma présence vous gêne ou vous fatigue.

— Non, restez, au contraire, monsieur; j'ai à vous parler.

— Vous paraissez m'en vouloir, Marie, reprit le jeune homme, et vous me parlez avec un ton qui m'effraye; avez-vous donc déjà à vous plaindre de moi? Dites-moi alors ce que vous avez à me reprocher, que je tombe à vos genoux pour que vous me pardonniez.

— Vous m'aimez, monsieur de Grige? reprit Marie.

— Plus que tout au monde.

— Et vous me feriez tous les sacrifices que je vous demanderais?

— Tous!

— Sans exception?

— Sans exception.

— Vous me le jurez?

— Sur l'honneur!

— Eh bien! il faut que nous cessions de nous voir.

— Y pensez-vous, et savez-vous ce que vous me demandez?

— Vous m'avez juré.

— Mais c'est une trahison.

— Ainsi, vous me refusez?

— Autant me demander ma vie tout de suite.

— Mais si je vous dis qu'il le faut?

— Je vous répondrai que je vous aime!

— Mais cet amour est un crime pour vous et un malheur pour moi.

— Que m'importe à moi? C'est aujourd'hui que vous venez me demander de ne plus vous voir; mais vous voulez me rendre fou, madame!

— Je vous croyais plus noble et plus généreux. Vous ne savez donc pas ce que j'ai souffert cette nuit? Vous ne vous rappelez donc pas qu'il y a au monde un homme qui a le droit de me demander compte de ma vie, et qui a reçu ce droit de Dieu lui-même? Vous ne vous souvenez donc pas que j'ai une enfant, qui plus tard aura à rougir de sa mère, si aujourd'hui sa mère ne revient sur ses pas. Eh bien! au nom de tout ce que vous avez de sacré au monde, au nom de votre mère qui vous aimait, au nom de mon bonheur que vous détruisez, je vous le demande à genoux, ne me perdez pas. Il est peut-être encore temps, et je prierai tant Dieu pour vous et pour moi, qu'il nous pardonnera à tous deux. Partout où vous irez, ma prière vous suivra; vous serez mon ami maintenant et toujours; mais oubliez cette fatale journée, car, si vous ne l'oubliez pas, je vous jure que j'en mourrai.

Léon s'était levé et marchait à grands pas, murmurant, la main sur son front : Elle ne m'aime pas!

— Léon! disait la pauvre femme, se traînant aux genoux de son amant, ne m'abandonnez pas, je vous en supplie. Que vous importe une femme de plus? Il y en a au monde de plus belles et de plus aimantes. Vous êtes bon, vous êtes noble, vous trouverez une femme qui vous aimera et qui vous donnera le bonheur que vous ne trouveriez pas en moi; cette femme, quelle qu'elle soit, je prierai pour elle aussi, et ma fille mêlera son nom et le vôtre au mien dans ses prières innocentes et bienheureuses. Vous consentez, n'est-ce pas, Léon? vous comprenez tout ce que je vous dis; vous partirez, n'est-ce pas, vous m'oublierez?

— Mais alors pourquoi, pourquoi? répétait Léon abattu et consterné.

— Pourquoi? répondait Marie à genoux et se rejetant en arrière; pourquoi? Le sais-je moi-même; savais-je hier ce que je faisais? Si vous aviez su ce qui se passait en moi, vous m'auriez prise en pitié. Quand je suis revenue de ce rêve que nous avons fait à deux, j'étais folle. Je voulais mourir, car il me semblait impossible que cela fût, et il est impossible que cela soit. Mais je me suis dit : Il verra mes larmes, mon désespoir, il comprendra ce que je souffre, et il me fuira. N'est-ce pas que vous partirez, mon ami? Demain, ce soir, tout de suite.

— Mais où voulez-vous que j'aille, Marie ? Que voulez-vous que je devienne sans vous ? Depuis hier, j'ai bâti mon avenir sur un mot de vous, et c'est tout cet avenir que vous voulez que je détruise ! Songez qu'hier, à cette heure, vous me disiez que vous m'aimiez, et qu'aujourd'hui vous me chassez, lorsque je n'ai plus que vous au monde, et lorsque je vous aime à en devenir fou.

— S'il ne s'agissait que de moi, que de mon bonheur, je le sacrifierais volontiers au vôtre, Léon ; mais vous savez qu'à ma vie sont attachées trois existences, dont j'aurai à répondre un jour, et que je ne puis sans raison tuer lâchement ces existences. Soyez grand et bon, oubliez-moi, et vous serez, après Emmanuel et ma fille, ce que j'aimerai le plus au monde.

— Vous l'aimez donc toujours, cet homme ?

— Eh bien ! oui, je l'aime !

— Et vous me l'avouez, à moi, mon Dieu ! qui vous aime à renier mon âme pour vous, à moi à qui vous vous êtes donnée hier ; mais quelle femme êtes-vous donc, Marie ?

— Grâce ! grâce ! répétait la pauvre femme qui ne savait plus qu'inventer.

— Vous ne savez donc pas ce que c'est que mon amour, disait Léon hors de lui. Vous ne savez donc pas qu'il me tuera s'il ne nous tue tous les deux. Vous ne savez donc pas que depuis hier je suis comme un insensé et qu'il faut que vous soyez à moi, maintenant et toujours, et c'est au nom de votre mari que je hais, que vous venez me demander de ne plus vous voir ! Mais qui vous a enlevée à moi ? c'est lui. Qui m'a pris les joies que j'avais rêvées ; qui pendant deux ans m'a fait malheureux et désespéré ? c'est lui. Qui enfin aujourd'hui, lorsque vous êtes à moi, se retrouve encore sur mon chemin ? c'est lui, lui encore, toujours lui. Mais comprenez donc que je le hais, cet homme, et que si vous l'aimez, et que si vous me chassez, je le tuerai.

— Oh ! mon Dieu ! mon Dieu ! qu'ai-je fait ?

— Vous ne connaissez pas la vie, Marie ; vous ne savez pas qu'il y a des passions avec lesquelles il ne faut pas jouer ; des passions qui, comme la foudre, consument ceux qu'elles touchent. Imprudente ! Non, vous êtes à moi, Marie, et je vous garde, dût ma mère me maudire du fond de sa tombe.

— C'est bien, dit froidement Marie en se relevant, je mourrai, voilà tout.

Il y avait dans cette phrase un tel accent de résolution et de volonté que Léon recula.

Marie était calme. Léon s'approcha d'elle.

— Ah ! laissez-moi, monsieur, lui dit-elle, je vous ai prié, supplié, au nom de tout ce qu'il y a de sacré dans ce monde et de saint dans l'autre, je me suis, comme une condamnée, roulée à vos genoux, vous demandant avec larmes et prières mon repos et celui de ma fille, qui ne vous a rien fait, la pauvre enfant, et vous m'avez refusé lâchement ; c'est honteux ! c'est infâme ! laissez-moi !

Léon retomba anéanti.

— Marie ! pardonnez-moi ! lui disait-il en pleurant à son tour, pardonnez-moi de tant vous aimer, car c'est mon amour seul qui me fait vous dire ce que je vous dis.

— Puis, quand vous aurez brisé ma vie en jouant, oh ! alors, vous m'oublierez bien facilement, alors, je n'aurai pas besoin de vous supplier de partir, et vous me laisserez avec mon déshonneur et mon désespoir, et cela pour un moment de folie, pour une minute d'oubli si étrange, qu'il y a des instants où je doute que cela soit, jusqu'à ce que vous reveniez, sans honte et sans remords, me rappeler que cela est. Que vous ai-je fait, moi ? Sans vous ma vie serait encore calme et pure, tandis que maintenant je rougis devant mon père, devant mon époux et devant ma fille, sans compter Dieu, que je n'ose plus prier.

— Pardonnez-moi ! reprenait Léon redevenant humble et suppliant, pardonnez-moi et je vous obéirai ; mais pas sitôt. Vous ne voudriez pas me faire mourir, et je mourrais si je m'éloignais de vous. Mais je ne vous parlerai jamais de mon amour ; vous me recevrez une minute, je vous baiserai la main, et j'emporterai du bonheur pour toute ma journée ; et lorsque vous ne me recevrez pas, je serai triste, voilà tout; vous n'en saurez rien; mais, au nom du ciel, ne me chassez pas.

Marie ne répondait rien : la tête dans ses mains, elle pleurait. Léon, voyant ses larmes, se traînait à ses pieds.

— Me pardonnez-vous? lui dit-il.

Elle lui tendit la main.

— Oui, je vous pardonne, car maintenant je dépends de votre volonté et de votre caprice. Vous pouvez me perdre d'un mot, vous me l'avez dit, je ne suis donc que votre esclave. Relevez-vous et faites de moi ce que vous voudrez.

— Vous me faites bien mal, Marie.

— Écoutez, Léon, lui dit-elle en essuyant ses yeux et en essayant de rendre le calme à son visage, il est près de cinq heures, Emmanuel va rentrer, vous comprenez ce que j'éprouverais s'il vous trouvait ici et avec l'émotion que j'ai. Vous reviendrez un autre jour, demain si vous voulez, mais aujourd'hui, par votre amour pour moi, laissez-moi seule!

— Adieu, fit Léon.

— Adieu.

Et à peine le jeune homme fut-il sorti, que Marie retomba sur sa chaise, sans force et sans haleine. Ces émotions, auxquelles elle n'était pas habituée, tuaient la pauvre enfant. Léon était parti depuis un quart d'heure lorsque Emmanuel rentra. Il alla comme d'habitude embrasser sa femme en lui disant :

— M. de Grige sort d'ici?

— Oui, répondit Marie avec effroi.

— Je l'ai rencontré, et comme il y avait longtemps que je ne l'avais vu, je lui ai demandé de venir dîner aujourd'hui avec nous.

— Et il a accepté?

— Non.

Marie respira.

— Mais, reprit Emmanuel, il a accepté pour demain.

La pauvre femme n'avait pas une goutte de sang dans les veines.

— Cela te contrarie-t-il? continua M. de Bryon.

— Point du tout, fit-elle en essayant un sourire. Tout ce que tu fais est bien fait, mon ami.

Et se laissant tomber de nouveau sur sa chaise elle se dit :

— Mon Dieu, si je souffre déjà tant, que me réservez-vous donc dans l'avenir ?

XXXIV

— Les femmes ont la manie d'écrire, a dit un de nos charmants écrivains. Le lendemain, à peine fut-elle seule qu'elle écrivit à Léon.

« Mon mari m'a dit hier en rentrant que vous deviez dî-
» ner aujourd'hui avec nous ; je vous en supplie, ne venez
» pas. Je ne suis pas comme les autres femmes, et mon vi-
» sage ne peut tromper encore comme mon cœur. Si je
» vous voyais auprès d'Emmanuel, je ne réponds pas de ce
» qui arriverait. Accordez-moi ce que je vous demande ;
» j'ai besoin de solitude et de recueillement. »

Puis Marie, sans la signer, plia cette lettre, sonna, et demanda Marianne.

— Ma bonne Marianne, lui dit-elle en tremblant, voici une lettre que tu vas porter.

— Oui, mon enfant.

— Mais il faut que personne ne le sache.

— A qui faut-il la remettre ?

— A M. de Grige.

— A M. de Grige ? reprit la vieille femme, devinant à la pâleur de Marie ce qui se passait en elle, et tremblant à son tour.

— Oui, oui, à lui-même, continua madame de Bryon d'une voix embarrassée.

— Déjà ! dit la pauvre femme.

— Oh ! ne me maudis pas, s'écria Marie en se jetant dans les bras de Marianne qu'elle avait toujours regardée comme sa seconde mère, et que depuis la mort de la comtesse elle aimait encore plus.

— Je n'ai pas le droit de te maudire, mon enfant, et il faut espérer que celui qui l'a ne le fera jamais.

— Mon père?

— Ton pauvre père, que tu n'as pas vu depuis deux jours.

— Oh! oui, je suis bien coupable!

— Mon enfant, dit Marianne en embrassant Marie, as-tu bien réfléchi avant d'écrire cette lettre?

— Il le faut.

— Si jamais ton mari...

— Oh! ne me dis pas cela.

— Il t'aime tant!

— Il me tuerait, n'est-ce pas?

— Et ta fille? mon Dieu!

— J'ai bien souffert depuis deux jours; mais va, ma bonne Marianne, va vite, et si tu as une réponse à me donner, cache-la bien.

— Sois tranquille, ma pauvre enfant.

Et la vieille femme s'éloigna en souriant à Marie et en essuyant ses yeux. Cette confession avait fait du bien à la jeune femme; elle savait que maintenant quelqu'un la plaignait et veillait sur elle, et son cœur se dégonfla.

Marianne courut chez Léon. Léon était sorti. Elle laissa la lettre à Florentin. Léon était chez Julia, que depuis quelque temps nous avons oubliée, mais qui n'oubliait pas, elle. Le jeune homme n'avait pas cessé de voir son ancienne maîtresse, quoiqu'il fût loin de l'aimer encore; mais il avait compris qu'il fallait cacher sa liaison nouvelle sous la continuation de sa vie passée. Julia, toujours au courant de ce que faisait Léon, avait de son côté compris le rôle qu'il lui faisait jouer; mais, comme ce rôle servait ses projets, elle l'acceptait; et l'on n'eût jamais dit, en la voyant rieuse et charmante avec son amant, qu'elle se doutât de la vérité.

Marie sortit pour aller au cimetière, et de là chez M. d'Hermi. Vers deux heures, Léon rentra, et trouva la lettre de madame de Bryon; il écrivit aussitôt à Emmanuel, lui disant qu'il lui était impossible de se rendre à son invitation, et lui donnant un prétexte quelconque; puis il sortit et se rendit au cimetière, où il espérait rencontrer Marie, mais elle l'avait déjà quitté.

A cinq heures Florentin se rendit chez Julia.

— Du nouveau, madame, lui dit-il.

— Parlez vite.

— Une lettre.

— Où est-elle ?

— Je n'ai pu l'avoir ; monsieur l'a serrée dans le tiroir de son petit meuble, et a mis la clef dans sa poche.

— Qui a apporté cette lettre ?

— Une vieille femme.

— Et de qui vient-elle ?

— De madame de Bryon.

— Comment le savez-vous ?

— J'ai suivi la vieille.

— Votre maître a répondu à cette lettre ?

— Oui, c'est au mari qu'il a répondu.

— Je ne comprends pas.

— Je crois comprendre, moi.

— Expliquez-moi, alors.

— Monsieur m'avait dit, lorsque je lui avais demandé à quelle heure il rentrerait, qu'il reviendrait s'habiller à six heures. Je désirais savoir où M. allait, pour en prévenir madame, et je lui ai dit : Monsieur dîne en ville ? Il m'a dit : Oui. Puis est venue cette lettre à laquelle il a répondu, et sans doute il sera survenu quelque chose, car il m'a dit : Je ne m'habillerai pas : je dîne au club.

— En effet, je commence à comprendre. Cette lettre, il me la faut.

— Si madame la prend tout de suite, monsieur s'apercevra de la disparition. Je serai chassé et cela fera perdre un auxiliaire ou tout ou moins du temps à madame.

— C'est juste, fit Julia.

— Mais il y a un moyen, dit Florentin.

— Lequel ?

— Au lieu de prendre cette lettre, je la copierai, et j'apporterai la copie à madame, mais pour cela, il faut que madame me prête sa clef.

Julia regarda Florentin avec défiance.

— Madame n'a rien à craindre, reprit le valet qui surprit le regard, je ne la trahirai pas.

— Plus tard, il me faudra l'original, reprit Julia en donnant la clef au domestique de Léon.

— Madame l'aura; si madame veut attendre, il est probable qu'elle aura la |collection complète, car cette lettre est la première, mais ce ne sera pas la dernière sans doute.

— Florentin, vous êtes un garçon d'esprit.

— Mais madame sait, continua le domestique, que le jour où je lui donnerai, où plutôt où je lui laisserai prendre ces lettres, je perdrai ma place.

— Ce jour-là, vous entrerez chez moi.

— Madame peut compter sur mon dévouement.

— Je l'espère. A demain.

— A demain, madame.

Voilà en quelles mains était tombé l'avenir de Marie. La pauvre enfant ne s'en doutait pas, et le lendemain, toute reconnaissante du sacrifice que Léon lui avait fait la veille, elle lui avait écrit pour l'en remercier, et il y avait dans cette lettre toute l'imprudence d'une femme de dix-neuf ans. C'était Marianne encore qui avait été chargée du message; et la vieille femme, peu habituée à ces sortes de choses, ne comprenait pas tout ce qu'il y avait d'imprudent aussi de sa part à venir ainsi apporter des lettres de sa maîtresse à Léon; car, comme nous l'avons vu, elle pouvait être suivie, et la preuve, c'est qu'elle l'avait été.

Lorsque M. de Grige reçut cette seconde lettre, il la joignit à la première, referma le tiroir et mit la clef dans sa poche; puis, tout pressé de se rendre chez Marie, il s'habilla et partit. Empêchez donc un homme comme Léon, qui est, depuis deux jours, l'amant d'une femme comme Marie, de garder les lettres qu'il reçoit d'elle. Aussitôt Florentin tira la clef de sa poche, ouvrit le tiroir, copia les deux lettres, les resserra, referma le tiroir et courut chez la Lovely. Mais Florentin était un profond politique, qui serait devenu ministre s'il n'avait été valet de chambre, et lorsque Julia étendit la main pour prendre ces copies, il lui dit :

— Madame, ces copies sont de mon écriture, et pourraient, si elles étaient trouvées, me compromettre et me perdre ; souffrez donc que je vous en dicte le contenu, car vous, vous n'avez rien à craindre.

Julia écrivit donc sous la dictée de Florentin ; quand elle eut fini, celui-ci déchira ce qu'il avait écrit et s'en alla.

— Enfin !... s'écria Julia en lisant ces lettres, et nous n'essayerons pas de décrire le sourire dont elle accompagna ce mot.

Pendant ce temps, Léon était chez Marie. Marie commençait à s'humaniser, il y avait déjà trois jours qu'elle pleurait, et en trois jours on pleure beaucoup ; puis le temps était beau et Marie était jeune ; cette faute qu'elle avait vue d'abord avec tant d'exaltation, elle commençait à ne plus l'envisager comme irréparable ; puis Léon était si obéissant, si humble, si discret, il y avait dans son amour tant de confiance et de vérité, qu'il fallait bien le récompenser un peu de ce qu'il faisait et de ce qu'elle lui faisait faire ; ce ne fut donc pas, comme la veille, avec des larmes et des regrets que madame de Bryon reçut son amant ; dès qu'il parut au seuil de son boudoir, elle lui tendit la main en lui disant : Merci. Alors elle le fit asseoir à côté d'elle, car elle avait compris qu'il ne fallait pas le blesser si elle voulait se faire toujours obéir, et elle lui dit :

— Vous ne m'en voulez pas de ma lettre d'hier ?

— Je ne me souviens que de celle de ce matin.

— Que vous êtes bon ! je ne m'étais pas trompée ; vous m'aimez, n'est-ce pas ?

— Ai-je besoin de vous le répéter encore, et ne le savez-vous pas aussi bien que moi, vous qui ne répondez à cet amour que par des pleurs et des remords ?

— Eh bien ! à l'avenir, je ne pleurerai pas et ne regretterai rien.

En parlant ainsi, Marie ne put retenir un soupir.

— Que dites-vous ?

— La vérité, reprit-elle ; je vous dis, mon ami, qu'en voyant ce que je souffre j'ai deviné ce que vous avez souffert, et que je me suis repentie de vous avoir fait tant de mal ; je me suis dit qu'il est impossible de revenir sur le passé, et que ce passé de trois jours, où je retrouve votre nom, n'est peut-être pas un malheur, puisque vous êtes trop noble et trop loyal pour en abuser ; je me dis, Léon, qu'à l'avenir je veux vous recevoir le sourire à la bouche et la joie au cœur ; que je veux enfin être l'âme de votre âme et la confidente de vos pensées. Voilà ce que je me dis, et maintenant m'en voulez-vous encore ?

— Oh ! Marie, vous allez me demander encore quelque sacrifice ?

— Non, rien que je ne vous aie demandé déjà et que vous ne m'ayez déjà accordé. Écoutez-moi bien, Léon, et vous me jugerez après : quelle que soit la cause qui m'y ait poussée, vous êtes mon amant ; je vous avoue que ce mot-là, je ne croyais jamais le prononcer, car, jusqu'à présent, mes amours ont été de saintes et légitimes amours ; mais enfin, maintenant, vous êtes plus mon maître que mon mari lui-même, puisque rien ne me donnait à vous, et que je me suis donnée. Eh bien ! mon ami, nous nous verrons tous les jours, tant que vous voudrez ; je vous écrirai tous les matins et tous les soirs, si cela vous est agréable. Je vous dirai ma vie minute par minute ; mais...

— Mais...

— Vous ne me forcerez pas à rougir devant Emmanuel ?

— Allons, il faut s'y résigner ; vous ne m'aimez pas, Marie. Et Léon laissa tomber sa tête dans ses mains.

— Je suis franche, voilà tout ; vous autres hommes, vous ne croyez à l'amour d'une femme que lorsqu'elle se livre à vous ; mais vous, Léon, vous n'avez déjà plus besoin de cette preuve ; n'est-il pas vingt fois plus doux, avouez-le, d'être l'un auprès de l'autre comme nous le sommes, sans crainte, sans remords ; de laisser son âme parler avec une autre âme, et de s'abandonner à des joies célestes que ne troublent pas les passions humaines ? Mon bonheur est dans ce que je vous demande. Léon, me refuserez-vous mon bonheur ? Alors, je serai à vous plus que vous ne pouvez le croire ; présent ou absent, mon âme et ma pensée vous accompagneront, vous qui me protégerez contre vous-même, et qui me conserverez pure ; car jamais un autre homme que vous n'obtiendra, je vous le jure, ce qu'aujourd'hui je vous refuse. Vous ne comprenez donc pas cette volupté sainte, d'avoir une sœur inattendue, et de se dire : Il y a quelqu'un qui pense à moi, qui mêle mon nom à sa prière, et qui a pour moi l'amour chaste que les anges ont pour leurs frères ? Dites, cet amour n'est-il pas le seul possible, et ne doit-il pas durer plus longtemps que cette passion que les hommes ont qualifiée du même nom ?

Si Léon eût consenti tout de suite à ce que lui demandait Marie, les femmes sont ainsi faites, que, s'habituant peu à peu à la vie qu'elle se traçait, il fût venu un jour où elle eût été convaincue que jamais Léon n'avait été son amant; mais Léon ne répondait rien. La tête inclinée, il cherchait la solution impossible de ce problème éternel qu'on nomme la femme. Tout violent qu'était son amour, il se refroidissait légèrement aux prières éternelles de Marie ; et il commençait à se mélanger d'un peu de calcul, puisque son cœur seul ne suffisait plus à convaincre. Marie, voyant que Léon ne lui répondait pas, s'approcha de lui, et la tête penchée sur la sienne, elle lui dit :

— Qu'avez-vous encore ? Vous m'en voulez ? C'est vous qui ne m'aimez pas, puisque vous refusez de me comprendre.

Et comme Léon ne bougeait pas, les lèvres de la jeune femme se posèrent fraternellement, mais avec effort, sur son front, comme si elle eût voulu donner tout de suite le premier gage du traité qu'elle venait de proposer.

— Voyons, Léon, reprit-elle, c'est vous, à votre tour, qui devenez méchant, et qui, lorsque je vous aime, ne m'aimez plus. Écoutez, voici le printemps qui approche ; vous viendrez en Poitou avec nous. Là, nous serons seuls; nous aurons de longues journées et de longues promenades ; nous n'aurons pas besoin de nous cacher plus qu'autrefois, puisque nous ne ferons pas mal.

Léon ne répondit rien.

Marie lui prit la tête dans ses petites mains et l'embrassa comme un enfant. N'était-ce pas étrange, cette femme demandant à un homme de ne plus l'aimer, et le lui demandant avec toutes les tendresses de l'amour? Ce qu'il y avait d'incroyable et de vrai cependant dans tout ce que venait de dire Marie, c'est qu'elle avait fini par le croire, c'est qu'elle associait ingénument ces deux amours d'Emmanuel et de Léon, si différents l'un de l'autre! C'est que si M. de Grige consentait à oublier le passé, elle était prête à l'oublier aussi facilement, jusqu'au jour où la fatalité l'évoquerait plus terrible et plus affreux qu'il ne l'avait jamais été.

Il était six heures. A cette époque de l'année, c'est-à-dire au mois de février, six heures sont le moment mystérieux de la journée, où, lorsque le feu de la cheminée va s'éteignant, où, lorsqu'on n'a pas encore fait allumer sa lampe, on se livre à une rêverie douce, si l'on est seul, et à des confidences intimes, si l'on est deux.

Ils était deux.

Cependant Marie avait dit : Oubliez-moi; mais elle ne trouvait plus rien à dire. Elle n'osait retirer sa main de la main de Léon, et celui-ci, les yeux fixés tendrement sur elle, lui répétait à voix basse :

— Si vous saviez comme je vous aime, Marie; jamais une femme comme vous ne m'a aimé. Oh! je vous en supplie, ne me chassez pas de votre cœur. Ne me dites ni de cesser de me souvenir, ni de cesser d'espérer... — Marie, ne m'entends-tu pas?

Elle ne disait et ne pensait plus rien. Elle s'abandonnait aux bras d'un homme qui l'attirait, et, épuisée d'âme comme de corps, la pauvre enfant était impuissante contre ces luttes inconnues. Elle demandait simplement un sacrifice au nom de son bonheur et de son repos, et voyant, malgré cela, son amant insister, elle ne pouvait plus le combattre autrement qu'avec des larmes. Elle sentait qu'une minute de sa vie passée enchaînait à lui tout son avenir s'il le voulait, et elle ne voulait plus que prier Dieu de la faire mourir avant qu'Emmanuel apprît cette effrayante réalité. Étrange destinée que celle des femmes, qui veut que pour un moment d'oubli, qui, comme à Marie, peut leur avoir été presque surpris, elles appartiennent corps et âme, tant qu'elles lui plairont, à l'homme auquel elles se sont si imprudemment livrées.

La veille, il n'y avait qu'un jour que Marie eût voulu effacer de sa vie, le lendemain il y en avait deux. Alors arriva ce qui devait arriver. Marie, voyant qu'elle avait de nouveau succombé à la volonté de son amant, voulut se donner une excuse. La seule qu'elle pût se donner, c'était d'aimer Léon. Elle se la donna, et cependant, comme dans le fond elle était convaincue du contraire, elle comprit qu'il fallait s'étourdir pour couvrir, sinon pour faire taire cette voix secrète. Alors, matin et soir, elle écrivit à Léon des lettres passionnées; chaque jour elle voulait le voir; et autant elle avait été froide avec lui, autant elle semblait maintenant heureuse et fière de son amour. Il est vrai que souvent, lorsqu'ivre de joie et de bonheur, Léon était parti, Marie pleurait comme une folle, non plus dans la crainte de l'avenir qu'elle n'entrevoyait pas encore, non plus par remords du passé; mais parce que, malgré tout ce qu'elle pouvait faire, non-seulement Léon lui restait indifférent, mais encore lui devenait odieux, et que son amour s'augmentant encore de sa faute, elle aimait Emmanuel plus que jamais. Mais il n'y avait plus moyen de reculer; il fallait, comme l'homme qui se jette par une fenêtre, et qui une fois qu'il a perdu pied se repent de ce qu'il a fait, aller au fond de l'erreur au risque de s'y briser.

Léon, grâce à cet amour-propre que Dieu a donné à l'homme par pitié, comme moyen de bonheur, prenait au sérieux tout ce que lui disait Marie et l'adorait réellement. Tous les jours, qu'Emmanuel y fût ou n'y fût pas, il arrivait à l'hôtel et ne s'en allait que lorsqu'il devenait tout à fait impossible de rester. Il est donc facile de comprendre ce que souffrait Marie. Elle n'avait ni au monde, ni à elle-même, ni à Dieu, aucune excuse possible à donner. Elle était forcée de fermer les yeux, pour marcher dans cette route nouvelle où la guidait un homme inconnu, devant lequel elle rougissait, et auquel elle se donnait sans amour et déjà sans pudeur. On eût dit la statue d'un ange profanée par un sacrilége!

Marianne voyait bien que sa maîtresse se perdait, mais

la pauvre femme n'osait rien dire. C'était une nature bonne, mais faible, sans énergie. Capable de se faire tuer sans un cri pour un caprice de Marie, elle était incapable d'avoir même pour son bien une volonté que madame de Bryon, faible aussi, eût acceptée cependant et subie. D'ailleurs, Marianne se laissait prendre aux apparences, et, convaincue que Marie aimait Léon, elle ne savait que prier pour la jeune femme, et sinon protéger, du moins voiler autant que possible ces amours qu'elle redoutait tous les jours de voir divulguer. Restait le comte, que sa vieille expérience poussait à croire les choses que lui démentait son affection de père. Plusieurs fois il était venu voir sa fille, et toujours il avait rencontré Léon. Marie, tant que son père avait été là, avait paru embarrassée : elle semblait ne plus avoir en lui cette confiance que la conscience donne. Vingt fois le comte avait été sur le point de causer, cœur à cœur avec sa fille, de la présence éternelle de Léon, et de lui faire remarquer ce qui, du moins il l'espérait, n'était encore qu'une inconséquence ; mais jamais il n'avait osé, tremblant de dévoiler à sa fille la possibilité d'une chose, dont peut-être, dans son innocence, elle ne se doutait pas. Il n'en souffrait pas moins, et il étudiait Emmanuel, s'efforçant de surprendre sur son visage quelque signe de tristesse ou de chagrin qui lui prouvât qu'un autre avait remarqué ce qu'il avait remarqué luimême ; mais Emmanuel était toujours le même, toujours aussi bon, toujours aussi heureux, toujours incapable d'un soupçon sur sa femme.

Ce qu'il y avait de certain pour M. d'Hermi, c'est que sa fille, par quelque raison que ce fût, n'était déjà plus pour lui ce qu'elle était autrefois. En effet, la pauvre petite avait vu souvent le regard de son père se fixer à la dérobée sur elle, et il lui avait semblé qu'à ce regard paternel et profond rien ne pouvait échapper, et que son cœur avait dû s'ouvrir comme un livre et dire tout ce qu'il voulait cacher. Elle avait donc tristement deviné les fois que son père avait voulu lui parler de Léon, et elle avait toujours, dans sa crainte maladroite, détourné la conversation où jeté à travers un mot qui arrêtait son père, sans s'apercevoir qu'au lieu de détruire les soupçons de M. d'Hermi, elle les confirmait par l'insistance, visible pour tout œil exercé, qu'elle mettait à ne pas répondre. Naturellement, cette terreur éternelle jetait du froid entre le père et la fille; celle-ci évitait donc autant que possible de se trouver seule avec le comte, et elle n'allait presque plus le voir, car elle sentait qu'elle eût tout avoué à son père au premier mot qu'il lui en eût dit. Alors, Dieu sait ce qui fût arrivé. Le pauvre homme était horriblement peiné. Vingt fois il avait été sur le point d'aller lui-même trouver Léon et de lui demander, sur l'honneur, la vérité tout entière, dût-il se jeter à ses genoux pour obtenir de lui qu'il partît et qu'il rendît le repos à sa fille; mais il avait toujours été arrêté, d'abord par cette pensée toute paternelle que peut-être il se trompait, puis que, ne sachant à qui il avait affaire et quel genre de cœur était Léon, cette confidence pouvait faire plus de mal que de bien à Marie et être connue d'Emmanuel, qui, comme nous l'avons dit, semblait ne se douter de rien et ne se doutait de rien en effet.

Mais il y avait quelqu'un qui veillait et qui se chargeait d'éclairer tout le monde. Ce quelqu'un, c'était Julia!

XXXV

La réforme, à cette époque, commençait son envahissement, et M. de Bryon en était un des principaux chefs. Toutes les idées généreuses et libérales se donnaient rendez-vous en lui; et il n'était pas seulement mû par son ambition : il voulait le bien de son pays pour le bien lui-même, et non pour la position qu'il en pouvait tirer. Comme nous l'avons vu, le gouvernement avait essayé de l'arrêter dans la voie qu'il parcourait en lui jetant un ministère, ce gâteau avec lequel on calme les cerbères politiques; mais Emmanuel avait refusé, parce qu'avec le ministère on ne lui donnait pas tout ce que, dans sa justice, il voulait qu'on accordât au peuple. Si nous n'étions entraînés par notre sujet, nous nous étendrions sur les projets politiques d'Emmanuel, et beaucoup de nos hommes d'État se trouveraient bien petits à côté de notre héros ; mais nous faisons une simple étude de cœur et n'avons nullement en vue la réorganisation sociale. Nous ne pouvons donc qu'indiquer de temps en temps les événements politiques de la vie de M. de Bryon, et montrer en quoi ils se trouvèrent fatalement mêlés à sa vie privée. Ce fut sa réputation qui lui amena Julia ; ce fut sa réputation qui le fit aimer de Marie ; ce fut sa réputation, à laquelle il sacrifia quelques heures de son bonheur domestique, qui amena les événements que nous allons faire connaître.

Une réunion réformiste, que devait présider Emmanuel, allait avoir lieu à Poitiers ; il en reçut avis, dit à Marie que son absence ne durerait que quelques jours et partit. Marie fut presque heureuse en le voyant partir ; ce départ lui donnait le temps de regarder autour d'elle et de mettre de l'ordre dans ses terreurs.

Deux heures après qu'Emmanuel était parti, Léon était chez Marie. Pour Julia, c'était le moment d'agir. Elle n'ignorait pas le départ de M. de Bryon, elle savait Léon chez sa femme ; elle se rendit chez M. de Grige, et prit les originaux des lettres dont elle n'avait encore que les copies. Quand elle eut ces papiers dans les mains, elle se rendit chez madame de Bryon et demanda à lui parler. On lui répondit que madame de Bryon n'était pas visible. Elle laissa sa carte et se représenta le lendemain. Le lendemain, Marie était sortie.

— Vous direz à votre maîtresse, fit Julia, qu'elle a eu tort de ne pas me recevoir.

Il y avait dans cette phrase une menace à laquelle le domestique ne répondit rien.

Quand Marie rentra, on lui remit la seconde carte de Lovely, et le domestique répéta ce qu'on l'avait chargé de dire.

Marie avait toutes raisons de craindre tout. Elle donna ces deux cartes à Léon, et lui demanda s'il savait ce que cela voulait dire. Léon pâlit en lisant le nom de Julia ; mais il ne voulut rien dire ni supposer même avant de l'avoir vue.

Il répondit à Marie qu'il ne connaissait pas ce nom; mais ce fut avec un sinistre pressentiment qu'il lui répondit cela.

A six heures il se rendit rue Taitbout. Julia était chez elle. Léon connaissait le caractère de sa maîtresse; il ne voulut pas aborder franchement la question; il voulut ruser avec elle.

— Ah! c'est vous, fit Julia d'un air charmant; je ne vous vois presque plus. Voilà deux jours que je n'ai entendu parler de vous.

En disant cela, elle serrait la main tremblante de Léon.

— Il sait tout, pensa-t-elle; voyons-le venir.

Et elle regarda son amant comme pour s'assurer qu'elle n'avait pas affaire à un partenaire bien redoutable. Un silence se fit, pendant lequel les deux adversaires préparèrent leurs armes. Ce fut Léon qui, le premier, prit la parole.

— Voyons, Julia, dit-il, parlons franchement. Est-ce que vous m'en voulez de quelque chose?

— Moi, vous en vouloir, mon ami, et de quoi? de ce que vous ne m'aimez plus?

Léon fit un mouvement comme pour nier.

— Allez-vous me dire que vous m'aimez? reprit Julia, vous mentiriez; faites-moi au moins l'honneur d'être franc avec moi. Voilà longtemps que nous sommes ensemble; je vous ai aimé trop sincèrement pour que votre amour puisse durer encore.

Tout cela était dit d'un ton si calme, que Léon en arrivait presque à douter que ce fût Julia qui fût allée chez Marie, lui qui croyait, en venant, ne devoir attribuer ces visites qu'à la jalousie.

— Mais, de votre côté, vous ne m'aimez plus autant, Julia.

— Ce serait duperie que d'aimer un homme qui n'aime plus.

— Alors, si vous n'avez plus d'amour pour moi, vous ne devez pas avoir de haine, je l'espère, et vous ne voudriez rien faire qui pût me causer de la peine?

— A vous?

— A moi, — ou à toute autre personne à qui je m'intéresserais.

— Nous y voilà, se dit Julia. Expliquez-vous, mon ami, reprit-elle tout haut, je ne vous comprends pas.

— Écoutez, continua de M. de Grige, qui pensait qu'il valait mieux procéder par le raisonnement que par la colère, et qui prit les mains de Julia dans les siennes, vous savez mieux que personne qu'on ne commande pas à son cœur; vous-même, involontairement, avez fait souffrir des gens qui vous aimaient, parce que votre cœur vous portait vers d'autres. Je vous ai peut-être fait souffrir.

— Le fat! murmura Julia.

— Mais vous savez qu'à défaut d'amour, je vous conserverai l'amitié la plus sainte et la plus dévouée!

— Après? fit Julia d'un ton désespérant d'ironie.

— Après, répliqua Léon en pâlissant légèrement, je ne vous ai jamais dit moi-même, parce qu'il y a des sentiments que je respecte, et des susceptibilités que je ne blesse jamais; mais d'autres vous ont dit, peut-être, que j'ai une nouvelle maîtresse; si l'on vous a dit que j'aime cette femme, on vous a dit vrai; nous pouvons nous avouer ces choses-là, maintenant que vous êtes de sang-froid. Peut-être ne vous a-t-on pas dit, cependant, combien je la respecte, combien elle mérite ce respect, et combien je tiens à son repos?

— Je sais tout cela, au contraire, et je sais que vous ne m'avez gardée que pour couvrir cette liaison qui a besoin de rester cachée. Vous voyez que je suis au courant.

Et Julia jetait sur Léon un regard qui ne promettait rien de bon et qui l'embarrassa.

— J'arrive au fait, reprit-il, mais sans vouloir avoir l'air de connaître toute la vérité. Je sors de chez la personne dont je vous parlais tout à l'heure; elle m'a dit qu'une femme inconnue s'était présentée deux fois chez elle, et n'avait pas voulu dire son nom; mais au signalement qu'on m'a donné de cette inconnue, j'ai cru vous reconnaître, et je suis venu pour avoir avec vous une explication à ce sujet, et vous demander, dans le cas où vous vous seriez présentée chez cette personne, ce que vous aviez à lui dire.

— C'est tout ? demanda Julia d'un ton aussi insolent que possible.

— Oui, c'est tout, répondit Léon, que la colère commençait à envahir.

— Eh bien ! il y a du vrai dans tout cela ; seulement, si madame de Bryon vous a dit qu'une femme *inconnue* s'était présentée chez elle, elle vous a menti, à vous, comme elle ment à son mari quand elle lui dit qu'elle l'aime, puisque j'ai laissé deux cartes.

Julia parlait ainsi en jouant d'un air indifférent avec les breloques de sa chaîne. Elle reprit sans que Léon trouvât une parole :

— Maintenant, vous voulez savoir ce que j'avais à dire à votre nouvelle maîtresse ? Oh ! mon Dieu ! c'était une chose bien simple ; je voulais simplement lui dire, fit Julia en appuyant sur les mots, que je me nomme Julia Lovely, que je suis votre maîtresse depuis près de deux ans, que je vous aime, que je sais que vous me trompez avec elle et que je veux tout dire à son mari. Voilà, mon cher Léon, ce que j'avais à lui dire.

M. de Grige regarda Julia. Elle souriait comme si elle eût parlé de la chose la plus ordinaire du monde.

— Vous vouliez lui dire cela ? dit Léon.

— Oui, répondit Julia en joignant à sa réponse un signe de tête affirmatif, et en regardant son amant de façon à lui faire comprendre tout ce qu'elle avait de haine dans l'âme.

— Et maintenant ? demanda Léon avec un ton menaçant.

— Et maintenant, je dirai tout à M. de Bryon sans prévenir sa femme, puisqu'elle ne veut pas me recevoir. M. de Bryon a été mon amant, il m'a très-mal traitée ; j'ai été votre maîtresse, je vous aimais énormément, fit Julia en riant au nez de Léon, vous me trompez avec sa femme ; je me venge à la fois de vous et de lui. C'est assez bien joué, n'est-ce pas ?

— Et vous croyez que je permettrai cela ? dit Léon en se levant.

— Il le faudra bien, répondit Julia en se levant aussi.

— Si vous faites un mot de ce que vous venez de dire, Julia, prenez garde.

— Que me ferez-vous?

— Tout, quand je devrais...

— Quand vous devriez me tuer, hein? Est-ce qu'on tue les femmes! Je ferai tout cela, Léon; et comme je suis franche, je vais vous dire pourquoi et comment je le ferai. D'abord, il faut que je vous détrompe sur une chose qui peut-être vous donnerait des remords un jour. Je ne vous ai jamais aimé...

— Que m'importe?

— Tant mieux, alors. Mais j'ai été sur le point d'adorer M. de Bryon. Du jour où il a épousé mademoiselle d'Hermi, j'ai été votre maîtresse, et si vous n'étiez la fatuité incarnée, vous vous seriez aperçu du brusque changement qui s'était opéré en moi vis-à-vis de vous. Je vous avais toujours trouvé un être insignifiant, tout à coup je deviens folle de vous. C'était invraisemblable. C'était à vous de chercher la cause de tout cela, car il y en avait une, et la voici :

Léon se mit à marcher à grands pas dans le salon.

— Oh! ne vous impatientez pas, dit Julia, vous verrez comme vous serez content de savoir tout ce que je vais vous dire, car il n'y aura que Dieu, vous et moi qui le saurons. — Je suis devenue votre maîtresse, parce que je vous savais amoureux de mademoiselle d'Hermi, et que, ne croyant pas à la vertu des femmes, j'ai pensé qu'un jour vous seriez son amant, d'autant plus que je me promettais d'attiser cet amour autant que cela me serait possible. Elle s'est bien défendue, je dois le dire, et il m'a fallu vous supporter pendant près de deux ans, vous que je n'aimais pas; mais enfin elle a succombé, la pauvre enfant, et le châtiment suivra de près la faute, comme dans les mélodrames du boulevard. Vous allez me demander maintenant quel intérêt j'ai à perdre madame de Bryon. Qu'il vous suffise de savoir que ce n'est pas parce que je suis jalouse de vous. S'il n'y avait que cela, je vous laisserais bien à elle; mais il y a à ce que je fais un motif plus grave, une raison d'État. Je vous sacrifie au bonheur de mon pays!

En disant cela, Julia ne put s'empêcher de rire.

— Et vous pensez, dit Léon d'un ton méprisant, que M. de Bryon croira une fille comme vous ?

— Imbécile !... Il croira l'écriture de sa femme, quand je lui montrerai les lettres qu'elle vous a écrites.

Léon devint pâle comme un spectre.

— Vous avez ces lettres ? s'écria-t-il.

— Oui.

— Vous les avez volées ?

— Parfaitement. Oh ! ne serrez pas les poings, cela ne vous mènerait à rien.

— Et ces lettres sont...

— Là ; et en même temps Julia montrait le corsage de sa robe.

— Vous allez me rendre ces lettres, cria Léon, qui écumait de rage et en avançant sur Julia.

— Si vous faites un pas, dit celle-ci avec un sang-froid plus terrible que toutes les colères, j'ouvre cette fenêtre, je crie à l'assassin, je vous fais arrêter, je dis pourquoi j'ai appelé au secours, et je remets entre les mains du procureur du roi les copies des lettres dont je garde les originaux.

— Infamie ! murmura Léon, qui sentit à ses yeux les larmes qu'y fait venir le sentiment de l'impuissance et de la défaite.

— Songez, reprit Julia avec ce sourire éternel que rien ne pouvait faire tomber de ses lèvres, songez que j'ai tout prévu. Vous ne pouvez vous venger de personne, pas même de votre domestique, que vous allez mettre à la porte, mais que je vais prendre à mon service, pas même de moi, qui suis moins qu'un domestique à vos yeux, qui suis une courtisane ; mais, dans le siècle où nous sommes, une courtisane est aussi puissante, plus puissante même avec sa beauté que les plus grands et les plus nobles noms. Il y en a assez parmi nous qui meurent à l'hôpital pour qu'il y en ait quelques-unes qui fassent fortune.

Ce mot fut comme un éclair pour Léon.

— Il y a un moyen d'avoir ces lettres, pensa-t-il.

Il passa la main sur son front comme pour imposer le calme à son visage.

— Écoutez, Julia, dit-il d'une voix résignée, vous avez entre les mains la vie de deux hommes, l'honneur d'une femme, le repos de toute une famille qui ne vous a rien fait.

— Je le sais bien.

— Combien voulez-vous vendre tout cela ?

— Deux millions, répondit Julia en souriant toujours.

— Je n'en ai plus qu'un, donnez-moi ces lettres, il est à vous.

— C'est parce que je sais que vous n'en avez qu'un que j'en demande deux. Je ne veux pas vendre ces lettres. Je manque ma fortune avec vous, mais je la fais peut-être avec un autre.

— Julia, dit Léon d'un ton suppliant...

— Avouez que vous commettriez un crime pour avoir ces lettres. Voilà pourtant à quoi tient l'honneur d'un homme. Si je voulais être marquise de Grige, je le deviendrais, pourvu que je vous apportasse ce paquet de lettres en dot.

Léon ne répondit pas.

— Vous n'avez pas besoin de répondre, fit Julia, je sais que vous consentiriez. Vous aimez donc bien cette femme ! mais vous ne l'aimez pas autant que je vous méprise. C'est si méprisable un homme vaincu par une femme, et qui ne pourra rien contre elle !

En disant cela, Julia sonnait.

— Qu'allez-vous faire ? lui dit Léon dont la colère troublait les idées.

— Je vais faire mettre les lettres à la poste. Elles sont toutes prêtes à être envoyées. Quelle surprise pour ce pauvre Emmanuel !

— Julia, vous ne ferez pas cela.

— Écoutez alors.

En ce moment la femme de chambre entrait, et Julia tirait de son sein un paquet de lettres.

— Tu vois bien ce paquet, Henriette ? dit Julia à cette fille.

— Oui, madame.

— Tu vas aller le porter à la poste, et rappelle-toi que rien ne doit t'arrêter en chemin.

— Comme vous êtes pâle, madame ! fit la femme de chambre, et en même temps elle regardait Léon, plus pâle encore que Julia. Jean est là, ajouta-t-elle tout bas.

— C'est bien, reprit Julia, je n'ai rien à craindre, va, ma fille, va.

Henriette sortit.

Au moment où elle quittait le salon, Léon prit son chapeau et s'apprêta à la suivre.

— C'est inutile, lui dit Julia en s'asseyant, elle ne vous les donnera pas, quand même vous lui donneriez en échange ce que vous me proposiez tout à l'heure. Figurez-vous, mon cher Léon, que cette brave fille que vous venez de voir a fait un enfant autrefois, mais elle l'a tué. J'ai les preuves du crime, et elle a plus peur de l'échafaud qu'elle n'a envie de votre argent. Ah ! je suis bien sûre des gens qui me servent, allez. Laissez-la donc faire. D'ailleurs toutes les lettres de madame de Bryon ne sont pas dans le paquet qu'elle emporte ; j'en ai quelques-unes en réserve dans le cas où les premières s'égareraient. Oh ! je suis prévoyante ! Mais laissez-vous faire, c'est votre bonheur que j'assure. Après cet éclat, Marie sera à vous sans réserve ; et les femmes n'auront plus assez d'yeux pour vous voir, vous, l'amant de madame de Bryon, la femme vertueuse par excellence. Vous allez devenir un homme à la mode.

— C'est bien, madame ; ce fut tout ce que Léon put dire. La colère l'étouffait.

Il sortit, plus semblable à un fou qu'à un homme sensé.

— Voilà l'homme le plus malheureux de Paris, se dit Julia en le voyant de la fenêtre remonter dans sa voiture ; mais à chacun son tour.

Julia prit une feuille de papier, et elle écrivit :

« Madame,

» Je me suis présentée deux fois chez vous sans que vous
» me fassiez l'honneur de me recevoir. Je pardonne quel-
» quefois que l'on me fasse un chagrin, jamais je ne par-

» donné que l'on me fasse une insulte. Je viens d'envoyer
» à votre mari, mon ancien amant, les lettres que vous
» écriviez à M. de Grige, mon amant, ou plutôt notre
» amant.

» Julia Lovely. »

Au moment où elle terminait cette lettre, Henriette rentrait.

— Tu as mis le paquet à la poste, lui dit Julia du ton d'une femme prête à punir sévèrement une désobéissance.

— Oui, répondit Henriette, mais non sans embarras.

— Eh bien! fais porter cette lettre à son adresse, et dis que je n'y suis pour personne.

XXXVI

Nous l'avons dit, Léon était comme un fou.

— Que faire? que faire? se disait-il; chaque minute que je laisse passer sans agir, c'est une année de bonheur que j'enlève à Marie.

Toutes les combinaisons imaginables traversèrent son esprit, mais tombaient devant le mot : impossible. Sa fortune, sa vie, son honneur, il eût tout donné pour Marie, et il ne trouvait rien pour la sauver. Toute tentative eût amené un scandale plus grand encore que celui qui allait avoir lieu en laissant les choses suivre leur cours. Mais comment avouer tout cela à Marie? Léon ne s'en sentit pas le courage. Il erra dans les rues de Paris, et le soir, sans savoir ce qu'il faisait, il entra au club, n'osant ni rentrer chez lui, ni aller chez madame de Bryon. Pendant ce temps, Jean, le valet de chambre de Julia, était allé porter la lettre que celle-ci avait écrite à Marie, et il était revenu.

— Madame de Bryon était-elle chez elle? avait demandé Lovely au domestique.

— Oui, madame.

— Seule?

— Avec son père.

— Très-bien. Qu'a-t-elle dit?

— Elle a demandé l'adresse de madame.
— Vous l'avez donnée ?
— Oui.
— Je n'y suis pour personne, rappelez-vous-le.

Julia resta seule. Elle était émue, car elle s'attendait à la visite de Marie, et, si forte que l'on soit, l'on ne se jette pas ainsi à travers la destinée d'une femme sans en ressentir quelque émotion. Elle avait donc besoin de temps en temps de se souvenir des raisons qu'elle avait de se venger d'Emmanuel pour s'excuser à ses propres yeux, et elle ne descendait pas toujours dans le fond de son cœur, car, malgré elle, elle y eût trouvé des remords précoces, et qui ne pouvaient qu'aller en augmentant.

— A quoi bon se repentir de ce qu'on a fait ? s'écriait-elle tout à coup. D'ailleurs, il est trop tard maintenant.

A dix heures environ, Jean entra :

— Madame, dit-il, une dame voilée est là qui demande à vous parler.

— Je n'y suis pour personne.

— Cette dame a tellement insisté, elle dit qu'il s'agit de choses si graves, que je me suis permis d'enfreindre la consigne.

— Le nom de cette dame ? demanda Julia, qui savait que c'était Marie qui se présentait.

— Elle ne l'a pas dit.

— Qu'elle le dise ; je ne reçois que les gens qui disent leur nom.

Jean revint quelques minutes après avec une carte.

— Madame de Bryon chez moi ! s'écria Julia, comme si elle eût été étonnée, et de façon à ce que Jean entendît le nom ; faites-la entrer.

Marie entra. On voyait sa pâleur à travers son voile. A peine fut-elle en face de Julia, que, cédant aux émotions qui l'agitaient depuis deux heures, elle se laissa tomber sur une chaise en éclatant en larmes.

Or, voici ce qui s'était passé : Marie, comme l'a répété Jean, était avec son père quand elle reçut la lettre de Julia. Cette lettre était si inattendue et si terrible, que la pauvre femme avait pâli au point que le comte s'était approché d'elle pour apprendre ce qui la troublait ainsi; mais, par un mouvement machinal et rapide, Marie avait jeté au feu cette lettre qu'elle n'avait plus besoin de lire une seconde fois, car les caractères flamboyaient devant ses yeux et dans sa pensée.

— Demandez l'adresse, était tout ce que madame de Bryon avait pu dire.

— Que dit cette lettre? avait interrogé le comte.

— Rien, mon père, avait répondu Marie en lui tendant la main.

— Des secrets pour moi?

— Non, mon bon père.

— Quelque mauvaise nouvelle?

— Oh! certes non, une lettre d'affaires.

— Mais pourquoi as-tu pâli?

— J'ai eu peur d'abord en entendant sonner; puis les premiers mots de cette lettre me présageaient comme un malheur, et j'ai craint un instant pour Emmanuel, tandis que, comme je vous le répète, ce n'est qu'une affaire, et qui ne m'empêchera pas de dormir. Et Marie avait regardé l'heure à la pendule.

— Tu me chasses? avait repris le comte.

— Ah! mon bon père, que me dites-vous là?

— Maintenant que tu m'as rassuré, je n'ai plus rien à faire ici, et je te laisse : à demain.

— A demain, mon bon père.

Et le père et la fille s'étaient tendrement embrassés. M. d'Hermi était toujours inquiet; cette lettre, du reste, lui faisait redouter quelque mystère, et cependant il partit. Marie le regardait s'éloigner avec une impatience qui l'étonnait aussi. Elle accompagna son père jusqu'à l'antichambre, le comte l'embrassa une dernière fois, et elle rentra dans son appartement. M. d'Hermi n'avait pas fermé la porte qu'il entendit un violent coup de sonnette parti de l'intérieur. Il crut que Marie sonnait sa femme de chambre pour se coucher, et il descendit. Mais à peine avait-il descendu quelques marches, qu'il entendit ouvrir la porte qu'il venait de fermer, et qu'il vit un domestique descendre quatre à quatre l'escalier où il était.

— Où allez-vous ? dit-il au domestique.
— Donner l'ordre qu'on attèle, monsieur le comte.
— Madame va sortir ?
— Oui, monsieur le comte.
— Allez, mon ami, allez.

M. d'Hermi resta rêveur. Où, à pareille heure, pouvait aller sa fille ? Il fut au moment de remonter, mais il réfléchit et continua de descendre. Il congédia sa voiture, et ayant fait approcher un cabriolet de place, qu'il fit stationner à quelques maisons plus loin, il se blottit dans l'ombre et il attendit. Au bout d'un quart d'heure à peu près, la grande porte cochère s'ouvrit pour laisser passer la voiture de madame de Bryon. Le comte monta dans son cabriolet et ordonna au cocher de suivre, ce qui n'était pas chose facile ; mais M. d'Hermi montra un louis, et, comme par enchantement, le cheval retrouva des jambes et parvint à se tenir à quarante pas du coupé. La voiture traversa le pont des Saints-Pères, le guichet du Louvre, la place du Carrousel, prit la rue du Dauphin, la rue Saint-Roch, la rue de la Michodière, coupa le boulevard et s'arrêta au numéro... de la rue Taitbout.

Un moment, M. d'Hermi avait eu cette affreuse pensée, que Marie allait chez Léon ; mais en voyant la voiture suivre ce chemin, il avait vu avec bonheur qu'il s'était trompé. Marie pouvait, après tout, lui avoir dit vrai ; et peut-être était-ce une affaire dont elle voulait éviter le souci à Emmanuel, qui la faisait ainsi sortir seule, et le soir. Il vit sa fille descendre et entrer au numéro... Cinq minutes après, ne la voyant pas sortir, il frappa à son tour. Le pauvre père avait le cœur haletant. Il entra. Il ouvrit la loge du portier, et lui dit :

— Il vient d'entrer une dame ici ?
— Oui, monsieur.
— Où va-t-elle ?

Le portier hésita. Le comte fit luire un louis, le même qui avait donné des jambes au cheval, et qui rendit la voix à l'honnête cerbère. Philippe de Macédoine avait bien raison de dire qu'on ouvre toutes les portes avec une clef d'or.

— Où va-t-elle? reprit le comte.
— Chez une dame.
— Et quelle est cette dame?
— Madame Julia Lovely.
— Et que fait-elle?
Le portier sourit.
— Répondez!
— Dame! monsieur, c'est une femme entretenue; bien tranquille du reste, et nous n'avons pas à nous en plaindre; chacun est libre.

Une sueur froide glaça le front du comte. Il ne pouvait rien deviner encore; mais il n'y avait qu'une raison honteuse qui pût amener ainsi sa fille, le soir et mystérieusement, chez une femme de cette sorte. Cependant, il fit un effort sur lui-même, et reprit :

— Est-elle venue souvent ici, cette dame?
— Nous ne l'avons jamais vue; n'est-ce pas, ma femme? fit le portier, qui voulait consciencieusement gagner ses vingt francs.
— Jamais, dit celle-ci.
— Vous en êtes sûrs?
— Sûrs, monsieur.
— Très-bien, mon ami; voulez-vous me tirer le cordon?

En même temps, le comte jetait le louis sur la table du concierge; celui-ci salua et obéit. Lorsque le comte eut refermé la porte, le bonhomme regarda attentivement le louis.

— De 1815! dit-il.
Et il le fit sonner, pour s'assurer qu'il était bon.
— Et moi qui dormais, reprit le portier.
— Ça prouve que la fortune vient en dormant, mon homme.

Cette facétie fit rire les deux époux. Quant au comte, la terreur dans l'âme, les larmes dans les yeux, il remonta dans son cabriolet; et, malgré le froid et la bise, il attendit.

20

XXXVII

Julia regardait Marie. Elle était plus forte qu'elle; elle n'avait rien à craindre, elle triomphait. Cependant, une pudeur bien facile à comprendre faisait qu'elle n'osait la première rompre ce silence. C'est qu'avec Marie, elle ne pouvait plus, comme avec Léon, jouer cartes sur table; il fallait, au contraire, que madame de Bryon, en sortant de chez Julia, fût convaincue que Julia était dans son droit d'agir comme elle l'avait fait, et ne pût accuser qu'elle-même du malheur qui avait lieu. Julia avait trop d'esprit pour ne pas s'identifier tout de suite avec le faux personnage qu'elle allait jouer; en attendant, elle resta muette, et, regardant la jeune femme, elle ne put s'empêcher de dire : Elle est belle! Ce fut Marie qui, la première, prit la parole.

— Nous sommes seules, madame? demanda-t-elle.
— Tout à fait seules.
— C'est bien vous madame Julia Lovely?
— C'est bien moi.
— Et c'est vous qui, il y a une heure, m'avez écrit?
Julia fit signe que oui.
— Savez-vous ce que vous avez fait, madame?
— Je le sais.
— Vous m'avez perdue?
— Oui.
— Vous avez brisé la vie de mon mari?
— Oui.
— L'avenir de ma fille?
— Oui.
— Vous saviez tout cela, madame, et vous l'avez fait?
Julia comprit qu'il fallait être cruelle pour avoir une excuse.
— Oui, fit-elle une dernière fois, en appuyant sa tête sur sa main et en regardant fixement sa rivale.
— Vous me haïssez donc bien?
— Oui, je vous hais!

— Et que vous ai-je fait, moi ?

— Ce que vous m'avez fait ! Vous me le demandez ! Vous vous êtes toujours trouvée sur le chemin de mes espérances, inévitablement, fatalement. J'étais la maîtresse d'Emmanuel quand il vous a aimée ; j'étais la maîtresse de Léon quand il est devenu votre amant ; et toute indécision entre nous deux doit disparaître, quand un homme a à choisir entre nous deux ; vous êtes plus jeune, plus belle, et vous vous donnez sans vous être jamais vendue. Voilà pourquoi je vous hais, et pourquoi j'ai voulu détruire toutes les choses qui vous mettent au-dessus de moi, réputation, famille, amour, vertu ; pour faire tomber la statue, j'ai abattu le piédestal.

— Mon Dieu ! mon Dieu ! répétait Marie avec des larmes, que vais-je devenir ?

— Vous deviendrez ce que deviennent les femmes qui trompent leurs maris. Oh ! Emmanuel n'est pas un mari ordinaire ; je le connais, et c'est pour cela que je le venge. Comment, aimée de cet homme, avez-vous consenti à le tromper pour un autre, quel qu'il fût ?

— Vous êtes bien la maîtresse de cet autre, vous.

— Me faites-vous l'honneur de nous placer toutes deux au même niveau. Quoi ! la vertueuse Marie de Bryon et la courtisane Julia Lovely se vaudront désormais ! Je m'attendais à une victoire, mais je ne l'aurais jamais crue si complète.

— Je suis bien malheureuse ! répétait Marie, anéantie, épuisée, incapable de mettre ordre à ses pensées, et croyant à chaque instant qu'elle allait devenir folle.

— Oui, vous devez souffrir, reprit Julia. Qui jamais vous eût dit à vous, née au sommet de l'échelle sociale, que vous descendriez un jour jusqu'au dernier échelon redemander votre honneur à une fille comme moi ? J'avais donc raison de vous mépriser, femmes qui détourniez la tête quand par hasard on vous parlait de nous. Je faisais donc bien, dans mes heures d'abandon, de vous jurer une haine éternelle, et j'ai donc bien fait de me venger en une fois de tous les mépris du passé. Oh ! l'aventure fera effet à Paris !

— Madame, au nom du ciel, disait Marie, qui n'avait que la force de prier, dites-moi que tout cela n'est qu'un rêve, que vous avez voulu me faire souffrir ; mais maintenant que vous voyez que je souffre, vous allez me dire, n'est-ce pas, que vous vous êtes raillée de moi, que vous n'avez pas voulu perdre une femme qui vous a fait du mal sans le savoir, mais qui vous bénira si vous la sauvez, qui fera tout ce que vous voudrez, qui sera votre esclave. Si vous saviez, madame, comme je souffrais ! Ma mère venait de mourir, ma pauvre mère que j'aimais tant ! Cet homme était toujours là. Au nom du ciel, au nom d'Emmanuel que vous avez aimé, au nom de mon père, au nom de mon enfant, au nom de tout ce qu'il y a de sacré au monde, sauvez-moi, madame, sauvez-moi !

— Ainsi, reprit froidement Julia, en s'appuyant sur son lit, et en regardant cette pauvre créature qui se traînait à ses genoux, ainsi, vous aviez une mère dont vous pouvez invoquer la mémoire, un père qui ne vit qu'en vous, un mari que vous avez choisi, un enfant, un ange qui vous appelait sa mère, un grand nom, une grande fortune, et vous avez jeté tout cela dans la boue, et vous n'avez pas vingt ans ! Vous l'aimez donc bien, cet homme ?

— Qui vous dit que je l'aime, madame ?

— Vous ne l'aimez pas ?...

— Non.

— Vous ne l'aimez pas ! répéta Julia, dont l'œil s'illumina d'une joie terrible ; vous en aimez un autre ?

— Oui, murmura Marie en sanglotant.

— Votre mari, peut-être ?

Marie fit un signe affirmatif.

— Oh !... s'écria Julia avec un rire sinistre, voilà donc une créature plus corrompue que moi. Arrière, madame, si j'avais su cela, je vous aurais laissée à vos remords et je n'aurais pas hâté le châtiment. Ainsi, vous aimez votre mari, ainsi, vous n'avez pas d'excuses et vous venez me demander de vous sauver ! Voulez-vous savoir les excuses que j'avais, moi que vos pareilles méprisent : ma mère mourait de faim, mon père la battait ; ils ne se sont entendus qu'une fois, le jour où ils m'ont vendue; j'avais seize ans! Savez-vous comment je les ai punis, madame, moi qui avais le droit de les punir? Je les ai soignés, si je ne les ai aimés; je les ai faits riches, si je ne les ai faits heureux, et ils sont morts en regrettant la vie. Voilà mon enfance, voilà ma jeunesse, voilà d'où je suis partie. Je suis jeune encore, j'ai eu cinquante amants peut-être; c'est hideux, n'est-ce pas? Eh bien! aux yeux de Dieu qui nous voit, je me crois moins coupable que vous, et je me relève et je vous méprise, vous qui avez fait désespérée la vieillesse d'un père irréprochable, vous qui avez fait malheureuse la vie d'un époux aimé, vous qui avez fait maudite la vie d'une enfant innocente de vos fautes.

— Vous avez raison, madame, fit Marie, et je suis bien punie, je vous le jure. Que vais-je faire? Où vais-je aller? répétait-elle en regardant sans les voir les fleurs du tapis qui était à ses pieds. Je vous ennuie bien, n'est-ce pas, madame; je suis une créature bien méprisable, vous venez de le dire. Cela est vrai, j'ai perdu du même coup mon nom, mon bonheur, mon père, ma fille, mon mari. J'ai fait le mal, moi! et j'étais si heureuse! Pourquoi ma mère est-elle morte?

Tout cela était dit d'un ton si douloureux que Julia elle-même éprouva comme un serrement de cœur.

— Allons, tout est fini, reprit Marie en se levant. Pardonnez-moi, madame, de vous avoir fait souffrir, car vous aimiez M. de Grige, et c'est pour moi qu'il a cessé de vous voir, sinon de vous aimer, car vous êtes belle et bonne au fond; moi seule suis coupable ici, c'est à vous de me pardonner. Et en disant cela, Marie tendait la main à Julia, qui n'osa la prendre.

— Il arrivera sans doute un grand malheur, continua Marie en retirant sa main, et en se trompant sur le refus de Julia à lui donner la sienne; mais je vous prie d'avance de n'en avoir aucun regret; c'est moi qui aurai été cause de tout, et pour la seconde fois, je vous demande pardon. Adieu, madame.

Marie fit en chancelant quelques pas. Julia étendit les mains malgré elle pour la recevoir, croyant réellement qu'elle allait tomber. Marie vit ce mouvement et la remercia du regard. En voyant ce regard si doux, si triste, Julia eut honte de ce qu'elle avait fait, car il était impossible de voir une plus poignante expression de la douleur.

— Madame, dit-elle alors, si j'avais ces lettres, je vous les rendrais, mais elles sont parties.

— Merci, madame, de ce bon sentiment, merci. Que la volonté de Dieu soit faite. Et Marie posa la main sur le bouton de la porte.

Julia était femme après tout, et si corrompu que soit le cœur d'une femme, elle a toujours en elle une fibre qui résonne à la pitié. Un instant, elle eût donné tout ce qu'elle avait pour pouvoir sauver Marie.

— Il y a peut-être un moyen, dit-elle en hésitant un peu, car, outre qu'il était étrange qu'un moyen vînt d'elle, elle comprenait que ce moyen blesserait Marie dans la dignité de sa douleur.

— Lequel ? demanda madame de Bryon.

— Ce serait de partir à l'instant même pour C... et de vous arranger de façon à recevoir vous-même ces lettres, et à les faire disparaître.

— C'est vrai, répondit Marie en baissant les yeux, car ce conseil l'humiliait malgré elle; c'est vrai, ce serait un moyen, mais que je n'aurai jamais la force d'employer. Mentir encore, toujours, à quoi bon ? mieux vaut mourir tout de suite. Merci cependant, madame, car je mourrai avec le regret de n'avoir pas suivi votre conseil.

Marie ouvrit la porte et sortit sans ajouter une parole. Elle fut forcée de se tenir à la rampe de l'escalier pour ne pas tomber; elle remonta dans sa voiture et ne vit pas plus qu'en venant le cabriolet qui la suivait.

Julia resta seule, presque épouvantée de ce qu'elle avait fait, car, en face de sa conscience, elle savait bien que c'était une infamie sans cause, sans excuse, sans pardon.

— Il faut oublier, murmura-t-elle.

Alors elle sonna.

— Un verre et du rhum, dit-elle à Henriette.

— Madame... hasarda cette fille, qui semblait avoir un aveu à faire à sa maîtresse.

— Obéis et dépêche-toi, répondit Julia.

— Il se passe quelque chose de nouveau dans la maison, madame a du chagrin, dit Henriette à Jean, elle boit du rhum.

Une heure après, Julia, étendue sur son lit, dormait d'un sommeil rauque et fiévreux. Elle avait bu la moitié de la bouteille qu'on lui avait apportée. Henriette, étant entrée dans la chambre de Lovely sur la pointe du pied, et ayant vu ce que nous venons de dire, se retira en disant :

— Allons, je ne lui dirai que demain ce que j'ai fait.

XXXVIII

Marie revint chez elle, pâle, les yeux fixes, semblable à une statue qui marche. Arrivée dans sa chambre, elle se laissa tomber sur une chaise ; elle n'avait plus la force de rien, pas même de prier ; son cerveau semblait vide. Passé, présent, avenir, tout se confondait pour elle dans une même douleur. Elle était en cet état où l'on sent que l'on ne peut pas plus souffrir que l'on ne souffre, mais où l'on ne peut ni raisonner, ni combattre, ni analyser ce que l'on éprouve. Dans cet état la bouche laisse de temps en temps échapper un mot qui ne vient ni de l'esprit, ni du cœur, et qui semble ne tomber des lèvres que pour rappeler au corps qu'il a toujours ses facultés, si l'âme ne les a plus toutes.

— Mourir, oui, il le faut, étaient les seuls mots que répétât Marie, qui, les yeux toujours fixés vers le même endroit du sol, passait la main sur son front et rejetait ses cheveux en arrière, comme s'ils eussent été d'un poids trop lourd.

— Qu'as-tu, mon enfant ? dit Marianne en s'approchant de madame de Bryon et en se mettant à genoux devant elle.

— Ah ! c'est toi, Marianne, eh bien ! tu sais, ma pauvre Marianne, je suis perdue. Emmanuel va me tuer, si je ne meurs avant qu'il revienne.

— Que dis-tu là, enfant? tu deviens folle! Au nom du ciel, reprends ta raison.

— Ah! c'est vrai, reprit Marie, je ne t'ai encore rien dit; c'est bien triste, va. Moi qui aimais tant ma fille, comment tout cela s'est-il fait, mon Dieu!

— Voyons, conte-moi tes chagrins, mon enfant, continua la vieille femme, ne suis-je pas ta seconde mère, ne puis-je pas te conseiller, ne m'aimes-tu plus, moi?

— Oui, tu m'aimes, tout le monde m'aime, et j'ai trompé tout le monde, Marianne, ma bonne Marianne!... Et la pauvre femme, qui heureusement retrouvait des larmes, se jeta en pleurant dans les bras de sa nourrice, et y resta quelques instants, sans avoir le courage de commencer la douloureuse histoire de cette journée.

Tout à coup un violent coup de sonnette retentit dans l'antichambre. Marie poussa un cri.

— C'est lui! fit-elle avec terreur.

— Qui, lui? demanda Marianne en se levant et en se laissant malgré elle saisir du même effroi que Marie.

— Lui, Emmanuel, qui vient me tuer. Et Marie se sauva au fond de la chambre.

Un second coup de sonnette se fit entendre.

— Ce ne peut être ton mari, dit Marianne, il ne peut encore être de retour.

— Ouvre, fit Marie d'une voix éteinte, je suis résignée à tout.

Marianne, qui était restée seule à attendre sa maîtresse, et qui avait envoyé les domestiques se coucher, alla ouvrir.

C'était Léon qui avait sonné.

— Madame de Bryon est-elle chez elle? demanda-t-il.

— Oui, monsieur, répondit Marianne.

— Il faut que je lui parle.

Et le marquis traversa l'antichambre sans attendre la réponse de Marianne, qui referma la porte en disant : Que se passe-t-il et que va-t-il arriver? Et la digne femme adressa à Dieu une prière silencieuse.

Léon entra dans la chambre où se trouvait Marie.

— Encore cet homme! murmura celle-ci.

— Marie, fit M. de Grige en s'avançant vers madame de Bryon, il fallait que je vous visse.

— Je sais tout, monsieur, vous m'avez perdue, laissez-moi. Vous étiez l'amant d'une femme, et vous avez lâchement et froidement déshonoré une autre femme qui ne vous avait fait aucun mal, qui ne vous aimait pas, qui ne vous aime pas.

— Marie, vous êtes cruelle pour moi ; nous sommes victimes d'une fatalité, mais je vous jure sur mon honneur que vous n'avez rien à me reprocher.

— Que me voulez-vous alors ? Je suis votre maîtresse, je suis à vous, et vous venez me chercher à pareille heure jusqu'auprès du berceau de ma fille.

— Marie, je viens de voir votre père.

— Mon père ! Il sait tout sans doute ! s'écria la pauvre enfant.

— Il ne sait rien.

— Oh ! qu'il apprenne la vérité le plus tard possible !

— Écoutez, Marie, je comprends que vous me haïssiez en ce moment, car c'est moi qui vous perds ; mais, je vous le répète, je n'ai rien à me reprocher que l'amour immense que vous m'avez inspiré, et je donnerais en cet instant ma vie, mon honneur même, pour vous épargner une des larmes que vous versez.

— Où avez-vous vu mon père? reprit Marie.

— A votre porte, car je venais chez vous, car il fallait que je vous visse, car je mourais d'inquiétude.

— Que faisait-il là ?

— Il vous avait suivie. Il savait d'où vous veniez.

— Malheureuse que je suis !

— Il voulait vous voir, lui aussi, car il se demandait ce qui avait pu vous faire aller, vous sa fille, chez cette Julia maudite. Je l'ai rassuré en le trompant.

— Que lui avez-vous dit?

— Il fallait vous sauver, Marie.

— Que lui avez-vous dit, enfin ?

— Je lui ai dit que M. de Bryon avait été l'amant de cette

femme, que vous l'aviez appris, que vous étiez jalouse, et que c'était votre jalousie qui vous avait fait faire cette démarche.

— Vous avez fait un mensonge, monsieur. Il valait mieux m'accuser, moi qui suis coupable, que de l'accuser, lui qui est innocent.

— Il a été l'amant de cette Julia, Marie.

— Vous l'êtes bien, vous ! Son passé ne m'appartient pas, monsieur.

— Il fallait empêcher votre père de monter chez vous ce soir ; Marie, pardonnez-moi, il fallait détourner ses soupçons.

— Et pourquoi l'empêcher de me voir ?

— Parce qu'il fallait que vous visse, moi.

— Qu'avez-vous donc à me dire que je ne sache ? Que je vous appartiens, je le sais, hélas ! que je suis votre maîtresse, que je suis maudite, que je n'ai plus qu'à mourir ; ne sais-je pas tout cela, mon Dieu ! Que vous avais-je fait, moi, pour que vous vinssiez me chercher au fond de mon amour d'abord, au fond de ma douleur ensuite ? Est-ce que je vous aimais, est-ce que je vous aime ? Que voulez-vous savoir ? Que j'aime Emmanuel, cela est vrai ; que je n'aime que lui, vous le savez aussi bien que moi ; que je vous méprise, vous qui avez trompé deux femmes à la fois ; que je vous maudis, vous qui aurez tué mon honneur, ma réputation, ma vie, tout ce que j'avais de cher en ce monde : mon père, mon mari, ma fille. Oh ! que Dieu vous pardonne, mais moi, je ne vous pardonnerai jamais !

Et Marie, épuisée par tant d'émotions, tomba sur un canapé en se couvrant le visage de ses deux mains.

— Qu'avez-vous fait, monsieur ? disait Marianne. Mon enfant, Marie, reviens à toi ; le Seigneur est bon, il verra ta douleur et il t'absoudra.

— Marie, continua Léon, en se mettant à genoux devant sa maîtresse et en lui prenant les mains, ne m'accusez pas, je vous aimais à en devenir fou. Oui, j'ai profité de votre faiblesse, de votre douleur ; oui, car je voulais que vous fussiez à moi. Est-ce ma faute si vous êtes belle, est-ce ma faute si je vous aime, est-ce ma faute si vous ne portez pas mon nom ? Marie, écoutez-moi, ce que je voulais il a deux ans, je le veux encore ; je vous estime, je vous respecte comme une sainte. Si demain vous pouviez être ma femme, je n'aurais pas de plus grand bonheur que d'être votre époux. Je le sais, vous êtes malheureuse, vous êtes perdue, mais mon amour vous reste, mon amour si grand qu'il remplacera un jour tout ce qu'il vous ôte aujourd'hui. Ne regardons plus le passé, il est mort, jetons un linceul dessus ; regardons l'avenir qui peut nous sourire encore.

— Impossible ! murmura Marie.

— Vous doutez de Dieu !

— Je doute de tout, et surtout de moi, et surtout de vous !

— Marie, avez-vous un moyen d'être heureuse pour lequel il faille donner ma vie, mon sang, mon âme ? Pour vous sauver, j'insulterais le nom de ma mère !

— Ma mère, ma pauvre mère ! disait Marie. Rien de tout cela ne serait arrivé si elle n'était pas morte ! Oh ! Dieu m'abandonnait, je le vois bien.

— Marie, les instants sont précieux, reprit Léon ; demain, votre mari saura tout.

— Oui.

— Savez-vous ce qu'il fera ?

— Il me tuera.

— Et moi, que deviendrai-je ?

— Vous, vous m'oublierez, vous aimerez une autre femme, et tout sera dit.

— Vous savez bien que cela ne se peut pas.

— Cela sera, cependant.

— Écoutez, Marie, il faut que votre mari ne vous retrouve plus ici.

— Il faut que je meure alors.

— Non, il faut fuir.

— Avec vous, peut-être ?

— Avec moi.

— Jamais.

— Vous l'aimez donc ?

— Oui, je l'aime.

— Quelle excuse alors le monde donnera-t-il à ce que vous avez fait ?

— Est-ce à vous à me le demander ?

— Puisqu'il faut que je vous perde, c'est bien, Marie, je sais ce que je ferai, dit Léon en se relevant.

— Que ferez-vous ?

— J'attendrai M. de Bryon ici, et je le tuerai.

— Lui ! s'écria Marie, lui, Emmanuel, tué par vous ! Oh ! faites de moi ce que vous voudrez, monsieur !

— Vous consentez à me suivre ?

— Mon Dieu ! sanglota la pauvre femme en cachant sa tête dans les coussins du canapé, tout ce que je vois, tout ce que j'entends, tout ce qui est, est-il bien possible ? En suis-je réellement arrivée là en deux ans, moi, moi ? Mon pauvre père, que va-t-il dire ? Oh ! monsieur, le mal que vous aurez fait sera incalculable.

— Réfléchissez un peu, Marie ; ne voit-on pas tous les jours ce qui arrive ? Le cœur n'a-t-il pas ses errements ? Mariée à un homme, n'arrive-t-il pas qu'on en aime un autre et que l'on quitte son mari ?

— Celles qui aiment ont une excuse, murmura Marie.

— Oh ! vous êtes cruelle ! fit Léon.

— Pardon, dit madame de Bryon, et elle tendit la main à son amant ; pardon, je suis folle ! Oui, je vous aime, oui, je dois vous aimer, ajouta-t-elle avec effort ; car si je ne vous aimais pas, quel nom me donnerait-on, après ce que j'ai fait ? Que disiez-vous tout à l'heure ?

— Qu'il ne faut pas que M. de Bryon vous retrouve ici.

— Vous avez raison, répondit Marie, comme au hasard, en essuyant ses yeux et en essayant de ressaisir un peu de calme.

— Il faut quitter Paris.

— Oui.

— La France même.

— Aller au bout du monde, ce ne sera pas encore assez loin ; car, n'importe où j'irai, j'emporterai mes remords.

— Ne parlez pas ainsi, Marie.

— Ainsi, je quitterai tout, mon père, la chambre où ma

mère est morte, et que j'avais voulu conserver intacte comme un sanctuaire ; mon mari, qui va me maudire, ma fille, qui m'appellera en vain.

— Nous l'emmènerons.

— Et lui, que lui restera-t-il ?

— Le malheur n'est pas éternel ; un jour, tout ce que vous aimez vous sera rendu.

Marie secoua la tête en signe de doute. Elle était anéantie ; rien en elle n'avait plus la force de la défendre contre la volonté de l'homme qui l'avait perdue.

— Je ferai ce que vous voudrez, dit-elle ; ordonnez.

— Il ne faut plus que votre mari vous voie.

— Après ?

— Votre père lui-même ne doit plus vous revoir ; vous lui avoueriez tout, et nous serions perdus.

— Mon pauvre père !

— Demain, au point du jour, il faut fuir.

— Avec vous ?

— Non, avec Marianne.

— Tu m'accompagneras donc ? fit Marie en se tournant vers la vieille femme, pauvre être incapable de protéger, et qui ne savait que pleurer et soutenir celle qu'elle appelait sa fille.

— Ne vais-je pas partout où tu vas ?

— Vous sortirez, comme pour faire une promenade, à huit heures du matin ; vous vous ferez conduire toutes deux au bois de Boulogne. Une chaise de poste vous attendra dans l'allée de la Muette. Vous monterez dans cette voiture sans avoir besoin de dire un mot au postillon. Au premier relais, je vous rejoindrai avec un passe-port. Dans trois jours nous serons à Marseille, dans six à Florence.

— C'est affreux ! murmura Marie.

— Vous me jurez que vous ferez cela ?

— Je vous le jure, répondit-elle d'une voix faible. Je ne puis avoir d'excuse que dans cette nouvelle faute, pensa-t-elle. Que dirait le monde, que dirait Emmanuel lui-même, si, après l'avoir trompé pour cet homme, je ne donnais pas à cet homme une preuve éclatante d'amour ? Je puis mourir, il est vrai; mais aurais-je le courage de me tuer ici, au milieu de toutes les choses qui me rappellent ma vie heureuse? Si je pouvais devenir folle et oublier!

Léon regardait Marie, il devinait ce qui se passait en elle.

— Elle ne m'aime pas, se disait-il, mais qu'importe? elle est à moi, à moi seul, et elle m'aimera un jour.

Il y avait des moments où il en voulait moins à Julia de ce qu'elle avait fait. N'y avait-il pas un peu de vanité dans ce commencement de pardon? Qui sait si, dans le fond de son âme, Léon n'était pas aussi fier de cet enlèvement qu'il avait été heureux le jour où Marie s'était donnée à lui? Chez certains hommes, l'aveu public de la faute que l'on a commise avec eux augmente l'amour, jusqu'à ce qu'ils se fassent une arme de cet aveu contre la femme qui l'a fait.

Marie resta seule.

— Ainsi, dit-elle en s'asseyant auprès du berceau de sa fille; ainsi, mon nom si pur va être donné en capture au scandale. Ainsi, en parlant de moi, on dira : La maîtresse de M. de Grige. Ainsi, toute ma vie est brisée. Ainsi, rien de ma vie passée n'a plus de pouvoir sur ma vie à venir, ni mon enfance pleine de riants souvenirs, ni la mémoire de ma mère, ni l'amitié de Clémentine, qui, à cette heure, dort tranquille dans sa chasteté d'épouse et de mère. Que va-t-elle penser de moi, quand elle va apprendre tout cela? Oh! elle me méprisera et elle fera bien, car l'action infâme que j'ai commise est indigne du pardon même des plus indulgents. Mes premières années, où êtes-vous? Ma chambre de la pension, ma prière du soir, mes colombes, ma douce existence d'autrefois, mes premiers rêves d'amour, mes premières douleurs, où êtes-vous? Je souffre tant aujourd'hui que j'en suis à regretter le chagrin que m'a causé la mort de ma mère! Qui m'eût dit que j'en arriverais là? Oui, je vais partir, oui; je vais expier mon crime en vivant avec l'homme qui me l'a fait commettre et que je hais, et quand j'aurai vécu deux ou trois années de cette mort quotidienne, je retournerai volontairement à vous, mon Dieu, si vous ne m'avez déjà fait la grâce de me rappeler.

— Pauvre petite, continua Marie en regardant sa fille à

travers ses larmes, tu dors ignorante de ce qui se passe.
Pauvre enfant à qui je comptais ouvrir en souriant les
portes de la vie, et qui n'apprendras le nom de ta mère
que pour le maudire! Je t'avais nommée Clotilde, espérant
que ce nom aimé te porterait bonheur! Hélas! sois bénie,
chère enfant, et ne me méprise pas autant que je le mérite. Oh! ma vie et mon bonheur d'autrefois, je n'aurai jamais la force de vous quitter!

Et Marie, étendue sur le parquet de sa chambre, souffrait à apitoyer un démon. L'heure passait. Les premières
teintes du jour se montraient à l'horizon. Paris s'éveillait.
Marianne ne quittait pas madame de Bryon, et la pauvre
femme pleurait beaucoup aussi en faisant les préparatifs
du départ.

— Tu aurais le droit de me maudire, lui disait Marie, et
tu ne le fais pas; que tu es bonne!

Marianne se jeta alors dans les bras de son enfant, et confondit ses larmes avec les siennes.

— Il faut que je lui écrive, n'est-ce pas? dit Marie.

— A qui, mon enfant?

— A lui, à Emmanuel. Je ne peux pas le quitter ainsi,
sans lui écrire un mot, sans avouer ma faute.

Marie essuya ses yeux, et, d'une main tremblante, elle
écrivit :

« A l'heure où vous lirez cette lettre, vous saurez toute
» la vérité, Emmanuel.

» J'étais infâme, c'est-à-dire indigne de vous. Je ne vous
» demande pas mon pardon, ma vie entière passée dans les
» larmes ne pourrait l'obtenir. Je ne mérite que votre mépris, mais je n'ose l'affronter en face; je pars. Rayez mon
» nom de votre cœur comme je le raye du monde. Dieu,
» qui vous a fait grand et généreux, vous fera fort contre
» cette douleur, et peut-être un jour, lorsque j'aurai expié
» ma faute, lorsque ma vie sera éteinte, comme l'est déjà
» mon espérance, peut-être ne me maudirez-vous plus, en
» vous souvenant que je vous ai laissé ma fille. »

Marie plia cette lettre, puis elle la déposa entre les petites
mains de Clotilde, comme pour purifier sa faute en la con-

fiant à cet ange. Marie essaya d'écrire à son père, mais elle ne put trouver de mots pour aller au-devant de cette grande douleur. A sept heures, elle quitta la maison avec Marianne, après avoir été prier dans la chambre déserte d'Emmanuel.

Marie pouvait à peine croire à ce qu'elle faisait. En revoyant le jour et le réveil accoutumé de toutes les choses, elle doutait presque de la vérité. Il lui semblait qu'elle avait fait un mauvais rêve, et qu'après une promenade d'une heure, elle allait rentrer chez elle, et trouver Emmanuel l'attendant le sourire sur les lèvres. La voiture arriva à la porte Maillot. Marie descendit, et Marianne dit au cocher de rentrer, madame de Bryon trouvant la matinée belle, et préférant rentrer à pied. La chaise de poste attendait au lieu indiqué.

— Tout est bien vrai, fit Marie en prenant place à côté de Marianne dans cette nouvelle voiture qui partit au galop par la route que les deux femmes venaient de parcourir.

En passant, Marie vit son coupé qu'elle venait de quitter et qui rentrait au pas. Elle regarda avec des larmes cette voiture qu'elle ne devait sans doute plus voir, et dans laquelle elle s'était tant de fois promenée avec Emmanuel, calme, souriante et chaste.

XXXIX

Le comte n'avait pas dormi de la nuit. Ce que lui avait dit Léon l'épouvantait.

— Emmanuel trompe ma fille, disait-il, il a une maîtresse et Marie est malheureuse. Il est impossible que cela se passe ainsi. Voir souffrir mon enfant, la vie de mon cœur ! J'aurai une explication avec Emmanuel ; et demain dès le matin je me rendrai chez ma fille, qui ne doit pas avoir d'autre confident que moi. Voilà ce que s'était dit le comte toute la nuit, après avoir été reconduit jusqu'à sa porte par Léon, qui, pour donner une raison à sa présence dans le quartier, avait prétendu y avoir une maîtresse. Malheureusement, ce prétexte n'était pas un mensonge. En quittant Marie, Léon était rentré chez lui et avait fait les préparatifs de son départ. Il avait trouvé Florentin qui l'attendait comme de coutume. Léon n'avait pas voulu s'abaisser à une explication avec son domestique.

— Combien vous dois-je, Florentin? lui dit-il.

— Rien, monsieur.

— Eh bien! voilà un mois de gages; demain, dès le jour, vous quitterez cette maison.

— Monsieur me renvoie? dit Florentin, qui se doutait bien de la cause de ce renvoi.

— Non, mais je quitte Paris, et je n'ai plus besoin de vous. Faites-moi mes malles et ne vous couchez pas. Qui que ce soit qui vienne me demander, vous répondrez que je suis parti.

Cependant, Florentin éprouvait le besoin de se disculper, quoiqu'on ne l'interrogeât pas.

— Madame Julia Lovely est venue dans la journée, dit-il à Léon.

— Je le sais, et, de complicité avec vous, elle a volé des lettres ici.

— Monsieur, fit Florentin.

— Allons, faites mes malles et n'ajoutez pas un mot, ou je vous fais arrêter.

Il n'y avait rien à faire qu'à obéir. C'est ce que fit Florentin. A neuf heures du matin, Léon alla faire viser son passe-port au ministère, en y faisant ajouter qu'il voyageait avec sa sœur et la gouvernante de mademoiselle de Grige; il prit chez son banquier de l'argent et des traites sur l'Italie, fit mettre des chevaux de poste à son coupé et partit pour rejoindre Marie. Pendant ce temps, M. d'Hermi était venu chez madame de Bryon. On lui avait répondu que sa fille était sortie dès le matin pour faire une promenade. Il avait attendu. A midi, ne voyant pas revenir Marie, il avait été inquiet. Dans la disposition d'esprit où il était depuis la veille, tout devait l'inquiéter. Il pensa à aller trouver Léon, qui semblait être le confident de sa fille, et à lui demander de nouveaux détails sur cette liaison d'Emmanuel.

Il se rendit donc chez M. de Grige. Il ne trouva que Florentin faisant ses propres malles, qu'on eût pu prendre pour celles de son maître, tant elles renfermaient de choses venant légitimement ou illégitimement de ce dernier. Florentin répondit que depuis une heure le marquis était parti de Paris pour un assez long temps.

— M. de Grige ne m'a pas parlé de ce voyage, pensa M. d'Hermi; que signifie ce brusque départ? Hier, dit-il à Florentin, M. de Grige ne comptait pas partir?

— Non, monsieur.

— Et c'est ce matin qu'il a pris cette résolution?

— Oui.

— En savez-vous la cause? Est-ce une maladie, sont-ce des affaires?

Le comte n'avait aucun intérêt à savoir ces détails; mais un instinct secret le poussait à s'en enquérir.

— Heu! je crois qu'il y a de l'amour là-dessous, fit Florentin, qui n'avait plus aucune raison d'être discret. Une femme mariée, un enlèvement.

— Un enlèvement? dit le comte en pâlissant.

— Qu'avez-vous donc, monsieur? dit Florentin, à qui cette pâleur n'échappa point.

— Rien, mon ami, rien.

Un effroyable pressentiment avait traversé l'esprit du comte.

— C'est impossible, s'écria-t-il tout à coup. Il était ému cette nuit, il était dans la rue, presque devant la porte de Marie; s'il m'avait trompé, s'il... Malheur!

Et le pauvre père épouvanté, hagard, descendit, monta dans sa voiture et cria au cocher :

— Chez ma fille.

— Je vais la trouver chez elle, m'attendant, disait-il pour essayer de se convaincre que ses craintes étaient sans fondement. Je suis fou, je rêve.

Voyons en même temps ce qui se passait d'un autre côté.

A neuf heures, Julia s'était réveillée de son sommeil fiévreux. Elle avait ouvert les yeux, avait regardé autour d'elle, et voyant la bouteille de rhum à moitié vide, elle s'était souvenue.

Alors elle avait sonné, et Henriette avait paru.

— Il n'y a rien pour moi? avait dit Julia.

— Rien, madame.

— Personne n'est venu?

— Personne. Comment va madame, ce matin?

— Bien, merci.

— Madame était bien agitée hier au soir.

— C'est vrai.

— Je suis entrée dans la chambre de madame, et madame dormait, mais son sommeil était oppressé.

— J'ai souffert, en effet. Pourquoi entriez-vous dans ma chambre?

— J'avais quelque chose à dire à madame.

En disant cela, Henriette rougissait.

— Eh bien! dites-le.

— Madame ne me grondera pas?

— Qu'est-ce donc?

— C'est une chose très-réparable.

— Parlez! avait dit Julia, du ton d'une femme impatiente.

— Madame m'a donné un paquet de lettres à mettre à la poste.

— Oui. Eh bien! qu'en avez-vous fait?

— Que madame ne craigne rien. Ces lettres ne sont pas perdues; mais madame avait eu une scène violente avec monsieur.

Depuis longtemps, on appelait Léon : monsieur, dans la maison de Julia.

— Vous aviez entendu cela?

— Malgré moi, madame; et comme l'ordre que me donnait madame semblait déplaire à monsieur, et que, jusqu'à présent, madame a évité toutes les occasions de lui faire un chagrin, j'ai pensé... Henriette s'arrêta.

— Parlerez-vous? s'écria Julia.

— Voici le fait, madame. Je suis allée à la poste. Il était plus de six heures. Les lettres pour la province, et celles-là étaient pour la province, ne pouvaient partir qu'aujourd'hui. J'ai pensé que peut-être une chose très-grave dépendait de cet envoi. J'ai remis les lettres dans ma poche, en me disant qu'il serait toujours temps de les faire partir ce matin.

Julia regardait Henriette.

— Je me suis dit, continua Henriette : Peut-être demain, madame regrettera-t-elle d'avoir envoyé ce paquet?

— Tu savais donc ce qu'il contenait?

— Oui, madame.

— Comment le savais-tu?

— J'avais entendu la conversation de madame avec monsieur.

— C'est-à-dire que tu l'avais écoutée?

Henriette baissa les yeux.

— Où sont ces lettres? continua Julia.

— Les voici, madame. Il est de bonne heure; si vous voulez toujours qu'elles partent, je vais les porter à la poste.

— Dieu ne le veut peut-être pas! murmura Julia.

— Que dit madame?

— Rien; laisse-moi.

— Madame garde ces lettres?

— Oui.

Henriette sortit. Quand Julia fut seule, elle appuya sa tête sur une de ses deux mains, tourna et retourna le paquet dans tous les sens.

— Voilà la vie et l'honneur de plusieurs personnes en mon pouvoir, dit-elle. Je n'ai qu'un mot à dire pour jeter quatre âmes au désespoir. Je n'ai qu'un geste à faire, pour que ce secret meure ignoré de ceux qu'il tuerait. Quand je ferais une bonne action une fois dans ma vie! C'est Dieu qui a permis que cette fille les gardât, pour me donner le moyen de ne pas faire une chose dont je me repentirais peut-être un jour. Qui sait jusqu'où peut aller le mal que l'on fait? Allons! que cette pauvre femme n'ait rien à me reprocher. Ces lettres ne sont pas parties; elles ne partiront pas. Julia sonna. Henriette revint.

— Tu as bien fait de faire ce que tu as fait, lui dit Julia. Donne-moi du papier, une plume et de l'encre.

Henriette obéit, et Julia couvrit ce paquet de lettres d'une nouvelle enveloppe, sur laquelle elle mit : A madame de Bryon.

Puis, elle écrivit à Marie :

« Madame,
» Le hasard, la Providence, fait que vos lettres sont en-
» core en ma possession aujourd'hui. Je vous les renvoie.
» Soyez heureuse.

» JULIA LOVELY. »

— Emmanuel n'est pas encore revenu ; il n'y a donc aucune chance que ces lettres tombent entre ses mains, pensa Julia. Va porter cela, dit-elle à Henriette ; et recommande qu'on ne le remette qu'à madame de Bryon elle-même. Va vite, et si je te rappelle, ne reviens pas. Je ne veux pas pouvoir me repentir de ce que je fais.

Henriette courut chez madame de Bryon. Il y avait deux heures que Marie était partie!

XL

Comme nous l'avons dit, un de ces terribles pressentiments, qui montent du cœur à l'esprit, avait frappé M. d'Hermi. Il revint chez sa fille, et demanda si elle était de retour. On lui répondit que la voiture seule était revenue. Il entra dans la chambre de Marie, et se jeta sur un fauteuil. Des gouttes de sueur froide pointaient à ses cheveux. Toutes les craintes qu'il avait eues au sujet de Léon se réveillaient dans son esprit, et acquéraient une douloureuse vraisemblance par la coïncidence de son départ avec la disparition de Marie.

A chaque instant, il regardait l'heure. Plus le temps passait, plus il était convaincu que Marie n'avait rien à reprocher à Emmanuel, et que ce que Léon lui avait dit la veille n'était qu'un mensonge. Il allait de la porte à la fenêtre, collait son oreille à l'une, son œil à l'autre, et ne voyait rien venir. S'il se fût écouté, il eût questionné à chaque instant les domestiques ; mais il était retenu par la crainte qu'ils ne devinassent ses soupçons et n'en tirassent des conjectures.

— Elle va revenir, se disait-il, en se promenant de long en large, c'est impossible autrement.

Mille bruits se faisaient dans les chambres, et parmi tous ces bruits, il eût voulu, au prix de dix ans de son existence, reconnaître la voix de Marie. Mille individus conduits par leurs caprices ou leurs affaires passaient sous ses fenêtres, et parmi ces mille têtes, le pauvre père cherchait en vain à reconnaître la tête adorée que son cœur cherchait avec ses yeux. L'heure marchait toujours. Le comte ne vivait plus. Ce qu'il redoutait arrivait. Les domestiques étaient déjà venus deux fois lui demander à quelle heure rentrerait madame de Bryon, croyant le comte mieux informé qu'eux, ou voulant donner une certitude à leur curiosité. Mais le comte avait répondu, dans la naïveté de son âme, qu'il l'ignorait. Le soleil avait paru resplendissant sur le front joyeux de la ville. Tant que la vie avait débordé au dehors, M. d'Hermi avait conservé quelques espérances, mais lorsque les passants étaient devenus plus rares, lorsque le brouillard avait enfermé Paris et voilé les maisons, lorsque la nuit enfin était venue, le comte était tombé anéanti, et, froid et muet comme une statue, il avait commencé à ne plus douter.

M. d'Hermi resta longtemps dans cet état, car tout à coup il sortit de cette sorte de sommeil, et il vit à côté de lui une lampe qui brûlait sur sa table ; auprès de cette lampe, une lettre cachetée. Dix heures sonnaient en ce moment. Le comte tressaillit en voyant cette lettre, qu'il reconnut pour être de l'écriture de sa fille. Un calme effrayant régnait autour de ce cœur désolé, et la pendule seule semblait vivre, comptant les minutes d'une vie dont bientôt le malheureux père allait être embarrassé comme d'un fardeau. M. d'Hermi prit convulsivement la lettre ; mais, au moment de la décacheter, il vit sur l'adresse : Pour mon mari. La lettre lui tomba des mains. Il sonna, un domestique parut :

— Rien ? demanda le comte.

— Rien, mais monsieur le comte a dû trouver une lettre.

— Elle est pour M. de Bryon ; qui l'a apportée ?

— On l'a trouvée dans le berceau de mademoiselle Clotilde, en couchant mademoiselle.

— Il n'y en avait pas d'autres ?

— Non, monsieur le comte.

— Rien pour moi !

— Rien !

— C'est bien, allez.

— Elle a oublié son père. Mon Dieu ! murmura le pauvre homme en courbant la tête entre ses deux mains sur la table.

Cette lettre adressée à M. de Bryon lui brûlait les yeux et le cœur ; et cependant il était heureux au fond que cette lettre ne fût pas pour lui. Jusqu'à l'arrivée d'Emmanuel il pouvait donc encore douter ou espérer ; ce qui, dans cette circonstance, était exactement la même chose. Le comte passa la nuit près de cette lettre. Avant toute chose, il fallait empêcher les commentaires des domestiques.

— Je reste ici pour attendre M. de Bryon, dit M. d'Hermi au valet de chambre. Tout le monde peut se coucher. Madame de Bryon n'est pas à Paris.

Le comte vit le jour paraître le lendemain comme il l'avait vu s'effacer la veille. La vie reprit autour de lui. Sa vie à lui seul semblait morne et désolée. Les heures se passaient ; car, quelles que soient nos douleurs ou nos joies humaines, les heures passent froides et périodiques devant nous, nous apportant ce que le hasard leur confie, mais ne sachant pas ce qu'elles nous apportent. A midi, l'on vint demander au comte s'il voulait déjeuner : en effet, il y avait trente-six heures que M. d'Hermi n'avait rien pris. Il but machinalement un bouillon, et recommença d'attendre.

Vingt fois depuis la veille il avait été sur le point d'aller embrasser sa petite-fille, et il n'avait pas osé voir cette enfant, l'image frappante de sa mère ; s'il avait vu la petite Clotilde ainsi tout le jour, il se fût convaincu que Marie était morte, la mort lui paraissant la seule chose qui puisse ainsi séparer tout à coup la mère de l'enfant. Des bruits se firent, des hommes passèrent dans la rue, et le soir vint. Vers onze heures, un roulement de chaise de poste arrivant au galop de ses quatre chevaux se fit entendre dans la cour. Le comte écouta ; la voiture lui parut s'arrêter devant la porte.

— C'est elle ou Emmanuel ! se dit-il.

Et Dieu lui murmura sans doute à l'oreille comme une dernière espérance.

— Peut-être tous les deux ! pensa-t-il.

Car un sourire colora ses lèvres pâlies. Le comte, debout, une main sur le velours de la cheminée, l'autre sur son cœur, dont il pouvait à peine comprimer les battements, attendait. Il entendit monter, sonner, puis des pas d'homme seulement résonnèrent dans l'antichambre. Les portes s'ouvrirent l'une après l'autre, et enfin Emmanuel, en costume de voyage, parut au seuil du boudoir, pâle et sombre comme la statue du commandeur.

Voici ce qui s'était passé :

Emmanuel, dès qu'il n'avait plus rien eu à faire à Poitiers, était reparti pour revoir Marie le plus tôt possible. Il était arrivé tout joyeux à Paris. C'était la première absence qu'il faisait depuis deux ans. En descendant de voiture, il avait demandé tout de suite où était madame de Bryon, qu'il comptait surprendre agréablement par ce retour précipité. On lui avait répondu que depuis deux jours elle n'était pas rentrée. Toutes les terreurs possibles lui étaient venues à l'esprit, excepté la vérité.

— Madame de Bryon est sortie depuis deux jours, dit-il dans le premier moment, et elle n'a pas dit où elle allait ?

— Non, monsieur, répondit le valet de chambre, mais Marianne l'accompagne.

Ce détail avait un peu rassuré Emmanuel.

— Elle a laissé un mot pour moi, pensa-t-il.

— Nous avons été bien inquiets, dit l'officieux domestique, peut-être avec intention.

— Qu'a dit madame de Bryon en sortant ? demanda Emmanuel.

— Rien. Seulement, continua le valet de chambre, on a apporté pour elle un petit paquet important sans doute, car on m'a recommandé de ne le remettre qu'à madame.

— Où est ce paquet?
— Le voici.

Emmanuel avait lu la lettre de Julia, et il avait tout deviné.

Si vous avez vu tomber la foudre à deux pieds de vous, vous comprendrez la commotion que le corps et l'âme peuvent ressentir en une seconde; eh bien! la foudre n'a produit à personne l'effet que cette lettre produisit à Emmanuel.

— Monsieur le comte est là-haut, reprit le domestique.
— C'est bien, fit Emmanuel, avec cette force d'âme qui le faisait si supérieur; vous avez eu tort d'être inquiets, madame de Bryon ne court aucun danger.
— D'ailleurs, madame a laissé une lettre pour monsieur. C'est M. le comte qui a cette lettre.
— Très-bien.

Emmanuel monta l'escalier, et, comme nous venons de le dire, parut au seuil de la chambre où se trouvait son beau-père. Emmanuel referma la porte et s'avança vers ce dernier. M. d'Hermi lui tendit la lettre de Marie, qu'il n'avait pas voulu ouvrir. Emmanuel la lut. Pas un mot n'avait été échangé entre les deux hommes. Emmanuel sonna après avoir lu la lettre. Un domestique parut.

— Faites retirer mes malles de ma voiture, mais auparavant déshabillez-moi.

Emmanuel faisait exprès rester le valet de chambre afin qu'il entendît ce qui allait être dit et répétât ce qu'il avait entendu.

— Que c'est bien d'elle, que je reconnais bien Marie, fit M. de Bryon tout haut et en souriant. La folle enfant! Elle est inquiète de ne pas me voir revenir et la voilà qui, avec Marianne seule, sans prévenir personne, court la poste pour me rejoindre, et m'écrit qu'en cas que j'arrive, je retourne la chercher d'où je viens. Quelle folle enfant vous avez là, mon cher comte!

Et Emmanuel, avec un regard qui imposait silence, passa à M. d'Hermi la lettre de sa fille. Le comte la lut d'un bout à l'autre sans dire un mot, et l'ayant lue, la repassa à celui qui la lui avait donnée, lequel, l'ayant repliée d'une main tremblante, la jeta au feu. Qu'on devine ce que ces deux hommes souffrirent tant que le valet resta auprès d'eux. Au moment où il allait sortir :

— Faites dire au postillon qu'il me faut quatre chevaux demain à onze heures du soir. Je ne puis partir qu'à cette heure.

Le domestique sortit.

Les deux hommes se jetèrent dans les bras l'un de l'autre. Le père était consterné, le mari n'était que pâle et sombre.

— Monsieur le comte, fit Emmanuel, d'une voix grave, vous allez me quitter ce soir, pour prouver à ces gens, qui doivent ignorer ce qui se passe, que ce que je dis est vrai. Demain vous partirez pour votre château, et demain soir je partirai à mon tour. Le reste me regarde.

Le comte fit signe de la tête qu'il obéissait. Il n'avait plus la force de parler. Emmanuel ne lui montra pas les lettres qui lui venaient de Julia.

— Tout espoir n'est peut-être pas encore perdu, dit-il; seulement, priez toujours Dieu, monsieur le comte, car il y aura toujours quelqu'un qui en aura besoin.

Le comte semblait foudroyé, ses yeux semblaient morts; sa tête retombait lourde et pesante sur sa poitrine. Il ouvrit la porte sans dire un mot, marchant sans bruit, et disparut comme une ombre. Si en ce moment Emmanuel eût pu voir, il eût poussé un cri de peur. La sortie du comte était effrayante. M. d'Hermi descendit, rentra chez lui sans s'apercevoir qu'il était sans manteau, se coucha machinalement, demanda un verre d'eau froide et resta seul. Dieu seul sait ce qui se passa alors dans l'âme du malheureux père.

Lorsque tous les domestiques furent couchés, M. de Bryon, qui était couché aussi, se releva, et allant au berceau de sa fille, s'agenouilla où Marie était agenouillée avant de partir. Son cœur longtemps comprimé se dégonfla tout à son aise. Il pleura comme un enfant. Il pleura toute la nuit, lui, l'homme fort, l'homme énergique, qui eût lutté contre tout un peuple et que la faute d'une femme agenouillait et anéantissait. Mais aussi, comme il aimait cette femme!

Lorsque le jour vint, il priait et il pleurait ; en ce moment il pardonnait presque à Marie, car il ignorait encore qu'elle fût partie avec son amant. Seulement lorsque l'idée de cette trahison lui revenait à l'idée, il croyait devenir fou. Il entendit venir le valet de chambre à qui il avait recommandé de le réveiller de bonne heure pour faire croire qu'il allait dormir, il rentra dans sa chambre, se recoucha et donna à son domestique la satisfaction de réveiller son maître.

Emmanuel se leva, s'habilla et déjeuna, ou plutôt fit semblant de déjeuner comme de coutume, puis il dit d'atteler, et fit habiller sa fille, en recommandant qu'on lui fît un paquet de toutes ses petites affaires, désirant, disait-il, la mener chez sa sœur. Lorsque la petite Clotide fut habillée, lorsqu'on l'eut amenée souriante et joyeuse à son père, Emmanuel eut grand'peine à retenir ses larmes ; l'enfant bégayait son nom et lui tendait ses petites mains d'ange, avec ce regard divin que les enfants apportent du ciel sur la terre. Emmanuel descendit, portant sa fille dans ses bras ; il la prit sur ses genoux dans la voiture, et se fit conduire à Auteuil. Le long de la route elle criait, alors il se fit arrêter chez un marchand de jouets, en mit plein la petite robe de l'enfant, qui criait de joie, et remonta dans sa voiture.

Il y avait quelque chose de douloureusement touchant à voir cette grande douleur s'occuper de ces petits détails ; lui-même, en embrassant sa fille, sentait les larmes tomber sur le front de l'enfant, qui le regardait tout étonnée, et se remettait à jouer. La voiture arriva à Auteuil. Emmanuel se rappelait avoir vu un jour en passant, rue de la Fontaine, une petite maison blanche et verte avec un enfant jouant à la porte ; cette maison lui avait plu, et il en avait gardé le souvenir, sans se douter qu'un jour il viendrait la visiter, et qu'à compter de ce jour son souvenir lui deviendrait cher.

Il fit arrêter son coupé devant cette petite maison, et, portant toujours sa fille dans ses bras, il entra. Une fois entré, il déposa par terre la petite Clotilde, laquelle regarda avec étonnement autour d'elle ; ne reconnaissant plus ses murs accoutumés. Défiante comme les enfants qu'on dépayse, instinctivement elle revenait près de son père. Celui-ci s'était approché de la femme qu'il avait reconnue pour celle qu'il avait entrevue une fois. Cette dernière, en voyant cette voiture et ces visiteurs élégants, s'était levée, et, curieuse, attendait ce qu'Emmanuel allait lui dire :

— Madame, fit-il, un jour en passant devant votre maison, j'ai vu une enfant qui paraissait bien heureuse d'y être; aujourd'hui je me trouve forcé de confier à une étrangère ma fille, qui ne m'a jamais quitté; consentiriez-vous à la prendre chez vous?

— Cette charmante enfant? demanda la bonne femme.

— Oui.

— Bien volontiers, monsieur. Pauvre petite, elle a sans doute perdu sa mère?

— Non, reprit Emmanuel en pâlissant, comme cela lui arrivait toutes les fois qu'un mot pareil tombait sur sa douleur récente; sa mère et moi voyageons, et la santé de ma fille est trop délicate pour supporter les fatigues d'un voyage rapide et continuel.

— C'est bien, monsieur, répondit la femme, justement je m'ennuyais, j'avais nourri cette petite fille que vous avez vue, et que j'aimais comme si elle eût été ma propre enfant, mais sa mère me l'a reprise, c'était son droit, et c'est un bonheur que vous m'apportez en remplacement de celui que j'ai perdu.

— Maintenant, je ne dirai pas : Réglons nos conditions, car je ne ferai jamais de conditions d'argent avec une femme qui va devenir la mère de mon enfant, mais voici ce que je vous offre!

La nourrice murmura quelques mots pour faire comprendre qu'elle n'était pas exigeante; Emmanuel reprit :

— Cette maison est-elle à vous?

— Non, monsieur.

— Combien vaut-elle?

— Six mille francs.

— Vous l'achèterez.

La pauvre femme ouvrit de grands yeux.

— Et avec quoi? mon Dieu!

— Avec six mille francs que vous prendrez chez mon banquier.

— Et pour qui achèterai-je cette maison?

— Pour vous, je vous la donne.

— Mais, monsieur, tant de bonté...

— Écoutez-moi, vous achèterez cette maison, et demain il viendra des ouvriers qui arrangeront une chambre en haut, et qui la feront semblable à celle où ma fille a été élevée; je veux que l'enfant ne manque de rien, combien vous faut-il par mois?

— Monsieur, n'ayant plus de loyer à payer, avec cinquante francs par mois, la petite et moi nous vivrons en princes.

— Vous toucherez cinq cents francs par mois.

La nourrice poussa un cri, elle ne savait plus à qui elle parlait.

— Tous les jours, la voiture qui est là viendra vous prendre, et vous irez toutes deux vous promener où vous voudrez pendant deux ou trois heures. Tout ce dont vous aurez besoin, vous le demanderez à mon banquier, qui vous le donnera; mais comprenez bien ceci, que je veux que l'enfant soit aussi heureuse que peut être une enfant qui n'a plus ni son père ni sa mère.

— Vous ne reviendrez donc jamais, ni vous, ni madame?

— Peut-être. Si cependant on vient chercher Clotilde, ne la donnez que sur un mot de moi, et voici mon écriture.

Emmanuel prit une plume et écrivit :

« Monsieur Moreau (c'était le nom de son notaire) don-
» nera à madame...

— Jeanne Boulay, répondit la nourrice, qui ne pouvait en croire ses yeux.

« A madame Jeanne Boulay, écrivit Emmanuel, la somme
» de six mille francs, plus cinq cents francs par mois, jus-
» qu'à ce que j'envoie un contre-ordre; tout ce que viendra
» demander madame Boulay pour l'entretien de ma fille,
» dont elle est chargée, M. Moreau le lui donnera.

» Emmanuel de Bryon. »

— Maintenant, continua-t-il, vous apprendrez peu à peu à ma fille que son père et sa mère sont morts, et lorsqu'on viendra vous la réclamer, on vous remettra, je vous le répète, une lettre de moi qui assurera votre avenir. A la personne seulement qui portera cette lettre vous remettrez l'enfant.

— C'est bien, vous serez obéi, monsieur, disait la pauvre femme, ne comprenant rien à ce personnage étrange qui payait des mois de nourrice cinq cents francs, et donnait une maison à la nourrice.

— Maintenant, adieu.

— Monsieur part ?

— Oui.

— Et quand reviendra monsieur ?

— Peut-être une fois aujourd'hui, peut-être jamais.

Emmanuel embrassa sa fille, et la tint dans ses bras pendant cinq minutes. Toute son âme passait de son cœur à ses lèvres, enfin il la reposa à terre et l'assit près du feu.

— Voilà son petit paquet, disait le pauvre père les larmes aux yeux, toutes ses petites affaires ; vous veillerez à ce qu'elle soit toujours bien mise, car elle est très-coquette ; enfin, je vous la recommande comme si c'était votre fille.

Il posa une bourse, à travers les mailles de laquelle étincelait de l'or, et, après avoir une dernière fois embrassé l'enfant, il disparut.

— Au ministère de ***, dit-il au cocher.

Et la voiture partit.

Emmanuel était brisé, il pleurait ces larmes isolées et retenues, qui sont les prémices d'une grande douleur, car c'est à peine si les grandes douleurs mouillent les yeux ; cependant, telle était la force de cet homme sur lui-même, que ses yeux se séchèrent, que son cœur se dégonfla, et qu'en arrivant au boulevard, il paraissait sinon gai, du moins indifférent. Il se fit annoncer chez le ministre que nous connaissons.

— Qui vous amène ? lui demanda celui-ci.

— Je viens prendre un passe-port.

— Vous partez ?

— Oui.
— Maintenant?
— Oui.
— Où pouvez-vous aller dans ce moment-ci?
— Je voyage.
— Vous êtes souffrant?
— Non; mais madame de Bryon est souffrante.
— Vous reviendrez?
— Peut-être.

Le ministre semblait ne pas comprendre.

— Mais, disait-il, je croyais...
— Que votre ami allait être votre collègue?
— Vous l'avez dit.
— C'était vrai.
— Cela ne l'est plus?
— Non.
— Que me dites-vous là?
— Qu'il y a des affections auxquelles il faut sacrifier même son ambition.
— Vous allez émerveiller Paris.
— Paris est bien bon, ou bien jeune.
— Vous voulez un passe-port?
— Oui.
— Pour?
— Pour tous les pays.
— Pour tous les pays chauds; car si madame est souffrante, c'est le printemps qu'il lui faut.
— Soit.
— Allez en Italie.
— Volontiers.
— Vous y trouverez justement un de vos amis.
— Ah! vraiment, et qui donc?
— M. de Grige.

A ce nom, le comte tressaillit.

— Il est donc parti? reprit-il.
— Oui, avec sa sœur; il est venu faire viser son passe-port.
— Avec sa sœur, murmura Emmanuel.

— Cela vous étonne ; je le croyais effectivement fils unique ; mais il paraît qu'il avait une sœur.

Emmanuel devina tout ; il sentit son sang refluer à son cœur.

— Va pour l'Italie ! dit-il en faisant un effort.

Le ministre sonna ; son secrétaire, que nous connaissons aussi, parut, le ministre lui remit un papier qu'il venait de signer.

— Faites donner un passe-port, dit-il ; et se retournant vers Emmanuel : Vous voilà envoyé particulier du gouvernement ; de cette façon, vous avez droit le premier aux chevaux de poste, c'est quelque chose.

— Merci de ce service, monsieur le ministre.

Emmanuel sortit.

Quand il eut refermé la porte :

— On n'a pas vu Julia ? dit le ministre au secrétaire.

— Non.

— Alors on va la voir ; car voilà un départ qui doit venir d'elle.

Emmanuel alla chez M. d'Hermi. Le domestique qui lui ouvrit la porte, et qui était un des plus anciens serviteurs du comte, paraissait consterné. Il introduisit, sans dire un mot, Emmanuel dans la chambre où se trouvait son maître, et referma la porte sans que celui-ci détournât la tête ou parût même s'apercevoir de la présence du nouveau venu. Emmanuel s'approcha de son beau-père, qui, pâle, les yeux fixes et mouillés d'une larme qui semblait éternellement rivée à sa paupière, semblait un de ces pauvres êtres que la raison va déserter, et qui, sur la limite de la folie, ne reconnaissant pas les horizons nouveaux qui s'ouvrent devant eux, restent dans cet étonnement atone qui précède la catastrophe cérébrale.

— Mon père, dit M. de Bryon en s'agenouillant devant cet homme, que cette grande douleur faisait saint et vénérable, mon père, bénissez-moi.

Le comte fixa ses yeux sur le jeune homme, et un sourire bienveillant, quoique amer, comme les sourires qui cachent une souffrance, passa rapidement sur ses lèvres sans qu'un mot sortît de sa bouche.

— Mon père, reprit Emmanuel, ai-je jamais rien fait que vous ayez pu blâmer?

Le comte fit signe que non.

— Depuis le jour où vous m'avez donné votre fille, ai-je fait quelque chose dont n'eût été fier l'époux le plus aimant?

M. d'Hermi répéta le même signe.

— Je n'ai donc rien à me reprocher, mon père, et je suis martyr et non coupable?

Le père embrassa le jeune homme, qui sentit sur ses joues deux larmes brûlantes et sacrées.

— Adieu, alors, mon père, reprit Emmanuel; car, avant de partir, je voulais avoir cette consolation, qui, dans votre bouche, devient la parole de Dieu.

Emmanuel se leva, le comte fit un geste comme pour le retenir ou le questionner; puis, les yeux fixes et inintelligents, il laissa retomber sa tête sur son fauteuil, et laissa son gendre s'éloigner sans rien lui dire.

Emmanuel retourna à Auteuil, trouva sa fille les yeux rouges, mais jouant. Il passa deux heures avec elle, l'embrassant comme on embrasse ceux qu'on aime quand on croit ne plus les revoir, recommandant l'enfant à la nourrice, et murmurant une prière à chaque baiser. A dix heures il quitta Auteuil, revint à Paris, dîna, ou fit semblant de dîner chez lui, puis il s'habilla et se rendit à l'Opéra. On jouait la *Favorite*. Il écouta du fond de sa loge cette merveille de musique et d'amour, et, après le premier acte, il se rendit au foyer, où il rencontra quelques amis, qui tous, ignorant ce qui lui était arrivé, vinrent à lui, et lui tendirent la main en le complimentant, car c'était déjà une chose connue que son voyage à C... et le but qu'il avait. Le comte reçut leurs félicitations en homme convaincu de l'instabilité des choses humaines, et alla faire des visites dans quelques loges; on lui demandait partout des nouvelles de madame de Bryon. Sa fuite n'était donc pas encore connue. Il répondit que madame de Bryon était souffrante, et qu'il allait partir avec elle, que sa présence à l'Opéra n'était même qu'un adieu aux personnes qu'il avait l'habitude d'y rencontrer.

Il rentra chez lui, vit la chaise de poste qui l'attendait, et après s'être revêtu d'un costume de voyage, il redescendit, et partit au galop des quatre chevaux sur la route du midi. Avant de partir, il avait envoyé au roi sa démission de pair de France.

XLI

La démission de M. de Bryon fit grand bruit, et causa un grand étonnement à Paris. Chacun se demandait la cause de ce brusque départ, lorsque le *Moniteur*, le journal officiel, inséra ces lignes :

« M. de Bryon, pair de France, vient de quitter Paris, après avoir envoyé sa démission au roi. Il abandonne complétement les affaires publiques pour accompagner en Italie madame de Bryon, dont la santé est chancelante. »

Cette note avait été communiquée par le ministre, dont Julia était un des principaux agents; mais, malgré l'amour bien connu d'Emmanuel pour Marie, on avait peine à croire à cette maladie spontanée, et toutes sortes de commentaires circulaient sur cet événement. Julia savait la vérité, elle. Elle avait d'abord été étonnée de ne pas recevoir de réponse à la lettre qu'elle avait écrite à Marie, et qui devait la sauver.

— Voilà comme elles sont toutes, s'était-elle dit avec dépit, avec repentir même. Maintenant qu'elle ne me craint plus, elle ne me remercie même pas de ce que je fais pour elle.

Le lendemain elle était allée chez madame de Bryon, et elle avait appris que Marie était partie depuis la veille pour la campagne, c'était du moins ce qu'avait dit M. d'Hermi. Enfin, quand la nouvelle du départ de M. de Bryon lui parvint, elle se rendit chez lui, demanda ce qu'on avait fait du paquet de lettres qu'elle avait envoyé, et apprit encore qu'au lieu de le remettre à Marie, qui n'était pas revenue, on l'avait remis à Emmanuel. Elle comprit tout.

— Elle est perdue, malgré moi, se dit-elle; puisque je ne peux la sauver, profitons de sa perte.

Je vous avais bien dit que Julia était une femme d'esprit.

— Ma foi, tant mieux, dit-elle après avoir réfléchi quelque temps sur ce nouvel incident, et elle se rendit chez elle, où elle prit quelques papiers, et de là au ministère.

— Eh bien! monsieur le ministre, êtes-vous content? dit-elle.

— Oui, ma chère Julia, très-content.

— Vous savez à qui vous devez ce qui arrive?

— A vous, sans doute?

— En effet, à moi.

— Savez-vous, Julia, que vous êtes une femme extraordinaire.

— Je le sais bien.

— Mais comment avez-vous fait?

— C'est bien simple : j'ai su que M. de Grige, que vous regardiez comme un être inutile, était amoureux de madame de Bryon; je suis devenue la maîtresse de M. de Grige avec cette conviction que, dans un temps donné, celle qu'il aimait lui céderait.

— Voilà l'opinion que vous avez des femmes?

— Oh! mon Dieu, oui; elle a cédé et elle a écrit à son amant comme toute femme qui cède; j'ai attendu qu'il y eût plusieurs lettres, je les ai prises chez Léon et je les ai envoyées au mari. Vengeance de femme toute naturelle, et qui trouverait une excuse chez bien des gens honnêtes, si j'invoquais pour cela auprès d'eux le grand amour que j'avais pour Léon, et l'état où m'a jetée la jalousie, continua Julia en riant, comme pour démentir encore mieux ce qu'elle disait. J'ai détruit le colosse avec une piqûre, j'ai arrêté le char avec un caillou. Vous ne vous doutiez pas que c'était ainsi que je vous débarrasserais de M. de Bryon; c'est un parti auquel j'ai coupé la tête. Je suis la Judith d'un Holopherne politique. Je retarde de dix ans une révolution qui n'avait plus que six mois à attendre. Si le monde savait d'où viennent toutes ces grandes secousses gouvernementales, serait-il assez étonné! Et pas un de ceux qui écrivent l'histoire contemporaine ne sait cela! ce serait pourtant bien intéressant ; il est vrai que le lecteur n'y croirait pas.

— Julia, dit le ministre sérieusement, vous nous avez rendu un grand, un très-grand service.

— A qui le dites-vous ?

— Il faut que j'achève votre fortune, le voulez-vous ?

— Vous le demandez ?

— Rien ne vous retient à Paris?

— Rien.

— Ainsi vous pouvez partir ?

— Aujourd'hui même, si vous le voulez. Nous nous lançons dans la politique étrangère ?

— Justement.

— Et vous n'êtes pas fâché de vous débarrasser de moi ; avouez-le.

— Vous êtes folle !

— Vous avez bien raison de faire ce que vous faites ; je serais une alliée trop dangereuse pour ceux qui se servent de moi, s'ils me gardaient toujours auprès d'eux. Songez donc que je suis femme, après tout, et que dans un moment d'erreur, comme nous en avons toutes, je pourrais trahir les secrets de l'État, et lui faire plus de mal que je ne lui ai fait de bien ; quel scandale, si l'on savait tout ce que je sais!

Le ministre écoutait Julia ; il comprenait fort bien que ce n'était pas seulement pour dire ce qu'elle disait qu'elle parlait ainsi, mais pour que le ministre sentît combien il avait intérêt à la ménager et à ne l'éloigner que pour lui faire une position exceptionnelle.

— Soyez tranquille, reprit le ministre ; vous n'aurez pas à vous plaindre de ce que j'ai à vous proposer.

— Vous devinez tout, monsieur le ministre ; parlez.

— Il y a de par le monde un petit roi qui nous gêne ; c'est le roi de ***. Il faut une Maintenon à ce roi-là, parce qu'il faut une révolution au pays.

— Maintenon comme influence, Montespan comme âge, fit Julia.

— C'est cela.

— Cela me paraît facile d'abord, et dangereux ensuite.
— Est-ce que le danger vous fait peur?
— Certes non.
— Alors, la mission vous va?
— Oui; ce roi est vieux, n'est-ce pas?
— Cinquante-cinq ans.
— Dévot?
— Extrêmement dévot.
— Par conviction?
— Non, par peur.
— Il a un confesseur qui le domine?
— Un Italien nommé Gamaldi. Comme vous savez votre histoire de l'Europe !
— Il faut m'adresser au confesseur, et je me charge du reste.
— Julia, je vous promets de vous faire dresser une statue d'or!
— Dont vous me ferez la rente! Quand partirai-je?
— Quand vous pourrez.
— Dans huit jours?
— A merveille!
— Demain, je viendrai prendre vos dernières instructions.
— C'est cela; à demain, Julia.
— A demain, monsieur le ministre.
— Ainsi, je pars, dit Julia en remontant dans sa voiture. Ma foi! j'aime autant cela; on ne sait pas ce qui peut arriver.

Et elle se fit conduire aux Champs-Élysées, avec intention; car Julia ne faisait rien sans intention. Elle voulait annoncer son prochain départ à ses amis, qui, pour la plupart, étaient aux Champs-Élysées à cette heure, et elle ne voulait pas partir avant d'avoir donné, la première à Paris, la véritable cause de la démission d'Emmanuel. Julia tenait à sa réputation. Au rond-point, elle rencontra le vieux comte de Camul, que nous avons vu une fois entrer dans la loge de Lovely aux Italiens.

— Ah! bonjour, chérie, fit ce vieux don Juan, que je suis aise de vous voir!

— Et moi, que je suis enchantée de vous rencontrer! Où allez-vous ainsi, mon cher comte?

— Je vais chez M. de Bryon, savoir s'il est parti.

— Il est parti; c'est inutile que vous vous dérangiez.

— Que signifie ce départ, après le voyage qu'il vient de faire à C..., voyage qui devait amener un bouleversement dans l'État?

— Vraiment! fit Julia d'un air étonné.

— Oui, oui; les provinces étaient dans ses idées; c'était un homme bien fort. Que signifie cette démission? L'aurait-on acheté? Eh! eh! le bruit en court déjà.

— Il n'en est rien, dit Julia.

— Est-ce que vous savez quelque chose, vous?

— Je sais tout, mon cher vieux.

— Contez-moi cela.

— Venez ce soir.

— A quelle heure?

— Après l'Opéra.

— Puis-je amener le baron?

— Amenez qui vous voudrez.

— Et Léon sera-t-il chez vous?

— Léon est parti.

— Ah çà! tout le monde part donc?

— Il paraît; c'est encore toute une histoire.

— Vous m'intriguez; lui qui vous adorait!

— A ce soir; voici quelqu'un à qui j'ai un mot à dire.

— A ce soir, chère amie; je vous préviens que le baron vous aime toujours, et que si je vous l'amène, il vous fera sa cour.

— Il perdra son temps; je pars dans trois jours.

— Ah! par exemple, voilà qui est fort! Vous aussi?

— Moi aussi. A ce soir.

En même temps, Julia faisait signe à un jeune homme qui passait de venir lui parler. C'était un de ces jeunes gens comme il y en a tant, un peu de la même essence que de Grige, mais plus ruiné. En revanche, c'était le plus grand colporteur de nouvelles qu'il y eût. Julia avait toujours eu un grand besoin d'argent; et avant d'être une femme politique et d'avoir fait fortune, elle avait été forcée de s'en procurer par tous les moyens qui sont à la disposition des femmes de son espèce, quand elles sont jeunes et jolies. Il ne faudra donc pas s'étonner de l'intimité qui régnait entre elle et des gens qui n'ont pas encore figuré dans cette histoire, et qui ne feront qu'y passer.

— Dis donc, Gaston, dit-elle au jeune homme qu'elle venait d'appeler, et qui fit arrêter son cheval pour lui parler, où vas-tu?

— Je vais faire une chose dont ma mère m'a prié.

— C'est?

— C'est d'aller savoir si réellement M. de Bryon est parti.

— Je viens déjà de rencontrer le comte de Camul qui y va.

— Ah! c'est la grande nouvelle.

— Eh bien! je te dirai ce que j'ai déjà dit au comte : M. de Bryon est parti.

— Tu sais cela, toi?

— Oui, et bien autre chose encore que je te conterai et qui t'amusera, si tu viens ce soir chez moi à onze heures.

— J'y serai : Léon va bien?

— Léon est parti.

— Ah bah!

— Et ton ami Ernest?

— Tiens, il est mort ce matin.

— De quoi donc?

— D'un coup d'épée; j'étais son témoin.

— Ah! ce pauvre garçon. Qui est-ce qui lui a donné cela?

— C'est Charles, tu sais bien, le petit Charles qui était l'amant de madame de ***.

— C'est pour elle que le duel a eu lieu?

— Oui; tu le connaissais?

— Parfaitement.

— C'est juste, tu en as été folle.

— Il me devait toujours un cheval.

— A moins qu'il ne te l'ait laissé sur son testament, il ne te le donnera pas. A ce soir.

— À ce soir.

Julia revint chez elle, en route elle rencontra un troisième personnage, aux joues rouges, aux favoris noirs, au menton bleu ; un véritable type de la Bourse, nourri de bourgogne et de truffes, éclairé du sourire de l'homme constamment heureux en affaires. Elle fit arrêter sa voiture et cria à ce personnage :

— Girard !

— Ah ! c'est vous, toute belle, comment va ?

— Ah ! mon cher, vous parlez comme les lions du Vaudeville.

M. Girard se mit à rire. C'était comme cela qu'il répondait quand il ne savait que répondre.

— Venez ce soir, lui dit Julia.

— Où ?

— Chez moi.

— Jouera-t-on ?

— Est-ce qu'on joue chez moi ?

— C'est que je ne joue qu'à la Bourse, fit M. Girard, entre un petit rire satisfait et une bouffée de cigare.

— Aussi vous devenez bien spirituel.

— Quand j'aurai gagné un million, je le mettrai à vos pieds.

— Allons, voilà un mot. Mais je vous quitte tout de suite pour ne pas vous forcer à en dire un second. A ce soir.

— Après les Variétés. *Elle* joue en dernier.

— Cela tient donc toujours ?

— Toujours.

Julia continua son chemin en riant de cette fidélité qui était une duperie pour l'un et une fortune pour l'autre. Elle arriva chez elle. Le soir elle alla à l'Opéra. M. de Bay y avait repris ses habitudes dans une autre loge et à côté d'une autre femme. A onze heures elle était de retour.

— Je vais conter toute cette histoire, pensait-elle. Je devrais peut-être me taire. Bast ! j'ai fait ce que je devais faire ! Pourquoi madame de Bryon a-t-elle trompé son mari ? Tant pis pour elle.

Florentin, qui était entré en fonctions depuis le matin,

annonça le comte de Camul et le baron de ***. Nous allons voir avec quelle exactitude Julia conta l'histoire de la démission d'Emmanuel!

— Ma chère Julia, fit le comte de Camul en arrangeant ses cheveux teints devant la glace, vous voyez que je vous ai tenu parole, je vous ai amené le baron.

— J'espère bien que vous êtes toujours amoureux de moi, baron, fit Julia.

— Toujours.

— A la bonne heure. Mais je ne vous le permets qu'à une condition.

— Laquelle?

— C'est que vous ne m'en parlerez jamais.

— Ah! ah! ce pauvre baron, fit le comte en arrangeant sa cravate, lui qui n'était venu que pour cela.

— Eh bien! il sera venu pour rien. Cela n'arrive-t-il pas souvent que l'on aille pour rien quelque part.

— Cela m'est arrivé aujourd'hui, continua le comte en arrangeant son gilet. Malgré ce que vous m'avez dit, je suis allé chez de Bryon, et l'on m'a dit qu'il était parti pour le Poitou. J'ai lu dans le *Moniteur* qu'il était parti pour l'Italie, et le secrétaire du ministre m'a dit qu'il était venu chercher un passe-port, sans savoir où il allait.

— Quand on pense que j'ai le secret de tout cela, moi.

— Et que vous allez nous le dire.

— Oh! mon Dieu, oui.

— Et le secret du départ de Léon, aussi, vous nous le direz?

— Pourquoi pas?

— Savez-vous que je l'ai cru fou, Léon, reprit le comte en arrangeant ses manchettes.

— A propos de quoi?

— A propos de ce qu'il nous a fait l'autre jour au club.

— Et que vous a-t-il fait?

— Il y a de cela trois ou quatre jours. Il est arrivé au club avec l'air très-effaré, et il s'est mis à une table de whist, avec moi et deux autres personnes. Au beau milieu de la partie, il s'est levé, a pris son chapeau et s'est enfui sans dire une syllabe. Tout le temps qu'il était resté là, il avait été inquiet, agité. Depuis, nous n'avons pas entendu reparler de lui.

— Il avait sans doute un rendez-vous, fit Julia.

— Ici? fit le baron.

— Non.

— Peut-être avait-il un rendez-vous, ajouta le comte d'un air indifférent, en tirant un petit peigne de sa poche et en arrangeant ses favoris.

— Tout cela est très-bien, dit le baron, mais saviez-vous que Léon eût une sœur?

— Une sœur! fit le comte avec étonnement.

— Oui, une sœur avec laquelle il est parti.

— Je suis sûr qu'il n'avait pas de sœur, répliqua le comte.

En ce moment, on annonça Gaston et M. Girard.

— Vous arrivez bien, messieurs, leur dit Julia, il y a quelque chose à faire.

— Tant mieux, dit Girard, qu'est-ce que cela est?

— Il faut éclairer le baron, qui se demande comment Léon de Grige a pu partir avec sa sœur, n'ayant pas de sœur.

— C'est bien facile à deviner, dit Gaston : c'est qu'il emmène une femme dont il ne veut pas que l'on sache le véritable nom, et qu'il fait passer pour une demoiselle de Grige.

— Et savez-vous le nom de cette femme? demanda Julia.

— Non.

— Eh bien! asseyez-vous, et je vais vous instruire.

— Vous savez, reprit Lovely, que je voyais souvent Léon.

— Sept fois par semaine, fit M. Girard.

— Vingt-quatre heures par jour, fit le baron en soupirant.

— A peu près, continua Julia. Cependant, depuis quelque temps, ajouta-t-elle avec une indifférence affectée, je ne le voyais plus guère que cinq fois la semaine et six heures le jour.

— Et à quel moment commençaient ces six heures? dit Gaston.

— Quelquefois avant, mais jamais après le spectacle; enfin, comme vous voyez, cela n'allait plus. Entre gens d'esprit, on ne se quitte pas, et l'amour laisse assez de miettes pour qu'on en puisse faire une amitié; puis certaine personne me trottait en tête, et Léon, de son côté, avait une passion sérieuse.

— Voilà du nouveau.

— C'est poli pour moi, ce que vous dites là.

— Nous écoutons.

— Donc, un beau jour nous nous avouâmes nos sentiments communs. Léon me dit qu'il devait me tromper le lendemain, je lui contai que je l'avais trompé la veille; nous devînmes des amis, avec les bénéfices de l'amitié, bien entendu; c'est-à-dire qu'il me tiendrait au courant de son bonheur, sauf le nom qu'il refusait de me dire, et que je lui dirais mes succès et mes amours. A partir de ce moment, nous nous adorâmes, et nous étions, quand nous nous trouvions, d'une gaieté folle. Tout ce que je savais, c'est que cette femme qu'adorait Léon était une femme du monde. Cela me fit de la peine de le voir déroger ainsi; mais ce n'était pas assez de savoir l'espèce, je voulus apprendre le nom.

— Vous l'aimiez toujours?

— Non, je m'ennuyais.

— Et la certaine personne?

— N'était que riche.

— De sorte?

— Que je voulais le tromper avec un prince.

— Qui n'était que beau.

— Justement.

— Si bien que vous regrettiez?

— Non, si bien que je désirais.

— Subtile.

— Vous m'interrompez toujours.

— Nous ne disons plus rien.

— Je voulais donc savoir où allait Léon. Je savais que ses visites à sa mystérieuse maîtresse se faisaient à deux ou trois heures, car le soir il était toujours au théâtre, et passait, vous le savez aussi bien que moi, ses nuits au club.

— Pas toutes, fit le banquier en souriant et en regardant Julia.

— Vous m'interrompez encore.

— Cette fois, c'était pour constater un fait.

— Vous êtes ennuyeux.

— Je suis exact, nous faisons de l'histoire ici, continuez.

— Un jour donc que pour tuer le temps qui le séparait de l'heure fortunée où il devait voir sa bien-aimée, car dans le nouveau monde qu'il fréquentait, une maîtresse est une bien-aimée, Léon vint ici. Il regardait toujours la pendule, ce qui me confirma dans mon opinion, et à deux heures il me quitta. Le lendemain, j'envoyai ma femme de chambre demander au cocher de Léon, lequel n'avait rien à refuser à ma femme de chambre, où il avait conduit son maître, la veille, en sortant de chez moi. Le cocher lui donna l'adresse, qu'elle me rapporta.

— Et cette adresse était?

— Attendez donc, nous ne sommes pas au dénoûment. Le lendemain, à six heures du soir, je montai dans ma voiture, et, le visage caché sous un voile, je me fis conduire à l'adresse donnée. La maison devant laquelle on m'arrêta était un hôtel particulier. Je sonnai, j'entrai et je demandai au concierge s'il était vrai que cette maison fût à vendre; il me répondit qu'il ne le croyait pas; alors je lui demandai le nom du propriétaire de l'hôtel, ne voulant pas monter lui parler d'affaires à l'heure du dîner, disais-je, et préférant lui écrire. Le portier me donna ce nom.

— Et ce nom était?

— Le lendemain, je passai trois ou quatre fois dans la rue à l'heure où je pensais que Léon devait faire sa visite accoutumée. Et en effet, à trois heures, je vis sa voiture arrêtée devant l'hôtel.

— Moi, continua Julia, je croyais Léon éperdument épris de cette femme. Mais, vous le savez, Léon était un garçon d'habitude... depuis longtemps il avait contracté celle de vivre avec moi et de faire sa maison de la mienne, si bien que le premier enthousiasme d'une passion difficile une fois calmé, il en revint au désir de reprendre ses anciennes habitudes. Malheureusement c'était chose impossible avec moi. A tort ou à raison je l'avais trop aimé pour consentir à ne plus être pour lui qu'une sorte d'aubergiste. Je n'ai pas l'amitié aussi hospitalière! Il l'avait compris, et il ne m'en parla même pas; mais ce qu'il ne pouvait trouver chez moi il le trouva chez une autre de qui je tiens les derniers détails que je vais vous conter, et qui, ignorant sa liaison avec notre inconnue, eut la malheureuse idée de se passionner pour son nouvel amant.

— Quelle bizarrerie!

— Or, un beau jour elle trouva chez Léon les lettres de la dame, découvrit l'adresse; et comme en ce moment le mari était en voyage, et qu'elle avait appris où il était, elle mit les lettres de sa femme sous enveloppe et les lui envoya.

— Cela se complique.

— Maintenant, je vous donne en cent à deviner ce qui arriva.

— Continue, continue, fit Gaston, comme s'il en eût encore été à l'époque où il avait des droits dans la maison, ton récit m'intéresse.

— Mon amie écrivit à sa rivale ce qu'elle venait de faire.

— C'était charitable.

— Mon amie était bonne.

— Cela se voit bien.

— C'est ici que la chose devient étrange! Un soir, j'étais seule ici, lorsque mon domestique entra m'annonçant... Devinez qui?

— Au diable les énigmes!

— Fais-toi sphynx; depuis qu'Œdipe a deviné celle de Delphes, c'est un emploi vacant.

— Alors, vous ne saurez le nom qu'à la fin.

— Il y a donc une fin? dit Gaston.

— Mon cher Gaston, vous le savez mieux que personne, qu'il y a une fin à tout; votre notaire vous l'a dit avant moi.

— Allons, allons, le mot n'est pas mal; je m'incline.

— On m'annonça, reprit Julia, la maîtresse de Léon, une femme du monde, et du plus grand monde.

— Et que venait-elle faire...

— Dans cette galère, n'est-ce pas? Vous allez le savoir. La pauvre femme, au reçu de cette lettre, avait été désespérée; j'ignore comment elle avait appris mes relations avec Léon; mais ce que je sais, c'est qu'elle croyait que ces relations existaient encore, et que c'était moi qui lui avais écrit la lettre qu'elle venait de recevoir. Elle venait me demander, dans cette certitude, s'il était vrai que j'eusse commis une pareille infamie, dont heureusement je suis incapable. Je n'ai jamais vu de douleur égale à celle de cette femme, que j'eusse prise pour une enfant, tant elle est jeune et frêle. Je la détrompai sur ce qui me concernait, sans l'éclairer toutefois sur la véritable coupable, et c'est moi qui lui donnai le conseil de fuir avec Léon.

— Joli conseil!

— Que vouliez-vous qu'elle fît?

— Qu'elle restât.

— Et son mari?

— Il eût pardonné, comme tous les maris sensés.

— Un autre eût peut-être fait ainsi, reprit Julia; mais il paraît que celui-là aimait, adorait sa femme, et, qui plus est, qu'il en était adoré; si bien qu'elle redoutait avant tout les reproches de son mari.

— Pourquoi, fit Gaston, si elle adorait son mari, l'avait-elle trompé?

— Vous savez bien qu'avec les femmes il y a toujours des pourquoi, et jamais de parce que.

— Enfin!

— Enfin, je consolai la pauvre enfant comme je pus; elle me déchirait l'âme; elle me quitta vers minuit et demi, et elle partit le lendemain avec Léon, sous le nom de sa sœur.

— Très-bien! fit M. Girard, voilà pour Léon; mais cette histoire n'a aucun rapport avec la démission de M. de Bryon?

— Vous croyez?

M. Girard regarda les trois auditeurs, comme pour leur dire: N'ai-je pas raison?

— En effet, dirent les trois hommes.

— Ainsi, vous ne devinez pas? dit Julia.

— Quoi? demanda-t-on.

— Le nom de cette femme!

Les hommes se regardèrent avec un pressentiment.

— Cette femme... dit le comte de Camul.

— Eh, pardieu! c'était madame de Bryon!

— Madame de Bryon! s'écrièrent avec étonnement ceux que Julia avait réunis.

— Comprenez-vous, maintenant, pourquoi M. de Bryon a donné sa démission, et pourquoi il est parti?

— Et vous êtes sûre de cela? demanda le baron.

— Je l'affirme. Seulement, je vous demande le secret pour le pauvre Emmanuel, que vous connaissez tous, et qui mérite que l'on taise de pareils détails.

— Comptez sur nous, fit le comte.

— Quelle affaire! s'exclama le baron.

— Qui aurait cru cela? dit le banquier.

— Une femme charmante! répétait Gaston. Léon est un heureux!

— Vous trouvez?

— Qui ne serait heureux, avec une maîtresse comme celle-là?

— Et croyez-vous que M. de Bryon soit parti pour rien?

— Il est parti pour cacher le scandale que cette histoire va faire; car, tôt ou tard, elle sera connue.

— Il est parti à la poursuite de sa femme et de Léon; je le parierais.

— Diable!

— Et s'il a, dans la vie privée, le caractère qu'il avait dans la vie publique, je plains Léon.

— Nous aurons un petit drame, fit M. Girard en se frottant les mains.

— Madame est servie, dit le domestique en ouvrant la porte du salon.

— Si vous voulez venir souper, messieurs, dit Julia, rien ne vous en empêche.

— Ma foi! j'ai faim, dit le comte en jetant un regard satisfait sur toute sa personne.

— Et moi aussi, fit le baron.
— Ah! ce pauvre Léon!
— Ce pauvre Emmanuel!
— La drôle d'histoire!

Le baron prit le bras de Julia, et passa avec elle dans la salle à manger. On parla encore quelque temps de cette aventure. Le lendemain, elle fut racontée au club, du club elle passa aux salons, des salons aux boudoirs, des boudoirs aux antichambres, des antichambres aux petits journaux. Si bien que, quelques jours après, elle était, avec des initiales faciles à reconnaître, répétée tout au long dans une de ces feuilles quotidiennes qui font commerce du scandale, et qui jettent, en la salissant encore, de la boue sur ce qu'il y a de plus noble et de plus sacré. Emmanuel n'avait pas dépassé la frontière, que sa honte, que pour sa fille il s'était efforcé de cacher, était connue de tout Paris. Quant à Julia, elle était partie pour sa mission diplomatique. Voyons maintenant ce qu'étaient devenus Léon, Marie et Emmanuel.

XLII

Léon et Marie étaient arrivés à Florence. Depuis qu'elle avait quitté Paris, madame de Bryon n'avait pas dit un mot à son amant. Pâle comme un marbre, elle était restée au fond de la voiture, souriant quelquefois à Marianne, vivant machinalement et sans intention de vivre. On eût dit une morte que l'on change de tombeau.

Léon ne la quittait pas des yeux, et de temps en temps, elle le sentait si malheureux, que par pitié elle lui tendait la main. Ce qu'elle souffrait par le souvenir est incalculable. Mieux vaudrait chercher le fond de l'Océan que le fond d'une pareille douleur. Elle se laissait conduire comme si tout ce qui était étranger à sa douleur lui eût été indifférent. Souvent deux larmes tombaient de ses yeux dans le silence de la nuit. C'était l'ombre de sa mère, le souvenir de M. d'Hermi ou d'Emmanuel, qui passaient devant elle.

Léon comprit que ce n'était pas une maîtresse, mais une

victime résignée qu'il emmenait. Arrivé à Florence, il demanda deux appartements, l'un pour Marie et Marianne, l'autre pour lui, dans l'hôtel où il descendit, jusqu'à ce qu'il eût loué ou acheté une maison convenable. Marie s'assit sur une chaise dans la première chambre qu'on lui offrit, regarda autour d'elle, et cachant sa tête dans ses mains, elle pleura abondamment. Beaucoup d'enlèvements ont fini, mais peu ont commencé de cette manière.

— Je n'ai pas besoin de vous recommander madame de Bryon, dit Léon à Marianne, je rentre chez moi. Quand elle voudra bien me voir, elle me fera demander. — Voilà ma vie enchaînée à cette pauvre femme, pensa Léon, et elle ne m'aime pas, et je l'aime!

Et lui aussi il s'assit tristement dans sa chambre.

Quels résultats étranges et différents peut avoir un amour une fois que la femme s'est donnée! Il y a quatre femmes dans ce livre. La première, madame d'Hermi, a fait de l'amour une distraction, qui n'a pas même altéré son teint, que le monde a sue et qu'il a acceptée sans lui en demander compte, quoiqu'elle eût un mari, un grand nom et une enfant. La seconde, Julia Lovely, a fait de l'amour une marchandise, un calcul, un commerce, et la société lui a donné en échange une célébrité, la fortune, l'influence même. Elle vit de son amour comme un ouvrier de son travail. Seulement elle est plus heureuse que l'ouvrier. La troisième, Clémentine Dubois, ne ressent pour son mari qu'un amour amical, fraternel, sans exaltation, sans secousse, sans danger. Elle est sûre de son cœur, parce qu'il est sans passion. Des quatre, ce sera la plus heureuse, parce qu'elle aura cette paix de l'âme qui est la conscience, ce repos des sens qui est la vertu. La dernière, Marie, est de toutes ces femmes la seule qui ait ressenti un amour réel, amour qui la domine encore, amour qui l'a perdue par cela même qu'il était fort et qu'elle était jalouse de celui qui le lui inspirait. C'est par jalousie qu'elle a trompé son mari. Elle n'a commis qu'une faute, et elle sera plus malheureuse que Julia, plus punie que la comtesse, parce qu'elle n'aura eu ni le calcul de l'une, ni le caractère insoucieux de l'autre.

Elle ne se sera donnée qu'une fois à un autre homme que son mari, et cette faute unique brisera son existence, flétrira sa mémoire, détruira le bonheur de son père, l'avenir de l'homme qu'elle aimait, et qu'après cette faute elle aime encore plus que tout au monde. Elle sera punie parce qu'elle n'aura pas su mentir, parce que, jusque dans sa faute, son cœur sera resté innocent. Elle aura subi une inévitable fatalité, et sa vie, qui n'aura qu'une tache, sera devenue un moyen de fortune pour une femme qui n'a pas dans tout son passé une bonne action à invoquer, excepté celle qu'elle n'a faite que trop tard, et qu'elle a bien effacée depuis.

D'où vient cela? D'où vient qu'un être de vingt ans, sans expérience et sans force, puisse être, pour une erreur d'un jour, voué au mépris et au désespoir pendant toute sa vie par une société mille fois plus corrompue que lui? D'où vient que le mal soit lucratif pour les uns, et l'erreur mortelle pour les autres? Faut-il donc que l'hypocrisie soit le guide de la vie, et pourvu que l'on se cache, sera-t-on absous? Le pardon ne pourra-t-il être donné que par ceux qui ont reçu du ciel mission de pardonner, par les prêtres, et faudra-t-il éternellement qu'une société vicieuse se fasse juge des fautes commises, et prenne sur elle de les punir, comme pour s'excuser par la punition qu'elle inflige? Ainsi, le pardon sera fermé à la pécheresse, à moins qu'elle n'aille le chercher dans le sein de Dieu, et celui ou ceux qui ont souffert de sa faute lui pardonnassent-ils, le monde, que cela ne regarde pas, ne pardonnera pas, lui, et montrera du doigt cette tache dont il fera une plaie.

Oui, la société est mal faite, en ce qu'elle conseille le mal et ne le répare pas quand il est fait. C'est une entremetteuse qui vend ses filles, non pour en tirer de l'argent comme une entremetteuse ordinaire, mais pour donner une excuse à ce qu'elle a fait elle-même. La femme qui apprend qu'une femme a failli ne plaint jamais cette femme. Elle la repousse d'abord, elle s'en sert ensuite pour s'excuser si elle commet la même faute. Vous trouverez des femmes réputées vertueuses, qui le seront peut-être, qui continueront à recevoir une femme adultère, si cet adultère n'a amené aucun scandale public; mais elles ne feront cela que pour faire un peu plus ressortir leur vertu, et pour avoir le droit de prendre la défense de quelqu'un. Sur mille, sur dix mille, vous n'en trouverez pas une qui dise avec franchise :

— Je reçois cette femme parce que son mari lui a pardonné, parce qu'à sa place j'aurais peut-être fait ce qu'elle a fait; parce qu'il faut être sans péché pour jeter la pierre au pécheur, et que je ne sais pas ce que l'avenir me garde.

Comment! vous pardonnez à un enfant qui tue son père, et vous dites : Il ne savait pas ce qu'il faisait; et vous ne pardonnez pas au cœur, cet éternel enfant, qui ne sait jamais ce qu'il fait! Et l'on fait des révolutions pour substituer tel roi à tel autre, ce gouvernement-ci à ce gouvernement-là, et tandis que ce qu'on appelle la politique progresse, cette grande question de la société ne fait pas un pas, et patauge toujours dans la fange, y traînant avec elle l'honneur des maris, le bonheur des femmes, le repos des familles, l'avenir des enfants. La nature, qui ne veut qu'une chose, la reproduction des êtres, s'arrange de toutes ces passions humaines qui l'aident à atteindre son but; mais le monde ne vit pas selon la nature, il vit selon ses caprices, ses intérêts et ses préjugés; il maudit l'enfant pour la faute de la mère, il déshonore le mari avec la faute de la femme, il rejette sur une famille entière l'erreur d'un seul de ses membres, et il lui en demande compte, et il ne lui rouvre pas ses portes sans lui faire comprendre qu'il pourrait les lui fermer.

Faut-il qu'il en soit toujours ainsi? La société se contentera-t-elle de dire : Voici le bien d'un côté, voici le mal de l'autre, choisissez : si vous faites le bien, nous ne vous en saurons pas beaucoup de gré; mais si vous faites le mal, nous vous conspuerons, à moins que vous ne vous cachiez, et ne respectiez les convenances; arrangez-vous une réputation, nous ne regarderons pas ce qu'il y a dessous? Oh! si les femmes savaient quel respect immense elles inspirent à certains hommes quand elles sont vertueuses, toutes les femmes auraient la vanité de l'être pour être estimées de cette minorité.

Encore quelques mots pour une digression qui se présente naturellement ici, et qui prouve la dangereuse organisation de la société, qui fait le mal même en croyant le bien.

Il y a deux ou trois institutions pour l'éducation des filles, telles que : la maison de Saint-Denis, les Loges de Saint-Germain, où le gouvernement fait élever à ses frais les filles des militaires morts à son service ou retraités. Ces jeunes filles reçoivent une éducation excellente, et sont élevées avec les enfants des meilleures familles de France. Une fois leur éducation terminée, la société croit avoir fait pour elles tout ce qu'elle devait faire. L'éducation n'est-elle pas la source de toute fortune? Paradoxe accepté, et à côté duquel des savants sont morts de faim!

Qu'arrive-t-il quand ces jeunes filles, qui n'ont aucune fortune, sortent de ces maisons où elles sont restées jusqu'à dix-sept ou dix-huit ans? Il arrive pour beaucoup qu'elles ont trop d'instruction, trop d'éducation, qu'elles ont trop côtoyé l'opulence et le bonheur des autres pour épouser un ouvrier honnête, mais dont l'éducation ne sera pas en rapport avec la leur, dont le travail ne pourra pas subvenir aux exigences de l'éducation reçue. D'un autre côté, elles n'ont pas assez de fortune pour épouser un homme dont le rang et la position soient en rapport avec cette malheureuse éducation qu'on leur a donnée croyant leur assurer l'avenir. Il en résulte que ces deux impossibilités, jointes aux passions, à la paresse, à l'orgueil, aux sens, à tout ce qui domine la femme, jettent peu à peu et nécessairement ces malheureuses filles dans cette classe de courtisanes qui augmente tous les jours, et dans laquelle on est tout étonné de rencontrer des intelligences et des instincts qui, aidés un peu plus longtemps par la société, eussent contribué à son bien, et qui meurent sans avoir rien produit que le mal.

Il y aurait un livre bien curieux et bien intéressant à faire sur cette fatale nécessité du vice, qui devient le résultat d'une trop bonne éducation.

§

Pendant ce temps, Emmanuel marchait toujours. Comme

il ne doutait pas que sa femme et Léon ne voyageassent en poste, à chaque relai il prenait des informations, et il suivit jusqu'à Marseille la même route que les fugitifs. Il ne s'arrêta pas une minute. Un bateau partait de Marseille le jour où il y arrivait, il le prit. Il ne disait que ce qu'il lui fallait absolument dire pour continuer sa route, ne mangeait que ce qu'il faut pour ne pas mourir de faim. Jamais la douleur ne prit sur le visage d'un homme une plus saisissante expression. Il arriva à Livourne. Le soir, il était à Florence.

XLIII

Lorsque Emmanuel arriva à Florence, il y avait trois jours que Léon et Marie y étaient; il se rendit à l'ambassade de France, et demanda si M. de Grige et sa sœur n'avaient pas fait viser leur passe-port. On lui répondit qu'en effet, M. le marquis de Grige était arrivé avec sa sœur, et que son passe-port avait été apporté de l'hôtel d'York. Emmanuel se rendit à l'hôtel d'York, mais on lui répondit que, depuis la veille, les nouveaux arrivés étaient partis sans dire où ils allaient. En effet, Léon ayant trouvé une maison solitaire, toute à sa convenance, l'avait louée, et s'y était rendu avec Marie et Marianne.

Emmanuel fouilla les rues, les maisons, les promenades, les hôtels, et ne trouva pas ceux qu'il cherchait. Pendant ce temps Léon avait essayé de calmer la douleur et les remords de Marie. Celle-ci avait eu des retours vers son amant, non des retours d'amour, mais de pitié; elle s'était dit :

— Cet homme m'aime, et je suis injuste envers lui ; je me suis donnée à lui, et ma froideur est une mauvaise action. Toute sa vie, il me l'a sacrifiée en un instant, et je n'ai pas trouvé un sourire pour le remercier de ce sacrifice.

Elle avait donc fait un effort sur elle-même, et pendant quelques instants elle avait paru consolée. Léon en avait profité pour lui dire :

— Marie, il y a peut-être encore des jours heureux pour nous dans l'avenir.

— Peut-être, avait répondu la jeune femme.

— Vous oublierez, car vous êtes jeune! Vous ne m'aimez pas, je le sais bien, j'ai troublé un instant vos sens et votre raison, mais jamais je n'ai été en possession de votre cœur : la faute que je vous ai fait commettre vous enchaîne à moi, résignez-vous à mon amour, qui remplacera tous ceux que je vous fais perdre, qui sera tendre et dévoué comme celui d'un père, fidèle et soumis comme celui d'un enfant, heureux et reconnaissant comme celui d'un époux.

— Vous êtes bon, Léon, fit Marie en souriant à son amant et en lui tendant la main.

— Dieu déplace souvent des existences qui croient ne pouvoir s'habituer aux nouvelles sphères dans lesquelles il les jette, et qui sont tout étonnées un jour d'y avoir vécu. Vous serez moins triste, Marie, n'est-ce pas? et peut-être, dans des années, ne vous repentirez-vous plus. Tant que vous le voudrez, je ne serai pour vous qu'un frère, et si plus tard, convaincue de la réalité de mon amour, vous voulez bien vous souvenir du lien qui nous unit, vous ferez de moi le plus heureux des hommes.

Marie ne répondit pas, elle pressa la main de Léon en signe de reconnaissance, sinon de promesse, et elle essaya de donner à sa vie les allures de la vie des autres, pour ne pas trop attrister son amant.

— Il faut, non pas vous distraire, Marie, lui dit Léon, cela vous serait impossible maintenant, mais occuper votre temps, et fermer le plus possible votre esprit aux pensées qui vous fatiguent, et qui vous tueraient; vous aimez la musique : la musique connaît le chemin de l'âme, j'ai loué une loge au théâtre; nous irons chaque fois que l'on jouera, cela vous fera passer quelques instants autre part qu'avec moi seul. Cette loge est bien cachée, vous baisserez votre voile, personne ne vous y reconnaîtra, et vos heures du soir vous paraîtront moins longues.

— Merci, mon ami, j'accepte.

— Je n'ai jamais aimé une femme comme vous, Marie; mon temps n'a jamais été livré qu'à des amours faciles. Vous seule avez eu mon cœur, j'ignore donc comment je puis vous prouver que je vous aime ; mais si vous connaissez un moyen, ce moyen fût-il ma mort, dites-le moi, je l'emploierai pour que mon nom ne vous soit pas un nom odieux ; allons, souriez-moi et appelez-moi votre frère.

— Mon frère, vous êtes bon, je vous le répète, fit Marie émue malgré elle, et l'avenir vous apportera votre récompense.

Le lendemain du jour où Emmanuel était arrivé à Florence, Léon et Marie quittaient leur petite maison, où Marianne resta à faire les derniers préparatifs d'installation, et ils se rendirent au théâtre. La loge de Léon était une loge de rez-de-chaussée, bien obscure, bien sombre, au fond de laquelle Marie s'assit, et où les regards curieux des spectateurs cherchaient à reconnaître quelle était cette femme voilée qui se cachait si obstinément.

Emmanuel était entré au théâtre. Emmanuel ne savait pas dans quels termes Marie était avec son amant. Elle avait fui avec Léon. Il avait tout lieu de croire qu'elle l'aimait, et que lui, fier de sa maîtresse, la menait partout où elle pouvait être vue. Il se mit dans une loge, et, comme les autres spectateurs, il cherchait à reconnaître cette femme qui se cachait. Seulement, lui, il la reconnut.

— C'est bien elle ! murmura-t-il en pâlissant encore, et en se rejetant dans le fond de sa loge pour ne pas être vu de Marie ; elle, Marie, elle à qui j'avais donné ma vie, et qui se livre sans pudeur à l'amour d'un autre !

Et deux années tout entières passèrent sous les yeux d'Emmanuel, et chaque jour de ces années heureuses, en repassant l'esprit de M. de Bryon, le frappait au cœur. Avons-nous besoin d'analyser ce qu'il souffrait entre le passé et le présent ? Il était plus pâle qu'un spectre ; sa main droite cachait sa bouche, et son chapeau, qu'il avait gardé, jetait sur ses yeux une ombre qu'éclairait à peine un rayon de la rampe et du lustre. Cependant, si caché qu'il fût, au point qu'il se confondait pour tous dans l'obscurité de la loge, ses yeux étaient si étrangement fixés sur elle, qu'il fallait que tôt ou tard, par l'influence magnétique, le regard de Marie rencontrât le sien et le reconnût. C'est ce qui arriva. Pendant un entr'acte, en tournant la tête, Marie vit cette sombre figure et resta les yeux fixes, muette et la bouche entr'ouverte par l'effroi. Cependant, comme son esprit, tendu vers un seul souvenir et vers une même pensée, pouvait influencer ses yeux, elle essaya de croire à une vision, à un rêve, et de détourner son regard de cette terrible apparition. Mais ces deux yeux, qui ne la quittaient pas, la ramenaient toujours à eux. L'épouvante de Marie n'échappa point à Léon, il se pencha vers lui et lui dit :

— Qu'avez-vous?

— Rien, rien, répondit-elle, sans détourner la tête, retenue qu'elle était par ce regard sombre comme le crime, menaçant comme le remords. C'est lui! c'est lui! murmurait-elle; et fascinée, brisée par cette vue, elle sentait que si elle ne secouait violemment cette impression, Emmanuel pouvait venir à elle et la tuer sans qu'elle pût étendre les bras ou dire un mot.

Elle fit un violent effort sur elle-même et dit à Léon :

— Partons, partons!

— Qu'avez-vous? lui dit Léon.

— Rien, rien, dit-elle d'une voix rauque; mais partons tout de suite, et ne nous contentons pas de partir, fuyons!

On eût dit les lèvres vivantes d'une femme sur le visage d'une statue.

Léon suivit la direction du regard de sa maîtresse; mais Emmanuel se rejeta encore plus dans le fond de la loge, et passant sa main sur sa figure, il cacha entièrement ses traits. Léon, voyant Marie pâlir, lui jeta vivement sa mante sur les épaules; puis, lui prenant le bras, l'emmena, ou plutôt l'emporta, sans qu'elle détournât un seul instant les yeux de la direction qu'ils avaient prise. Emmanuel ouvrit à son tour la porte de sa loge et descendit avant Marie; puis, prenant par la main un de ces enfants de l'Italie qu'on rencontre partout où il y a de l'argent à trouver ou à prendre, il le mena dans l'ombre, et lui montrant Léon et sa compagne, qui montaient en voiture :

— Tu vas suivre cette voiture, lui dit-il, et tu reviendras me dire où elle va. Voilà dix pièces pour toi.

Le gamin courut, et au moment où la voiture se mettait en route, Emmanuel le vit grimper sur la roue, s'asseoir une minute auprès du cocher, redescendre comme un chat descend d'un mur, et revenir, en courant, là où il avait quitté Emmanuel.

— Déjà ? lui dit celui-ci.

— Oui, Excellence.

— Tu sais l'adresse?

— Oui.

— Tu connaissais donc le cocher ?

— Non ; mais j'ai fait connaissance. Je lui ai donné trois pièces, et il m'a dit l'adresse sans que je fusse forcé de courir; de cette façon, vous la savez plus vite, et je ne me fatigue pas. Voici les détails : Le frère et la sœur, qu'on croit l'amant et la maîtresse...

Emmanuel tressaillit.

— Arrivés depuis quatre jours, continua le gamin, demeurant Via Paulina, n° 3. Vous voyez, Excellence, je vous donne la bonne mesure.

— Merci, fit Emmanuel d'une voix sombre.

Et il s'éloigna en jetant au gamin quelques pièces encore.

— A votre service, Excellence, fit celui-ci en baisant la main de M. de Bryon, et en allant au-dessous d'un réverbère compter le total de son gain.

Marie rentra sans dire un mot. On eût dit une ombre. Lorsque la voiture s'arrêta devant la maison, madame de Bryon fouilla du regard, et en tremblant, tous les coins de la rue, y cherchant ce fantôme terrible qu'elle venait d'apercevoir au théâtre. Mais la rue était solitaire. A chaque pas, dans l'escalier, dans les chambres, elle croyait voir se dresser le spectre de son mari, et les grandes tentures semblaient cacher, derrière leurs plis sinistres, l'apparition vengeresse. Léon demandait sans cesse à Marie d'où lui venaient cette inquiétude et cette pâleur ; mais Marie, qui tremblait au son de sa propre voix, tournait douloureusement la tête et ne répondait pas.

Un instant elle avait eu l'idée de partir le soir même pour

Rome; mais elle s'était dit en pensant à Emmanuel : C'est Dieu qui l'envoie, et partout où j'irai il m'atteindra. Elle se contenta donc de dire à Léon qu'elle était souffrante, et implora de lui qu'il la laissât seule avec Marianne. Quand la vieille femme fut auprès d'elle, et que Léon ne put rien entendre :

— Il est ici, dit-elle à sa nourrice.
— Qui? demanda Marianne.
— Lui! Emmanuel!

Marianne recula comme si elle eût marché sur un serpent.
— Où l'as-tu vu, mon enfant?
— Au théâtre.
— Tu en es sûre?

Marie fit signe que oui; elle n'avait plus la force de parler.

— Que va-t-il arriver? mon Dieu! disait la vieille femme.
— Ce que Dieu voudra, fit Marie avec résignation.
— Partons demain.
— Inutile, ma bonne Marianne; nous ne ferions que retarder la justice de Dieu.
— Que faire alors?
— Attendre.
— Et espérer.

Marie secoua la tête en signe de doute, et, les larmes se faisant jour enfin à travers ses yeux brûlés, elle tomba à genoux, remerciant le Seigneur de ce qu'il lui permettait de pleurer encore. Marianne la déshabilla, puis la prit dans ses bras et la coucha comme une enfant, regardant avec amour et tristesse reposer sur l'oreiller cette tête amaigrie, qu'elle avait jadis vue si souriante et si rose.

La pauvre enfant n'était pas habituée à ces terreurs continues. A peine était-elle couchée, que ses joues se colorèrent de teintes rouges, et que la fièvre, s'emparant d'elle, lui donna un sommeil saccadé et haletant. Deux heures se passèrent ainsi, après quoi Léon, qui n'entendait plus de bruit, ouvrit doucement la porte de la chambre de Marie et s'approcha à petits pas du lit. Marianne veillait toujours, elle priait même.

— Qu'a-t-elle donc? demanda le jeune homme à la nourrice.

— De la fatigue; ce n'est rien, répondit celle-ci, à qui Marie avait recommandé le silence.

Léon s'agenouilla près du lit et porta à ses lèvres une des mains de sa maîtresse, cette main était brûlante.

— Elle a la fièvre, dit-il.
— Oui.
— Il s'est passé quelque chose d'étrange ce soir, elle ne vous l'a pas dit?
— Non.

Marie ouvrit les yeux et, au milieu de sa fièvre, essaya de sourire à Léon; puis, tout à coup, la pensée lui revenant avec le réveil, elle se dressa, et s'appuyant sur la main que tenait Léon :

— Quelle heure est-il? demanda-t-elle.
— Deux heures, répondit Léon.
— Et il n'est venu personne?
— Personne. Qui voulez-vous qui vienne à pareille heure?
— C'est juste, dit-elle en laissant retomber sa tête sur l'oreiller, il est trop tôt.
— Que dites-vous, mon Dieu! que signifient ces paroles, devenez-vous folle?

Marie tendit sa main à Léon, et ferma les yeux comme pour l'inviter à se retirer et à la laisser à son sommeil. Léon se retira en effet, ne comprenant rien à ce qui se passait, et attendant le jour avec impatience pour tâcher d'obtenir une explication. Marianne veilla toute la nuit, Léon en fit autant. Marie seule dormit d'un sommeil fiévreux et agité. Le jour vint. Marie se réveilla, Marianne à son tour sommeillait. Madame de Bryon descendit de son lit, et vint, sur la pointe du pied, entr'ouvrir les rideaux de la fenêtre, mais personne n'était dans la rue pas plus que la veille; le soleil inondait les maisons; les cris italiens, si joyeux et si fréquents, se faisaient déjà entendre. Marie crut qu'elle avait rêvé, elle se remit au lit.

Marianne ouvrit les yeux, Marie s'habilla. Léon entra chez elle, et la matinée commença comme toutes les matinées. La jeune femme, dans l'attente d'un malheur inconnu, mais dont elle n'osait parler, convaincue que rien ne pouvait l'en garantir, était dans une agitation étrange : de subites rougeurs, résultant des commotions subites que son cœur éprouvait à chaque bruit nouveau, montaient à son front, voilaient ses yeux, et pendant quelques minutes obscurcissaient sa pensée. Léon la regardait, ne comprenant rien à ce mystère ; il lui offrait de sortir, mais craignant de voir à quelque coin de rue apparaître la vision menaçante de la veille, elle préférait rester. L'heure se passait ainsi. Marie suivait du regard chaque mouvement de l'aiguille ; chaque minute qui s'envolait, et qui durait un siècle, lui rendait l'espoir ; si elle n'entendait pas parler d'Emmanuel pendant cette journée, c'est qu'elle ne l'avait pas vu, c'est que ce n'était pas lui, c'est qu'elle pouvait lui échapper encore ; car si c'était lui, elle ne le connaissait pas homme à différer d'un jour sa justice et sa vengeance.

Dix heures, onze heures, midi avaient sonné tour à tour, et rien n'était survenu. Un peu de calme était rentré dans l'âme de Marie, et elle avait consenti à se mettre à table, plus encore pour se forcer à rentrer dans la vie matérielle que pour prendre un repas. Il y avait à peu près dix minutes qu'on était à table, lorsque la porte s'ouvrit, au grand battement de cœur de Marie, et le domestique parut, disant :

— Quelqu'un désire parler à monsieur.

— C'est lui, murmura madame de Bryon en pâlissant.

— Le nom de la personne ? fit Léon.

— Voici sa carte.

Ce fut Léon qui involontairement pâlit à son tour, son regard rencontra celui de Marie, et dans ce regard il devina le secret de la veille, comme Marie devinait le nom de la carte.

— J'y vais, dit Léon au domestique qui sortit.

— C'est lui, n'est-ce pas ? dit la pauvre femme.

— Oui.

— Qu'allez-vous faire, Léon ?

— Je vais voir ce qu'il me veut.

Et il se leva.

— Oh! mon Dieu! Léon, soyez calme, il vient vous provoquer.

— Je le crois.

— Vous n'accepterez pas.

— Peut-être.

— Si vous le tuez! fit la jeune femme avec un cri de terreur.

— Vous l'aimez donc toujours? répondit Léon les lèvres serrées.

— Non, vous le savez bien, Léon; mais c'est le père de ma fille, et ce serait moi qui la ferais orpheline, disait Marie en tombant à genoux et en prenant la main de son amant.

— C'est bien, Marie, fit Léon, laissez les hommes et Dieu faire leur œuvre.

Elle retomba les mains sur ses yeux, et comprimant autant que possible les sanglots qui débordaient de son cœur. Quant à Léon, il avait ouvert la porte, et, la refermant derrière lui, il s'était trouvé en face d'Emmanuel. Les deux hommes se saluèrent et s'avancèrent l'un vers l'autre. Marie s'était traînée sur les genoux jusqu'à la porte, car elle voulait, au milieu de sa prière, entendre ce qui allait se passer.

— Monsieur, dit Emmanuel, pour obtenir ce que je réclame de vous, c'étaient deux témoins que je devais vous envoyer; mais quatre personnes se fussent trouvées mêlées dans une affaire qui ne regarde que nous deux. Je suis donc venu seul.

Léon s'inclina.

Marie priait, Marianne lui tenait les mains.

— Un duel entre nous, dans les règles ordinaires, reprit Emmanuel, eût achevé de compromettre une femme dont j'ai essayé, en quittant Paris, de sauver la réputation; car cette femme a une fille qui porte mon nom, et qui, innocente de la faute de sa mère, ne doit pas en devenir la victime. Il faut donc que sa mère, vous ou moi mort, puisse reprendre avec elle, dans le monde, la place que vous avez failli faire perdre à l'une et à l'autre. J'ai dit vous ou moi mort, parce que, dans le duel que j'ai résolu, un seul de nous deux mourra, mais mourra certainement.

Léon pâlit légèrement devant ce grand sang-froid de la douleur, et il s'inclina de nouveau.

Emmanuel reprit :

— Voici donc ce que j'ai fait : j'ai loué, sur la route de Florence à Pise, une petite maison complétement isolée, aucun domestique n'y est encore venu, nul ne la connaît que moi. A quatre heures, cette nuit, place du Dôme, une voiture attendra, vous prendrez cette voiture, et elle vous conduira à cette maison dont la porte sera ouverte, et où je serai arrivé quelques instants avant vous. Madame de Bryon, qui vous aura accompagné, restera dans votre voiture avec Marianne, un de nous deux viendra la reprendre ; si c'est moi, je la mènerai à Paris pour constater qu'elle est encore digne de mon estime, c'est-à-dire de l'estime de tous, et dans trois ou quatre mois, quand notre disparition aura été oubliée, je me tuerai, mais de manière à ce que je paraisse être la victime d'un accident et non d'un suicide. Madame de Bryon sera veuve, voilà tout ; vous voyez, monsieur, que je ne veux pas que l'amour que vous avez pour elle soit inquiet de l'avenir, au moment où vous mourrez, si c'est moi qui vous tue.

Marie, qui avait tout entendu, ne put retenir un cri, et se heurta le front contre la porte. Emmanuel devina que sa femme était là derrière cette porte, et une sueur glacée passa sur son front, un nuage couvrit ses yeux, et il fallut à cet homme la volonté inouïe qu'il avait pour ne pas se trouver mal comme une femme à ce cri poussé par Marie. Il se remit vite et continua :

— Si c'est vous qui me tuez, vous irez rejoindre madame de Bryon, à qui vous direz simplement que je suis mort ; elle seule saura ce qu'elle devra faire ; puis, comme je ne veux pas que vous soyez inquiété pour ce duel, qui aura lieu sans témoins sur une convention d'honneur, convention que n'admettrait pas la justice, on trouvera sur moi un papier qui constatera un suicide. Cette proposition vous convient-elle ?

— Oui, monsieur, fit Léon d'une voix légèrement émue.

— Des témoins, vous le voyez, monsieur, ne régleraient pas nos affaires aussi bien que nous le faisons, reprit Emmanuel ; maintenant que tout est bien convenu, je me retire.

Emmanuel salua Léon et sortit en jetant un dernier regard plein de sombre tristesse vers la porte derrière laquelle se trouvait Marie.

— Marianne, dit celle-ci à voix basse, car elle ne pouvait guère plus parler que se soutenir, suis-le, et reviens me dire où il demeure.

— Que veux-tu faire, mon enfant ?

— Va toujours.

Il était temps, Léon rouvrait la porte ; il était d'une pâleur effrayante.

— Vous étiez là, Marie ? dit-il en tendant la main à sa maîtresse, qui ne voulut pas la prendre.

— Oui, fit-elle abîmée dans ses remords.

— Vous avez tout entendu ?

— Tout.

— Et qu'avez-vous résolu de faire ?

— Ce qu'il a ordonné.

— Et d'ici là ?

— D'ici là, monsieur, je ne vous connaîtrai pas, vous aurez votre appartement, moi le mien ; d'ici-là, continua-t-elle en se relevant, je prierai Dieu qu'il ne soit sévère qu'envers celle qui le mérite, qu'il soit juste pour l'un et clément pour l'autre.

Léon se retira devant cette voix devenue solennelle, et s'enferma dans sa chambre.

Une demi-heure après, Marianne rentra.

— Eh bien ? demanda aussitôt Marie.

— Hôtel de la Victoire.

— Seul ?

— Seul.

— Tu vas lui porter cette lettre.

Au moment où elle allait se mettre à écrire, une résolution nouvelle traversa l'esprit de Marie, car elle s'arrêta, réfléchit un instant, puis alors, déchirant la lettre, elle dit :

— Non, c'est inutile, ma bonne Marianne, je ne lui écrirai pas, j'irai.

— Maintenant, reprit Marie en essuyant ses yeux, et en paraissant puiser ses forces dans la résolution qu'elle venait de prendre, nous allons faire nos malles.

— Nous partons, mon enfant?

— Oui.

— Bientôt?

— Cette nuit : tu iras commander des chevaux pour trois heures du matin.

— Ils viendront nous prendre ici?

— Non, place du Dôme.

— Et nous allons?

— Où sera ma fille.

— Dieu verra ton repentir, et il te pardonnera, mon enfant.

— Je l'espère. Maintenant occupe-toi des chevaux.

Marie resta seule. Une fois seule, elle s'assit et se mit à disposer ses effets dans sa petite malle de voyage, se rappelant avec des larmes les mêmes préparatifs qu'elle avait faits quelques années auparavant, mais dans des circonstances bien moins tristes, le jour où, si rieuse, elle avait, avec Clémentine, quitté la pension de madame Duvernay pour le château de sa mère. Au milieu des préparatifs, elle retrouva des lettres, les unes de Léon, qu'elle avait emportées par prudence, les autres d'Emmanuel, qu'elle avait gardées par respect ; elle brûla les premières sans les lire, et, au moment d'ouvrir celles de M. de Bryon, les larmes arrivèrent à ses yeux si abondamment, qu'elle ne put que porter à ses lèvres les papiers qui lui rappelaient de si doux et à la fois de si tristes souvenirs, et les replacer avec une sorte de religion dans le petit portefeuille où elle les avait pris. La malheureuse enfant avait l'âme brisée. Cette dernière scène du matin mêlait comme de la folie à ses souvenirs ; tantôt elle voyait un dénoûment lugubre à ce drame ; tantôt elle espérait une crise heureuse, et croyait à un pardon, à cause de son repentir. Tout ce qu'il y avait de certain pour elle, c'était qu'Emmanuel était là, c'était qu'il l'aimait encore, puisqu'il voulait tuer l'homme qui lui avait enlevé son amour, et, dans cette rencontre du lendemain, elle voyait encore un fatal bonheur, espèce de rayon de soleil que ne pouvaient cacher tant de nuages; puis, lorsque le cœur même le plus désolé a dépensé toutes ses illusions, il lui reste encore cette dernière monnaie qu'on appelle l'espérance, et avec laquelle il achète le rêve.

La journée se passa sans qu'il fût question de Léon; il avait compris dans quelle position il se trouvait à l'égard de Marie. Dans son respect pour cette douleur bien naturelle, il n'avait pas même songé à enfreindre l'ordre que lui avait donné sa maîtresse; seulement il ne se doutait pas de ce qui allait se passer, et il attendait patiemment l'heure à laquelle, obéissant aux conventions faites avec Emmanuel, il prierait madame de Bryon de l'accompagner.

Marianne revint, elle avait commandé les chevaux. Vers neuf heures du soir, après avoir fait transporter tout ce qu'elle avait dans la voiture qui, on se le rappelle, devait à trois heures du matin se trouver place du Dôme, Marie sortit avec Marianne. Le ciel était clair et transparent comme dans une nuit d'été; à la porte de l'hôtel madame de Bryon hésita, elle ne savait quel chemin prendre.

— Où allons-nous? lui dit Marianne.

— Hôtel de la Victoire.

— Chez M. de Bryon?

— Oui.

Les deux femmes marchèrent silencieusement jusqu'à la rue où se trouvait l'hôtel; quand elles furent en face de la maison où elles allaient, Marie s'arrêta de nouveau et fut forcée de s'appuyer sur sa nourrice. Son cœur battait violemment, et ce fut toute pâle et toute tremblante qu'elle souleva le marteau de la porte, qui s'ouvrit. Elle entra.

— M. de Bryon? demanda-t-elle à un domestique.

— Il est chez lui.

— Seul?

— Oui, madame.

Emmanuel, qui ne connaissait personne à Florence, et

qui ne comptait pas sur la visite de sa femme, n'avait pas même songé à défendre sa porte.

Marie, presque mourante, suivait le domestique. Elle fit attendre Marianne dans une chambre voisine et se dirigea, elle, vers la chambre où se trouvait Emmanuel. Le garçon demanda à Marie :

— Qui dois-je annoncer, madame ?

— M. de Bryon m'attend, répondit Marie d'une voix tremblante, il est même inutile que vous m'annonciez ; ouvrez-moi la porte.

Le domestique ouvrit la porte en souriant comme un homme qui devine ce qu'à pareille heure une femme attendue vient faire chez celui qui l'attend, et il se retira. Marie entra, releva son voile, et appuyant sa main sur le dos d'une chaise pour ne pas tomber, elle dit d'une voix faible :

— C'est moi, Emmanuel, me reconnaissez-vous ?

M. de Bryon se leva.

— Vous ici, madame ! dit-il, qu'y venez-vous faire ?

— Emmanuel, reprit la jeune femme, votre colère ne sera jamais au niveau de ma faute, je le sais, votre mépris sera toujours au-dessous de ma honte, et je viens cependant, comme première expiation, chercher votre colère et votre mépris, car tout m'est doux et sacré de votre bouche. En échange de ce que vous me verrez souffrir, vous m'accorderez peut-être ce que je vous demanderai, de ne pas franchir cette porte avant le jour, et de ne pas vous rendre à ce rendez-vous mortel.

— Vous avez peur pour votre amant, madame, je comprends cela ; mais la fatalité sera pour moi et non pour lui ; vous le verrez, madame, tranquillisez-vous ; vous serez veuve, et mon ombre même ne se dressera pas entre vos amours.

— Et si ce n'était pas pour lui que j'eusse peur, Emmanuel ?

— Alors, vous viendriez ici me conseiller de faire une lâcheté pour conserver ma vie ! et quelle vie ! vie de souvenir, de honte et de blasphème. Vous m'avez brisé le cœur et vous venez me dire maintenant : Vivez ; mais avec la vie me rendrez-vous ce qui me la faisait aimer ? C'est vous, la femme que j'aimais, et qui m'avez lâchement trompé, qui venez me dire pareille chose ! Le bonheur vous a-t-il rendue folle ?

— Le bonheur, Emmanuel ! vous savez bien que je ne suis pas heureuse. Écoutez-moi, je sais que je fus infâme, je sais que votre cœur m'est fermé comme le monde, mais je sais aussi que j'ai dans l'âme plus de remords qu'il n'en faut pour effacer une faute ; je sais que je vous ai trompé, mais je sais que je vous aime, et que si j'avais votre mort à pleurer et à me reprocher, je ne pourrais même plus me tuer, tant j'aurais peur de paraître devant Dieu couverte de votre sang.

— Vous êtes la maîtresse de M. de Grige, madame, parce que vous l'aimez. Moi, je me bats avec lui, parce qu'il faut que je me venge sur quelqu'un du mal que vous m'avez fait ou que je meure. Vous avez vingt ans à peine. Dans deux ou trois ans vous aurez oublié. On oublie vite avec ceux qu'on aime ! et Dieu est trop juste pour que ce ne soit pas moi qui succombe.

— Et qui vous dit que j'aime M. de Grige, Emmanuel ?

— Vous n'aimez pas cet homme ?

— Hélas ! murmura Marie.

— Vous ne l'aimez pas ! s'écria Emmanuel, et, pour être à lui, vous avez brisé mon bonheur et ma vie : quelle femme êtes-vous donc, vous qui vous donnez sans amour ?

— Emmanuel, sanglota Marie en se jetant aux genoux de M. de Bryon, et en étendant les mains vers lui, non, je n'aime pas M. de Grige, je ne l'ai jamais aimé ; je me suis donnée sans savoir ce que je faisais, dans un moment de doute, d'ingratitude, de folie ; Dieu s'était retiré de moi, sans aucun doute. A partir de ce jour, l'amour que j'avais pour vous a grandi en moi, et j'ai souffert tout ce que le remords peut faire souffrir, et cela, Emmanuel, je vous le jure, sur la tombe de ma mère et sur le berceau de notre enfant.

— Notre enfant! fit Emmanuel avec emportement. Et qui me dit, madame, que votre enfant soit le mien.

Marie poussa un cri, et cacha son visage dans ses deux mains; elle ne trouvait plus de paroles pour combattre un pareil doute. Emmanuel était un cœur si loyal qu'il regarda comme un sacrilége d'avoir porté le soupçon sur les premiers jours de son amour et de son bonheur. Il se sentit dans l'âme un mouvement de pitié pour la pauvre femme, que ce soupçon anéantissait; il se repentait de ce qu'il venait de dire comme d'une lâcheté.

Marie se releva, et, s'appuyant de la main contre le mur, elle se dirigea vers la porte. Elle était si faible et si chancelante, que M. de Bryon eut peur qu'elle ne tombât. Il fit un pas en étendant les mains vers elle.

— Merci, dit-elle, oh! j'aurai la force de quitter cette maison, j'ai bien eu la force de vous tromper, vous avez bien eu la force de me dire ce que je viens d'entendre.

Et comme si l'effort qu'elle venait de faire pour se lever l'eût épuisée, Marie, avant de toucher la porte, tomba presque anéantie sur une chaise.

— C'est juste, disait-elle, je vous ai trompé une fois, j'ai pu vous tromper toujours. Quelle terrible punition il y a pour moi dans vos dernières paroles, Emmanuel! J'ai la mesure maintenant de ce que l'âme peut supporter sans succomber. Quelque douleur que me garde l'avenir, je ne souffrirai jamais autant que je viens de souffrir.

Emmanuel regardait cette femme, et il sentait tout son ressentiment se fondre sous sa douleur.

— Elle ne l'aimait pas! répétait-il tout bas. Dites-moi, Marie, s'écria-t-il tout à coup, dites-moi que vous aimiez cet homme, car c'est horrible à penser que vous n'avez même pas cette excuse!

— Non, Emmanuel, répondit Marie avec calme, je ne l'aimais pas, je ne l'ai jamais aimé; et je vous aime, vous, plus qu'au premier jour. J'ai été folle un instant, voilà tout.

Il y avait tant de vérité dans l'accent des paroles de Marie qu'Emmanuel s'écria :

— Mon Dieu! mon Dieu! pourquoi faut-il que l'on demande compte à l'âme des fautes du corps? car je l'aime toujours, cette femme, et cependant elle ne peut plus être à moi.

Et Emmanuel, ému, désolé, pleurant, tomba les coudes sur la table et la tête dans ses mains.

Marie avait surpris ce moment d'attendrissement. Elle s'approcha doucement de son mari, s'agenouilla et posa ses bras sur les genoux d'Emmanuel; puis, joignant les mains, elle lui dit avec un regard suppliant :

— Emmanuel, au nom de votre mère, qui m'a révélé mon amour pour vous, au nom de tout ce qui vous est cher, pardonnez-moi. J'enfermerai ma vie dans un couvent, je prierai le jour et la nuit, j'userai sous le cilice la trace de mon péché, je mourrai dans les tortures du corps et de l'âme en souriant; mais, au nom de Dieu qui nous écoute, pardonnez-moi, Emmanuel, pardonnez-moi, et ne vous battez pas avec cet homme.

— Pauvre créature, fit Emmanuel en passant sa main dans les blonds cheveux de Marie, pauvre enfant qui as à peine l'âge de la femme et qui demandes déjà un pardon. Marie appuyait son front contre le bras de son mari, et le contemplait avec amour.

— Pourquoi ne peut-on pas retrancher de sa vie les jours que l'on en voudrait effacer? reprit Emmanuel. Oui, je te pardonne, enfant; ai-je le droit de maudire, moi? Oui, je te pardonne les huit jours que j'ai souffert pour les deux années de bonheur que je te dois. Je mourrai jeune et à cause de toi, c'est vrai, mais je mourrai ayant aimé. Sans toi, sans doute, j'eusse vécu, mais ma vie n'eût été qu'un chemin difficile et tortueux où j'eusse trébuché incessamment sous le poids de mes passions, et que tu as aplani avec ton amour.

— Mourir, mon Dieu! répétait Marie, qui vous force à mourir?

— Il le faut, vois-tu bien, pour toi, pour moi, pour notre enfant. Si je vis, le fantôme de ces malheureux jours sortira malgré moi du passé, et se dressera entre nous. Je connais le cœur humain, pauvre enfant; si sincère que soit mon pardon, quelque volonté que j'aie d'oublier, il y aurait des jours où je te maudirais, toi, Dieu et la vie. Oh! non, je t'aime trop pour vivre.

— Vous m'aimez, Emmanuel, s'écria Marie, et vous voulez que je vous laisse mourir, et vous ne voulez pas qu'à l'aide de ce mot j'essaye de renouer l'avenir et le passé! Vous m'aimez, vous me le dites, à moi, à cette heure, après la faute que j'ai commise, et vous ne voulez pas que cet aveu me fasse forte contre tout! Vivez, Emmanuel, vivez, et après ce que vous venez de me dire, vous aurez le droit de me maudire, de me tuer, sans que j'aie le droit de me plaindre. Vivez, et si vous le voulez, je serai morte pour le monde, vous me garderez chez vous comme une étrangère, dans un coin. De temps en temps, vous me laisserez voir ma fille, et je prierai Dieu pour vous; ou, si vous l'aimez mieux, vous aurez votre enfant à vous tout seul, car moi, qui ai failli, je pourrais la corrompre, même avec mon regard. Nous nous exilerons à des milliers de lieues d'ici. Rien, là où vous serez, ne vous rappellera le monde que vous aurez quitté. On ne saura ni ce que je suis, ni ce que j'ai été. Le temps passera. Je vieillirai. Il ne restera rien en moi de la femme, que la mère. Vous oublierez ma faute, et un jour vous me tendrez la main, quand je ne serai plus reconnaissable, quand mes joues seront creusées, quand mes cheveux auront blanchi.

— Non, Marie, quand un homme a été aimé de toi comme je l'ai été, il doit être le seul ou mourir. Ce duel aura lieu, il le faut. Sois forte, Marie, et écoute-moi : si je succombe, tu me feras faire une tombe solitaire ici, puis tu partiras pour la France, tu iras à Auteuil, rue de la Fontaine; tu trouveras une femme nommée Jeanne Boulay à qui tu remettras cette lettre, c'est l'ordre que je lui donne de te rendre ma fille, car c'est à elle que je l'ai confiée. Tu diras à ton père qu'avant de mourir je t'ai pardonné; et pour te soustraire à un monde qui te demanderait peut-être compte d'une action dont, après moi, tu ne devras plus compte qu'à Dieu, tu partiras avec Marianne, le comte, s'il veut t'accompagner, et Clotilde. Vous irez en Suisse; là tu achèteras une petite maison, avec un lac devant, avec des montagnes derrière, avec le plus d'immensité possible autour d'elle, afin que l'âme de l'enfant puisse croître directement sous le regard du Seigneur. C'est ainsi que je voulais continuer notre vie, une fois mes rêves d'ambition réalisés ou disparus : Dieu ne le veut pas, sa volonté soit faite. Au lieu d'être cinq au foyer, vous serez quatre, et en rapprochant un peu les chaises, on ne verra pas qu'il y a une place vide.

— Les mots que j'entends sont-ils possibles? murmurait Marie. Mais, fit-elle tout à coup avec ce besoin d'espérer que Dieu a mis au fond de tous les cœurs, qui vous dit que vous succomberez?

— Oh! ne me demande pas ce que je ferai, si je survis, car le rêve du bonheur qui m'attendrait encore ferait mon âme lâche au dernier moment; car j'oublierais peut-être ma haine dans l'espoir de la vie, et je lui pardonnerais peut-être comme à toi, pour ne pas jeter de sang sur le passé.

En ce moment, trois heures du matin sonnèrent.

— Dans une heure, fit Emmanuel en se levant, la volonté de Dieu sera faite. Et maintenant, adieu, Marie, car il faut que je parte.

Madame de Bryon se releva en sanglotant. Il n'y avait rien à répondre au ton dont Emmanuel avait parlé.

Emmanuel avait besoin de consoler cette grande douleur.

— Souviens-toi de Clotilde, lui dit-il; sois forte; à l'heure suprême l'âge se dégage des liens et des préjugés de la terre : il n'y a plus ici de pécheresse et de juge, il y a un homme qui sent qu'il va mourir; il y a une femme qui va rester veuve et expier avec tout son avenir la faute d'un jour. Viens dans mes bras une dernière fois, Marie, et quittons-nous.

Marie se précipita sur le sein d'Emmanuel, qui l'y pressa quelques instants.

— Adieu! lui dit-il tout à coup.

Marie, sans pouvoir répondre une parole, chancelante comme un être ivre ou fou, se dirigea vers la porte; mais à peine l'eut-elle ouverte, qu'elle tomba sur ses genoux en poussant un cri : elle n'avait plus la force de marcher.

Emmanuel appela Marianne, qu'il savait avoir accompagné Marie. La pauvre femme se jeta aux pieds d'Emmanuel :

— Pardonnez-moi, monsieur, lui dit-elle.

— Vous avez fait ce que vous deviez faire, Marianne, lui dit-il en lui tendant sa main qu'elle porta à ses lèvres. Prenez soin de votre enfant, et donnez-lui du courage.

Marie s'appuya sur Marianne, et se traîna jusqu'à sa voiture, au fond de laquelle elle se jeta en pleurant.

XLIV

Qui peut savoir les mystérieuses prières de l'âme, lorsque deux heures seulement peut-être la séparent de l'éternité? Qui peut savoir ce qu'à l'homme qui voit la mort s'approcher, la vie peut rappeler de touchants souvenirs et promettre d'espérances dorées? Dans ces moments-là, le plus brave, celui qui va froidement et sans peur affronter sur le terrain la pointe d'une épée ou la balle d'un pistolet, a sans doute des frissons instantanés et des terreurs secrètes, lorsqu'il voit le bonheur qu'il aurait pu avoir sur cette terre augmenter encore son éclat et son rayonnement de l'ombre inconnue qui l'environne.

Emmanuel en était là. Lui, si fort la veille, lui qui appelait la mort, il la craignait presque maintenant. Il ne croyait plus, en arrivant à Florence, à la possibilité d'une joie, et la vue de sa femme, en réveillant son cœur, lui avait rendu une espérance.

La faute de Marie pardonnée était moins grande; le présent et le passé pouvaient s'oublier; l'avenir s'éclairait de nouveau; tout cela devenait tout à coup possible à l'esprit d'Emmanuel : mais il fallait pour cela qu'à six heures du matin il vécût encore. Ces pensées avaient courbé M. de Bryon sur sa chaise, et le front appuyé sur sa main, il pensait à toutes les choses qui peuvent désoler ou affaiblir l'âme dans ces moments solennels. Cependant, rappelé tout à coup à la réalité par une horloge lointaine, qui sonnait trois heures trois quarts, Emmanuel se leva, et, passant une dernière fois la main sur son front, il redevint calme et fort. Alors il s'approcha de la glace; il était pâle, mais il souriait. Il s'habilla de noir comme pour un deuil ou une fête; car nous avons, dans nos goûts peu raisonnés, le même costume pour la fête que pour le deuil, comme s'il était tacitement convenu que toute joie cache une douleur; puis il prit son manteau et se dirigea à pied, car l'air lui faisait du bien et la nuit était belle, vers la petite maison où le duel devait avoir lieu.

Pendant ce temps, Léon avait voulu avoir une dernière entrevue avec Marie; mais il avait en vain frappé chez elle, et son domestique lui avait dit qu'elle était partie avec Marianne, emportant tout ce qui lui appartenait, et disant qu'elle ne reviendrait plus.

Sur la place du Dôme, Léon trouva la voiture qui l'attendait, et qui se mit en route dès qu'il fut monté dedans. Une voiture suivait celle du marquis. Dans cette seconde voiture étaient Marianne et Marie. Ce fut un voyage douloureux pour les deux femmes. Marie, en face de ses souvenirs, de ses craintes et de ses espérances homicides, car souhaiter la vie d'Emmanuel, c'était souhaiter la mort de Léon, sentait que sa conscience se chargeait d'un poids énorme.

— Et il t'a pardonné! disait Marianne, qui tenait la tête de Marie sur son sein.

— Hélas! j'eusse préféré qu'il me tuât, car, à cette heure, je ne souffrirais pas ce que je souffre.

Et les deux femmes, dans les bras l'une de l'autre, priaient et pleuraient en même temps.

— Et ton père? hasarda Marianne.

— Ah! ne me parle pas de mon père, répondit Marie en pâlissant encore; mon pauvre père! Je n'ai pas osé lui écrire en partant. Je n'ai pas osé prononcer son nom devant Emmanuel, et chaque jour j'ai prié d'abord pour lui, car ce que je souffre n'est rien à côté de ce qu'il a dû et de ce qu'il doit souffrir. Crois-tu que mon père m'ait maudite, Marianne?

— Il t'aura pardonné; il t'aimait tant. Espère !

— Il m'aimait ! et en échange de cette affection profonde, immuable dans ce monde, éternelle dans l'autre, c'est l'abandon, c'est la tristesse, c'est l'oubli que je lui ai donné, comme j'ai donné à Emmanuel, en échange de son amour, le déshonneur et la honte ! Oh ! Marianne, Emmanuel et mon père peuvent me pardonner, Dieu me pardonnera peut-être ; mais moi, je ne me pardonnerai jamais.

— Voyons, mon enfant, calme-toi, disait la vieille femme.

— Vois-tu, Marianne, reprenait Marie, si Emmanuel revient, il m'accompagnera aux pieds de mon père, qui, voyant son pardon, me donnera le sien, sans doute ; mais s'il ne revient pas !

Et Marie se tordait de douleur, d'angoisses et de remords, dans les bras de sa nourrice.

— S'il allait être tué ! tué ! comprends-tu ? c'est affreux ! tué par moi, qui l'aime ! tué pour moi, qui l'ai trompé !... Mort, inanimé, pâle, lui, Emmanuel, c'est impossible ! Je ne le verrais plus ! son regard si noble ne se fixerait plus sur moi ! sa bouche serait froide, son cœur ne battrait plus !... Oh ! Marianne, dis-moi qu'il est impossible que cela soit, et que Dieu ne permet pas de semblables choses !

Marie était haletante, égarée, folle.

— Depuis combien de temps sommes-nous en route ? dit-elle tout à coup.

— Depuis un quart d'heure.

— Déjà ? Mais nous approchons alors ?

Et elle recommençait à pleurer.

— Dis-moi, Marianne, car il fallait que Marie parlât, sa pensée l'étouffait, dis-moi; et elle essuyait ses yeux pour paraître calme, toi qui m'a vue naître, toi qui sais mieux la vie que moi, crois-tu que je puisse être heureuse encore dans ce monde ? dis-le-moi franchement, parle avec ton expérience, et non avec ton cœur.

— Oui, ma fille bien-aimée : que Dieu te pardonne, et tu seras heureuse encore.

— Ainsi, tu as vu d'autres femmes aussi coupables que moi à qui Dieu pardonnait ?

— Dieu n'est rigoureux que pour qui ne se repent pas, mon enfant ; mais lorsque le repentir dépasse la faute, il pardonne ; et jamais repentir ne fut plus sincère ni plus grand que le tien. Espère donc.

— Oui, j'espère, parce que je prie ; et puis, n'est-ce pas ? il y a des bonheurs qui ne peuvent se détruire ainsi tout à coup. J'étais si heureuse, et cependant c'est à peine si je m'en souviens, j'ai tant souffert depuis ! Mais lorsque je parviens à oublier le présent, lorsque Dieu permet que le passé se représente à mon esprit comme un rêve, je ne puis croire au malheur à venir. Quand je me rappelle ma petite chambre à côté de celle de Clémentine, chez madame Duvernay, je me dis : J'ai tant prié Dieu à cette époque où j'avais l'âme sans tache, qu'il doit, lui, le souvenir éternel, se rappeler mes prières passées, et, dans la balance de la justice, les mettre sur le plateau de sa clémence en contre-poids de ma faute. Notre vieux curé, continuait Marie, dont les larmes s'étaient un peu arrêtées, notre vieux curé me l'a dit la dernière fois qu'il m'embrassa : « Priez, priez, mon enfant, pour que le trésor de vos chastes prières s'amasse aux pieds du Seigneur, et qu'au jour de la souffrance il se souvienne de vous.. » Puis tu arrivas, toi, Marianne, et tu nous emmenas, Clémentine et moi. Elle est heureuse, elle, j'en suis sûre. Candide enfant du ciel, elle n'a jamais soupçonné le mal, et tout a gardé autour d'elle sa sérénité ; tandis que moi, qui priais pour les autres, c'est pour moi maintenant que les autres doivent prier.

— Vois-tu, Marianne, continuait Marie, si Dieu permet qu'Emmanuel vive, je partirai avec lui ; je le mènerai dans l'église où prêchait notre vieux confesseur, et si ce bon prêtre n'est pas mort, je lui dirai de parler à mon mari de ce que j'étais autrefois, pour lui faire oublier ce que je suis. Je le mènerai à ma chambre de pensionnaire ; je me ferai reconnaître par toutes les enfants, petits anges qui me croiront encore leur sœur, et dont le baiser me lavera. Je m'épurerai aux souvenirs de mon enfance et de ma pureté, et je jetterai sur ma faute tant de prières et de vertus, que, comme le cadavre sous les fleurs, elle disparaîtra.

Marie, un peu plus calme, se rejeta au fond de sa voiture. Elle ne pleurait plus, mais elle priait toujours.

— Tu verras, Marianne, comme je serai bonne, comme j'aimerai ma fille; je recommencerai une nouvelle vie; je suis jeune, j'ai vingt ans à peine, j'ai tout l'avenir pour me racheter, n'est-ce pas? Puis, j'ai ma mère qui parle de moi à Dieu. Oui, Marianne, tu as raison, je puis peut-être encore espérer.

Pendant ce temps, la route se faisait. Marie regardait machinalement au dehors. La lune, dégagée de nuages, éclairait la campagne d'un reflet presque aussi clair que notre soleil du Nord, et madame de Bryon suivait des yeux et de la pensée cette majestueuse sérénité de la solitude et du silence. Il lui semblait qu'à travers cette nuit transparente, et au milieu de cette plaine déserte, sa prière montait plus pure et plus directe au ciel, et que Dieu était sans colère comme le firmament sans nuage; elle en arrivait presque à oublier d'où elle venait et où elle allait.

Tout à coup il lui sembla que la voiture ralentissait sa marche.

— Mon Dieu! dit-elle en pâlissant et en prenant la main de Marianne, nous sommes arrivées.

Marianne se pencha à la portière et vit au loin la première voiture arrêtée, c'était celle de Léon. Cette halte avait rappelé toute la vérité à Marie. Elle s'agenouilla dans la voiture.

— Seigneur, dit-elle, en joignant les mains et en priant vite, comme pour que sa prière arrivât à Dieu avant qu'un malheur eût eu le temps de s'accomplir, vous qui connaissez les innocents et les coupables, ne punissez et ne tuez que moi; car moi seule suis coupable.

Puis, les mains jointes toujours, elle fixa les yeux sur la campagne, elle vit Léon descendre de voiture, parler au postillon, et, enveloppé de son manteau, se diriger vers une maison isolée au milieu de la campagne et perdue dans les arbres. C'était pour Marie un spectacle étrange que cette ombre marchant dans la nuit pour recevoir ou donner la mort. Elle se frappait la poitrine. Marianne, agenouillée, pleurait et priait comme elle.

Emmanuel attendait dans le jardin, il monta les quatre marches d'un perron, ouvrit une seconde porte que, comme la première, Léon referma après être entré. Alors M. de Bryon passa dans une salle du rez-de-chaussée où se trouvait une table avec ce qu'il fallait pour écrire, deux chaises et une horloge. M. de Bryon posa sur la cheminée sa boîte de pistolets. Léon en fit autant. M. de Bryon ôta son chapeau, Léon se découvrit. Une lampe éclairait la scène. Pas un mot n'avait été échangé entre les deux hommes. Ce fut Léon qui le premier rompit le silence.

— Monsieur, dit-il, j'ai été forcé de manquer à une des conventions.

— A laquelle? fit Emmanuel.

— Je n'ai pu amener madame de Bryon avec moi, elle n'était pas chez elle.

— Je le sais.

— Vous le savez?

— Je l'ai vue.

Léon pâlit.

— Et puis-je savoir où vous l'avez vue, monsieur?

— Chez moi. Elle est venue me demander de ne pas me battre avec vous, et, comme vous le voyez, elle ne l'a pas obtenu; elle m'a alors demandé mon pardon, et comme elle vous le dira peut-être, je le lui ai donné.

Léon s'inclina.

— Maintenant, monsieur, reprit Emmanuel, vous vous rappelez bien les autres conditions du combat?

— Oui.

— Voici le papier qui constate, si je suis tué, que ma mort est volontaire. Lisez-le.

— C'est inutile, monsieur, votre parole me suffit.

— Voici en outre les deux clefs, celle de la maison, qui est la plus petite, et celle du mur. Si c'est vous qui survivez, vous les jetterez après vous en être servi. J'ai les pareilles dans ma poche, et l'on croira, en les retrouvant sur moi, que je me suis enfermé.

Léon fit signe qu'il comprenait.

— Voici, reprit Emmanuel, du papier, des plumes et de l'encre. Si vous avez à écrire, faites-le, nous avons encore cinq minutes.

— Je n'ai rien à écrire, monsieur, fit Léon, et je suis à vos ordres.

— Vous avez vos pistolets?

— Oui, monsieur.

— Un seul est chargé?

— Oui.

— J'ai les miens, nous allons tirer au sort desquels on se servira.

Emmanuel tira quelques louis de sa poche, et les couvrit de sa main sur la table.

— Parlez, monsieur, dit-il.

— Face, fit Léon d'une voix émue.

Emmanuel leva la main et regarda. Léon avait gagné. Les louis restèrent sur la table. Au moment d'ouvrir la boîte, M. de Grige s'approcha d'Emmanuel.

— Monsieur, lui dit-il, votre volonté est irrévocable?

— Irrévocable.

— Cependant, monsieur, si, au lieu de vous regarder comme un adversaire, je vous regardais comme un juge; si je vous disais : Je fus infâme et j'ai peur, non pas de mourir, vous le savez, mais de vous tuer. J'ai déjà assez d'un sacrilège, car j'ai trompé votre amitié, je tremble de commettre un crime : que répondriez-vous, monsieur?

— Je vous répondrais qu'en effet vous êtes un lâche, monsieur.

Léon se contint.

— Si je vous disais, reprit-il : Je vais quitter l'Italie, la France; j'irai assez loin pour que vous me croyiez mort. Si je reparais devant vous, vous me tuerez; mais n'accomplissons pas cet étrange duel, car, si j'y survivais, je n'oserais plus, le cœur chargé de ce double crime, les mains teintes de votre sang, me présenter devant Dieu : que me répondriez-vous?

— Je ne vous répondrais pas, monsieur.

— C'est bien, alors, je vous obéirai ; mais Dieu m'est témoin que je craignais, non d'être tué, mais d'être homicide, et que la mort, si elle me vient de vous, je l'attendrai avec calme et la recevrai comme un pardon.

En disant cela, Léon ouvrit sa boîte de pistolets, les mit tous deux sur la table, et jetant son mouchoir dessus :

— Choisissez, monsieur, dit-il.

Emmanuel en prit un au hasard, et regarda l'horloge.

— Il est cinq heures moins une demi-minute, dit-il, nous allons nous mettre chacun à un bout de cette table, et lorsque le premier coup de cinq heures sonnera, nous ferons feu.

Ils se placèrent comme Emmanuel l'avait dit. Pendant ce temps, Marie, à genoux, attendait. Tout à coup il lui sembla que le vent qui venait lui apportait le bruit sourd et voilé d'une détonation. Elle saisit la main de Marianne.

— As-tu entendu ? dit-elle d'une voix mourante.

— Oui, fit Marianne à travers ses larmes et sa prière.

— Mon Dieu ! s'écria Marie, que va-t-il arriver ?

Cinq minutes se passèrent, cinq siècles pendant lesquels la malheureuse femme souffrit tout ce qu'il est possible à une créature humaine de souffrir.

Au bout de ce temps, il lui sembla voir une ombre ouvrir et refermer la porte de la maison.

— Vois-tu ? dit-elle à Marianne.

— Oui, fit celle-ci.

— Lequel ?

— Je l'ignore.

En effet, malgré la transparence de la nuit, il était impossible de distinguer à pareille distance. Seulement, les yeux de Marie étaient rivés à cette ombre qui semblait plutôt fuir que marcher. A mesure que cet homme avançait, Marie se reculait en arrière et comprimait son front avec ses deux mains, comme si elle eût craint de devenir folle. Un voile passa sur ses yeux, elle crut qu'elle allait mourir ; mais elle les rouvrit aussitôt et vit à vingt pas d'elle, éclairée par la lune, la tête pâle de Léon. Elle poussa un cri horrible, déchirant, et tomba à la renverse dans les bras de Marianne.

XLV

Lorsque madame de Bryon reprit connaissance, elle était appuyée contre un arbre de la route; les deux voitures avaient été congédiées, afin que cette scène n'eût d'autres témoins que les témoins intéressés, et Léon était auprès d'elle.

— Partez, monsieur, partez! fut le premier mot de la pauvre femme, en rouvrant les yeux et en reconnaissant le meurtrier de son mari.

— Je vais m'éloigner, madame, répondit Léon d'une voix émue et grave à la fois; car je sais qu'à partir de ce moment, nous ne devons, nous ne pouvons plus nous revoir; mais auparavant il faut que je me justifie du crime dont vous m'accusez. Avant de toucher les armes apportées pour le combat, j'ai offert à M. de Bryon de partir, de m'exiler, de faire tout ce qu'il ordonnerait pour lui éviter les chances de ce duel. Il a refusé, il a répondu par deux insultes à mes deux propositions. A sa place j'en eusse fait autant. Il a pris un pistolet, moi l'autre. Au moment indiqué, il a tiré, tandis que ma main à moi restait immobile. Il avait le pistolet non chargé. J'ai désarmé le mien, je l'ai reposé sur la table, et j'ai dit à votre mari, madame : Rien ne me forcera à vous tuer. Alors il a pris ce pistolet et m'a dit : Quand on peut donner le déshonneur, on peut donner la mort. La vie que vous me laissez comme une aumône serait une honte. Vous êtes libre de ne pas me tuer, mais je suis libre de mourir. Et avant que je pusse faire un mouvement, il s'était brûlé la cervelle. Ce que je viens de vous dire, madame, je jure sur la tombe de ma mère que cela est vrai.

Et Léon, sans ajouter une parole, s'éloigna de Marie et se perdit sur la route.

— Il n'a pas eu le courage de vivre, murmura madame de Bryon; il ne m'aimait donc pas.

— Il t'aimait trop, répondit la vieille femme.

— Suis-moi, Marianne.

Et Marie se dirigea vers la maison où venait d'avoir lieu le duel. Le jour commençait à poindre, et une ligne blanche courait sur la plaine. L'air était frais, et cependant le front de Marie était brûlant. Arrivée à la porte de la maison, Marianne s'arrêta.

— Je n'oserai pas le voir, dit-elle, laisse-moi prier ici.

Marie suivit seule le même chemin que Léon. On eût dit un spectre, tant elle était sombre; on eût dit un marbre, tant elle était pâle. La porte de la chambre où le duel avait eu lieu était restée entr'ouverte, et la chambre était éclairée par la lampe. Marie s'arrêta un moment. Son émotion l'étouffait. Enfin, elle se dit : Il faut, et elle poussa cette porte.

Elle ne vit rien d'abord que la table, sur laquelle elle s'appuya; mais, en avançant, elle vit Emmanuel qui était tombé la tête sur une chaise, et dont les bras pendaient, sans vie et sans mouvement. Haletante, elle s'avança et s'agenouilla auprès du cadavre, elle leva timidement les yeux sur ce visage qu'elle n'avait pas osé regarder. La balle avait défiguré Emmanuel, un peu de sang se montrait à l'orifice du trou qu'elle avait fait, et la contraction de la mort avait séparé les lèvres, verdi les joues, terni les yeux. Avec un courage dont elle ne se serait pas crue capable, Marie posa la main sur le cœur de celui qu'elle avait tant aimé. Ce cœur, qui depuis deux ans n'avait battu que pour elle, était éteint, bien éteint.

— Mort! dit-elle.

Et elle se jeta sur le corps d'Emmanuel, dont la tête roula à terre et rendit ce bruit sourd que rendent les cadavres quand on les frappe, et qui prouve que la vie n'est plus là pour ressentir la douleur. Marie se recula épouvantée à ce bruit, et se précipitant vers la porte, elle appela de toutes ses forces Marianne, qui courut à elle et la reçut à moitié morte dans ses bras.

— Fuyons! fuyons! s'écria-t-elle d'une voix affaiblie.

Et elle marcha au hasard dans la campagne, ne pouvant s'empêcher de se retourner de temps en temps pour voir si la maison qu'elle venait de quitter, et qui était devenue une tombe, ne la suivait pas.

— Tu comprends bien qu'il faut que je meure maintenant, répétait-elle à Marianne d'une voix saccadée et les lèvres tremblantes de fièvre.

— Et ton père, et ta fille! lui disait Marianne, que Dieu avait évidemment mise auprès de Marie pour la soutenir.

Madame de Bryon ne répondit rien et continua de marcher. Après une heure de marche, elle arriva à une petite maison précédée de pampres et de vignes en treilles et où elle entra, épuisée de fatigue et de douleur. Les gens qui habitaient cette maison recueillirent madame de Bryon et s'empressèrent autour d'elle. Elle demanda un verre d'eau et pria qu'on allât lui chercher immédiatement une voiture et des chevaux. Le sol où elle marchait lui brûlait les pieds. Elle voulait fuir les lieux où le drame de sa vie s'était accompli, comme si en les fuyant elle eût pu fuir le souvenir. Par moments elle se sentait devenir folle.

— Et mon père, qu'est-il devenu? s'écria-t-elle; lui aussi il sera mort! Elle offrait sa fortune au postillon pour qu'il la transportât en un instant là où son cœur avait hâte d'être, car elle s'était remise en route. Puis, tout à coup, elle voulait revenir sur ses pas.

— J'ai abandonné son pauvre corps, disait-elle en pensant à Emmanuel; ce que j'ai fait est infâme! Je n'ai même pas donné à sa mort la consolation d'une tombe. Il ne m'eût pas abandonnée ainsi, lui, si c'était moi qui fusse morte.

Et Marie se cachait les yeux, car Emmanuel défiguré, sombre et menaçant, se dressait devant elle.

— Mais je serais morte, vois-tu, continuait-elle, si j'étais restée là-bas, morte sans embrasser ma fille! Quand j'aurai accompli ces deux devoirs, je reviendrai, je chercherai la tombe solitaire que l'on aura creusée pour Emmanuel, et je m'y coucherai à côté de lui. Des jours se passèrent. Marianne et madame de Bryon arrivèrent à Paris. Il semblait à Marie que, quand elle passait, tout le monde se retournait pour la montrer au doigt. Elle voulait aller chez son père; mais, une fois arrivée, elle n'osa se présenter et envoya Marianne chez M. d'Hermi; pendant ce temps elle allait prier sur la tombe de la comtesse, à la mémoire de laquelle elle voulait demander un peu de courage.

Marianne revint trouver Marie au cimetière et lui dit que la maison de la rue des Saints-Pères était déserte, qu'elle n'avait trouvé que le vieux portier, qui l'avait regardée d'un air sinistre et lui avait répondu que le comte habitait le Poitou depuis la mort de sa fille.

— Il me croit morte ! pensa Marie ; nous allons partir pour le château, dit-elle à Marianne.

Et le soir même elles partirent. Le lendemain elles étaient arrivées. A mesure qu'elle s'avançait vers les lieux qui avaient vu son enfance, la pauvre femme sentait son cœur se serrer ; elle voyait de loin les tourelles élancées du château de son père et les toits pointus diaprés de pigeons et de tourterelles s'envolant un à un et s'égrenant pour ainsi dire dans l'air. Elle passa devant la maison d'Emmanuel ; les volets étaient fermés, le jardin était silencieux : on eût dit un sépulcre. Elle se signa comme devant un lieu saint, et continua sa route, n'osant regarder en arrière, de peur que l'ombre de son mari n'apparût au seuil de la maison. Elle arriva au château paternel ; elle reconnut tout ; il y avait à peine un an qu'elle l'avait vu pour la dernière fois ; mais elle calculait par les événements et non par le temps, si bien qu'elle croyait tout trouver en ruines. Elle s'arrêta un instant près de la grille, regardant à travers les barreaux toutes les choses qu'elle n'aurait jamais cru devoir regarder ainsi.

Une première teinte de printemps, dorée d'un rayon de soleil, riait dans les arbres du parc ; des biches et des daims broutaient tranquillement comme s'ils eussent compris que personne ne les troublerait plus ; deux cygnes blancs, et que, jeune fille, Marie avait bien souvent caressés d'une main tandis que de l'autre elle leur donnait la mie de pain rapportée du déjeuner, se promenaient coquettement dans la pièce d'eau, mirant avec amour leur cou blanc comme la neige et flexible comme l'épi ; mais pas une créature humaine n'animait ce paysage, sur lequel semblait peser, malgré tout, un voile de tristesse et d'abandon. Elle sonna. Un domestique inconnu vint ouvrir et sembla regarder les visiteuses d'un air inquiet; il tenait la porte comme s'il eût dû la refermer sans les laisser entrer. Cet homme semblait ne pas comprendre qu'on sonnât au château.

— Que demandez-vous, madame.

— M. le comte d'Hermi? fit-il.

— Ne savez-vous donc pas, madame, que M. le comte ne reçoit jamais, ou plutôt ne reçoit plus?

— Depuis quand?

— Depuis la mort de sa fille.

Madame de Bryon et Marianne tressaillirent; c'était la seconde fois qu'on répétait ce mot.

— Mon ami, dit Marianne, faites venir Jean, le jardinier.

— Il n'est plus ici, madame.

— Et Pierre?

— Non plus. Monsieur le comte a renvoyé tous les domestiques qui avaient connu sa fille.

— Il faut que nous parlions au comte.

— C'est impossible; d'ailleurs, il se promène dans le parc à cette heure.

— Eh bien! mon ami, dit Marie en tendant sa bourse au domestique et en lui parlant de sa voix la plus douce, au nom de votre mère, laissez-nous entrer, car il y va de mon repos et de celui du comte.

Il y avait tant de douleur et de persuasion dans la prière de Marie, que le domestique ouvrit la porte tout à fait et, sans dire un mot, laissa passer les deux visiteuses.

Quatre heures sonnaient en ce moment.

— Mesdames, dit le domestique, voici l'heure à laquelle mon maître rentre dans le château, voulez-vous l'attendre au salon?

— Où va-t-il se rendre?

— Dans la chambre de sa fille.

— Nous allons l'y attendre.

— Monsieur le comte a défendu que personne n'y entrât.

— Soyez tranquille, mon ami, dit Marie, votre maître vous pardonnera.

— Alors, je vais vous conduire.

— C'est inutile, nous savons le chemin ; suis-moi, Marianne?

— Marianne! dit le domestique ; vous êtes mademoiselle Marianne?

— Oui.

— Alors, vous pouvez aller où vous voudrez, mademoiselle, car ceux qui étaient ici avant moi prononçaient toujours votre nom avec respect.

Les deux femmes montèrent. Marie entra dans sa chambre. Tout était dans le même ordre : ses cartons de dessins, son chevalet étaient où elle les avait laissés. Elle entra dans la chambre voisine, qui avait été celle de Clémentine, rien n'était changé. Terrible ironie des choses inanimées!

— Mon père m'aime toujours, dit-elle à Marianne.

Et elle tomba à genoux et pria dans cette chambre, dont la douleur de son père et la sienne faisaient un lieu sacré. Marie écarta les rideaux et regarda par cette fenêtre d'où elle avait vu une fois son père et Emmanuel partir pour la chasse ; elle aperçut au loin une ombre qui se dirigeait du côté du château.

— Le voilà, dit-elle à Marianne, et elle mit la main sur son cœur, qui battait violemment. Oh! mon Dieu, je vous remercie de m'avoir gardé mon père.

En effet, le comte s'approchait, mais à mesure qu'il avançait, les yeux de Marie s'emplissaient de larmes : M. d'Hermi n'était plus reconnaissable. Couvert de longs habits de deuil, il semblait avoir vieilli de dix années en une seule, ses joues étaient creuses, ses cheveux étaient gris ; lorsqu'il sortit de dessous les arbres, un daim épouvanté s'enfuit, et lorsqu'il s'approcha de l'étang, les cygnes qui venaient au-devant de lui s'arrêtèrent à moitié chemin. Il leur jeta quelques morceaux de pain et se dirigea vers le perron.

— Mon pauvre père! disait Marie, comme il est changé! Marianne, continua-t-elle, laisse-moi seule avec lui.

Et elle tendit la main à la nourrice, qui sortit.

Les pas du comte se faisaient entendre sur l'escalier. Marie ôta son voile, s'assit devant le chevalet et continua l'aquarelle commencée ; elle était assise devant une glace où elle pouvait voir entrer son père. Une minute après, la porte s'ouvrit. La pauvre enfant crut, et même espéra qu'elle allait mourir. Mais son père s'approcha d'elle tranquillement, et lui dit d'une voix douce :

— Que faites-vous là, mon enfant?

Marie se leva, croyant qu'elle était changée à ce point que son père ne la reconnaissait pas. Le regard du comte était doux et bienveillant, mais avait une fixité étrange.

— Pardon, mon père, dit-elle en tombant à genoux, c'est moi, Marie, votre fille.

Un sourire de doute passa sur les lèvres du comte.

— Pardon, et de quoi, mon enfant, lui dit-il, de ce que vous avez touché aux pinceaux de Marie, et voulu achever ce tableau, pour me faire croire qu'elle revenait la nuit pour y travailler; mais je ne suis pas fou, jeune fille, je sais bien que mon enfant est morte et qu'elle ne reviendra pas.

Madame de Bryon recula en pâlissant, elle avait peur.

— Mon père, dit-elle d'une voix tremblante, ne me reconnaissez-vous pas?

Le vieillard fit signe que non.

— Regardez-moi bien, continua-t-elle, je suis votre fille!

— Vous! fit le comte, non, non; j'avais une fille, c'est vrai, mais elle est morte, et une grosse larme roula sur le visage du comte, qui baissa la tête.

— Mon Dieu! mon Dieu! s'écria Marie, j'ai tué sa raison comme son cœur. Mon père, mon bon père, continua-t-elle en lui pressant les mains et en le faisant asseoir, tandis qu'elle s'agenouillait à ses pieds, votre fille vous a quitté, c'est vrai, mais elle n'est pas morte; elle vous aime, elle revient pour vous le dire, elle est à vos genoux, elle embrasse vos mains; votre fille, c'est moi!

— Vous! dit le comte en regardant Marie avec cette fixité qui épouvantait la jeune femme, vous! oui, vous lui ressemblez, mais comme les vivants ressemblent aux morts et la matière à l'esprit; oui, je vous connais, c'est vous qui dans mes nuits venez me parler d'elle. Vous êtes une vision, un rêve, mais vous n'êtes pas ma fille; je n'en avais qu'une, et je sais bien qu'elle est morte.

Marie se leva. Le comte ne fit pas un mouvement. Alors elle ouvrit la porte, les yeux toujours fixés sur son père, tremblant qu'il ne la rappelât, et elle sortit. Tout l'épouvantait : la maison semblait, depuis que Marie avait revu le comte, avoir revêtu une forme nouvelle, bizarre, et se peuplait d'ombres étranges ; et la pauvre enfant, poursuivie par la mystérieuse terreur qu'inspire la folie à la raison, marchait comme dans un rêve, avec la crainte que le corridor n'eût pas de fin, et l'escalier pas de marches. Elle avait, elle aussi, depuis quelques jours, l'esprit tellement frappé, qu'elle comprenait la possibilité de devenir folle, et elle courait, prenant sa tête entre ses deux mains comme pour retenir sa raison prête à lui échapper. Elle arriva ainsi jusqu'à la chambre de sa mère, où Marianne s'était agenouillée.

— Hé bien ? dit la nourrice.

— Hélas ! fit Marie en tombant sur une chaise presque sans force.

— Il t'a chassée ?

— Il est fou !

— Fou ! s'écria Marianne, en reculant épouvantée.

— Viens avec moi.

— Où ?

— Près de lui, j'ai peur, fit Marie à voix basse, et si tu n'es là, je mourrai.

Marianne accompagna silencieusement madame de Bryon. Celle-ci rouvrit en tremblant la porte de sa chambre ; son père avait changé de place, il ne s'était pas aperçu du départ de sa fille, et ne s'apercevait pas de son retour. On eût dit que Marie n'était pour lui qu'une sorte de souvenir, d'image ou de pensée ayant revêtu une forme, et se montrant à la fois à ses yeux et à son esprit sans les préoccuper, tant les yeux et l'esprit du fou étaient depuis longtemps habitués à cette image et à cette pensée. Le comte avait ouvert une des fenêtres qui donnaient sur le parc, et, la main appuyée sur le balcon, regardait, semblable au roi Lear, le soleil se coucher superbement dans son lit de nuages et de pourpre. Les premiers bruits du printemps, chastes dans leur mystère, poétiques dans leur ensemble, saluaient les derniers rayons de l'astre dieu, qui semblait, s'enfonçant derrière l'horizon, quitter notre monde pour aller en éclairer un autre; sur ce fond rouge se dégradant jusqu'aux teintes vagues de l'opale, les grands arbres découpaient leurs grandes et mélancoliques silhouettes, encore amaigries par les souffles glacés de l'hiver; des corbeaux ayant leurs couvées au sommet des arbres revenaient leur apporter leur pâture trouvée dans la plaine, et volaient rapidement, poussant de temps à autre un cri de joie, note lugubre jetée au milieu du silence harmonieux et universel; les cygnes frileux rentraient dans leur cabine, et une sorte de brouillard transparent s'exhalait de l'étang, et, se joignant à celui qui descendait du ciel, obscurcissait peu à peu l'horizon. Le croissant de la lune encore pâle, et quelques étoiles prévoyantes comme des lampes à la lumière voilée, chargées d'éclairer le sommeil d'un enfant, s'allumaient déjà au ciel sous le souffle de Dieu, qui berce et couche chaque soir ce grand enfant qu'on appelle le monde.

Marie referma la porte et regarda son père qui émiettait du pain par la fenêtre.

— Que faites-vous, mon père? dit-elle en s'approchant de lui.

— Vous le voyez, mon enfant, répondit le comte, je donne du pain aux oiseaux, ce sont eux la nuit qui viennent me parler de ma fille, en becquetant ces miettes.

— Vous l'aimez donc, votre fille? fit Marie en joignant les mains.

— Je l'aimais.

— Et maintenant?

— Elle est morte.

— Mais où repose-t-elle?

— Là.

Et le comte mit la main sur son cœur.

Marie voila sa figure dans ses deux mains. Marianne pleurait. Le comte s'assit près de la fenêtre, et continua d'émietter son pain et de regarder l'horizon. Marie s'agenouilla devant lui.

— Monsieur, reprit-elle, entrant dans la folie de son père, j'ai connu votre fille.

M. d'Hermi regarda Marie.

— Vous l'avez connue, dites-vous?

— Oui.

— Elle était belle, et elle m'aimait.

— Plus que sa vie.

— Je le savais bien, moi; pauvre enfant!

— Vous la plaignez?

— Oui, elle est morte si malheureusement. C'est une touchante histoire.

— Voulez-vous me la conter?

— Oui, mais je ne la dis qu'à vous, parce que vous, je vous aime; vous lui ressemblez un peu.

— Oh! parlez, parlez, mon père.

Et Marie prenait les mains du comte, qui les retirait avec défiance et avec ce regard d'enfant craintif que la folie donne aux yeux de l'homme. Madame de Bryon, la tête pâle et inclinée, avec ses longs cheveux blonds qui tombaient sur ses épaules, semblait une de ces fleurs frêles de l'été, qui, tombées par une pluie d'orage, attendent pour se redresser un rayon de soleil. Le comte se taisait, il avait déjà oublié ce qu'il devait dire.

— J'écoute, dit Marie, d'une voix douce.

— Qu'écoutez-vous, mon enfant?

— L'histoire de votre fille.

— C'est vrai, c'est vrai, dit le comte en passant ses mains dans ses cheveux, comme pour rassembler ses idées. Nous sommes seuls?

— Oui.

Il tournait le dos à Marianne, qui, agenouillée dans le coin le plus sombre de la chambre, écoutait tristement.

— Vous ne la direz pas, cette histoire?

— Non.

— Écoutez, oh! le monde est bien méchant; vous ne savez pas ce qu'il disait?

Marie ne pouvait plus parler. Elle fit signe que non.

— Il disait que ma fille ne m'aimait pas, et qu'elle m'avait quitté ; et le monde m'appelait : Pauvre père ! comme si une fille pouvait quitter son père pour un autre que pour Dieu. Ce n'était pas vrai, voyez-vous? Ma pauvre Marie m'aimait toujours. Je le sais, et cependant je crus un instant ce que le monde disait; et, ajouta M. d'Hermi, en laissant tomber deux grosses larmes de ses yeux sur le front de sa fille, comme c'était ma seule consolation que cette enfant, mon seul bonheur, ma seule joie, je fus bien triste, puis bien malade. Ah! je souffrais beaucoup, allez; j'eus la fièvre, le délire; mes cheveux devinrent blancs, et moi je devins fou.

— Mon Dieu! murmura Marie, ayez pitié de moi.

— Mais cela ne dura pas longtemps, et je me guéris bien vite en apprenant la vérité. Aussi, je prie le bon Dieu tous les soirs pour elle, car dans un moment je l'ai maudite; mais le bon Dieu me pardonne, car en ce moment j'étais insensé et je souffrais bien. Maintenant, je souffre encore, et je pleure toujours, mais je ne la maudis plus ; car je sais qu'elle ne m'a pas quitté, mais qu'elle est morte, et que le Seigneur, qui m'aime, permet que la nuit elle descende du ciel et vienne m'embrasser. Quelquefois je la rencontre là-bas sous les arbres; mais quand je m'approche d'elle, elle s'évanouit dans l'air. Dieu la reprend, c'est tout naturel, elle est à lui maintenant, et je suis encore bien heureux qu'il me la laisse voir.

M. d'Hermi, comme s'il eût eu le cerveau fatigué par l'attention qu'il avait donnée à ce récit, se laissa retomber sur le dos de sa chaise, et se tut, restant les yeux mornes et dans l'attitude d'un homme qui pense, mais qui ne peut pas parler.

— Oui, elle est morte! murmurait-il.

— Et comment est-elle morte? dit Marie en saisissant les mains de son père, qui les lui laissa prendre, et en les portant à ses lèvres.

— Ne vous l'ai-je pas dit, madame?

— Non, répondit Marie, frissonnant à ce nom de madame qui lui faisait froid au cœur, et qui était comme une punition.

— Je vais vous le dire; le poëte me l'a dit.

— Quel poëte?

— Celui de Dieu; aussi son livre ne me quitte pas; je le lis tous les soirs, figurez-vous...

Il hésita.

— Eh bien! fit Marie, ne me le direz-vous pas?

— Si, si; mais il ne faut pas le raconter entièrement. Figurez-vous, elle ne s'appelait pas Marie; elle s'appelait Ophélie.

— Mon pauvre père! murmura madame de Bryon. Oh! j'aimerais mieux l'entendre me maudire que d'assister à cette folie.

— Ophélie! reprit-il, c'est un doux nom, n'est-ce pas? C'était le sien. La pauvre enfant! le poëte me l'a dit, et je me le rappelle bien, aimait le fils d'un roi, le seigneur Hamlet; mais Hamlet était fou comme je l'ai été, et, dans un accès de folie, il a voulu me tuer. Ophélie me crut mort, et devint folle à son tour, la pauvre petite! Ses longs cheveux blonds tombaient comme des fils d'or sur ses épaules; elle s'était fait une couronne de foin et de pâquerettes, et chantait d'une voix triste, triste, et toujours en faisant des couronnes. Or, un jour qu'elle en avait fait une, elle voulut la suspendre à l'arbre qui est là, auprès de l'étang. Son pied glissa, et l'eau, jalouse de ses yeux qui étaient plus purs qu'elle, emporta ma fille bien-aimée et la conduisit doucement à la mort. Pauvre Ophélie! Un cygne est né où elle est morte! — Vous pleurez; cela vous fait de la peine. Si je savais où est sa tombe, je vous y mènerais; mais je ne le sais pas.

Et le comte se leva et se promena à grands pas dans la chambre. Il aperçut alors Marianne, qui, le voyant si pâle, le regardait à genoux et avec terreur.

— Quelle est cette ombre?

— Ma nourrice, Marianne.

— Marianne? fit M. d'Hermi. J'ai entendu dire ce nom; mais je ne sais où, autrefois, quand j'étais fou. Adieu! madame, adieu!

Et le comte s'éloigna en chantant un air de ballade.

— Où allez-vous? s'écria Marie.

— Je vais dans les corridors; car voici la nuit, et ma fille vient quelquefois errer dans la maison; puis, je vais à la chapelle.

— A la chapelle?

— Oui, j'y ai entendu autrefois un air que je cherche à me rappeler; mais je cherche vainement.

Et le comte disparut dans l'ombre du corridor.

— J'ai un espoir, dit Marie à Marianne, si c'est un bonheur qu'il recouvre la raison!

— Lequel?

— Je vais lui jouer à la chapelle la musique que je jouais autrefois, et peut-être me reconnaîtra-t-il!

— Va, mon enfant.

— Ah! viens avec moi!

Les deux femmes se rendirent à la chapelle. Il faisait presque nuit close. Le comte errait encore dans la maison. Au dernier rayon qui pénétrait par les vitraux, Marie fit le tour de la chapelle, retrouvant un souvenir partout, et s'agenouillant devant ces souvenirs comme devant l'autel. Elle revit la place où, pour la première fois, s'était caché son père; la porte où elle avait eu une si grande frayeur en s'entendant appeler par sa mère; et l'ombre pâle d'Emmanuel, qu'elle avait, avec le comte, fait pleurer tant de fois en jouant de l'orgue, passa devant ses yeux, terrible de clémence et de pardon. Tout à coup, il lui sembla entendre des pas, et laissant Marianne cachée derrière une colonne, elle alla s'abriter près de l'escalier qui conduisait à l'orgue: le comte ouvrit la porte.

M. d'Hermi monta l'escalier qui conduisait à l'orgue, sans voir Marie. Au reste, comme nous l'avons dit, les derniers rayons du jour n'allaient pas tarder à s'effacer complétement sous les premières teintes du crépuscule. Le comte paraissait inquiet. Il s'assit devant le piano, et ses doigts, sans mémoire, commencèrent à courir sur les touches, tandis qu'avec cette voix triste et douloureuse de la folie, il cherchait à se rappeler à la fois les notes et les mots du cantique que chantait autrefois sa fille. Cet air était pour le vieillard comme ces musiques enchanteresses qui rappellent un pays aimé, et qui passent entières dans l'esprit, sans que la voix puisse en retrouver le motif : on ferme les yeux, et dans le silence même on entend l'harmonie lointaine telle qu'on l'entendait jadis; puis, tout à coup, on rouvre les yeux, on croit avoir saisi la chanson aimée, et l'on s'aperçoit, à mesure qu'on cherche à la répéter, que les notes décroissent dans le vague, se brouillent, et qu'elle s'enfuit insaisissable comme le rêve, impalpable comme les vapeurs blanches du désert, que le voyageur prenait de loin pour quelque oasis pleine de fraîcheur et d'ombre. Le comte préluda; il trouva bien les premières mesures. L'orgue, de sa voix plaintive, les redisait à son cœur et au cœur de Marie; mais tout à coup l'orgue s'arrêta sur une note qui vibra longtemps, puis qui s'éteignit peu à peu. Alors le comte porta les mains à ses yeux mouillés de larmes en murmurant :

— Mon Dieu! mon Dieu! je ne me rappellerai donc pas!

Et il essaya encore une fois des mains et de la voix; mais la voix de l'homme, comme celle de l'instrument, s'arrêta de nouveau, et le pauvre vieillard, se levant, descendit l'escalier, se mit à se promener dans la chapelle, cherchant toujours l'air qu'il entendait dans son esprit, et qui s'arrêtait à ses lèvres. Arrivé près de l'autel, il s'agenouilla devant un grand tableau de la crucifixion, et pria la grande douleur céleste d'avoir pitié de la sienne. Alors Marie monta à son tour l'escalier de l'orgue, et, se mettant à la place que venait de quitter son père, elle fit entendre ce cantique qu'il avait tant cherché et depuis si longtemps.

A cette harmonie inattendue, inespérée, le comte retourna d'abord la tête, croyant, au milieu de sa folie, que c'étaient seulement les sons qu'il poursuivait dans le lointain qui se rapprochaient de lui, qui se faisaient plus forts, et qu'il entendait avec sa mémoire; mais l'orgue, retrouvant la musique oubliée sous les doigts de la jeune femme, frémissait avec tant de douleur et de charme à la fois; l'harmonie sainte et religieuse, qui se répandait dans la chapelle comme une atmosphère nouvelle, était pour ainsi dire si palpable, la voix qui l'accompagnait était si vibrante de poésie et de tristesse, que ce ne pouvait être un rêve, et qu'il n'y avait qu'un ange, né de l'âme de Marie, qui pût, exauçant la prière du comte, descendre du ciel pour lui apporter la consolation de cette réalité. Le pauvre fou, à genoux, les mains jointes, écoutait, la respiration interrompue, comme s'il eût craint que le moindre souffle fît évanouir la céleste mélodie qui venait de se réveiller.

Par un effet ordinaire des émotions fortes et puissantes, une sorte d'extase s'était emparée du comte; toutes les facultés cérébrales semblaient s'être concentrées sur un seul sens, l'ouïe, et avoir abandonné les autres à une léthargie complète. Les yeux plongés dans le vague, M. d'Hermi écoutait; et, les mains pendantes, affaissé sur lui-même, il semblait un de ces martyrs à qui Dieu, au milieu de leurs tortures, envoyait un ange visible pour eux seuls, et qui, malgré les supplices des bourreaux, détachait doucement et sans douleur l'âme du corps de l'élu; on eût compris, en le voyant ainsi, qu'une grande révolution s'opérait dans son esprit. Il était toujours pâle, son regard était toujours celui d'un fou, mais d'un fou heureux; une expression de sérénité et de joie s'était peinte sur son visage, dont les fibres détendues laissaient voir la bouche entr'ouverte par un sourire de bien-être et de reconnaissance. Cette félicité trop grande allait le tuer peut-être; mais il s'en enivrait et voulait l'absorber tout entière, semblable à ces jeunes gens à qui le Vieux de la Montagne faisait prendre un breuvage qui leur ouvrait d'abord un paradis auprès duquel celui de Mahomet était un enfer, et qui mouraient heureusement après avoir connu ce bonheur, qui leur eût rendu impossible leur vie d'autrefois. Aussi, lorsque Marie, au milieu de ses pleurs, arrachés par les souvenirs et par le spectacle qu'elle avait sous les yeux, eut lancé la dernière note, son père, tremblant de retomber dans le silence qui l'avait fait fou, s'écria :

— Encore ! encore !

Alors, Marie, qui s'était déjà levée, se rassit au piano et commença une des mélodies qu'elle jouait autrefois à

M. d'Hermi. Lorsque le vieillard eut entendu que l'être mystérieux lui obéissait, il voulut se lever pour aller au-devant de cette ombre inconnue, de ce bienfaiteur nouveau ; et, les bras étendus, les yeux hagards, la bouche entr'ouverte comme un somnambule, il fit quelques pas ; puis, brisé par les émotions trop fortes, il sentit une grande douleur au cerveau, porta la main à son front, ses jambes chancelèlèrent ; il voulut s'appuyer au mur, mais sa main arriva trop tard à cet appui, et avant qu'il eût pu se retenir, il était tombé à la renverse avec un grand cri. A ce cri, Marie descendit rapidement l'escalier, vint se jeter sur le corps de son père, qui, pâle et inanimé, semblait ne plus être qu'un cadavre. Marianne accourut de son côté, et les deux femmes, réunissant leurs forces, essayèrent de soulever le comte ; mais elles ne purent en venir à bout. Alors, Marianne courut chercher du secours, et Marie, restée seule auprès de son père, soulevait sa tête, et lui faisant un oreiller de son bras, implorait son pardon et voulait avec la voix le rappeler à la vie. Mais le vieillard ne faisait pas un mouvement, quoique Marie, interrogeant le cœur après le visage, eût senti que la vie n'avait pas encore suivi la raison du comte.

Les domestiques arrivèrent ; Marianne les avait à peu près mis au courant de ce qui s'était passé, et l'un d'eux était parti chercher le docteur. On emporta le comte, on le déshabilla sans qu'il eût fait un mouvement, et on le coucha. Marie, à genoux devant le lit, pleurait et priait, comme la Vierge au pied de la croix. Elle avait beau appeler son père, embrasser ses mains brûlantes ; elle avait beau lui dire toutes les choses avec lesquelles le cœur des enfants veut réveiller celui des parents aimés, le comte, les yeux entr'ouverts, gardait une immobilité étrange et une fixité désolante.

La pauvre enfant avait tant souffert et tant pleuré depuis huit jours surtout, que son âme commençait à se briser, son cerveau à ne plus comprendre, et ses yeux à se tarir. Il y avait donc dans la prostration de la jeune femme presque autant de fatigue que de douleur. On avait ouvert les fenêtres, et Marianne, un flacon à la main, faisait respirer des sels au comte, qui fit un mouvement auquel les deux femmes poussèrent un cri de joie, mais qui retomba bientôt après dans son repos douloureux. Le docteur arriva.

— Monsieur, lui dit Marie sans se nommer, c'est vous qui, jusqu'ici, avez soigné M. le comte d'Hermi?

— Oui, madame.

— Et jusqu'ici la science a été sans force contre sa folie?

— Il eût fallu au secours de notre science quelque émotion inattendue, et peut-être le malade eût-il recouvré la raison.

— La vue de sa fille, par exemple?

— Ou tout au moins quelque chose qui la lui rappelât bien directement, sa fille étant morte.

— Mais si sa fille vivait encore; si le bruit de sa mort était faux?

— Il faudrait qu'elle se présentât à lui.

— Et s'il ne la reconnaissait pas tout de suite?

— Il faudrait qu'elle se rappelât à son souvenir par un moyen auxiliaire.

— Par un chant, peut-être : l'oreille entend toujours avec la même lucidité, et pourrait reconnaître à défaut des yeux.

— Sans doute.

— Mais cependant, monsieur, pardonnez-moi toutes ces questions, fit Marie avec une émotion croissante et qu'elle dissimulait à peine; mais cependant si, en reconnaissant par l'ouïe, l'émotion était tellement forte que le malade ne pût la supporter et s'évanouît, qu'arriverait-il?

— Il pourrait arriver deux choses : la première, c'est qu'au réveil le malade fût guéri.

— Et la seconde?

— Que le malade ne se réveillât pas.

— Mon Dieu! que me dites-vous là?

— La vérité, madame; mais, comme vous le voyez, il y a une chance de guérison.

— Sur une chance de mort; et Dieu m'abandonne trop

depuis quelque temps pour se souvenir de moi aujourd'hui avec miséricorde.

— Vous êtes parente du comte, madame?
— Je suis sa fille.
— Sa fille!
— Hélas!
— Alors, madame, dit le médecin, qui, n'ayant jamais vu Marie, ne savait pas ce qui lui était arrivé, que s'est-il passé?

— J'ignorais que mon père fût fou, monsieur, comme il ignorait que je fusse vivante; car c'est la fausse nouvelle de ma mort qui lui a ôté la raison. J'ai bien souffert en le voyant ainsi, et j'ai cru qu'il me reconnaissait; mais il s'est obstiné à me dire que sa fille se nommait Ophélie, et il ne m'a pas reconnue.

— Toujours la même idée, fit le médecin; et après?

— Après, comme il se dirigeait vers la chapelle, et cherchait sur le piano de l'orgue un air que je jouais autrefois, et ne le trouvait pas, quand il eut quitté le piano, je me mis à sa place, et je jouai cet air.

— Alors?

— Alors, il m'écouta dans une sainte extase; je crus au bon effet de ce moyen, car je voyais pleurer mon père, et je sais par expérience que les larmes guérissent bien des choses. Quand l'air fut achevé, il dit : Encore, encore! Je continuai. C'est alors que, soit qu'il m'eût reconnue, soit qu'il voulût savoir qui lui faisait cette musique qu'il cherchait dans sa folie, c'est alors, dis-je, qu'il se leva pour venir à l'orgue; mais il n'eut pas la force d'y arriver, et il tomba à terre en poussant un cri qui m'épouvanta. Nous le fîmes transporter ici, et nous vous fîmes demander. Depuis ce moment, il n'a pas repris ses sens.

Le médecin secoua la tête involontairement.

— Ah! monsieur, ne secouez pas la tête ainsi, s'écria Marie, vous me feriez mourir de terreur.

— Au contraire, espérez, madame, dit le médecin en tâtant le pouls du malade, en lui mettant la main sur le front, et en prescrivant une ordonnance pour la situation.

Il faut à M. le comte du repos; d'ici à quelques instants il reviendra à lui; ce n'est pas un évanouissement, c'est du sommeil, et le sommeil, qu'il n'a pas goûté depuis longtemps, ne peut lui faire que du bien. Restez donc auprès de lui, ma science ne peut rien à côté de votre retour. C'est par l'effet moral seul que la guérison peut s'opérer maintenant; je ne puis, moi, que prescrire quelques ordonnances à peu près inutiles. Cependant, je reviendrai demain, non comme médecin, mais comme ami, savoir des nouvelles du malade.

— Ainsi, monsieur, vous me répondez de la vie de mon père?

— Autant, madame, qu'une créature humaine peut répondre d'une chose qui appartient à Dieu.

Le docteur salua Marie et sortit.

— Ma bonne Marianne, dit madame de Bryon, voici plusieurs nuits que tu ne dors pas, va dormir si tu veux; moi, je vais veiller.

— Je reste, dit Marianne.

— Fais ce que tu voudras; mais, tu le sais, je ne m'endormirai pas; mes yeux ont perdu le sommeil, et je n'ai besoin de personne pour veiller mon père.

Marianne n'en resta pas moins dans la chambre. Une lampe, qu'on baissa jusqu'à ce qu'elle n'éclairât pas plus qu'une veilleuse, fut déposée sur la cheminée, à côté de laquelle Marianne s'installa dans un grand fauteuil, tandis que Marie, assise auprès du lit du comte, tenait dans ses mains une des mains fiévreuses de son père. Neuf heures sonnèrent. La lune s'était levée, éclairant de son regard calme le silence du paysage; le bruit seul du jet d'eau qui retombait sourdement dans l'étang habité par les cygnes parvenait jusqu'à Marie, et ce bruit était si vague, qu'il était souvent dominé par la respiration du comte. La pauvre Marianne, qui depuis longtemps ne dormait plus, avait fini par succomber au sommeil. Quelques tisons, restant du feu du soir, se mouraient tristement dans la cheminée. Le silence était sinistre et solennel. Marie apercevait, par les vitres éclairées des rayons blafards de la lune, les ombres noires des arbres qui s'étendaient au loin comme des cimes de forêts fantastiques, et quelques nuages noirs poussés par le vent du nord passaient de temps à autre, et voilaient momentanément la lune immobile. Marie pensait, et quand on sait dans quel abîme de douleurs elle était tombée depuis un mois, on peut deviner dans quel abîme de pensées elle se plongeait à pareille heure, par un pareil silence et devant un pareil spectacle.

De temps en temps on entendait se fermer ou s'ouvrir une porte du rez-de-chaussée, c'était quelque domestique qui courait dans la maison; puis on entendait encore, lorsque le vent venait de ce côté, l'aboiement lointain d'un chien hululant d'une façon lugubre pour tout esprit triste déjà.

A Paris, on ne croit pas à la nuit, à Paris les nuits sont plus bruyantes que les jours de province; mais à la campagne, au fond d'un château isolé, d'une campagne déserte, la nuit a des silences étranges, mêlés de murmures sinistres, qui font tressaillir malgré soi, et des clartés inconnues qui prêtent aux champs, aux bois, aux êtres des teintes bizarres et des formes fantastiques. Marie pensait, et entre ces deux sommeils de Marianne et de son père, elle n'osait pas regarder autour d'elle. Une terreur secrète la fixait à sa place, et elle ne se fût pas levée, car elle eût eu peur du bruit qu'elle eût fait en se levant. Elle était pour ainsi dire enveloppée dans le silence universel, et le moindre bruit qui eût troublé ce silence l'eût épouvantée. Cette nuit lui rappelait celle qu'elle avait passée au lit de mort de sa mère. A cette époque déjà elle se croyait sans espérance, et voilà qu'un peu de temps s'était passé et qu'elle désespérait encore plus. Elle restait donc immobile, la main de son père dans la sienne, et regardant de temps en temps la figure pâle du comte, à laquelle la lueur affaiblie de la lampe donnait dans la demi-teinte un caractère nouveau de douleur.

Peu à peu les bruits de la maison s'étaient éteints, les aboiements du chien avaient cessé, et Marie n'entendait plus que le souffle du vent de la nuit qui, après avoir sifflé dans les arbres, venait lourdement s'abattre contre les murs du château, et cherchant une issue, bourdonnait dans les corridors dont il faisait crier les portes. Alors un frisson involontaire s'emparait d'elle, et elle serrait convulsivement la main du comte, qui restait insensible à cette pression. Enfin le silence était tellement imposant, que Marie s'abîmait de plus en plus dans ses terreurs, et que plusieurs fois elle avait appelé Marianne, mais si bas, que celle-ci, qui s'était endormie, ne l'avait pas entendue. Elle avait appelé son père, car elle aimait mieux la parole d'un fou que ce silence éternel; mais son père, immobile dans son sommeil comme elle dans sa crainte, n'avait pas plus répondu que Marianne. Alors Marie s'était rejetée aussi dans le fond de son fauteuil, et avait, à son tour, essayé de dormir, car l'espérance de ceux qui ont peur ou qui souffrent est dans le sommeil. Ses yeux se fermaient bien, mais sa pensée, qui veillait toujours, les tenait ouverts intérieurement, et les peurs de la pauvre femme, au lieu d'être continues, étaient soudaines, voilà tout. Avons-nous besoin de dire quelles ombres visitaient son insomnie? Enfin, la fatigue l'emporta peu à peu sur la douleur et la crainte, les yeux de Marie se fermèrent; elle s'assoupit dans un sommeil léger et transparent, mais qui lui dérobait cependant les objets extérieurs.

Elle dormit ainsi deux heures à peu près, après quoi elle se réveilla l'esprit tellement alourdi, qu'elle fut forcée, pour ainsi dire, de refaire connaissance avec ceux qui l'entouraient. Marianne et le comte dormaient toujours; seulement, il sembla à Marie que la main de son père, qu'elle tenait toujours, avait perdu la chaleur fiévreuse qui faisait si violemment battre son pouls, et qu'elle se glaçait malgré la chaleur de sa main à elle. Une pensée affreuse traversa l'esprit de la pauvre enfant; elle courba sa tête le plus près qu'elle put de celle de son père pour écouter sa respiration, mais il lui sembla qu'elle s'était arrêtée; alors, elle regarda autour d'elle, et malgré elle, lâcha la main du comte, qui retomba sur le lit, inanimée et sans force. A ce moment, Marie subissait une de ces terreurs qui paralysent la langue et blanchissent les cheveux.

— Marianne, murmura-t-elle sans quitter le vieillard des yeux, espérant que la voix qui réveillerait la nourrice réveillerait en même temps son père.

Marianne ne répondit pas. Marie allongea la tête du côté de la vieille femme, les yeux tournés toujours vers le lit, et appela de nouveau Marianne. Même silence. Alors, sa terreur fut à son comble, et Marie sentit qu'il fallait mourir ou crier; elle se leva par un suprême effort et cria : Marianne! Aussitôt elle reporta les yeux sur son père, mais son père ne bougea pas. Marianne se réveilla en sursaut et trouva Marie appuyée à son fauteuil et prête à se trouver mal. Elle se leva à son tour et dit :

— Qu'as-tu, mon enfant?

— Écoute, lui dit Marie en lui prenant les mains.

Toutes deux écoutèrent.

— Eh bien? dit Marianne en relevant la tête.

— Tu n'entends rien?

— Non.

— Pas même un souffle? fit la pauvre enfant en retombant sur sa chaise.

Marianne comprit tout.

— Ne te désole pas ainsi, fit-elle; nous nous trompons peut-être.

Et elle s'approcha du lit.

— Non, dit Marie en l'arrêtant, j'aime mieux douter encore; sonne et envoie chercher le docteur.

Marianne sonna; un domestique parut, à qui l'on donna l'ordre de courir chez le médecin et de l'amener.

— Je t'ai appelée trois fois, disait Marie.

— Je tombais de fatigue, ma pauvre enfant; pardonne-moi.

— Bonne Marianne!

— Le comte n'est peut-être qu'endormi, mon enfant, tu sais ce qu'a dit le médecin.

— Oui! mais je sais aussi que je suis maudite de Dieu.

— Espère.

— Entre mon mari mort et mon père qui se meurt! répondit madame de Bryon en secouant la tête.

Les deux femmes restèrent silencieuses; on n'entendait que le bruit du vent au dehors. Marie était à genoux près du lit; Marianne, assise près de Marie, lui tenait une main. Une demi-heure se passa ainsi. Au bout de ce temps on entendit monter. C'était le docteur accompagné du domestique. Il entra. Madame de Bryon sentit un frisson de terreur glacer ses membres; c'était la réalité qui entrait.

— Qu'y a-t-il? fit le docteur.

— Ce n'est peut-être rien, dit Marie en allant au-devant du médecin, et voulant se donner une espérance impossible.

— Je vais voir, madame.

Le docteur tourna le bouton de la lampe et la rapprocha du malade.

— Madame, dit le docteur à Marie, veuillez me laisser seul avec monsieur le comte.

Et le médecin fit signe à Marianne de rester. Marie, tremblante, sortit, et passant dans une chambre voisine, elle s'agenouilla.

— Elle aime son père? dit le docteur à Marianne.

— Plus que sa vie.

— Alors il faut l'éloigner.

— Il n'y a donc plus d'espoir?

— M. d'Hermi est mort!

Marianne laissa tomber sa tête sur sa poitrine; la pauvre créature était accablée par tant de malheurs successifs.

— Adieu, madame, fit le docteur; le médecin est inutile ici; il faut envoyer chercher un prêtre.

Et l'homme en qui Marie avait mis sa dernière espérance sortit, pendant que Marianne, pleurant comme un enfant et n'osant aller retrouver Marie, s'agenouillait près du lit du mort. Enfin, elle se leva et ouvrit la porte. Alors elle aperçut Marie pâle, se soutenant à peine, et n'ayant osé entrer comme elle n'avait osé sortir.

— Eh bien? fit madame de Bryon, d'une voix éteinte.

— Eh bien! ma fille, dit Marianne, sois forte.

— Mon père est mort, n'est-ce pas? répliqua Marie en pâlissant encore, mais d'une voix calme.

Marianne baissa la tête et ne répondit pas.

— Où donc est ce Dieu qui pardonne à qui prie! fit Marie en se laissant tomber sur une chaise.

— Ne blasphème pas, mon enfant, reprit Marianne, et que l'âme de ton père arrive au Seigneur, escortée de prières et non de malédictions.

— Ma pauvre Marianne, quitte-moi.

— Te quitter, enfant!

— Oui, tu le vois, je porte malheur à tout ce qui m'aime, à tout ce qui me touche, à tout ce qui m'approche. Voilà deux tombes que je creuse en huit jours. Laisse-moi donc creuser solitairement la mienne, dans quelque coin de terre oublié des hommes et de Dieu, si c'est possible.

— Rien ne t'attache donc plus à la terre?

— Rien, fit Marie en laissant tomber ses mains, et en fixant sur le sol ses yeux taris.

— Rien! reprit Marianne, et ton enfant?

— Ma fille!

— Oui, pauvre petite créature, qu'au moment de mourir son père t'a confiée. C'est plus qu'un devoir, c'est la volonté d'un mourant que tu vas accomplir.

— Et tu crois que Dieu se sera arrêté au milieu de sa colère, tu crois que l'enfant n'aura pas suivi son père et le mien, tu crois que je vais trouver ma fille souriante et me tendant les bras, non! Non, Marianne, ma fille est morte comme eux, et il faut que je meure comme elle.

— Allons, du courage, Marie.

— Eh! n'en ai-je pas! Est-il possible de souffrir plus saintement que je ne l'ai fait? Lorsque ma mère est morte sans que Dieu eût rien à me reprocher, ai-je maudit Dieu, ai-je cessé de prier? Lorsque Emmanuel a été tué, ma bouche et mon âme ont-elles prononcé un mot indigne du Seigneur? Enfin, tout cette nuit, environnée de terreurs effroyables à côté de mon père mourant, ai-je fait autre chose que de prier? Et tu me dis d'avoir du courage! Après avoir souffert ce que j'ai souffert, Marianne, quand on n'a plus d'espérance pour vivre, a-t-on besoin de courage pour mourir?

— Mourir, ma fille, pour que Dieu ne s'arrête pas dans

son courroux, et qu'il te punisse éternellement! Le Seigneur ne pardonne pas le suicide, parce que c'est le seul crime dont on ne peut se repentir. Vis pour ta fille, vis pour toi, et Dieu, qui semble t'avoir abandonnée, te garde peut-être encore quelques beaux jours dans l'avenir; tu n'en es encore qu'à ta troisième douleur, mon enfant, et le Seigneur lui-même a fait douze stations avant d'arriver à la croix où allait le voir mourir sa mère! Crois-moi, Marie, ne maudis pas Dieu; car il y a eu de plus grands crimes que les tiens, et de plus grandes infortunes que les tiennes.

— Non, je ne puis le maudire, fit Marie en se relevant et en prenant, avec un sourire et un regard d'amour filial, la main de Marianne qui se tenait devant elle. Non, tu as raison, je ne puis le maudire; car s'il m'a pris ma mère, il t'a laissée près de moi, toi, seconde âme maternelle et pieuse; car s'il me prend mon père aujourd'hui, après m'avoir pris Emmanuel, il me laisse ma fille, dont il fera peut-être mon pardon, et dont je fais mon espérance. Oui, merci de tes bonnes paroles, Marianne, cœur saint et vénérable, merci des consolations que tu verses sur mon âme blessée.

Et Marie se jeta dans les bras de Marianne. Puis elle se rassit, car son corps, comme son âme, était brisé.

— Qu'ordonnes-tu? dit-elle à Marianne, car je veux t'obéir comme à Dieu, et il me reste à peine la force d'agir, et je n'ai plus la force de vouloir.

— Au jour, nous partirons.

— Au jour, et mon père?

— A quoi bon, ma fille, affaiblir ton âme par le spectacle des dernières cérémonies funèbres. De loin comme de près, tu prieras pour le comte, et de loin comme de près, Dieu entendra cette prière. Nous irons à Paris, à Auteuil, où est ta fille; tu la ramèneras ici, tu l'isoleras, et Dieu, te voyant si repentante, t'absoudra; le monde, te voyant si pieuse, aura la force de faire comme Dieu. Allons, mon enfant, crois-moi, regarde, le jour se lève; vois ce ciel, comme il est bleu, vois ce brouillard rose et transparent de la matinée, écoute les oiseaux qui chantent; est-il possible que le

Créateur, qui donne un si joyeux réveil au monde, donne une tristesse éternelle à ses créatures? Non, mon enfant, espère; tu as assez souffert et assez prié pour cela. La nuit était dans ton âme; mais, comme tu le vois, le jour, et le jour rayonnant et splendide, succède à la nuit.

— Ma bonne Marianne!

— Voici le printemps, le soleil! Ce regard du Seigneur console de bien des choses. Nous reviendrons toutes trois habiter ce château. Tu verras grandir ta fille où tu as grandi toi-même, et tu seras heureuse à la fois dans le passé, dans le présent et dans l'avenir. Puis le temps passera, le temps, cette panacée universelle; et un jour tu ne seras plus la femme qui a péché, mais la femme qui a souffert. Songe que tu n'as que vingt ans, et que tu es à peine au tiers de ta vie. Attends donc pieusement et saintement pour savoir ce que le ciel te garde.

Les grandes consolations sont pour les grandes douleurs. Ainsi Marie, épuisée dans son désespoir quelques minutes auparavant, venait, aux paroles simples et bienveillantes de Marianne, de puiser une nouvelle force. Les apparences matérielles disparaissaient pour faire place à des illusions nouvelles. Emmanuel avait pardonné avant sa mort, le comte n'avait pas maudit avant de mourir, et, à quelques lieues de là, sa fille cherchait du cœur et des lèvres le cœur et le front de sa mère; elle ne devait donc pas désespérer, puisqu'il y avait encore sur cette terre une créature qui non-seulement l'aimait encore, mais qui encore avait besoin d'elle.

— Oui, tu as raison, Marianne; partons et revenons vite avec ma fille, elle priera avec moi sur la tombe de mon père, et l'avenir, sans doute, nous récompensera du présent.

Marie quitta Marianne, et ouvrant sans terreur la porte de la chambre où était mort le comte, comme si le pardon du père cachait le cadavre de l'homme, elle resta une longue demi-heure à genoux et en prière; puis elle se releva, posa ses lèvres sur le front du mort, ferma les yeux dont le regard était éteint pour la terre, et ouvrit une fenêtre par où passa un rayon de soleil qui semblait, venant du ciel au lit du mort, être le chemin radieux qu'avait suivi l'âme du comte. Puis elle vint retrouver Marianne, se jeta dans ses bras, et deux heures après, elles étaient toutes deux sur la route de Paris.

XLVI

Pendant que Marie, accompagnée de Marianne, revenait à Paris, un prêtre venait prier au lit du comte. L'isolement dans lequel celui-ci avait vécu depuis la disparition de sa fille ajoutait encore au deuil de la maison. Le médecin et le commissaire de police vinrent constater la mort; puis, la constatation faite, le prêtre resta seul.

L'arrivée mystérieuse de Marie et de Marianne, la mort subite du comte et le départ instantané des deux femmes, stupéfiaient les domestiques. Ils sentaient instinctivement qu'un secret étrange planait au-dessus du cadavre abandonné comme l'avait été l'homme; ils ne comprenaient pas pourquoi une fille partait ainsi deux heures après la mort de son père, et laissait à des étrangers l'accomplissement des derniers devoirs. Le médecin avait beau donner l'émotion trop forte pour raison de la mort, et la douleur trop grande pour raison du départ, ceux à qui il parlait ainsi secouaient la tête en signe de doute, et, plaignant le père, blâmaient la fille. Marie, qui continuait sa route, se représentait tout ce qui devait se passer au château.

— A cette heure, se disait-elle, on prie près du mort; et il lui semblait voir se dessiner sous les draps le visage et les membres du cadavre, éclairés du reflet sinistre des cierges mortuaires, pendant que l'homme de Dieu récitait les psaumes des trépassés et le bénissait.

C'était par une belle matinée du mois de mars que Marie revenait à Paris. Cette matinée, quoique froide, s'illuminait de clartés nouvelles et de rayons charmants. Une teinte verdâtre recouvrait les arbres, et l'on sentait le printemps sourdre et la rive se féconder mystérieusement. Rien n'était sombre dans la nature; cette joie universelle dont Marie était entourée lui semblait comme le commencement de sa réconciliation avec Dieu ; elle voyait le ciel lui sourire, et les rayons du soleil, qui venaient par la portière de la voiture se jouer sur sa robe de deuil, étaient comme une espérance et comme un pardon éclairant l'ombre de son âme ; puis, sans que pour cela il faille accuser le cœur d'égoïsme et de sécheresse, le cœur est ainsi fait, qu'il se console facilement par les yeux, et que, triste par le souvenir, il s'égaye par la vue ; ainsi Marie n'avait plus devant les yeux le spectacle de la solitude et de la mort ; elle n'entendait plus le vent lugubre qui, la nuit, sifflait dans les corridors ; elle ne voyait plus la lueur fantastique de la lune glisser à travers les vitres de la chambre, tandis que la lampe jetait sa lumière douteuse sur le visage de son père. La nature avait, aux rayons du jour, perdu en souriant sa tristesse de la nuit, et la douleur de Marie se fondait un peu, comme les derniers glaçons de l'hiver, à ce sourire de la nature. Puis, la douleur a une limite, et quand elle l'a touchée, elle ne peut plus que revenir en arrière, à moins qu'elle n'emporte la raison avec elle. La mort d'Emmanuel avait été pour Marie une douleur si grande, que rien ne pouvait la surpasser. Puis Marianne était là, qui, pour lui faire oublier son père, lui parlait de sa fille, et qui, détournant ses yeux de la tombe, les reportait au berceau ; elle lui rappelait ce que jadis lui avait dit son père lui-même, dans ce même château qu'elle venait de quitter : que Dieu envoyait les enfants, c'est-à-dire l'avenir, pour consoler des parents, c'est-à-dire du passé ; elle lui disait que la femme qui se trouve entre son père mort, mais mort en lui souriant, et sa fille vivante et lui tendant les bras, n'est pas abandonnée du Seigneur ; et elle lui répétait sans cesse que le comte était passé si doucement de la vie à la mort, que son visage n'avait rien perdu de sa bienveillance, et que, quoiqu'il n'ait pu la dire, sa dernière pensée avait dû être un pardon.

Marie avait si grand besoin de paroles qui réchauffassent son cœur, qu'elle endormait sa souffrance dans les consolations que lui donnait Marianne. Elles arrivèrent à Paris la nuit et descendirent dans un hôtel. Le lendemain, de grand matin, Marie monta dans une voiture avec Marianne, et se fit conduire à Auteuil. Elle se rendit à l'adresse que lui avait donnée Emmanuel.

En approchant de cette petite maison qui contenait le dernier bonheur de sa vie, elle sentait son cœur battre violemment, et elle remerciait Dieu d'avoir permis qu'elle ne fût pas morte avant d'y arriver. Il était grand matin, et la porte de la maison était fermée. Elle frappa. Une femme vint ouvrir.

— Madame Jeanne Boulay? dit Marie d'une voix tremblante.

— C'est moi, madame, fit la bonne femme.

Marie jeta un regard autour d'elle, et il lui sembla étrange que sa fille ne fût pas la première chose qu'elle vît.

— Je voudrais vous parler, madame, fit-elle.

Madame Jeanne ferma la porte.

— Madame, fit Marie en s'asseyant, quelqu'un vous a confié, il y a peu de temps, une petite fille du nom de Clotilde; c'est cette enfant que je viens chercher.

— Madame, répondit madame Jeanne, cette enfant n'est plus ici.

— Que dites-vous? s'écria Marie en pâlissant.

— La vérité, madame.

— Et où est-elle?

— Je l'ignore.

— C'est impossible; qu'avez-vous fait de cette enfant qu'on vous avait confiée, madame? Répondez.

— Je l'ai rendue.

— A qui?

— Aux parents de son père.

— Vous ne deviez la rendre qu'à son père lui-même!

— C'est vrai, madame; aussi, lorsqu'on vint me la demander, forte des ordres de M. de Bryon, je la refusai; mais, le lendemain, le commissaire de police me somma de rendre l'enfant.

— Et qu'en a-t-on fait?

— Je l'ignore, je vous le répète.

— Et il y a longtemps de cela?

— Il y a deux jours.

— Deux jours !

— Oui, madame.

— Mon Dieu ! mon Dieu ! s'écria Marie, qu'ont-ils fait de mon enfant ?

— Votre enfant ? dit madame Jeanne. Vous êtes...

— Je suis sa mère !

Jeanne recula.

— Sa mère ! reprit-elle.

— Vous ne le voyez donc pas à ce que je souffre !

— Sa mère ! murmurait madame Jeanne ; on m'a dit qu'elle était morte !

— Morte ! fit Marie. Et à Clotilde ?

— On le lui a dit aussi, et la pauvre enfant...

— A pleuré. Oh ! dites-moi, madame, fit Marie en tombant à genoux, que mon enfant m'a pleurée !

— Oui, répondit la vieille femme émue de cette scène ; oui, l'enfant a bien pleuré, madame, et elle a laissé tomber les jouets que lui avait donnés son père et n'a plus voulu les reprendre.

— Pauvre ange ! Croyez-vous qu'elle soit à Paris, madame ?

— Je le crois.

— Que faut-il faire, dites-moi ? car mon cœur et ma tête se perdent.

— Vous arrivez donc de voyage ?

— Oui.

— Vous n'êtes pas encore descendue chez vous ?

— Non, fit Marie en rougissant.

— Vous avez voulu voir votre enfant avant tout, pauvre dame ! C'est bien naturel.

Et la vieille femme essuya une grosse larme.

— Il faut aller chez vous, reprit-elle.

— Après ?

— Là, on vous dira sans doute où elle est ; les domestiques le savent. Mais comment se fait-il que vous n'ayez pas appris ce qui s'est passé ?

— J'étais en voyage, et l'on me croyait morte.

— C'est juste. Il faut écrire à son père.

— Son père est mort ! fit Marie d'une voix sourde.

— Pauvre petite ! dit la mère Jeanne.

— Vous la plaignez ; oh ! merci.

— Je l'aimais ! Puis-je vous être bonne à quelque chose, madame ?

— Non, priez pour moi, madame ; voilà tout.

Et Marie, à moitié folle, remonta dans la voiture où l'attendait Marianne.

— Eh bien ! lui dit celle-ci en la voyant pâle et seule.

— Eh bien ! elle n'est plus chez cette femme.

— Et où est-elle ?

— Le sais-je ! Je te l'avais bien dit que Dieu n'avait pas fini de maudire !

— Où allons-nous ? dit le cocher.

— Rue des Saints-Pères, n° 7, répondit Marie en couvrant son visage de ses deux mains. Mon Dieu, disait-elle, vous m'abandonnez encore, ils m'ont pris mon enfant !

Et la pauvre mère, les cheveux épars, les yeux rouges, les joues pâles, étouffait de douleur et d'incertitude. On arriva. Toutes les fenêtres de l'hôtel étaient fermées. Marie monta. Le concierge ne la reconnaissait pas. Elle sonna. Un domestique vint ouvrir, et reconnaissant sa maîtresse dans cet état, recula presque épouvanté.

— Clotilde, dit Marie, où est-elle ?

— Madame ne le sait pas ?

— Non.

— Elle est chez la sœur de monsieur.

— Vous en êtes sûr ?

— Oui, madame.

Marie descendit comme une folle, et trouva Marianne en bas, un paquet de lettres à la main.

— Elle est chez sa tante, dit Marie, commençant à reprendre espoir. Cocher, rue de Sèvres, 12, et brûlez le pavé.

Les deux femmes remontèrent dans la voiture, que le domestique, ébahi du retour de Marie, n'avait pas encore fermé la porte.

— Voici des lettres, dit Marianne.

— Que m'importent ces lettres !

— Elles viennent de Dreux, dit Marianne.

— Elles sont de Clémentine, alors. Pauvre Clémentine, elle ne se doute pas de ce qui m'arrive.

Mais Marie n'ouvrit pas les lettres ; la lecture du bonheur de son amie l'eût rendue plus malheureuse encore.

La voiture s'arrêta. On était rue de Sèvres. Marie monta seule chez sa belle-sœur, chez cette même belle-sœur dont elle disait qu'elle ne voudrait rien avoir à se faire pardonner par elle. Elle sonna ; une femme de chambre ouvrit. Marie demanda si mademoiselle de Bryon était visible ; la femme de chambre lui demanda son nom, alla annoncer, et revint dire à Marie que sa maîtresse n'y était pas.

— Il faut que je la voie, dit Marie.

— Madame est sortie.

— Je l'attendrai, dit-elle en faisant un pas.

— Madame ne rentrera peut-être pas, elle est à la campagne.

— Clotilde ? cria Marie.

— Maman ! répondit une petite voix qu'il sembla à Marie qu'on éteignait.

Alors, madame de Bryon repoussa la femme de chambre, et ouvrant la porte qui lui semblait conduire à sa fille, elle se trouva face à face avec sa belle-sœur, qui venait pour faire cesser ce bruit.

— Que voulez-vous, madame ? fit celle-ci.

— Je veux mon enfant ! je veux ma fille !

Et Marie referma la porte derrière elle.

— Votre fille n'est pas ici.

— Vous mentez, madame ! fit Marie ; la voilà.

En effet, la petite, s'échappant des mains qui la retenaient, courait tout en larmes vers sa mère en criant : Maman, maman, emmène-moi !

— Cette femme n'est pas votre mère ! lui dit sa tante en l'arrêtant ; votre mère est morte. Emmenez cette enfant.

Malgré les larmes de Clotilde et les efforts de sa mère, qui menaçait et priait à la fois, on emporta l'enfant.

— Maintenant, que voulez-vous ? fit la vieille femme.

— Je veux que vous me rendiez ma fille, et que vous me disiez de quel droit vous me l'avez prise.

— Du droit que la famille a de reprendre son enfant à la femme adultère, qui perdrait son enfant comme elle s'est perdue.

— Que dites-vous?

— Je dis que vous avez déshonoré votre nom, et tué votre mari!

— Tué mon mari!

— Lisez.

Et la tante donna à Marie un journal qui racontait qu'on avait trouvé le cadavre d'Emmanuel, et le papier qui constatait son suicide; il ajoutait qu'on ignorait les causes de cette mort.

— Ces causes, vous les connaissez, madame, n'est-ce pas? reprit l'impitoyable femme.

— Mais c'est Emmanuel lui-même qui m'envoie chercher ma fille.

— Vous mentez.

— C'est lui qui m'a dit où elle était, à Auteuil.

— Vous mentez.

— Il m'a pardonné, madame, et Marie montrait le papier écrit de la main d'Emmanuel.

— Vous mentez, vous dis-je, ce papier est faux!

Marie se tenait aux pieds de cette femme.

— Rendez-moi ma fille, madame.

— Jamais.

— Au nom de votre mère, madame, rendez-moi Clotilde. Je l'aimerai tant! Elle viendra vous voir tous les jours, si vous le voulez; elle priera Dieu pour vous; mais, au nom du ciel, rendez-la-moi.

— C'est impossible.

— Impossible! dites-vous, mais que vous ai-je fait, moi, et qui au monde peut condamner une femme à ne plus voir son enfant?

— Le procureur du roi, madame, l'homme qui a à répondre à toute une société de ses actions; l'homme enfin qui, devant maintenir cette société sur des bases morales, ne peut permettre que la femme qui a prostitué son amour et tué son mari soit, après de telles actions, la gardienne de son enfant, parce que plus tard, si cette enfant, devenue femme, suivait les traces de sa mère, c'est à cet homme que la société s'en prendrait. Maintenant, madame, sortez de chez moi, je ne vous connais pas, je ne veux pas vous connaître.

— Mon Dieu, madame, il faut que vous soyez bien sûre du passé et de l'avenir, pour commettre impunément une pareille action. Oui, le procureur du roi devait faire cela pour la morale dont il doit compte aux hommes; mais croyez-vous que ce que vous faites soit autorisé de Dieu ? Croyez-vous que Dieu donne une enfant à une femme, qu'il la fasse neuf mois souffrir pour créer, et qu'il reconnaisse à d'autres qu'à lui-même le droit de reprendre cette enfant à sa mère, quand cette enfant est l'espérance, la vie, le souffle de cette mère? Madame, ne craignez-vous pas qu'en me chassant ainsi, Dieu ne vous maudisse?

— Non, je ne le crains pas, car le jour où je devrai rendre compte à Dieu de ce que je fais aujourd'hui, je dirai : Cette femme ne s'est souvenue qu'elle était mère qu'après avoir été mauvaise fille et mauvaise épouse; elle ne s'est souvenue qu'elle était mère, que lorsqu'elle était indigne de l'être. Voilà ce que je dirai à Dieu, madame, et Dieu m'absoudra.

— C'est affreux, répétait Marie à genoux et se renversant en arrière, c'est affreux! Ma Clotilde, ma pauvre enfant! Dites-moi que tout ceci n'est que pour me punir; condamnez-moi, si vous le voulez, je le mérite, à ne pas la voir pendant deux mois, six mois, un an; je passerai ce temps dans la solitude à prier pour elle; mais au bout de ce temps, vous me la rendrez, n'est-ce pas, madame? Je vous en conjure, j'embrasse vos mains, je me traîne à vos pieds : rendez-moi mon enfant!

— Madame, vous êtes morte pour votre fille et pour tous. Une dernière fois, sortez ou j'appelle.

Et effectivement, la vieille femme étendit sa main vers la sonnette. Marie se releva.

— C'est bien, madame, dit-elle, vous êtes impitoyable parce que vous n'avez pas d'enfant, et Dieu, dans sa sagesse, a bien fait de vous en refuser, car vous, qui n'avez pas de cœur pour me comprendre, vous n'en auriez pas eu pour les aimer; c'est bien, madame, je sors; c'est à Dieu de vous juger maintenant, et il vous maudira, je le jure, comme je vous maudis.

Et Marie, après avoir jeté un dernier regard vers la porte par où avait disparu Clotilde, sortit en pleurant de cette chambre et de cette maison fatale.

§

Deux jours après les événements que nous venons de raconter, Marie, pâle, amaigrie, méconnaissable, descendit avec Marianne, vêtue de deuil aussi, d'une chaise de poste poudreuse, à cent pas de l'église où elle avait, huit ans auparavant, fait sa première communion. Rien n'était changé. C'était toujours la même grande allée d'arbres qui conduisait au saint lieu; seulement, la dernière fois que Marie avait vu cette allée, les arbres étaient couverts de feuilles et d'ombre. Le jour où elle la revoyait, les feuilles de l'été précédent étaient mortes, et les arbres montraient à peine les premiers bourgeons que le soleil du printemps avait fait naître, et que le soleil plus chaud de l'été allait faire éclore. Elle suivit l'allée, donnant un regard et un souvenir à chaque arbre. Toujours suivie de Marianne, elle entra dans l'église. Il était dix heures. C'était un dimanche. Le prêtre était à l'autel, et les jeunes gens de la ville, réunis dans l'église, étaient agenouillés, écoutant l'orgue et les voix des enfants de chœur qui mêlaient leurs chants aux paroles sacrées de l'officiant.

Marie se glissa dans l'ombre, et, son voile baissé, s'agenouilla comme les autres. Marianne était auprès d'elle. Le prêtre se retourna, et Marie reconnut le vieux et bon curé qui avait pris congé d'elle au commencement de cette histoire. Elle remercia Dieu. La messe se termina; tout le monde quitta l'église en se signant et en prenant de l'eau bénite. La grande porte ouverte laissait entrer le soleil qui dorait les fleurs, les dalles et les ornements de l'autel. Quand l'église fut vide, Marie s'approcha du prêtre, laissant Marianne en prières.

— Mon père, dit-elle, je voudrais me confesser.

— Vous êtes-vous bien préparée à cet acte, ma fille? dit le vieillard.

— Si tout ce qu'une femme peut souffrir comme fille, comme épouse et comme mère, prépare suffisamment, mon père, je suis préparée.

— Suivez-moi donc, ma fille.

Le vieillard s'approcha d'un confessionnal qu'il ouvrit et referma sur lui ; puis il leva la tablette de gauche et attendit. Marie s'agenouilla. Elle raconta, sans se nommer, sa vie au saint homme. C'était se confesser. Le prêtre la reconnut.

— J'ai pensé souvent à vous, ma fille, et j'étais étonné de ne pas vous voir. Je suis là pour vous absoudre, mon enfant, et non pour vous blâmer. Mais vous n'êtes plus, comme autrefois, une jeune fille de quinze ans, et il faut à la pécheresse de votre âge une pénitence plus longue qu'à la jeune fille, pour que Dieu, qui a sans doute cessé de punir, commence à lui pardonner.

— C'est juste, mon père.

— Eh bien! mon enfant, ordonnez de vous ce qu'ordonnera votre repentir, et moi, au nom du Père, du Fils et du Saint-Esprit, ma fille, je vous pardonne et vous absous.

— Mon père, dit Marie d'une voix calme, je n'ai plus d'autre père que Dieu, d'autre mère que l'Église, d'autres enfants que les pauvres; mon père, je donne mes biens aux pauvres et aux églises, et moi je me donne à Dieu.

Le vieillard était ému devant la résolution de cette femme si jeune, si belle, et qu'il avait connue si chaste.

— C'est bien, ma fille, lui dit-il; êtes-vous bien affermie dans cette pensée?

— Oui, mon père.

— Songez que c'est un vœu éternel.

— Il n'y a pas d'éternité dans ce monde, mon père, et c'est l'éternité de Dieu que je veux conquérir.

— Songez, mon enfant, que c'est toute votre vie que vous consacrez au Seigneur.

— Peut-être ne sera-t-elle pas longue.

— Vous doutez de son pardon.

— J'espère en sa clémence.

— Bien, ma fille; Dieu vous adopte; et moi, son ministre et son serviteur, non-seulement je vous absous, mais je vous bénis. Venez, ma fille.

Le prêtre sortit du confessionnal, prit avec un sourire paternel la main de Marie, et lui dit :

— Allez en paix, ma fille; votre dernier jour de liberté, Dieu l'éclaire de son plus beau et de son plus rayonnant soleil; allez, après l'avoir prié dans l'église, l'adorer dans ses œuvres; moi, je vais prévenir la supérieure du couvent de la vallée de Vert, que vous m'avez aidé à fonder, et qui va vous rendre aujourd'hui la générosité que vous lui avez faite. Pour quel jour dois-je lui annoncer votre entrée?

— Pour demain à pareille heure, mon père.

— Allez, ma fille.

Et le vieux prêtre s'éloigna.

Marie rejoignit Marianne, et se dirigea avec elle vers la pension de madame Duvernay. Là, non plus, rien n'était changé. Elle entra et demanda madame Duvernay. Madame Duvernay parut. Marie leva son voile. La maîtresse de pension ne reconnut pas son élève.

— Vous ne me reconnaissez pas, madame, fit Marie; c'est bien naturel, j'ai tant souffert! Je suis Marie d'Hermi.

— Marie! s'écria madame Duvernay; oui, oui, je vous reconnais. Et pourquoi ce deuil?

— Triple deuil! Mon père, mon mari, ma fille!

— Morts, tous trois?

— Morts! fit Marie.

— Pauvre femme! Et vous avez pensé à nous dans votre douleur! C'est bien, mon enfant, et je vous en aime davantage.

— Je suis venue vous faire une prière, madame.

— Laquelle, mon enfant?

— Celle de me donner, jusqu'à demain, la chambre que j'habitais autrefois, et à Marianne celle de Clémentine; le voulez-vous?

— Volontiers; elles sont occupées, mais pour cette nuit on déplacera les pensionnaires. Et demain, vous repartez?

— Demain, je quitte le monde; demain, j'entre dans le couvent de la vallée.

— C'est un vœu?

— Indissoluble.

Madame Duvernay restait muette devant cette grande douleur, plus grande encore qu'elle ne le croyait. Marie monta à sa chambre, accompagnée de la maîtresse de pension. C'étaient les mêmes meubles, la même glace, le même lit; le portrait seul de madame d'Hermi manquait au souvenir. Une grande jeune fille, qui n'entendit pas ouvrir, occupée qu'elle était à la fenêtre à jeter des mies de pain aux oiseaux, habitait cette chambre.

— Mademoiselle, lui dit Marie, c'est vous qui occupez cette chambre?

— Oui, madame, répondit la jeune fille en souriant.

— Je viens vous demander de me la céder pour une nuit. Cette chambre est celle que j'occupais autrefois, quand j'avais le bonheur d'être en pension; elle est pleine de souvenirs pour moi, et je voudrais y passer encore une nuit.

— Comment! madame, s'écria la même enfant, vous regrettez le temps où vous étiez en pension?

— Oui, je le regrette, et beaucoup même! fit Marie en levant les yeux au ciel.

— Eh bien! moi, je n'aspire qu'au moment où je la quitterai, au mois d'août prochain, et où je pourrai aller dans le monde avec ma mère. On dit que c'est si beau, le monde!

Marie regarda avec attendrissement la jeune fille qui lui parlait.

— Me voilà, il y a quatre ans, pensa-t-elle; qui sait si Dieu ne garde pas à cette heureuse enfant le même avenir qu'à moi?

— Je coucherai au dortoir, dit la jeune fille; la chambre est à vous, madame, tant que vous la voudrez.

— Permettez-vous que je vous embrasse, mademoiselle? dit Marie.

— Bien volontiers, madame.

— Il me semble que c'est mon bonheur d'autrefois que je touche de mes lèvres, murmura madame de Bryon. Et elle sourit une dernière fois à la jeune fille, qui disparut en sautant.

Marie passa de sa chambre dans celle de Clémentine. Tout y était dans le même état. Elle s'assit au milieu de tous ses souvenirs, qui, comme des oiseaux, venaient chanter autour d'elle.

— Et Clémentine, mon enfant, dit madame Duvernay, qu'est-elle devenue?

— Nous allons le savoir, madame, fit Marie. Marianne, donne-moi, dans le paquet de lettres que nous avons pris à Paris, la dernière lettre de Clémentine. Marianne regarda les dates des lettres, et en tirant une, elle la remit à Marie.

Madame de Bryon l'ouvrit et lut :

« Ma bonne Marie,

» Que deviens-tu donc? voilà cinq ou six lettres que je
» t'écris, et qui restent sans réponse. Enfin, je viens de lire
» dans un journal que ton mari est parti pour l'Italie, et
» que c'est ta santé qui cause ce départ; mais tu es donc
» malade? Écris-moi un mot pour me tranquilliser. Com-
» ment va ta fille, ton bon père, notre charmant Emma-
» nuel? Tu n'es plus jalouse de ce notre-là, n'est-ce pas,
» grande enfant? »

Marie s'arrêta, et fut forcée d'essuyer les larmes qui l'empêchaient de lire. — Elle reprit :

« Ma lettre va sans doute aller te trouver à Naples ou à
» Rome, le pays que tu rêvais; il me semble te voir, la
» lisant sous quelque oranger ou dans quelque gondole du
» golfe. Ton rêve de voyage est donc enfin réalisé. Quant à
» moi, je ne sors pas de mon nid; mais Adolphe est si bon
» pour moi, que je ne conçois pas qu'il y ait un autre pays,

» et que je ne soupçonne pas qu'il y ait un autre ciel que
» celui de Dreux. Il est vrai que Dieu fait bien tout ce qu'il
» peut pour m'attacher ici. Je t'annonce la naissance d'une
» bonne grosse fille qui n'est pas encore baptisée, et qui
» viendra peut-être à Paris avec moi te demander un nom
» de baptême, le tien, par exemple, qui porte bonheur.
» Écris-moi donc un mot, et je t'avouerai que je serai fière
» s'il vient de Naples, mais que je serai heureuse s'il vient
» de Paris.

» Adieu, ma bonne et chère Marie, je suis toujours comme
» tu m'as connue, un peu plus heureuse peut-être, voilà
» tout. Embrasse ton père, ta fille, et même M. de Bryon
» pour moi.

» Ton amie éternelle,

» Clémentine BARILLARD. »

Marie laissa tomber la lettre, elle souffrait horriblement. Marianne et madame Duvernay pleuraient malgré elles.

Marie passa tout le jour dans cette maison; elle joua avec les enfants, à qui son costume noir avait d'abord fait peur, mais qui, la voyant si bonne, avaient fini par s'habituer à elle. Elle dîna avec madame Duvernay, ou plutôt assista au dîner de la maîtresse de pension. Le soir, à dix heures, elle se coucha. Elle ne s'endormit que tard et s'éveilla de grand matin. Dieu avait permis ce sommeil à cette pauvre âme. Les colombes venaient toujours chercher des mies de pain à la fenêtre.

A onze heures, Marie prit congé de madame Duvernay, qui pleurait comme si elle eût été la mère de madame de Bryon, et accompagnée de Marianne seule, elle se dirigea vers la vallée de Vert. Le couvent, nouvellement bâti, riait au soleil, au milieu des trembles et des peupliers.

Marie frappa. Le vieux curé vint la recevoir.

— Mon père, dit-elle, me voici.

— Bien, ma fille, suivez-moi!

Alors Marie se retourna vers Marianne, la prit dans ses bras et lui dit :

— Adieu, ma seconde mère, toi qui m'as soutenue dans toutes les épreuves douloureuses de ma vie. Tu ne peux venir où je vais ; retourne à Paris, veille sur ma fille, et de temps en temps, viens parler d'elle à mon dernier et unique protecteur, qui m'en parlera pour me soutenir.

Marie et Marianne s'embrassèrent sur le seuil de la porte. L'une pleurait, l'autre était calme.

— Maintenant, mon père, dit Marie, il n'y a plus ici ni épouse, ni fille, ni mère ; il y a une pécheresse qui souffre, qui se repent et qui prie Dieu de la recevoir dans son sein.

Marie se retourna une dernière fois, et vit Marianne qui descendait le sentier qui menait à la route. Marie lui sourit encore et referma la porte qui les séparait pour l'éternité.

Dix mois après ce que nous venons de raconter, voici ce qu'on trouvait dans un journal de Paris :

NOUVELLES DIVERSES.

— On lit dans la *Gazette de C...*

« Une espèce d'émeute vient d'avoir lieu à ***. Des étudiants se sont révoltés, et se sont portés à la maison d'une femme qui était, dit-on, depuis quelque temps en relations intimes avec un des plus puissants personnages, pour ne pas dire avec le plus puissant personnage de la ville. Des décrets que l'on prétendait dictés par elle, car cette femme se mêlait des affaires publiques, venaient d'être rendus et portaient atteinte aux institutions les plus sacrées. Une troupe d'étudiants s'est rendue à l'hôtel de cette femme, pour la forcer à quitter la ville. Elle a voulu lutter contre eux et les a menacés de son balcon. Alors on lui a lancé des pierres, dont l'une l'a atteinte à la tête. Elle est morte sur le coup. Cette femme se nommait Julia Lovely. Elle était fort belle. »

— On lit dans l'*Akbar :*

« Un jeune homme, M. le marquis de Grige, engagé depuis plusieurs mois comme volontaire dans les spahis, a été tué dans une des dernières rencontres de ce régiment avec les Arabes. Cette mort pourrait presque être regardée comme un suicide, car depuis qu'il faisait partie de l'armée, ce jeune homme paraissait frappé d'une grande tristesse, et il s'est jeté si imprudemment au milieu des ennemis, que l'on pourrait croire qu'il voulait y trouver la mort. »

— On lit dans l'*Echo d'Eure-et-Loire :*

« Madame de Bryon, la femme de M. de Bryon, l'ancien pair de France, qui s'est suicidé il y a quelque temps, suicide dont on a toujours ignoré la cause, vient de mourir au couvent de Vert, près de Dreux, d'une maladie de langueur. Ses obsèques ont eu lieu dans le cimetière du couvent, au milieu des prières et du recueillement des sœurs, qui avaient admiré sa piété. Elle n'avait pas vingt et un ans. Elle laisse tous ses biens à la maison à laquelle elle était venue demander un asile. »

Et le monde continua d'aller comme il allait.

FIN

[Paris.—Typ. de M{ne} Ve Dondey-Dupré, r. St-Louis, 46

LIBRAIRIE NOUVELLE
15, BOULEVARD DES ITALIENS, 15.
JACCOTTET, BOURDILLIAT ET C**ie**, ÉDITEURS.

UN FRANC LE VOLUME.

BIBLIOTHÈQUE NOUVELLE

Format in-16, imprimée avec caractères neufs, sur beau papier satiné.

Édition contenant 500,000 lettres au moins, valeur de deux volumes in-8°.

OUVRAGES PARUS
(AOUT 1855)

A. DE LAMARTINE.

GENEVIÈVE.—HISTOIRE D'UNE SERVANTE, 1 vol. de 384 pages. . . 1 fr.

Ce livre est à la fois une bonne action et un chef-d'œuvre. Dans toute famille digne de ce nom, il doit passer des mains du maître dans celles des serviteurs.

M**me** GEORGE SAND

MONT-REVÊCHE, 1 vol. de 340 pages . . . . 1 fr.

Un livre de M**me** Sand ne se recommande pas. Toutes les fois que l'illustre auteur prend la plume, on peut, à coup sûr, attendre un chef-d'œuvre. Dans ses fantaisies les plus hardies, dans ses études les plus passionnées, comme dans ses histoires familières, George Sand est un écrivain magistral, d'une magie de style incomparable et d'une chaleur d'âme émouvante. *Mont-Revêche* est une de ses plus poétiques fantaisies; mais dans ce cadre léger, comme dans les œuvres les plus sérieuses, on retrouve le philosophe et le poète incarnés dans le romancier. Ce nouvel ouvrage ne fait partie d'aucune collection des œuvres de M**me** Georges Sand.

M**me** E. DE GIRARDIN. — J. SANDEAU. — MÉRY. — TH. GAUTIER.

LA CROIX DE BERNY, 1 vol. de 320 pages. . . . . 1 fr.

La *Croix de Berny* est une joute littéraire des plus brillantes. M**me** de Girardin, Méry, Théophile Gautier et Jules Sandeau y rompent des lances comme des preux. A qui la victoire? C'est au public à juger. Le livre n'en est pas moins une œuvre unique en son genre, qui a pris date, et dont l'intérêt ne vieillira pas.

ALPHONSE KARR.

HISTOIRES NORMANDES, 1 vol. de 320 pages. . . . . 1 fr.

M. Alphonse Karr se recommande de lui-même. C'est une des originalités les plus accusées de ce temps-ci. Quand tant de gens visent à l'étrange, au monstrueux, à l'impossible, l'auteur des *Histoires normandes* ne prétend qu'au bon sens et ramène tout à la réalité. Les *Histoires normandes* renferment *Clotilde*, cette nouvelle si émouvante; *Rose et Jean Duchemin*, simple histoire de village, et les récits de cette plage de Trouville que M. Karr a rendue célèbre.

JULES SANDEAU.

UN HÉRITAGE, 1 vol. . . . . 1 fr.

M. Jules Sandeau se complaît dans les récits familiers, drames intimes, où l'étude du cœur humain l'emporte sur les préoccupations romanesques. *Un Héritage* est un de ces récits. Jamais son talent simple et élégant ne s'est trouvé plus à l'aise que dans la peinture de ces mœurs allemandes, douces et bizarres à la fois, riches en types, et si bien faites pour tenter un conteur curieux.

MÉRY.

UNE NUIT DU MIDI, 1 vol. de 320 pages. . . . . 1 f

Sous le charme du style merveilleux qui appartient à Méry, le lecte assistera, dans *Une nuit du Midi*, à l'un des drames émouvants qu'enfan la réaction de 1815 parmi nos populations méridionales. Mieux que pe sonne, le poëte marseillais a pu donner à ce dramatique récit la chaud empreinte de la réalité, car il a vécu au milieu du peuple passionné où l tradition de ces scènes terribles est toujours vivante. *Une nuit du Midi* es un tableau de maître qui vient s'ajouter aux plus belles productions de Méry C'est de plus un livre écrit sous l'impression du moment, et qui n'avait pa encore pris sa place dans les œuvres de ce brillant écrivain.

LÉON GOZLAN.

LA FOLLE DU LOGIS, 1 vol. de 320 pages. . . . . 1 fr

La *nouvelle* est une des plus charmantes, mais aussi une des plus difficile formes littéraires. Il faut un talent tout particulier pour savoir resserrer e quelques pages un récit attachant; il faut aussi quelque vertu pour résiste à la tentation de la délayer en volumes. M. Léon Gozlan est passé maître e ce genre. La *Folle du logis* groupe, sous un même titre, une dizaine de c œuvres fines, si curieusement ciselées, si consciencieusement écrites.

ALEXANDRE DUMAS (publié par).

IMPRESSIONS DE VOYAGE. — DE PARIS A SÉBASTOPOL, par le docteur MAYNARD, 1 vol. de 320 pages. . . . . 1 fr.

M. Alexandre Dumas a créé, en quelque sorte, les *Impressions de Voyage;* aussi n'est-il pas étonnant de voir les voyageurs curieux et intelligents mettre leur œuvre sous son haut patronage Le docteur Maynard a vu ce qu'il raconte : Alexandre Dumas fait rayonner son récit. — *De Paris à Sébastopol* est un voyage panoramique plein de couleur, de mouvement et d'éclat.

ALEXANDRE DUMAS FILS.

DIANE DE LYS, 1 vol. de 320 pages. . . . . 1 fr.

L'immense succès de la pièce de M. Dumas fils nous dispense de dire ce qu'est cette œuvre. Telle pièce, tel roman.

LE ROMAN D'UNE FEMME, 1 vol. de 420 pages. . . . . . 1 fr.

Étude du cœur humain dans ses replis les plus secrets; plein d'émotion, d'intérêt et d'observations profondes, ce livre montre M. Dumas sous un jour tout nouveau. C'est sans témérité que l'on peut prédire au fils une carrière glorieuse à l'égal de son illustre père.

LA DAME AUX PERLES, 1 vol. de 384 pages. . . . . . . 1 fr.

On se souvient de l'immense succès de *la Dame aux Camélias*. M. Alexandre Dumas fils a donné un pendant à son chef-d'œuvre en écrivant *la Dame aux Perles*.

PHILARÈTE CHASLES,
Professeur au Collège de France.

SOUVENIRS D'UN MÉDECIN (de Samuel Warren), 1 vol. de 320 p. 1 fr.

M. Philarète Chasles a rendu aux lettres les plus grands services par ses travaux consciencieux et élégants sur la littérature étrangère. Le livre de Samuel Warren, en passant par la plume de M. Chasles, n'a rien perdu de son intérêt piquant, de ses révélations curieuses, qui en font une merveille d'analyse psychologique et d'humour de bon aloi.

STENDHAL (Henry Beyle).

LE ROUGE ET LE NOIR, 1 vol. de 500 pages. . . . . . . 1 fr.
LA CHARTREUSE DE PARME, 1 vol. de 500 pages. . . . . 1 fr.

On rend enfin aujourd'hui à Stendhal toute la justice qu'il mérite. *Le Rouge et le Noir* et *la Chartreuse de Parme* sont, de l'aveu de tous, ses chefs-d'œuvre.

Mme LAFARGE (née Marie Capelle).

HEURES DE PRISON, 1 vol. de 320 pages. . . . . 1 fr.

La première édition de ce livre, tirée à 3,000 exemplaires, s'est rapidement et complètement épuisée. Marie Capelle raconte dans ces pages résignées sa vie de réclusion et de silence avec une mélancolie si touchante, avec de tels cris de l'âme, que les cœurs les plus prévenus s'émeuvent à ces plaintes douces,

LE COMTE DE RAOUSSET-BOULBON.

UNE CONVERSION, 1 vol. de 284 pages. . . . . . . 1 fr.

L'intérêt qui s'est attaché à ce livre n'est pas dû seul à la vie aventurière et à la fin héroïque de l'auteur. C'est aussi une œuvre littéraire remarquable par le style, par la composition, et qui a le plus légitime succès.

JULES GÉRARD (le tueur de lions),

LA CHASSE AU LION, 1 vol. de 300 pages, orné de 12 saisissantes gravures par GUSTAVE DORÉ. . . . . 1 fr.

Ce livre, pour n'être pas écrit par un homme littéraire, n'en est pas moins des plus remarquables. M. Jules Gérard est aussi émouvant conteur que chasseur intrépide. Douze vigoureux dessins, dus au crayon de Gustave Doré, illustrent brillamment les principaux exploits de l'Hercule moderne.

FÉLIX MORNAND.

LA VIE DE PARIS, 1 vol. de 300 pages. . . . . . . 1 fr.

La vie de Paris est une vie toute particulière, une vie mouvante, dont il faut saisir la physionomie au vol, pour ainsi dire. M. Félix Mornand, le spirituel chroniqueur que chacun sait, est brillamment venu à bout de cette périlleuse entreprise.

Mme ROGER DE BEAUVOIR.

CONFIDENCES DE Mlle MARS, 1 vol. de 320 pages. . . . 1 fr.

Si quelque chose peut remplacer les *Mémoires de Mademoiselle Mars*, c'est à coup sûr ces confidences faites par la grande artiste à sa jeune camarade dans l'intimité de la vie dramatique et avec la liberté des conversations de foyers.

ARNOULD FRÉMY.

LES MAITRESSES PARISIENNES, 1 vol. de 320 pages. . . . 1 fr.

Tous les grands écrivains de ce temps se sont préoccupés de l'existence singulière et des mœurs du monde interlope. A son tour, M. Fremy vient, sans le déchirer violemment, soulever le voile mystérieux; il peint avec une vérité implacable ces périodes de splendeurs, de misères, d'amours vrais et frelatés, et sait tirer un haut enseignement de cette peinture en apparence frivole.

AMÉDÉE ACHARD.

LA ROBE DE NESSUS, 1 vol. de 320 pages. . . . . . . 1 fr.

La place de M. Amédée Achard est faite aujourd'hui, et elle est des plus honorables. *La Robe de Nessus*, son dernier roman, est une étude de mœurs parisiennes, piquante de détails et vive d'allures.

CHAMPFLEURY.

LES BOURGEOIS DE MOLINCHART, 1 vol. de 320 pages. . . . 1 fr.

M. Champfleury continue Balzac. Ses études de la vie provinciale sont marquées au coin d'une sincérité parfois cruelle. C'est un *réaliste*. Les *Bourgeois de Molinchart* ont à la fois soulevé des colères et créé des sympathies : peu de livres contemporains en ont fait autant.

LE COMTE RUFINI,
Ancien Ambassadeur de Sardaigne.

LORENZO BENONI. — MÉMOIRES D'UN CONSPIRATEUR, 1 vol. de 400 pages. . . . . 1 fr.

Les Mémoires du comte Rufini, ancien ambassadeur de Sardaigne, qui viennent de remuer l'Italie entière, pourraient à juste titre s'intituler la *Confession d'un conspirateur*. Des pseudonymes transparents voilent à peine les individualités vivantes, — *Fantasio*, entre autres, pour *J. Mazzini*, — et l'on retrouve avec un sentiment singulier, dans les conspirateurs des grandes scènes publiques, les collégiens mutins et les étudiants révoltés des premières pages du livre.

Mme MANOEL DE GRANDFORT

L'AUTRE MONDE, 1 vol. . . . . 1 fr.

Mme Marie Fontenay revient des Etats-Unis. Rien de plus curieux que le livre qu'elle en rapporte : mœurs, religions, politique, tout a trouvé place dans ces pages élégantes. Ce n'est pas une prédicante comme Mme Beecher Stowe; loin de là : c'est un observateur toujours fidèle, parfois ironique, qui nous apprend ce qu'il faut penser de *l'Oncle Tom* et de ce bloomérisme tant raillé par nos petits journaux.

EUGÈNE CHAPUS.

LES SOIRÉES DE CHANTILLY, 1 vol. de 320 pages. . . . . . . 1 fr.

Les Soirées de Chantilly, ce titre aristocratique revenait de droit à M. Chapus, l'historiographe du sport. Dans ce choix de nouvelles, dont les sujets offrent une grande variété, l'observation des caractères s'unit avec bonheur à l'intérêt des événements. *Les Soirées de Chantilly* sont, dans l'acception du mot, une œuvre de goût, un livre de bonne compagnie.

CH. MARCOTTE DE QUIVIÈRES.

DEUX ANS EN AFRIQUE, 1 vol. de 320 pages. . . . . . . 1 fr.

L'auteur, chargé d'une mission en Afrique, doit à cette position, non moins qu'à ses goûts de touriste, d'avoir beaucoup vu, et surtout d'avoir pu bien voir. Ce qui donne un attrait particulier à ce livre, où l'intérêt anecdotique abonde, c'est qu'il est écrit vivement, sans prétention, et, pour ainsi dire, sous l'impression du moment. C'est l'Algérie prise au daguerréotype.

MAXIME DU CAMP.

MÉMOIRES D'UN SUICIDÉ, 1 vol. de 320 pages. . . . . . . 1 fr.

Le roman moderne tend à sortir des histoires d'aventures et de pure fantaisie. Il faut que la vie entre comme élément principal dans les œuvres nouvelles. Les *Mémoires d'un Suicidé* sont palpitants de vie et d'intérêt. Ce n'est pas la biographie d'un enfant maladif et byronien qui fait un procès à ce monde par dépit de ne pas avoir compris son existence : c'est le récit profondément senti et savamment étudié des souffrances réelles d'un des hommes de ce siècle qui a essayé de tout, qui a tout tenté, qui a aimé, voyagé, vécu enfin dans la véritable acception du mot ; qui a mis son être à la disposition du monde, et qui est parti après avoir essayé le possible et l'impossible. Le style et la forme y sont traités avec art et distinction. L'action est intéressante comme la vérité.

(Un catalogue des ouvrages parus sera publié chaque mois.)

DEUX FRANCS LE VOLUME.

BIBLIOTHÈQUE NOUVELLE

Format grand in-12, de 4 à 500 pages, imprimé en caractères neufs sur beau papier satiné.

VICTOR COUSIN.
PREMIERS ESSAIS DE PHILOSOPHIE, 1 vol. . . . . . . 2 fr.

ÉMILE DE GIRARDIN.
LA LIBERTÉ DANS LE MARIAGE, 1 vol. . . . . . . 2 fr.

L'ABBÉ THÉOBALD MITRAUD.
DE LA NATURE DES SOCIÉTÉS HUMAINES, 1 vol. . . . . 2 fr.

LÉOUZON LE DUC.
L'EMPEREUR ALEXANDRE II, avec portrait, 1 vol. . . . . 2 fr.

EDMOND TEXIER.
LA GRÈCE ET SES INSURRECTIONS, avec carte, 1 vol. . . . 2 fr.

YVAN ET CALLERY.
L'INSURRECTION EN CHINE, avec portrait et carte, 1 vol. . 2 fr.

LAURENCE OLIPHANT.
VOYAGE PITTORESQUE D'UN ANGLAIS EN RUSSIE ET SUR LE LITTORAL DE LA MER NOIRE ET DE LA MER D'AZOF, 1 vol. 2 fr.

MAXIME DU CAMP.
LE NIL (Égypte et Nubie), avec carte, 1 vol. de 354 pages. 2 fr.

STERNE.
ŒUVRES POSTHUMES, avec portrait, 1 vol. (inédit). . . . 2 fr.

Paris. — Typ. de Mme Ve Dondey-Dupré, r. St-Louis, 46.

50 CENTIMES LE VOLUME

BIBLIOTHÈQUE NOUVELLE

Format grand in-32 (édition diamant), papier de choix, impression de luxe.

A. DE LAMARTINE

GRAZIELLA (quatrième édition), 1 volume. . . . . . . 50 cent.
L'ENFANCE, 1 volume. . . . . 50 cent.
LA JEUNESSE, 1 volume. . . . . 50 cent.

 M. de Lamartine a raconté, en des récits charmants, son *Enfance*, sa *Jeunesse*, et ses premières amours avec cette fille de Procida, *Graziella*, aujourd'hui immortelle comme Virginie. Ce sont tout simplement de petits chefs-d'œuvre d'une émotion profonde, écrits dans une langue magique et magistrale tout à la fois, auxquels on revient comme à des amis bien-aimés dont la causerie charme et repose.

ÉMILE DE GIRARDIN

ÉMILE, 1 volume. . . . . 50 cent.

 C'est à vingt ans, c'est à l'âge où l'homme naît seulement pour le monde, que l'auteur d'*Émile*, en décrivant la situation douloureuse qui tourmentait son imagination et désespérait son cœur, n'a pas craint d'aborder une haute pensée de morale et de civilisation... C'est l'audace de l'inexpérience. Cet ouvrage fut écrit à la hâte; c'est le trop-plein d'une âme ardente, d'une imagination exaltée; ce que l'auteur sentait sans pouvoir toujours l'exprimer, il le jetait sur le papier; et si le papier ne partage pas, comme un ami, les sentiments et les douleurs dont il a le secret, en retour c'est un confident vis-à-vis duquel l'expansion n'est jamais retenue par la crainte d'abuser de sa patience.

H. DE BALZAC

TRAITÉ DE LA VIE ÉLÉGANTE, 1 volume. . . . . . . 50 cent.
LE CODE DES GENS HONNÊTES, 1 volume. . . . . . 50 cent.

 Balzac ne sera vraiment jugé que dans quarante ou cinquante ans d'ici. Semblable à Voltaire, que nous connaissons bien mieux aujourd'hui que ne l'a connu ce dix-huitième siècle dont il fit la gloire, il est encore trop près de nous, et se dérobe en quelque sorte à la critique.
 A côté de ces conceptions immenses, dramatisées avec tant de puissance, analysées avec une attention si patiente, qui constituent, s'il est permis de parler ainsi, le Balzac *extérieur*, il est une série de travaux fort importants et presque inconnus qui révèlent un Balzac *intime*, tout aussi étonnant pour le moins.
 Balzac se rendait compte de tout; il a tout noté au fur et à mesure de ses observations : ces notes lui constituaient comme une sorte d'arsenal, une réserve de provisions où il puisait au besoin; il en est résulté de petits traités singuliers, chefs-d'œuvre de verve, de malice et de finesse, d'un sentiment tout gaulois, et qui seront un jour fort recherchés.
 La *Librairie nouvelle* vient de réunir en volumes deux de ces petits traités, la *Vie élégante* et le *Code des gens honnêtes*.

THÉOPHILE GAUTIER

LES ROUÉS INNOCENTS, 1 volume. . . . . 50 cent.

 M. Th. Gautier n'est pas seulement l'écrivain original, coloré, ardent, de *Fortunio* et de *Mademoiselle de Maupin*, le critique dramatique et artistique que chacun sait, le curieux et patient bibliophile remettant en honneur les *Grotesques* dédaignés; c'est surtout un maître ès langue française. Peu d'écrivains en connaissent comme lui les ressources secrètes, aucun ne les utilise avec plus de magie et d'autorité. Dans les *Roués innocents*, M. Gautier s'est amusé à faire un pastiche galant des romans du dernier siècle. Il parle *rococo* comme un vrai petit-maître, et il retrouve avec un bonheur inouï les délicatesses infinies, les tours de phrases, les galanteries des petits abbés dans les ruelles. C'est un vrai tour de force; on croirait bien plutôt ce petit livre chiffonné par Marivaux ou le chevalier Dorat, qu'écrit par M. Gautier à la barbe du dix-neuvième siècle, si triste, si lourd et si affairé.

FRÉDÉRIC SOULIÉ

Le Lion amoureux, 1 volume. . . . . 50 cent.

Le *Lion amoureux* passe pour un chef-d'œuvre de Frédéric Soulié, ce vaillant et fécond romancier mort en pleine gloire. C'est un de ces livres dont on ne peut rien dire, car tout le monde l'a lu; mais c'est un de ces livres que tout le monde aime à relire, et qui emprunte une sorte de seconde jeunesse au format élégant de ces éditions diamant, qui ont fait fortune par leur choix et leur variété.

Mme LOUISE COLET

Quatre Poëmes couronnés par l'Académie, 1 volume. 50 cent.

Le temps n'est guère favorable aux poëtes, et c'est toujours en hésitant qu'un éditeur met en vente un volume de vers. Toutefois, madame Louise Colet, a le rare privilége de vaincre l'indifférence du public. Sa poésie, dès le commencement, surprit tous ceux qui se préoccupent des lettres, par son caractère mâle et élevé. On mit même en doute, à cette époque, le sexe de l'auteur. Au milieu du déluge de fadeurs et de niaiseries poétiques signées de noms d'hommes, on ne pouvait croire qu'une jeune femme se cachât réellement sous ce nom, pris longtemps pour un pseudonyme. Aujourd'hui, personne ne met plus en doute la personnalité de cette petite-fille des Grecs. Les *quatre poëmes* que nous annonçons ont été couronnés, à diverses époques, par l'Académie française, et ce n'est que justice. Madame Louise Colet a conquis dans la littérature contemporaine une place incontestée, et toute à part. Elle personnifie un des côtés de l'art : l'aspiration généreuse d'un avenir meilleur, et tous ses travaux concourent à ce but élevé.

HENRY DE LA MADELÈNE

Mademoiselle de Fontanges. Souvenirs d'Asnières, 1 vol. 50 cent.

M. Henry de la Madelène appartient à la pléiade des écrivains nouveaux qui doivent concourir à l'illustration de la seconde moitié de ce siècle. Le caractère particulier de son talent est une simplicité qui n'exclut ni le charme ni la vigueur, mais qui repose agréablement des violences romantiques et des fadeurs énervées que le public a dû subir si longtemps.

L'histoire de mademoiselle de Fontanges est un récit émouvant de la vie de cette brillante et malheureuse duchesse, reine d'un jour, élevée et brisée par un caprice du grand roi.

Germain Barbe-bleue, 1 volume. . . . . 50 cent.

L'étude curieuse et attentive des mœurs de l'ancien Comtat Venaissin, la vérité saisissante des détails, l'émotion contenue qui court, pour ainsi dire, d'un bout du livre à l'autre, font de cette humble histoire de village une œuvre dramatique d'une réalité poignante. Le style sobre, élégant et coloré de M. de la Madelène en fait une œuvre d'art véritable. Le talent de M. de la Madelène tient ses promesses : il grandit.

LE VICOMTE DE MARENNES

Manuel de l'Homme et de la Femme comme il faut, 1 vol. 50 cent.

M. le vicomte de Marennes vient glaner à son tour sur le champ de Sterne et de Balzac. Son *Manuel de l'homme et de la femme comme il faut*, œuvre piquante vraiment humoriste, foisonne de détails fins, d'observations curieuses et de douces malices. Ce petit livre se place naturellement à côté du *Traité de la vie élégante* et du *Code des gens honnêtes* de Balzac.

EDMOND TEXIER

Une Histoire d'hier, 1 volume. . . . . 50 cent.

Voici une de ces esquisses vives, franches, libres d'allure, comme le spirituel chroniqueur du *Siècle* sait en faire : beaucoup de vérité, un peu de paradoxe et un peu d'ironie, un style à la fois familier et distingué, telle est cette *Histoire d'hier*, qui, sous son apparence légère, cache un de ces terribles drames parisiens au milieu desquels on vit, qu'on coudoie, et que le dénoûment seul nous révèle.

LIBRAIRIE NOUVELLE
BOULEVARD DES ITALIENS, 15.
JACCOTTET, BOURDILLIAT ET Cⁱᵉ, ÉDITEURS.

UN FRANC LE VOLUME.

BIBLIOTHÈQUE NOUVELLE

Format in-16, imprimée avec caractères neufs, sur beau papier satiné.

Édition contenant 500,000 lettres au moins, valeur de deux volumes in-8°.

OUVRAGES PARUS.
(AOUT 1855)

A. DE LAMARTINE.

GENEVIÈVE. — HISTOIRE D'UNE SERVANTE, 1 vol. de 384 pages. 1 fr.

Ce livre est à la fois une bonne action et un chef-d'œuvre. Dans toute famille digne de ce nom, il doit passer des mains du maître dans celles des serviteurs.

Mᵐᵉ GEORGE SAND

MONT-REVÊCHE, 1 vol. de 340 pages. . . . . 1 fr.

Un livre de Mᵐᵉ Sand ne se recommande pas. Toutes les fois que l'illustre auteur prend la plume, on peut, à coup sûr, attendre un chef-d'œuvre. Dans ses fantaisies les plus hardies, dans ses études les plus passionnées, comme dans ses histoires familières, George Sand est un écrivain magistral, d'une magie de style incomparable et d'une chaleur d'âme émouvante. — *Mont-Revêche* est une de ses plus poétiques fantaisies; mais dans ce cadre léger, comme dans ses œuvres les plus sérieuses, on retrouve le philosophe et le poëte incarnés dans le romancier. Ce nouvel ouvrage ne fait partie d'aucune collection des œuvres de Mᵐᵉ George Sand.

Mᵐᵉ E. DE GIRARDIN. — J. SANDEAU. — MÉRY. — TH. GAUTIER.

LA CROIX DE BERNY, 1 vol. de 320 pages. . . . . . . 1 fr.

La *Croix de Berny* est une joute littéraire des plus brillantes. Mᵐᵉ de Girardin, Méry, Théophile Gautier et Jules Sandeau y rompent des lances comme des preux. A qui la victoire? C'est au public à juger. Le livre n'en est pas moins une œuvre unique en son genre, qui a pris date, et dont l'intérêt ne vieillira pas.

ALPHONSE KARR.

HISTOIRES NORMANDES, 1 vol. de 320 pages. . . . . . . 1 fr.

M. Alphonse Karr se recommande de lui-même. C'est une des originalités les plus accusées de ce temps-ci. Quand tant de gens visent à l'étrange, au monstrueux, à l'impossible, l'auteur des *Histoires normandes* ne prétend qu'au bon sens et ramène tout à la réalité. Les *Histoires normandes* renferment *Clotilde*, cette nouvelle si émouvante; *Rose et Jean Duchemin*, simple histoire de village, et les récits de cette plage de Trouville que M. Karr a rendue célèbre.

JULES SANDEAU.

UN HÉRITAGE, 1 vol. . . . . 1 fr.

M. Jules Sandeau se complaît dans les récits familiers, drames intimes, où l'étude du cœur humain l'emporte sur les préoccupations romanesques. *Un héritage* est un de ces récits. Jamais son talent simple et élégant ne s'est trouvé plus à l'aise que dans la peinture de ces mœurs allemandes, douces et bizarres à la fois, riches en types, et si bien faites pour tenter un conteur curieux.

MÉRY.

Une Nuit du Midi, 1 vol. de 320 pages. . . . . 1 fr.

Sous le charme du style merveilleux qui appartient à Méry, le lecteur assistera, dans *Une nuit du Midi*, à l'un des drames émouvants qu'enfanta la réaction de 1815 parmi nos populations méridionales. Mieux que personne, le poëte marseillais a pu donner à ce dramatique récit la chaude empreinte de la réalité, car il a vécu au milieu du peuple passionné où la tradition de ces scènes terribles est toujours vivante. *Une nuit du Midi* est un tableau de maître qui vient s'ajouter aux plus belles productions de Méry. C'est de plus un livre écrit sous l'impression du moment, et qui n'avait pas encore pris sa place dans les œuvres de ce brillant écrivain.

LÉON GOZLAN.

La Folle du Logis, 1 vol. de 320 pages. . . . . 1 fr.

La *nouvelle* est une des plus charmantes, mais aussi une des plus difficiles formes littéraires. Il faut un talent tout particulier pour savoir resserrer en quelques pages un récit attachant; il faut aussi quelque vertu pour résister à la tentation de la délayer en volumes. M. Léon Gozlan est passé maître en ce genre. La *Folle du Logis* groupe, sous un même titre, une dizaine de ces œuvres fines, si curieusement ciselées, si consciencieusement écrites.

ALEXANDRE DUMAS (publié par).

Impressions de Voyage. — De Paris a Sébastopol, par le docteur Maynard, 1 vol. de 320 pages. . . . . 1 fr.

M. Alexandre Dumas a créé, en quelque sorte, les *Impressions de Voyage*; aussi n'est-il pas étonnant de voir les voyageurs curieux et intelligents mettre leur œuvre sous son haut patronage. Le docteur Maynard a vu ce qu'il raconte : Alexandre Dumas fait rayonner son récit. — *De Paris à Sébastopol* est un voyage panoramique plein de couleur, de mouvement et d'éclat.

ALEXANDRE DUMAS FILS.

Diane de Lys, 1 vol. de 320 pages. . . . . 1 fr.

L'immense succès de la pièce de M. Dumas fils nous dispense de dire ce qu'est cette œuvre. Telle pièce, tel roman.

Le Roman d'une Femme, 1 vol. de 420 pages. . . . . 1 fr.

Étude du cœur humain dans ses replis les plus secrets; plein d'émotion, d'intérêt et d'observations profondes, ce livre montre M. Dumas sous un jour tout nouveau. C'est sans témérité que l'on peut prédire au fils une carrière glorieuse à l'égal de son illustre père.

La Dame aux Perles, 1 vol. de 384 pages. . . . . . . 1 fr.

On se souvient de l'immense succès de *la Dame aux Camélias*. M. Alexandre Dumas fils a donné un pendant à son chef-d'œuvre en écrivant *la Dame aux Perles*.

PHILARÈTE CHASLES,
Professeur au Collége de France.

Souvenirs d'un Médecin (de Samuel Warren), 1 vol. de 320 p. 1 fr.

M. Philarète Chasles a rendu aux lettres les plus grands services par ses travaux consciencieux et élégants sur la littérature étrangère. Le livre de Samuel Warren, en passant par la plume de M. Chasles, n'a rien perdu de son intérêt piquant, de ses révélations curieuses, qui en font une merveille d'analyse psychologique et d'humour de bon aloi.

STENDHAL (Henry Beyle).

Le Rouge et le Noir, 1 vol. de 500 pages. . . . . . . 1 fr.
La Chartreuse de Parme, 1 vol. de 500 pages. . . . . 1 fr.

On rend enfin aujourd'hui à Stendhal toute la justice qu'il mérite. *Le Rouge et le Noir* et *la Chartreuse de Parme*, sont, de l'aveu de tous, ses chefs-d'œuvre.

Mme LAFARGE (née Marie Capelle).

Heures de Prison, 1 vol. de 320 pages. . . . . 1 fr.

La première édition de ce livre, tirée à 3,000 exemplaires, s'est rapidement et complétement épuisée. Marie Capelle raconte dans ces pages résignées sa vie de réclusion et de silence avec une mélancolie si touchante, avec de tels cris de l'âme, que les cœurs les plus prévenus s'émeuvent à ces plaintes douces.

LE COMTE DE RAOUSSET-BOULBON.

UNE CONVERSION, 1 vol. de 284 pages. . . . . 1 fr.

L'intérêt qui s'est attaché à ce livre n'est pas dû seul à la vie aventurière et à la fin héroïque de l'auteur. C'est aussi une œuvre littéraire remarquable par le style, par la composition, et qui a le plus légitime succès.

JULES GÉRARD (le tueur de lions).

LA CHASSE AU LION, 1 vol. de 300 pages, orné de 12 saisissantes gravures par GUSTAVE DORÉ. . . . . 1 fr.

Ce livre, pour n'être pas écrit par un homme littéraire, n'en est pas moins des plus remarquables. M. Jules Gérard est aussi émouvant conteur que chasseur intrépide. Douze vigoureux dessins, dus au crayon de Gustave Doré, illustrent brillamment les principaux exploits de l'Hercule moderne.

FÉLIX MORNAND.

LA VIE DE PARIS, 1 vol. de 300 pages. . . . . 1 fr.

La vie de Paris est une vie toute particulière, une vie mouvante, dont il faut saisir la physionomie au vol, pour ainsi dire. M. Félix Mornand, le spirituel chroniqueur que chacun sait, est brillamment venu à bout de cette périlleuse entreprise.

Mme ROGER DE BEAUVOIR.

CONFIDENCES DE Mlle MARS, 1 vol. de 320 pages. . . . . 1 fr.

Si quelque chose peut remplacer les *Mémoires de Mademoiselle Mars*, c'est à coup sûr ces confidences faites par la grande artiste à sa jeune camarade, dans l'intimité de la vie dramatique et avec la liberté des conversations de foyers.

ARNOULD FREMY.

LES MAITRESSES PARISIENNES, 1 vol. de 320 pages. . . . 1 fr.

Tous les grands écrivains de ce temps se sont préoccupés de l'existence singulière et des mœurs du monde interlope. A son tour, M. Fremy vient, sans le déchirer violemment, soulever le voile mystérieux ; il peint avec une vérité implacable ces périodes de splendeurs, de misères, d'amours vrais et frelatés, et sait tirer un haut enseignement de cette peinture en apparence frivole.

AMÉDÉE ACHARD.

LA ROBE DE NESSUS, 1 vol. de 320 pages. . . . . 1 fr.

La place de M. Amédée Achard est faite aujourd'hui, et elle est des plus honorables. *La Robe de Nessus*, son dernier roman, est une étude de mœurs parisiennes, piquante de détails et vive d'allures.

CHAMPFLEURY.

LES BOURGEOIS DE MOLINCHART, 1 vol. de 320 pages. . . 1 fr.

M. Champfleury continue Balzac. Ses études de la vie provinciale sont marquées au coin d'une sincérité parfois cruelle. C'est un *réaliste*. Les *Bourgeois de Molinchart* ont à la fois soulevé des colères et créé des sympathies : peu de livres contemporains en ont fait autant.

LE COMTE RUFINI,
Ancien ambassadeur de Sardaigne.

LORENZO BENONI. — MÉMOIRES D'UN CONSPIRATEUR, 1 volume de 400 pages. . . . . 1 fr.

Les Mémoires du comte Rufini, ancien ambassadeur de Sardaigne, qui viennent de remuer l'Italie entière, pourraient à juste titre s'intituler la *Confession d'un conspirateur*. Des pseudonymes transparents voilent à peine les individualités vivantes, — *Fantasio*, entre autres, pour J. Mazzini, — et l'on retrouve avec un sentiment singulier, dans les conspirateurs des grandes scènes publiques, les collégiens mutins et les étudiants révoltés des premières pages du livre.

Mme MANOEL DE GRANDFORT.

L'AUTRE MONDE, 1 vol. . . . . 1 fr.

Mme Marie Fontenay revient des États-Unis. Rien de plus curieux que le livre qu'elle en rapporte : mœurs, religions, politique, tout a trouvé place dans ces pages élégantes. Ce n'est pas une prédicante comme Mme Beecher Stowe ; loin de là : c'est un observateur toujours fidèle, parfois ironique, qui nous apprend ce qu'il faut penser de *l'Oncle Tom* et de ce bloomérisme tant raillé par nos petits journaux.

EUGÈNE CHAPUS.

Les Soirées de Chantilly, 1 vol. de 320 pages. . . . . 1 fr.

Les Soirées de Chantilly, ce titre aristocratique revenait de droit à M. Chapus, l'historiographe du sport. Dans ce choix de nouvelles dont les sujets offrent une grande variété, l'observation des caractères s'unit avec bonheur à l'intérêt des événements. *Les Soirées de Chantilly* sont, dans l'acception du mot, une œuvre de goût, un livre de bonne compagnie.

MAXIME DU CAMP.

Mémoires d'un Suicidé, 1 vol. de 320 pages . . . . 1 fr.

Le roman moderne tend à sortir des histoires d'aventures et de pure fantaisie. Il faut que la vie entre comme élément principal dans les œuvres nouvelles. Les *Mémoires d'un Suicidé* sont palpitants de vie et d'intérêt. Ce n'est pas la biographie d'un enfant maladif et byronien qui fait un procès à ce monde, par dépit de ne pas avoir compris son existence : c'est le récit profondément senti et savamment étudié des souffrances réelles d'un des hommes de ce siècle qui a essayé de tout, qui a tout tenté, qui a aimé, voyagé, vécu enfin dans la véritable acception du mot; qui a mis son être à la disposition du monde, et qui est parti après avoir essayé le possible et l'impossible. Le style et la forme y sont traités avec art et distinction. L'action est intéressante comme la vérité.

CH. MARCOTTE DE QUIVIÈRES.

Deux Ans en Afrique, 1 vol. de 320 pages. . . . . . . 1 fr.

L'auteur, chargé d'une mission en Afrique, doit à cette position, non moins qu'à ses goûts de touriste, d'avoir beaucoup vu, et surtout d'avoir pu bien voir. Ce qui donne un attrait particulier à ce livre, où l'intérêt anecdotique abonde, c'est qu'il est écrit vivement, sans prétention, et, pour ainsi dire, sous l'impression du moment. C'est l'Algérie prise au daguerréotype.

(Un catalogue des ouvrages parus sera publié chaque mois.)

DEUX FRANCS LE VOLUME.

BIBLIOTHÈQUE NOUVELLE

Format grand in-12, de 4 à 500 pages, imprimé en caractères neufs, sur beau papier satiné.

VICTOR COUSIN.
Premiers Essais de Philosophie, 1 vol. . . . . . . 2 fr.

ÉMILE DE GIRARDIN.
La Liberté dans le Mariage, 1 vol. . . . . 2 fr.

L'ABBÉ THÉOBALD MITRAUD.
De la Nature des Sociétés Humaines, 1 vol. . . . 2 fr.

LÉOUZON LE DUC.
L'Empereur Alexandre II, avec portrait, 1 vol. . . . . 2 fr.

EDMOND TEXIER.
La Grèce et ses Insurrections, avec carte, 1 vol. . . . 2 fr.

YVAN ET CALLÉRY.
L'Insurrection en Chine, avec portrait et carte, 1 vol. . 2 fr.

LAURENCE OLIPHANT.
Voyage pittoresque d'un Anglais en Russie et sur le Littoral de la Mer Noire et de la Mer d'Azof, 1 vol. 2 fr.

MAXIME DU CAMP.
Le Nil (Égypte et Nubie), avec carte, 1 vol. de 354 pages. 2 fr.

STERNE.
Œuvres posthumes, avec portrait, 1 vol. (inédit). . . . 2 fr.

Paris. — Typographie de Mme Ve Dondey-Dupré, rue Saint-Louis, 46.

LIBRAIRIE NOUVELLE
BOULEVARD DES ITALIENS, 15.
JACCOTTET, BOURDILLIAT ET C*IE*, ÉDITEURS.

ŒUVRES COMPLÈTES

DE J.-B. POQUELIN

MOLIÈRE

NOUVELLE ÉDITION

PAR

M. PHILARÈTE CHASLES

Professeur au Collége de France.

> « Chaque homme de plus qui sait lire est un lecteur de plus pour Molière. »
> SAINTE-BEUVE.

Le plus populaire des écrivains français, le poëte dramatique du bon sens, celui qui représente avec une fidélité incontestable notre génie national, devait occuper la première place dans cette série d'auteurs classiques que notre librairie populaire s'est promis de publier. C'est surtout en France que le mot si juste et si profond de M. Sainte-Beuve possède toute sa force et doit recevoir sa plus complète application.

Le nombre des Français qui savent lire s'accroît chaque jour; pas un d'entre eux n'ignorera Molière.

Depuis le moment où deux religieuses charitables reçurent les derniers soupirs de l'auteur du *Misanthrope*, près de deux siècles se sont écoulés. Tout a changé autour de nous : mœurs, institutions, relations sociales; tout, jusqu'au langage et au style de la conversation.

Molière est donc à la fois un ancien et un moderne; c'est le plus intime de nos amis; c'est un vieux maître. Traductions, commentaires, éditions diverses, imitations, critiques, parodies, controverses forment autour de cette grande renommée une auréole glorieuse et un nuage qui s'épaissit. Attirés par une puissante sympathie vers cette intelligence souveraine et hardie, nous perdons de vue le sens de ses œuvres, nous sentons que les années qui s'écoulent creusent entre lui et nous un abîme sans cesse plus profond.

Qu'est-ce que Molière en effet?

Nous ne comprenons plus *Sganarelle*; *Georges Dandin* nous est étranger; *Scapin* et *Mascarille* effrayent nos habitudes et nos mœurs; les licences d'*Amphitryon* nous répugnent. Nos oreilles s'étonnent des antiques expressions employées par la bourgeoisie parisienne, et prodiguées par Molière.

Partout des allusions qui nous échappent.

Tantôt elles se rapportent à la vie du poëte, vie si douloureusement passionnée; tantôt à la cour et aux contemporains de Louis XIV. Cette époque brillante, qui précède la révocation de l'édit de Nantes et qui suit immédiatement le mariage espagnol, célébré dans l'île des Faisans, ne s'explique pas sans Molière, et Molière ne s'explique pas sans elle.

Une édition vraiment populaire de notre auteur comique devait résoudre tous ces problèmes. Il fallait isoler chacune des créations du grand homme, les replacer au milieu des circonstances mêmes qui en ont déterminé la naissance, au sein des éléments qui y ont concouru. Il était indispensable de suivre Molière à la piste, depuis ses tréteaux de la porte de Nesle, témoins des premiers essais de sa troupe juvénile, jusqu'au salon de Ninon de Lenclos, où fut tramée, parmi les éclats de rire de Chapelle et de ses amis, la grande cérémonie du *Malade imaginaire*.

D'où nous vient *Sganarelle?* Quel est le berceau de *Jodelet?* Et ce pauvre *Amphitryon*, pourquoi fut-il joué sur la scène au moment même où M. de Montespan, un autre Amphitryon sacrifié par le Jupiter de l'époque, allait vivre dans ses domaines, par ordre de Jupiter? A quoi se rapportent et *la Comtesse d'Escarbagnas*, et cet autre gentilhomme maltraité et immortel, *M. de Pourceaugnac ?*

L'œuvre de Molière, nous le répétons, est un commentaire perpétuel des premières années de Louis XIV.

Un savant, que la sympathie populaire entoure, et dont l'enseignement captive la jeunesse, — M. Philarète Chasles, versé dans toutes les littératures de l'Europe moderne, et qui a fait des origines et du progrès de notre langue l'objet de l'étude la plus féconde, la plus approfondie, — M. Philarète Chasles a bien voulu se charger de surveiller et d'éclairer cette nouvelle édition de Molière, revue par lui d'après les meilleurs textes, et augmentée d'un commentaire absolument nouveau.

Non-seulement cette édition contient les résultats et l'essence des commentaires précédents, mais on y trouve pour la première fois la série continue et complète de la vie littéraire du grand homme. Tous les faits et toutes les idées qui ont successivement présidé à la création des *Précieuses ridicules*, du *Tartuffe*, du *Misanthrope* et des *Femmes savantes* y servent de cadre à ces chefs-d'œuvre. Les expressions insolites, les tournures surannées y sont notées et expliquées avec un soin curieux. Enfin, tout en écartant les épines de la science, on n'a oublié aucun des fruits et des conquêtes qui feront de cette édition de Molière, élucidée plutôt que commentée, la véritable édition populaire et définitive.

LES ŒUVRES COMPLÈTES DE MOLIÈRE

FORMENT CINQ VOLUMES

DE LA BIBLIOTHÈQUE NOUVELLE

à 1 franc le volume

Grand in-16 de 400 pages, imprimé avec caractères neufs, sur beau papier satiné.

A. DE LAMARTINE

LECTURES
POUR TOUS

EXTRAITS
DES
ŒUVRES GÉNÉRALES DE LAMARTINE
CHOISIS, DESTINÉS ET PUBLIÉS
PAR LUI-MÊME
A L'USAGE DE TOUTES LES FAMILLES ET DE TOUS LES AGES

Un volume in-32 de 600 pages, orné d'un portrait de Lamartine.
Broché : 2 fr. 50 c. — Relié : 3 fr.

On apprend à lire à tous les enfants, puis, quand les enfants sont devenus des adolescents ou des hommes, on se dit : « Cachons-leur nos livres ! car nos livres ne sont pas sains pour eux :

» Ceux-ci les troublent dans leur esprit ;
» Ceux-là les corrompent dans leurs mœurs ;
» Ceux-ci les rebutent par leur sécheresse ;
» Ceux-là les dégoûtent par leur médiocrité ;
» Ceux-ci leur inculquent des opinions avant l'âge du jugement ;
» Ceux-là les ennuient par leur monotonie ! »

Qu'arrive-t-il ? L'adolescent se livre furtivement aux mauvaises lectures, ou bien, faute de livres appropriés à son âge, à son intelligence, à son âme, il se décourage de lire, et il s'abrutit dans d'ignobles distractions.

Ce sont ces considérations qui ont engagé M. de Lamartine à faire, dans la mesure de ses forces, ce que d'autres écrivains feront sans doute à leur tour, c'est-à-dire à offrir aux familles de toutes les classes et de toutes les professions sociales des lectures saines, courtes, intéressantes, et irréprochables pour leurs foyers.

L'auteur n'a pas laissé dans ce livre une page à déchirer ou à voiler pour aucun âge, aucun sexe, aucune religion, aucune opinion. Quand le père ou la mère de famille l'auront lu, ils verront qu'on peut s'y fier comme à un ami sûr de toutes les maisons.

Paris. — Typographie de Mme Ve Dondey-Dupré, rue Saint-Louis, 46.

CHEZ LES MÊMES ÉDITEURS

BIBLIOTHÈQUE NOUVELLE
à 1 franc le volume

FORMAT IN-16, IMPRIMÉ AVEC CARACTÈRES NEUFS SUR BEAU PAPIER SATINÉ, ÉDITION
CONTENANT 500,000 LETTRES AU MOINS. VALEUR DE DEUX VOLUMES IN-OCTAVO.

VOLUMES PARUS ET A PARAITRE

A. DE LAMARTINE
Geneviève, Histoire d'une Servante   1 vol.

GEORGE SAND
Mont-Revêche .... 1 vol.

ALPHONSE KARR
Histoires normandes .... 1 vol.

JULES SANDEAU
Un Héritage .... 1 vol.

LÉON GOZLAN
La Folle du Logis .... 1 vol.

ALEXANDRE DUMAS (publié par)
Impressions de Voyage : *De Paris à Sébastopol*, par le docteur Maynard .... 1 vol.

STENDHAL (BEYLE)
Le Rouge et le Noir .... 1 vol.
La Chartreuse de Parme .... 1 vol.

Mme MANOEL DE GRANDFORT
L'Autre Monde .... 1 vol.

Mme DE GIRARDIN, THÉOPHILE GAUTIER, SANDEAU ET MÉRY
La Croix de Berny .... 1 vol.

PHILARÈTE CHASLES
Souvenirs d'un Médecin .... 1 vol.

RUFINI
(Ancien Ambassadeur de Sardaigne.)
Lorenzo Benoni. — Mémoires d'un Conspirateur .... 1 vol.

HENRI MONNIER
Mémoires de M. Joseph Prudhomme   2 vol.

ALEXANDRE DUMAS FILS
Diane de Lys .... 1 vol.
Le Roman d'une Femme .... 1 vol.
La Dame aux Perles .... 1 vol.

Mme LAFARGE
Heures de Prison .... 1 vol.

LE COMTE DE RAOUSSET-BOULBON
Une Conversion .... 1 vol.

CHAMPFLEURY
Les Bourgeois de Molinchart .... 1 vol.

MÉRY
Une Nuit du Midi (Scènes de 1815) 1 vol.

Mme SOPHIE GAY
Les Malheurs d'un Amant heureux 1 vol.

AMÉDÉE ACHARD
La Robe de Nessus .... 1 vol.
Belle-Rose .... 1 vol.

JULES GÉRARD (LE TUEUR DE LIONS)
La Chasse au Lion, ornée de 12 magnifiques grav., par G. Doré 1 vol.

TAXILE DELORD
Charges et Portraits politiques et littéraires .... 1 vol.

FÉLIX MORNAND
La Vie de Paris .... 1 vol.

ARNOULD FRÉMY
Les Maîtresses parisiennes ...... 1 vol.

EUGÈNE CHAPUS
Les Soirées de Chantilly .... 1 vol.

Mme ROGER DE BEAUVOIR
Confidences de Mlle Mars .... 1 vol.

CH. MARCOTTE DE QUIVIÈRES
Deux Ans en Afrique .... 1 vol.

PAUL MEURICE
La Famille Aubry .... 1 vol.

MAXIME DU CAMP
Mémoires d'un Suicidé .... 1 vol.

MOLIÈRE (Œuvres complètes), nouvelle édition par Philarète Chasles, 5 vol. (le 1er est en vente).

Pour paraître successivement :

CORNEILLE. — RACINE. — BOILEAU — LA FONTAINE. — LA BRUYÈRE. — LA ROCHEFOUCAULD. — MADAME DE SÉVIGNÉ, ETC.

Paris. — Typ. de Mme Vve Dondey-Dupré, rue Saint-Louis, 46.

www.ingramcontent.com/pod-product-compliance
Lightning Source LLC
Chambersburg PA
CBHW070535230426
43665CB00014B/1701